投资高手访谈录

2

沈　良　刘健伟　主编

地震出版社
Seismological Press

图书在版编目(CIP)数据
投资高手访谈录. 2/沈良，刘健伟主编. —北京：地震出版社，2015.6
ISBN 978-7-5028-4503-2
Ⅰ. ①投… Ⅱ. ①沈… ②刘… Ⅲ. ①投资—研究 Ⅳ. ①F830.59
中国版本图书馆CIP数据核字(2014)第281054号

地震版 XM3353

投资高手访谈录2
沈良 刘健伟 主编
责任编辑：朱 叶
责任校对：孔景宽

出版发行：地震出版社
北京市海淀区民族大学南路9号 邮编：100081
发行部：68423031 68467993 传真：88421706
门市部：68467991 传真：68467991
总编室：68462709 68423029 传真：68455221
证券图书事业部：68426052 68470332
http://www.dzpress.com.cn
E-mail：zqbj68426052@163.com
经销：全国各地新华书店
印刷：三河市利兴印刷有限公司

版(印)次：2015年6月第一版 2015年6月第一次印刷
开本：787×1092 1/16
字数：353千字
印张：20.25
书号：ISBN 978-7-5028-4503-2/F(5195)
定价：45.00元

序

混乱的自由

2014年3月5日，空中狂想

沈　良

红绿世界，
净是混乱的自由。
可争分秒，
可布全局，
也可相时而动。

经世群侠，
得以保全个性，
纵享沉浮。

阴阳苍茫震撼，
可知未知犹可预知，
无知不知亦有先知。

一朝成名，冠压群雄。
一溃千里，霸王乌江。
少年战神，无坚不摧。
孤独帝王，一呼万应。

大成者聚，大荣者归。

莽莽红尘，
几多浮华。
昨日钱潮观澜，
今朝风轻云淡。

百花飘，万人迷。
芬芳宇宙，剧毒因果。
天赐善。

目 录

第一部分

短线投资高手

李永强：装在口袋里的钱才是自己的

（访谈时间：2011年5月12日　沈良、章水亮整理）

李永强：期货交易高手。浙江嘉兴学院经济系毕业，擅长日内短线交易，人送外号“小李飞刀”。随着市场和资金规模的变化，交易周期有所变长。为人谦虚低调，业内享有很好声誉。

曾五次获得期货实盘擂台赛第一名，在“2008年交通银行杯”全国期货实盘交易大赛中(《期货日报》第二届全国实盘大赛)，三个月时间以940%的收益率获得冠军。2007年年初到2008年8月曾把2万元的账户做到248万元。

访谈精彩语录：

如果在一个月内收益超过10%，我会减少操作，或者拿盈利10%里面的30%资金去做激进投资。

严格控制止损是对每一位交易员的基本要求，谁做得更好谁就容易成功。

我做单子时尽可能将一笔单子的亏损控制在总资金的1%～3%。

在设好止损的前提下干脆把自己想好的头寸一次性完成，一旦行情沿着开仓的方向运行，甚至加速时，这时减仓兑现利润。

控制自己的贪欲，装在口袋里的才是自己的。

在实战中我感觉日内交易难度比较大，不时出现的秒杀行情令人防不胜防，股指期货更适合波段交易。

目前市场的波动确实有异于以前，很多所谓的盈利模式失效也就在所难免。

说实话，只要是做投机的，没有哪个市场赚钱是容易的。

做日内交易根本没有必要关注基本面，更多的是技术和盘感。

趋势交易就必须关注宏观经济以及商品本身的供需基本面。

实际上，技术面、K线等是商品基本面的直观具体反映。

没有哪个人会拥有一套能持续盈利的方法。

我只是众多亏损者当中至今还能活着的一位。

做期货不是比谁的方法好，而是比谁犯的错误少。
性格决定人生。做期货成功与否一定和性格息息相关。
大家都想成为那 1%，所以我们这个市场才这么热闹。
《孙子兵法》教会我们如何成为一位将军。
做期货说到底就是在做人，做人不地道很难想象他能做好期货。

七禾网 1：李永强老师您好，感谢您在百忙之中接受七禾网的专访。您曾得过多个期货实盘冠军，但 2009 年以来您似乎没有再参加过任何期货比赛，为什么您后来不再参加比赛了呢？

李永强：很高兴接受七禾网的专访。我从 2005 年开始参加《都市快报》举办的每三个月一期的期货实盘擂台赛，到 2008 年参加《期货日报》举办的全国期货实盘交易大赛，共参加了近十期比赛。通过比赛展示了自己的交易风格，同时也在接受更多人的监督，从而养成了更好的交易习惯，为自己日后成熟交易打下基础。不过，**比赛不仅牵扯精力，短时期追求高收益的比赛模式也会影响我常规的规模交易模式与心态，因此就婉拒了以后的比赛邀请。**

七禾网 2：2007 年年初到 2008 年 8 月您曾把一个 2 万元的账户做到 248 万元，这样的财富传奇后来有没有再次出现？是不是小资金相对容易做大，而大资金要获得高收益就比较难？

李永强：后来就不做小账户了。**小资金负担小，没有太把它当回事，盈亏不在意时心态好，该拿的单子拿得住，就好像模拟比赛一样容易创造财富传奇。**资金大的时候，进出场相对没那么容易，最关键的还是心态和预期收益，大资金本身就没想追求太高的收益。

七禾网 3：据说您现在只追求每个月盈利 5%～10%，对您来说这样的目标是不是太低了？

李永强：搁在以前，几十万资金在做，这一目标好像是低了点儿，但是**我现在管理的资金规模要求自己必须降低收益预期。**实际上每月 5%～10%的盈利已经是很高的了，按这样的目标，年化收益率可以达到 60%以上，**哪怕每年 50%收益，复利 10 年以后就是 57 倍，等到那时再回头看，绝对是个投资奇迹。**

七禾网 4：一个月内如果您的收益达到了 10%，您会停下来，还是会继续前进？

李永强：如果在一个月内收益超过10%，我会减少操作，或者拿盈利10%里面的30%资金去做激进投资，这样做能保住盈利目标。

七禾网5：您以前擅长短线交易，有着“小李飞刀”的美誉，现在您还以短线交易为主吗？还是说您的交易周期逐步变长了？

李永强：目前只对个别账户做日内波段操作，现在的交易风格和以前相比有了相当大的改变，也就是你所说的交易周期变长了，主要做更长周期的趋势操作。

七禾网6：您的止损控制得非常严格，认为错了就要马上认错，一般来说，您一笔单子的止损控制在多少？

李永强：严格控制止损是对每一位交易员的基本要求，谁做得更好谁就容易成功。我做单子时尽可能将一笔单子的亏损控制在总资金的1%～3%。

七禾网7：您认为止盈也很重要，有人喜欢用“盈利加仓”的手法，而您好像更乐于用“盈利减仓”的手法，为什么？

李永强：盈利加仓的不足之处在于抬高或降低了持仓成本，行情的反复幅度稍大点儿就会接近成本区，甚至会变成亏损，这样就会影响持仓心态，有时一动摇，平仓出来后就错失良机。反正对错概率是50%，那么在设好止损的前提下干脆把自己想好的头寸一次性完成，一旦行情沿着开仓的方向运行，甚至加速时，这时减仓兑现利润是最好的选择。控制自己的贪欲，装在口袋里的才是自己的。

七禾网8：股指期货上市一年，成交活跃，一跃成为中国最大的期货品种。您有没有参与股指期货？您以前在商品期货实战中总结的盈利模式在股指期货上也能适用吗？

李永强：是的，我也在参与股指期货的交易。在实战中我感觉日内交易难度比较大，不时出现的秒杀行情令人防不胜防，股指期货更适合波段交易。

七禾网9：2010年11月以来，商品期货大幅提高了手续费和保证金，使得较多品种的成交量下降较多，某些品种短期的波动节奏也发生了一些变化。这种变化会不会导致某些盈利模式失效？会不会把某些类型的交易者驱逐出市场？

李永强：提高手续费和保证金势必会对交易频率造成影响，特别是对日内短线交易者。我所知道的好几位朋友已经休息几个月了。目前市场的波动确实有异于以前，从2010年11月到现在将近半年，很多优秀的交易员都是亏损的，更不用说一般的投资者了，很多所谓的盈利模式失效也就在所难免。

七禾网 10：您从 2008 年年初开始做外盘，也获得了很好的收益，就您参与外盘和内盘的切身感受来看，外盘和内盘行情在波动特性上有何不同？

李永强：内外盘的波动性基本是相同的，只不过会在某个时间段，因为调控等诸多因素造成内外盘的比值发生一些强弱的变化。

七禾网 11：从盈利难度来讲，是外盘更难一些还是内盘更难一些？

李永强：说实话，只要是做投机的，没有哪个市场赚钱是容易的，参与者个个都是高智商。只是因为外盘行情连续，有更丰富的交易指令，设好止损、止盈就可以睡大觉了，不用像国内老是盯着盘面，做外盘人会感觉轻松而已。

七禾网 12：您有没有从内外盘的相互影响、相关品种的联动中发现投资机会、抓取投资机会？

李永强：这种机会经常出现。比如国内的前半小时开盘行情波动比较快，相对内盘来说远东电子盘变化会稍微滞后，如果内盘方向明确，根据内盘的变化方向及时跟进下单会有很不错的收益。

七禾网 13：以前有人说您是一个纯粹的技术派，而近期发现您也关注宏观经济的走势，特别是中国和美国的经济走势和经济政策。现在基本面分析在您的交易中占据一个怎样的角色？具体交易时，您是如何处理基本面和技术面的关系的？

李永强：做日内交易根本没有必要关注基本面，更多的是技术和盘感。如果你是趋势交易就必须关注宏观经济以及商品本身的供需基本面。实际上，技术面、K 线等是商品基本面的直观具体反映。

七禾网 14：绝大部分期货投资者处在亏损状态，他们十分羡慕像您这样掌握一套盈利方法的高手。请问，您的期货交易技术和分析方法是自己在实战中摸索出来的，还是向某些高人学习的，或是从某些书籍上学习参悟的？

李永强：就像我也羡慕你一样，没有哪个人会拥有一套能持续盈利的方法或系统。我只是众多亏损者当中至今还能活着的一位。因为自己亏多了亏怕了，才想着如何减少错误，错误少了你也就不亏损了甚至能赚钱了。做期货不是比谁的方法好，而是比谁犯的错误少。只要还活着，就会有机会。方法都是自己摸索的，没有人教我如何做，看看现在很多年轻人都有师傅传帮带，真羡慕他们，要是当年有人教我，就会少走很多弯路！

七禾网 15：您觉得期货盈亏和性格有关吗？是不是某些性格特征的人比较容易盈利，而另一些性格特征的人很难走向盈利？

李永强：性格决定人生。做期货成功与否一定和性格息息相关。

七禾网 16：做期货这么多年来，您身边从事期货投资的人盈亏比例大约是多少？

李永强：我想大家都清楚期货行业盈亏比例的客观事实：95%亏损，4%持平，只有 1%是赚钱的，大家都想成为那 1%，所以我们这个市场才这么热闹。

七禾网 17：您觉得普通投资者应该从哪些方面下功夫，才能逐步走向盈利？

李永强：三个方面：降低盈利预期；坚持交易原则；严格控制止损。

七禾网 18：浙江是中国的期货大省，也是期货高手云集的地方，就您看来，浙江人做期货为什么比全国其他地区的人更有热情？为什么浙江更容易诞生期货的财富传奇？

李永强：浙江是经济大省，当然也是期货大省。主要原因我认为浙江是全国民营经济最发达的省份，民间资本相当活跃，市场经济更有活力。说句玩笑话，也就是“资本主义”氛围更浓。只有民营的才会迸发出人的潜能与活力。

七禾网 19：即便是交易高手也不可能永远盈利，也可能在某些行情中栽跟头，您如何看待交易者在期货市场中的沉浮起落、荣耀和痛苦、激情与无奈？

李永强：是的，没有人会永远不亏损。成功的交易员在成长的过程中学会了如何控制自己的情绪，学会了何时停下来休息，更懂得了冷静对待人生、荣耀与痛苦。

七禾网 20：您曾说过对您的交易产生重大影响的是一本兵书《孙子兵法》，请问您从这本书里学到了哪些对期货交易有用的知识或理念？

李永强：期货市场就是无硝烟的战场。《孙子兵法》教会我们如何成为一位将军，假如你是一位将军，你账户里的每一块钱都是你的士兵，你的任务就是让自己的队伍壮大起来，让账户里的钱越来越多，如果你不珍惜你的“士兵”，等待你的就是损“兵”折将，甚至爆仓。

七禾网 21：您学习佛学也有几年了，您最想达到佛家追求的哪种境界？学习佛学对您做期货有帮助或提升吗？

李永强：不仅仅是佛学，我还喜欢琢磨道教、基督教等宗教的一些教义与内容，它可以帮助我学会正确面对人生，树立正确的金钱观，明白“慢就是快”的哲学辩证道理。

七禾网 22：您的网络昵称是“慎思笃行”，这是不是您做期货的准则？是不是您为人处世的准则？

李永强：做期货说到底就是在做人，做人不地道很难想象他能做好期货。“慎思笃行”是我做人做事的准则，用作网络名可以每天看到，鞭策自己，鼓励自己。

七禾网 23：您喜欢旅游，特别是和家人一起去旅游，您去过泰国、台湾、马来西亚、香港、三亚、徐州、九寨沟、千岛湖、青岛、大连、黄山、河西走廊、青海、康定、香格里拉、丽江、大理、洛阳、北京、厦门、苏州等地，这些地方中您最喜欢哪一个或哪几个？您现在居住在杭州，如果让您选一个最终定居的地方，您会选哪里？

李永强：比较喜欢泰国人的悠闲与慢节奏，就像他们常说的一句话，“哲茵茵”，汉语就是“慢慢来”。在那个国度很少有人乱鸣笛乱超车，“哲茵茵”幸福的感觉洋溢在每个角落。如果让我选择最终定居的地方，我依旧选择杭州，因为很难离开杭州这片期货“沃土”。

王志立：感觉自己更善于把握空头行情

（访谈时间：2011 年 12 月 3 日　沈良整理）

王志立：职业操盘手，毕业于山东理工大学金融专业，郑州人，现定居浙江义乌。

曾获得《都市快报》期货实盘大赛亚军、季军。2005 年开始做股票，2007 年开始做期货，擅长短线交易，也做波段交易。在短线交易方面有着极强的盘感，在波段交易方面能够把握较好的进场点，曾在 2010 年 1 月 7 日，创造一天盈利 70%左右的收益奇迹。

访谈精彩语录：

亏损以后要懂得思考，更要找个迎接美好未来的行情突破口。

我不怕亏钱，就怕亏钱以后找不到下一波行情的方向。

江恩认为市场的趋势是根据数字的阶段运行，当市场趋势运行至某个日数阶段，市场是可能出现转势的。

我感觉自己更善于把握空头的行情，下跌比上涨来得快。我日内收益超过 30%的情况几乎都是做空赚来的。

不能说是天赋，只是我比较喜欢数字游戏。

我做日内会参考技术指标，同时我也很注重盘感。

我的隔夜单都是在趋势方向中留的，更多的时候想着明天会更美好而留单过夜。

我虽然喜欢趋势，但是操作都是在趋势方向的框架之内以短线为主。

短线其实并不难做，相对波段或者中线来说技术是差不多的。

有些人短线操作的止损往往下不了手，所以短期的效果就很差。

白糖是“妖糖”，庄家的操作手法比较怪异，我不太适应。

我重仓的前提是止损位置比较明确，亏损的点数比较少，而预期收益却相当丰厚。

我判断趋势更多的依靠股市的走势。

K 线形态也很重要，是我进出场点的依据。

性格决定命运。操盘手的性格迥异，操作风格也是百花齐放。

进场点位就是靠盘感，剩下的事情就是按照市场的方向运行。

止损是很简单的事情，反而止盈包含的内容比较复杂。

期货确实比较上瘾，更多的时候当你选择了期货以后就会深陷其中，无法自拔。

我在期货市场的目标是：争取早日成为亿万富翁。

七禾网 1：王志立先生您好，感谢您在百忙之中接受七禾网的专访。您从2007 年开始做期货，算起来时间也不太长，您是一进入市场就能获得盈利了，还是和其他大部分赢家一样，经历了一些挫折之后才走向盈利？

王志立：刚开始由于自己对市场缺乏了解，跟大多数人一样也是亏损的。我是从大学就开始做期货，刚开始的操作资金是从家里拿的，大部分都亏完了，当时压力很大，对亏损了父母血汗钱感到深深的内疚。这样一段经历让我深深感受到做投资的资金得是手中的闲余资金，不能是家里比较重要的钱，更不能借钱或者贷款来做期货，那样压力太大。**若是资金的来源特性给你很大的压力，你很有可能不是输给市场，而是自己给自己套上一个枷锁。**

七禾网 2：您如何看待交易中的挫折？

王志立：交易中亏损是很正常的，金融市场 70%以上的人都是亏损的，我们不能太纠结于一时的失败，**亏损以后要懂得思考，更要找个迎接美好未来的行情突破口。我不怕亏钱，就怕亏钱以后找不到下一波行情的方向。**

七禾网 3：您是从什么时候开始实现持续盈利的？您感觉当时自己获得了哪些方面的明显突破？

王志立：我真正持续盈利大概是从 2010 年 1 月份开始，那时候我也正好第一次参加《都市快报》的实盘大赛，**这次比赛是对自己真正的提升和突破：**解决了自己以前止损不够坚决的问题，养成了有盈利的时候能拿得住单子的习惯，以前都是赚了一点儿就跑，错过大行情。

七禾网 4：您曾在 2010 年 1 月 7 日，创造一天盈利 70%左右的收益，当时您主要做了哪个品种的哪部分行情？回想起来，那天获得这么高的收益，除了技术和盘感以外，有没有运气成分？

王志立：2010 年的 1 月 7 日**是我人生中很重要的日子，甚至可能是我整个人生转变的日子**（如果我以后能做得更好的话）。那天能获得这么高的收益，在这里首先感谢我们浙商期货义乌营业部的总经理周春晓，他在 2010 年元旦的时候跟大家闲聊，说到江恩的时间周期理论中有提到 1 月 7 日这个重要的日子。我就是那个把这个理论用于实践的人。2010 年 1 月 7 日，锌高开 3%左右，那天我是满仓空锌，开仓价格距离当日最高点 100 点左右。结果锌盘中大幅跳水，一度达到跌停板左右。这一天的操作极大地提高了自己的信心。刚好这个账户在参加实盘大赛，也算是一战成名。

我说一下江恩的时间周期理论。江恩特别列出一年之中每月重要的转势时间，非常具有参考价值，现详列如下：

(1)1 月 7～10 日及 1 月 19～24 日—— 上述日子是年初最重要的日子，所出现的趋势可延至多周，甚至多月。

(2)2 月 3～10 日及 2 月 20～25 日—— 上述日子重要性仅次于 1 月份。

(3)3 月 20～27 日—— 短期转势经常发生，有时甚至是主要的顶部或底部的出现。

(4)4 月 7～12 日及 4 月 20～25 日—— 上述日子较 1、2 月次要，但后者也经常引发市场转势。

(5)5 月 3～10 日及 5 月 21～28 日—— 5 月是十分重要的转势月份，与 2 月的重要性相同。

(6)6 月 10～15 日及 6 月 21～27 日—— 短期转势会在此月份出现。

(7)7 月 7～10 日及 7 月 21～27 日——7 月份的重要性仅次于 1 月份，在此段时间，气候在年中转化，影响五谷收成，而上市公司亦多在这段时间半年结派息，影响市场活动及资金的流向。

(8)8 月 5～8 日及 8 月 14～20 日—— 8 月转势的可能性与 2 月相同。

(9)9 月 3～10 日及 9 月 21～28 日—— 9 月是一年之中最重要的市场转势时候。

(10)10 月 7～14 日及 10 月 21～30 日—— 10 月份亦是十分重要的市场转势时候。

(11)11 月 5～10 日及 11 月 20～30 日—— 在美国大选年，市场多会在 11 月初转势，而其他年份，市场多在 11 月末转势。

(12)12 月 3～10 日及 12 月 16～24 日—— 在圣诞前后，是市场经常出现转势的时候。

在上面所列出的日子中，每月共有两段时间，细心一看，大家便可以明了江恩所提出的市场转势时间，相对于中国历法中的 24 个节气时间。从天文学角度，乃是以地球为中心来说，太阳行走相隔 15° 的时间。由此可见，江恩对市场周期的认识，与气候的变化息息相关。江恩理论认为，要掌握市场转势的时间，除了留意一年里面多个可能出现转势的时间外，留意一个市场趋势所运行的日数，是异常重要的。基于对“数字学”的认识，江恩认为市场的趋势是根据数字的阶段运行，当市场趋势运行至某个日数阶段，市场是可能出现转势的。由市场的重要底部或顶部起计，以下是江恩认为有机会出现转势的日数：

(1)7～12天；(2)18～21天；(3)28～31天；

(4)42～49天；(5)57～65天；(6)85～92天；

(7)112～120天；(8)150～157天；(9)175～185天。

七禾网5：在后续的交易中，一天内获得超高收益(比如超过30%)的情况有没有再次发生过？您觉得出现了什么特征的行情才可能实现如此高的单日收益？另外您觉得自己是否善于捕捉这类机会？

王志立：在后续交易日内超过30%左右的收益有过多次，比如2011年1月7日近乎发生了跟2010年1月7日同样的行情。我感觉自己更善于把握空头的行情，下跌比上涨来得快。我日内收益超过30%的情况几乎都是做空赚来的。

七禾网6：您是否觉得自己在交易上有一定的天赋？

王志立：不能说是天赋，只是我比较喜欢数字游戏，上学的时候最喜欢数学，接触到股票和期货，觉得这才是自己最喜欢的游戏。

七禾网7：您擅长做日内短线，您做日内短线主要是看指标交易，还是靠盘感交易的，或是两者有所结合？

王志立：我做日内会参考技术指标，同时我也很注重盘感。

七禾网8：就您自己的具体交易来说，在日内短线交易中，盘感起着多大的作用？

王志立：我认为盘感对日内的交易很重要。强者恒强，弱者恒弱。看盘就是观察品种强弱，找出支撑和压力进行短线操作，并不是随手下单等待赚钱。

七禾网9：您在做日内短线时心里有没有更大级别趋势的概念？您做日内短线只会顺着一个方向单向开仓，还是会双向开仓？

王志立：我做日内交易就是在趋势方向中做的，一般只会顺着一个方向做。做空的行情中我不喜欢反弹做多，但是在做多行情中可能会反手做空保护多头仓位。

七禾网 10：您做日内短线的频率高不高？一般一天做几个来回？

王志立：我做日内短线频率很低的，一般就是 1～2 波。大部分时候是只做一次交易，有时候一波做多、一波做空。

七禾网 11：除了日内短线，您也会做一些隔夜波段，请问您的隔夜单大多是从日内短线单子变过来的，还是下单时专门为了隔夜而下的？

王志立：我的隔夜单都是在趋势方向中留的，更多的时候想着明天会更美好而留单过夜。短线日内交易盈利了，但可能没有出现趋势行情的预期效果，过夜留仓继续持有。这需要对隔夜外盘的走势有个充分的心理准备，特别是假设出现行情方向跟预测的不一致的时候，你是否做好最坏的打算。**很多人趋势做不好的重要原因，是在隔夜外盘行情的影响下震荡出局。**

七禾网 12：在什么样的情况下，您会把日内短线的单子留下来过夜？

王志立：日内短线的单子我大部分都是在盈利比较可观的情况下留单，就是用利润来滚雪球，最坏的打算是这些利润没有了，我从头再来。

七禾网 13：您隔夜的单子持仓时间好像也不长，一般会留几天？最长的一笔单子留过多长时间？您的隔夜单子拿的时间不长的核心原因是什么？

王志立：我虽然喜欢趋势，但是操作都是在趋势方向的框架之内以短线为主，留的单子一般都是两三天，最多一个星期。隔夜单子拿不住还是心理素质不够好。行情不可能一天走完，反复震荡，当利润回撤比较大的时候，原本大幅利润慢慢被吞噬，心理就撑不下去，趋势单子在震荡行情中离场。

七禾网 14：您自己有没有统计过，账户的盈利主要来源于日内短线还是隔夜？

王志立：账户的盈利大部分是从日内短线赚来的，隔夜单子虽然看上去很华丽，但是往往处理得不够好，到最后并没有多少实质的盈利。这也是目前我的软肋，怎么样把过夜的利润留在账户上是以后要改善的地方。

七禾网 15：有人说“短线是最难做的，能做好短线的人一般也能做好波段和中线，而能做好波段或中线的人却很难做好短线”，您是否认同这一观点？

王志立：短线其实并不难做，相对波段或者中线来说技术是差不多的，对年轻操盘手来说，能更多地考验操盘手的魄力和胆量，该出手时就出手，止损更是“心狠手辣”。短线单子如果顺利地盈利，那么在正确的方向不断前进就变成做中线的；做趋势的人更多的时候考虑长期走势，用短线的波动来测试支撑和阻力。**有些人短线操作的止损往往下不了手，所以短期的效果就**

很差。

七禾网 16：据说您比较喜欢做塑料、PTA、橡胶、铜、股指等品种，而不喜欢做白糖等品种，为什么会有这样的偏好和选择？

王志立：**白糖是“妖糖”，庄家的操作手法比较怪异，我不太适应。**更多喜欢的是塑料、PTA、橡胶等，这些品种跟原油的走势关联很大，我感觉对外盘的走势判断还算比较准确。它们的日内波动和趋势性都比较顺畅。

七禾网 17：您做交易仓位是比较重的，一般第一次开仓就是 60%，看准了甚至会满仓，您如何理解重仓交易的风险？如何控制重仓交易的回撤？

王志立：重仓交易的风险大这是很多人的共识，一旦做错方向将遭受重大损失。**我重仓的前提是止损位置比较明确，这个点位最起码是最近 3 天明显的压力位或者支撑位，亏损的点数比较少，而预期收益却相当丰厚。**当这样机会出现的时候我还是会重仓尝试，一次、两次没有成功也没有关系，但是一旦成功，收益是不言而喻的，同时也会对信心有一个极大提升。重仓交易收益快，回撤也可能相对较大。重仓交易的收益回撤是件很痛苦的事情，目前也是我的软肋，这不仅需要一个技术的提升，更需要的是心理素质的磨合。

七禾网 18：在趋势的判断和把握方面，您一般用怎样的分析方法？您是否看重 K 线形态的分析和识别？

王志立：趋势方向判断很重要，这个是基调。可能有几天市场调整跟我们的趋势判断不一致，但是如果整体趋势方向不错，最终赚钱应该是没有问题的。**我判断趋势更多的依靠股市的走势**，目前股票市场在整个中国金融市场的比重大，参与的机构和个人多，资金规模大，这里集聚了各行各业的优秀人才，对国家政策和经济判断比较精确。股市是国家宏观经济的晴雨表，是未来经济走势的领先指标。期货市场和股市又是息息相关的，走势应该是差不多的。只是期货品种有差异化，涨跌不一，这就要求我们投资者多下功夫精选品种。当然，**K 线形态也很重要，是我进出场点的依据。**

七禾网 19：您觉得自己的风格和手法已经完善、已经大体形成，还是尚在进化的过程中？您觉得自己的交易还有哪些方面需要提升？

王志立：**我感觉自己的交易风格基本形成，就是在技术面还要再做细腻处理。**在选品种和处理有些单子的时候还是比较粗糙。目前让我感觉苦恼的是在大幅盈利以后怎么平仓的问题。

七禾网 20：就您自己做交易的切身感受而言，一个交易者的性格和适合他的交易周期是否有关系？一个交易者的性格和适合他的品种是否有关系？一个交易者的身体、心情状态和他的盈亏周期是否有关系？

王志立：性格决定命运。操盘手的性格迥异，操作风格也是百花齐放。性格不一样，风险偏好也不一样，操作品种肯定不会相同。比如橡胶和玉米的日常波动相比，典型的强弱分明。大胆激进者肯定会喜欢橡胶，高风险高收益；而风险厌恶者追求稳定，稳定增长压倒一切，当然利润也不会那么醒目。日月更替，斗转星移，万物皆有法则。周期循环是正常的自然现象。

七禾网 21：您自认为“自己的进场点把握相对精准一些，而出场点把握则相对差一些”，您是否觉得出场技术比进场技术更难掌握和运用？

王志立：经过这几年的磨合锻炼，对期货市场乃至整个金融市场认知会比较深刻一点，横向相比自己的技术水平跟有些高手还有一定的距离，纵向相比自己确实比以前有所突破。**进场点位就是靠盘感，剩下的事情就是按照市场的方向运行，**方向错了就砍掉，**止损是很简单的事情，反而止盈包含的内容比较复杂。**技术是一方面，更多的时候是对人性的思考，人性的博弈。贪婪更大的行情，畏惧利润的损失，这个门槛学别人的方法是跨不过去的，必须自己摸索，找到一个适合自己的平衡点，在贪婪和畏惧之间找到平衡。

七禾网 22：在您参加的《都市快报》期货实盘大赛中高手辈出，听说您经常关注蒋龙方、丁洪波、于海飞等人，您有没有研究过他们的交易风格？有没有从中学到或感悟到一些东西？

王志立：因为自己本身也参加了实盘大赛，对他们肯定也有关注，尽可能去提炼他们成功的要素，成功的方法各不相同。**蒋龙方、丁洪波、于海飞等人能够在多次比赛中取得丰厚的收益，并且多次名列前茅，这不是偶然的。**像蒋龙方的短线不过夜，肯定也是经他自己摸索，反复考虑过夜的风险，深谙行情震荡性和趋势性相结合，然后才选择的策略和方法。于海飞趋势拿单的心理素质也让我很佩服。自己也不断学习他们的优点，揉合到自己的交易风格中。

七禾网 23：期货对您而言是一种兴趣还是一份事业？您觉得期货是不是一种很容易上瘾的东西？

王志立：期货确实比较上瘾，更多的时候当你选择了期货以后就深陷其中，无法自拔。亏钱的想博回来，盈利的要继续滚雪球。期货对我来说算是一份事业吧，个人比较喜欢数字游戏，假如期货又能给我带来不错的个人收入，何乐而不为呢？

七禾网 24：您在期货市场的下一个目标是什么？打算如何实现它？

王志立：我在期货市场的目标是：争取早日成为亿万富翁。这个目标连我自己都感觉比较庸俗，但是比较现实，我一直也不会回避这个事实，也许评价我们这一行的结果也就是用资产来衡量吧。另外，如果条件成熟的话我想拥有一家私募基金公司。君子爱财取之有道，实现自己梦想的过程肯定会很曲折，我也做好了心理准备，永往直前，无怨无悔。

七禾网 25：作为一个河南人，在山东读的大学，又在浙江待了多年，您觉得现在自己身上河南人的基因多一些，还是山东人的基因多一些，抑或是浙江人的基因多一些？就您切身接触来说，这三个地方，哪里的人做期货比较容易成功？

王志立：山东是孔孟之乡，在我大学四年耳濡目染了山东大汉的豪爽和正直，以后工作一直踏踏实实工作，诚信做人。来浙江义乌有 6 年左右了，义乌的商业气息让我这个北方人大开眼界，浙江人的积极向上、敢闯、敢拼的思想对我很有启发。个人感觉浙江人做期货更容易成功，北方人包括我自己有小富即安的思想，有点儿保守。

方杭瑞：坚持稳健的风格决不动摇

（访谈时间：2011 年 12 月 10 日　沈良、伍宝君整理）

方杭瑞： 网名“瑞雪”，浙江义乌人，办过实业工厂，1998 年开始做股票，2007 年接触期货，2008 年上半年正式开始做期货。

曾以日内超级短线的模式，3 年时间实现 100 倍左右的收益，期间 10%的回撤 3 年里只出现过一次，一年 12 个月中往往只有 1～2 个月亏钱。

成功地从日内炒单到日内动量到日内波段，现已做到数千万规模。

访谈精彩语录：

我比较幸运地接触到期货，可能我的性格也比较适合这个行业。

想提高资金的使用效率肯定是以短线为主。

其实做期货最难的并不是日内炒单，像王向洋、于海飞他们做趋势行情比日内炒单要难得多。

我装了光纤，电脑五六台，还用一台 55 吋的电视机看行情。

盘感包括了技术水平、心态和对基本面的了解，盘感总结了所有的东西。

（我的日内短线频率）一般是 20 来次，最多的时候五六十次。

“入场见红”，一开仓就要显示红色的盈利，如果不赚钱，那么就要走掉。

我的交易并不是按照几个点位来进行止损，我把我的交易定位为日内动量交易，我是根据行情的力度来决定止损和止盈。

我没有一天是亏损的，因为我亏的时候赚的是经验，赢的时候赚的是金钱。

我在乎的不是盈亏，而是一个持久盈利的方法。

盘感不可能永远是对的，心态也不可能永远是好的，但是止损必须伴随每一笔单子。

资金增长到了一定的程度我就会把它取出，投入到更长一点儿的交易周期或投入到其他投资领域中。

我在 2009 年的时候就给自己制订了一套计划，第一是开始做炒单，第二是日内动量交易，第三是日内波段交易，第四是隔夜短线，第五是隔夜波段。

只有遵守自己的纪律才能够达到平和的心态。

你想暴富有可能换来的是爆仓，你想赚大钱有可能换来的是亏大钱。

目标低一点儿只会使你的心态越来越好，而且它不会影响你的收益。

暴利肯定是要通过复利的方式来完成。

我现在只能够说是一个出色的投机者，我的目标是要成为一个出色的投资者。

我会坚持自己稳健的风格决不动摇，用复利的方式期待一直保持稳健盈利。

七禾网 1：方杭瑞先生您好，感谢您在百忙之中接受七禾网的专访。您 2007 年才接触期货，2008 年上半年才开始正式做期货，但您很快就实现了盈利，这对绝大部分期货投资者来说是不可思议的，您觉得这是天赋使然，还是有其他什么原因？

方杭瑞：**一个人找到适合自己做的事是最重要的。我比较幸运地接触到期货，可能我的性格也比较适合这个行业。**性格方面来说，我做事情比较谨慎，遇到问题喜欢反思。

七禾网 2：您原先还做一些股票，当您在期货市场获得了较好的收益之后，您还关注股票市场吗？您还在操作股票吗？在什么情况下，您会再次出手做股票？

方杭瑞：现在一直都以期货为主，股票也有过交易，像今年的行情也还是盈利的。**期货的资金做大了，精力就放在了期货上面。**股票我用的也是短线操作的方式，盈利倒也能盈利，就是没有时间去做。

在两种情况下我一定会出手，一个是出现特别大的机会，整个市场的市盈率跌到了七八倍，我会毫不犹豫地出手。还有一个是经济走好，股市的大盘进入上升通道，那个时候我也肯定会出手的。

七禾网 3：您这 3 年从期货市场赚钱主要用的方法是日内短线，在确立这种方法之前，您有没有尝试过其他方法？

方杭瑞：刚做的时候资金量比较小，**想提高资金的使用效率肯定是以短线为主。**但是我在 2009 年的时候就确立了一套学习的路线：**开始做日内超短线，然后演化为日内波段，再进一步就是隔夜短线，隔夜短线之后是做趋势**

行情。学习的目标其实在2009年的时候已经确定下来了。虽然日内超短线做下来盈利比较稳定，但是对其他方法的研究一直没有放弃。

七禾网4：日内炒单手法对大部分交易者来说是无法领悟和实操的，而您却能够掌握，是否因为您的性格特别匹配这种手法？

方杭瑞：其实做期货最难的并不是日内炒单，像王向洋、于海飞他们做趋势行情比日内炒单要难得多。因为日内炒单只要能够控制住自己的情绪和心态就行了，但是趋势要了解的东西就更多了，像资金管理、基本面分析和趋势分析，等等。而我刚开始资金小，只能靠短线循环下单，日内交易就是靠短线不断交易这样练出来的。

七禾网5：成功的日内炒单者，要么是根据一两个指标，要么是依据特定的技术识别，要么是凭自己的盘感，您是属于哪一类？

方杭瑞：盘感比较重要，盘感是从书上看到的、从一些品种的历史走势上得到的知识和信息，在盘面上反馈得出一个综合的结果。几乎所有的商品历史走势我都仔细看过一遍，包括外盘的商品。对整个商品的走势有了一个大概的了解对提升自己的盘感很有帮助。正所谓博古通今，读懂了历史也能读懂未来，多去了解一下历史走势肯定会有很大的帮助。盘感每个人都有，有好也有坏，只有靠自己的学习和实战才能积累好的盘感。

七禾网6：如果说您的交易只是看着行情的一种条件反射，那么能否说一说，这种条件反射是随机的还是有一定的规律性的？大概在什么情况下，您会出现条件反射？

方杭瑞：条件反射其实说明了一种速度，因为我经常一笔交易在1分钟之内完成，根本没有设立止损或者止盈计划。规律性只有一种：均线上面不会去做空，均线下面不会去做多。

七禾网7：您做日内短线主要看哪个级别的行情走势图？您会不会关注稍大周期的行情图？

方杭瑞：日内交易主要看分时图，但是在收盘之后到第二天的开盘之前我肯定会去看日线走势、外盘以及周线的走势，这对第二天的交易和盘感都会有帮助。比如说日线和周线都是同一趋势，看准了，单子就能拿得久一点儿，盈利也能大一点儿。而心里面没有底的话，只能去赚小一点儿的盈利。如果日线上看第二天还是要跌的，那么在很好的位置进入的话，肯定会拿得久一点儿，利润会扩大。日线、周线能够体现市场氛围，如果两者都是空头趋势，那么做空的利润肯定要比做多大很多，所以做多时间要短，赚一点儿就跑，而做空则要拿得久一点儿。

七禾网 8：日内短线对电脑、网络、显示器、下单软件等软硬件的要求都比较高，这方面您的基本配置是怎样的？

方杭瑞：电脑速度的要求当然是越快越好。**我装了光纤、电脑五六台，还用一台 55 吋的电视机看行情。**一眼就能看到所有主要品种的走势，这样的话对于整个盘面的变化把握就会准一点儿。

七禾网 9：做日内短线的人，一般不研究基本面，可能会研究技术面，您的日内炒单模式在基本面和技术面方面是否会有所研究？

方杭瑞：我主要以技术面为主，也喜欢研究基本面。**因为精力有限，基本面只做一个大概的分析，主要还是靠技术面，因为基本面最终会反映到走势上去。**盘感的形成和自己的技术水平也很有关系，**盘感包括了技术水平、心态和对基本面的了解，盘感总结了所有的东西。**做好期货需要研究的东西有很多，但是某些高手讲不清楚到底是技术面还是基本面，大部分讲的都是盘感，**其实盘感是一种综合的东西，它包含了交易者对其他所有东西的综合提炼、感受和判断。**

七禾网 10：您的日内短线方法一般一天来回做多少次？最多的时候一天会交易多少次？

方杭瑞：一般是 20 来次，最多的时候五六十次。其实交易并不是越多越好，因为交易次数太多的那一天必定是情绪上出现问题所致，那天也基本上不大会赚钱。

七禾网 11：日内短线往往是快进快出，请问您一笔单子进场后，如果错了，一般会在多长时间内平仓？如果对了，一般会在多长时间内平仓？

方杭瑞：日内短线的止损要求不能太高，基本上我在 2 分钟之内无盈利就走。交易原则体现的四个字就是**"入场见红"，一开仓就要显示红色的盈利，如果不赚钱，那么就要走掉。**

如果做对了，若从日线上分析第二天的行情还是延续空头，而我又是在一个很好的位置进去的，那么我的持有时间有可能有一个小时或者留一部分到收盘为止，但基本上会平掉大部分，就算留也只留一小部分。

七禾网 12；一般来说，日内短线的止损设置是非常小的，您的单子一般设置几个价位的止损？您能否严格执行止损纪律？

方杭瑞：我的交易有时候比较乱，只要是人都会有情绪化，有时候一天的手续费打了十几万，交易次数太频繁，其实那天肯定是情绪出了问题。但是不管第一天的交易有多差，都不会影响第二天，即使出现频繁交易而亏钱，止损原则也不会打破。**我的交易并不是按照几个点位来进行止损，我把我的交易定位为日内动量交易，我是根据行情的力度来决定止损和止盈。我一进场它的力度如果很小那我会立马出场，而力度强一点儿我就会拿得久一点儿，**做对的时候我的利润有可能会远远大于我的亏损。

七禾网 13：日内短线对品种的流动性要求很高，您主要操作哪几个品种？利润主要来源于哪个或哪几个品种？有没有至今让您亏钱的品种？

方杭瑞：几乎所有品种我都有参与，主要是橡胶和期指。日内短线对品种的选择比较重要，像强麦和玉米这些品种我一般不会去做的。对于至今有没有亏钱的品种不是很清楚，几年总结下来一直亏钱的品种几乎不大会有。

七禾网 14：日内超短线的交易模式会产生大量的手续费，2010 年 11 月之后手续费大幅提高，对您的盈利是否有所影响？

方杭瑞：手续费的提高具有极大的影响：①交易成本提高；②交易成本的提高使得市场的活跃度降低了。比如说以前橡胶有时候能拉个几百点，像现在它的波动就比较小，赚个几十点就要出去了。波动小了利润空间也变小了，盈利难度加大了很多，交易成本也就提高了。

七禾网 15：如果我们把所有的交易做个统计，任何一种盈利的交易模式，从胜率和盈亏比这两个角度来看，不外乎以下五种：①高胜率、高盈亏比；②低胜率、高盈亏比；③高胜率、低盈亏比；④平胜率、高盈亏比；⑤高胜率、平盈亏比。您的日内炒单模式属于哪一种？

（编者注：胜率是指盈利的单子占所有单子的比例；盈亏比是指平均每笔盈利额和平均每笔亏损额的比值。）

方杭瑞：我的交易次数很多，基本上属于高胜率、略高盈亏比。因为交易次数很多，所以盈利不会像趋势一样，一笔就赚很多。在交易频率这么高的情况下肯定是要追求高的胜率。但是盈亏比的话，做期货是以小博大的，你的盈利必须大于亏损，如果做不到这一点，那高胜率也没有什么用。如果我一笔单子亏损是万把块，盈利也就 15000 左右，所以盈亏比并不高。我把我的方法定位为日内动量交易，日内炒单 2008 年的时候我做过一个多月。当时是根据 1 分钟线买入、卖出，阳线做多，阴线做空，做对了赚一两根阳线马上就跑，做错了你亏一根阴线马上就跑。**真正的炒单我做了一个多月，炒单能够培养严格止损的习惯。但是现在在双向手续费的影响之下，炒单要想盈利，几乎不可能。**

七禾网 16：您觉得自己日内短线的方法能复制到别人身上吗？即别人能否学会您的方法？

方杭瑞：肯定有一部分人能够学会，**就像期货当中 10 个人有一个人能够赚钱一样，我认为能学会我这个方法的大概也是这个比例。**如果每个人都能学会，都会用这个方法赚钱的话，那我就让我的亲戚朋友全部去做期货好了。

七禾网 17：有人把期货炒手叫作“流动性的创造者，价格的搬运工，集天赋与努力于一身的期货交易人才”，对这个叫法您是否认同？

方杭瑞：对于这个叫法我是比较认同的，以前感觉做期货没有社会价值，听了你这句话之后，感觉比较欣慰，我们是流动性的创造者。**现在流动性的创造就是我的价值，市场如果缺乏了流动性那就体现不出市场的功能了。**

七禾网 18：虽然日内短线能够经常实现盈利，但也不可能天天盈利，当您某一天做得不太顺利，亏损了，甚至亏损较多的时候，会不会影响您的心情？会不会影响您第二天的交易？

方杭瑞：人非圣贤，心态出现情绪化的情况每一个人都会有，但是我无论亏得再多基本上都不会影响第二天的交易。比如说，我有一天亏损较多了我会立马关了电脑带上家人去外面走走，然后回来之后我肯定要总结反思，不能白白交了学费。这样总结下来**我没有一天是亏损的，因为我亏的时候赚的是经验，赢的时候赚的是金钱。**

七禾网 19：您如何看待期货中的盈亏？

方杭瑞：**亏钱我不是太在乎，我在乎的是自己的那一套理念和方法是否可行。**虽然说有时候我亏了钱，但是按照那个方法做确实可行才是最重要的。因为你的理念和方法正确，盈利是必然的。**我在乎的不是盈亏，而是一个持久盈利的方法。**像我有时候短线亏了很多钱，但是在波段上面有了突破，即使亏钱，我也还是会感到很高兴。

七禾网 20：您认为自己最大的优点是止损，为什么是止损，而不是盘感、心态、努力或善于学习之类的？

方杭瑞：**盘感不可能永远是对的，心态也不可能永远是好的，但是止损必须伴随着你的每一笔单子。**如果太自负、太好胜认为自己的盘感和心态很好，而止损这一关没做好的话，那其他一切都是空的。

七禾网 21：钱少的时候复利相对简单，钱多了要复利则很难。随着盈利的增加，当您操作的资金越来越多的时候，是否会出现盈利越来越难的问题？有了一定的盈利后，您会不会出金？

方杭瑞：日内短线交易它所容纳的资金是比较有限的，**资金增长到了一定的程度我就会把它取出，投入到更长一点儿的交易周期或投入到其他投资领域中**。常在河边走，哪能不湿鞋。一直在这个市场里面，就永远都要有风险意识，肯定要拿出一部分资金投入到实物的资产上。

七禾网 22：就您自己实际操作的经验来看，根据中国期货市场目前的资金规模和成交活跃度，您日内炒单的交易模式能够容纳多大的资金量？

方杭瑞：**日内超短线的容量我认为是 300 万，日内波段容纳 1000 万资金应该是没有问题的。**

七禾网 23：随着资金量的扩大，您在继续做好日内炒单的同时，开始寻求其他交易模式，您目前尝试了哪些其他模式？做下来效果如何？

方杭瑞：**我在 2009 年的时候就给自己制订了一套计划，第一是开始做炒单，第二是日内动量交易，第三是日内波段交易，第四是隔夜短线，第五是隔夜波段**。我现在主要的是日内动量交易，日内波段交易已经用了一年了，没有一个月是亏损的，只有两个月是平的。隔夜短线会是明年的重点，今年已经做了五个月，其中一个月是亏损的，四个月是盈利的。**这些方法都是分开做的，如果混在一起很有可能会互相影响**。因为不一样的方法止损也不同，做超短线用波段的方法来止损那差距就会太大，很容易做乱套。分开做的方法我是听了李永强的演讲学到的，那个时候他提到分为几个账户来做，一个风险大一点儿，一个风险小一点儿，能够更好地进行风险控制。

七禾网 24：您认为面对行情、具体做交易的时候，可能面对的心理变化有很多种，而不是一两种，请您举例说说，具体会有哪些心理变化？

方杭瑞：赚钱的时候有好心态这是很容易的，谁都能做到。最难的是亏钱以后还能够保持平和的心态，这个是很困难的。但是要做到这样的心态就必须做到遵守自己的纪律，**只有遵守自己的纪律才能够达到平和的心态。**

七禾网 25：您认为“做期货，要先研究自己，让方法和自己磨合”，请您简单诠释一下这句话的意思？

方杭瑞：要分清楚自己是适合做哪个周期的，比如说拿个单子但是一过夜就睡不着，那你的心态是比较急的就适合做短线。如果持仓过夜还能够呼呼大睡那你的性子是比较慢的，比较适合做波段。**首先要分析自己适合做哪个周期，再去找到适合这个周期的方法，然后再去不断完善。**

七禾网 26：您非常喜欢一句话“像蚂蚁一样交易，像蝴蝶一样生活”，请您说说您对这句话的理解？

方杭瑞：也许我现在的生活状态就像这句话所说的一样，我一般收盘之后就关了电脑，很少看盘，而且每个礼拜六和礼拜天基本上会带着家人出去走走。**我交易的时候是像蚂蚁一样脚踏实地地每一天坚持自己的方法去做**，但是收盘以后该玩的玩。**收盘之后就不要把思想放在期货里面了，就应该像蝴蝶一样去享受生活。**

七禾网 27：我们身边有些期货投资者进入这个市场就是为了翻几倍、赚大钱的，您如何看待某些投资者到期货市场想要高收益甚至暴利的想法？

方杭瑞：很多人来做期货都是想暴富的，不想暴富就不会来做期货了。但是**你想暴富有可能换来的是爆仓，你想赚大钱有可能换来的是亏大钱**。如果你一年的目标是 30%～50%，那么你的风险相对来说就少了很多很多，其实**目标低一点儿只会使你的心态越来越好，而且它不会影响你的收益**。像我刚入市的时候我也想暴富，但是经历了一段时间的交易之后，我感觉暴富只是一个传说，很难很难。后来我就脚踏实地地做，一步一步累积下来，利润也就很可观了。**暴利肯定是要通过复利的方式来完成**，像巴菲特，他每年的复利只不过 20%～30%，但是他成为了世界首富。

七禾网 28：您认为要做到"还没有下单，就已经胜利了"，如何才能做到没下单就胜利？

方杭瑞：**就像打仗，是要先胜而后求战，而不是先战而后求胜。**这里面的意思主要就是你**要先找到一套行之有效的方法再去下单**。有些刚入行的投资者一进场就要迫不及待地去下单，手中没有单子就觉得难受，这样去下单风险肯定是很大的。如果你已经研究出了一套非常有效的方法，再经过这个市场一段时间的验证，这个时候再去下单，那你的胜率就很高了。

七禾网 29：期货对您来说是感兴趣又玩得好的玩具，还是赚钱的工具，还是长期的事业，抑或是这几者兼而有之？

方杭瑞：能够找到一份非常适合自己的职业是很幸运的，我肯定会把期货当成是一项长期的事业。**我在期货市场还是收获了很多的快乐，比如我在家里看盘就是一种享受，看着价格在起起伏伏，远远要比美国大片还要好看。**

七禾网 30：您认为"如果一个人的目标只是钱，那目标太低了"，请问您在期货市场的目标是什么？打算如何实现这个目标？

方杭瑞：**钱只不过是一张纸，肯定不是一个人追求的目标，只是我们需要钱来实现我们的目标而已。**物质并不是最重要的东西，心灵上的快乐才是最重要的。像毛泽东，他当时的工资只有四五百一个月。像周恩来，那时候也只不过 400 来块一个月，他经常是粗茶淡饭，一个菜一个汤。其实物质上追求的东西并不是最重要的，最重要的是心灵上能够追求到快乐。

我现在只能够说是一个出色的投机者，我的目标是要成为一个出色的投资者。对于金钱的目标我是没有的，做到多少多少钱那个不是最重要的。**我会坚持自己稳健的风格决不动摇，用复利的方式期待一直保持稳健盈利。**最终我研究的方向会是趋势交易，外盘我也肯定会去尝试，而且去尝试之前我也会先去找到一套行之有效的方法，经过一定时间的验证之后再去尝试，我不会白白地把钱扔到市场里面给那些老外去花。

叶升峰：我生命的一部分因金融交易而生

（访谈时间：2012 年 1 月 8 日　沈良整理）

叶升峰：网名江南之春，期货交易高手，擅长日内短线。

宁波宁海人，1970 年生，做过销售，合伙办过厂。2001 年开始断断续续做股票，2005 年 4 月 1 日开始做期货，几乎亏光所有的钱。2007 年用 3000 元配资做期货，本金最少的时候亏到只有 1400 元，然后在两个月内赚到 10 万元，终于翻身，并实现了持续盈利。如今，利润已积累到较大数额。

访谈精彩语录：

天才如里菲默最后的结局也是破产并开枪自杀，我辈何德何能可以在市场中生存？

鲸鱼在浅海，一旦策略有误，非常容易搁浅丧身。

单笔亏损基本控制在 2%以内，整个账户的最大回撤控制在 30%以内。

短线操盘手需要敏锐、果断，止损、止盈，心无挂碍！一般要有良好的盘感。长线操盘手则需要一种心理的坚韧性，一种坚持，或许还有钝感。

就像人一样，每一个品种都有它自己的个性。

我应该是一个日内波段交易者，基本上一天就两三次交易。

我的日内交易仓位都比较重，一般最起码 50%的仓位，大多数时候也会满仓交易。

市场的价格走势是最重要的，我会紧跟市场。

我会研究中短线趋势，但交易时基本上还是遵循当下的走势。

拥有平常心，完全按照自己的交易系统去执行，成绩是自然而然的。

从理性上认识亏损和盈利一样是期货交易必然的、无可避免的组成部分。

围棋强调平常心，行棋如流水；期货同样要求保持平常心，顺势而行，像流水一样跟随市场。

期货市场并不缺少机会，少犯错误才能稳定长久地生存。特别是交易系统不允许的机会，必须放弃！懂得放弃，是为了抓住更好的机会。

我们在不断地认知这个世界的过程中，但这个世界永远有我们不可知的事物存在，所以任何事物没有绝对性。

大多数人进入期货市场的最大目标肯定是金钱，但要做好期货，却恰恰必须在心中放下对金钱的强烈欲望。

要有对市场的想象力，金融市场的实际走势往往超出世人最大胆的想象。

万事万物有大道，顺势即大道。

在顺应历史大势的情况下，成功的概率就高，逆历史潮流而动，失败是迟早的事。期货更是如此。

七禾网 1：叶升峰先生您好，感谢您在百忙之中接受七禾网的专访。您在做期货之前，做过其他一些行业，就您切身参与和体验来看，做期货和做其他行业相比，主要有哪些方面的不同？

叶升峰：期货比较独立，比的是个人内在的综合素质，特别是独立的思想与判断力、悟性。**我总觉得要真正做好期货必须有形而上的东西——哲学观。期货做到后来跟自身的世界观、人生观、金钱观密切相关**，而这些方面在一个人 3～22 岁基本奠定，当然后面的努力非常重要。**期货做的是人性、个性、心理洞察力与自我心理反省力等**。而其他一般行业社会性更强，对沟通的要求更高。

七禾网 2：您做期货的前两年亏损比较严重，您觉得当时自己亏钱的核心原因是什么？

叶升峰：对市场的理解不够全面与深刻，对要达到期货盈利这个目标的关键要素缺乏深入研究与坚定信念！当时身边没有一位能稳定盈利的老师和朋友，一切靠自己在黑暗中摸索，客观上延长了学习的进程。总之一句话，**没有找到适合自己个性的，符合当时自己水平的，并且契合市场环境的盈利模式，或者说交易系统**。

七禾网 3：您亏得最惨的时候有没有想过放弃期货？有没有怀疑过这个市场盈利的可行性？您为什么会坚守下来？

叶升峰：在开始做期货的前一年半时间，差不多尝试过大多数交易方法，如不太频繁的炒单、日内波段、隔夜、波段、中长线等，始终无法稳定盈利，起起落落，但结局总是一样的——钱没了！**那个时候真的怀疑在期货市场是否有人可以长期稳定的盈利？**当时恰好青泽先生的《十年一梦——一个操盘手的自白》出版，我和他有一样的疑问，天才如里菲默最后的结局也是破产并开枪自杀，我辈何德何能可以在市场中生存？后来又了解了美国对冲基金的梦幻团队长期资本管理公司的破产。我的感悟是，并不单单是因为它们忽视了风险，而是它们的身躯已经庞大到无法灵活转身，就像鲸鱼在浅海，一旦策略有误，非常容易搁浅丧生。因此，我对成为绝对主力或大庄家是感冒的，只要可以灵活转身，有自己因时而进的成熟交易系统，严格止损，控制风险，长期稳定盈利则是自然而然的，哪怕在最迷惑、最困难的时候，也从来没想过放弃！因为除了包括期货在内的金融交易之外，还有什么能最大的展现我生命的价值？我生命的一部分因金融交易而生。

七禾网4：后来您在期货市场赚钱了，并且实现了持续盈利，这两三年来甚至还取得了很好的收益。和之前那个亏损的您相比，您取得了哪些方面的突破，才实现了盈利？

叶升峰：相对成熟的交易系统，稳定的心态，贴近市场脉搏跳动的敏感的心。

七禾网5：其实，2007年您是通过配资账户的操作走出困境的，不少人认为配资是“害人”的东西，而配资却“救”了您，请您谈谈对配资操作期货的看法？

叶升峰：期货配资是双刃剑，加快盈利或加速死亡，关键还是在于操盘者是否成熟。我第一次100万以上的管理账户就是配资账户，那个朋友自己的本金只有30万，配资70万，全部日内交易，不断出金，半年多一点儿时间共盈利237万。我有多次配资账户交易的经历，可以说基本没亏过。配资对新手来说可以加快交易纪律的形成。

七禾网6：您现在觉得“期货挣钱其实也不难，只要控制好风险，执行好纪律”，请问在风险控制方面您一笔单子的亏损一般控制在多大？整个账户的最大回撤控制在多少？

叶升峰：单笔亏损基本控制在2%以内，整个账户的最大回撤控制在30%以内。

七禾网7：另外，在止损、止盈、进场、出场等方面您是否制定了完备的纪律？您能否百分之百执行纪律？

叶升峰：止损、止盈、进场、出场，这是一个交易系统最基本的组成部分，肯定会有完整的纪律。基本上能严格执行，偶尔会有出入，但一定会执行。我也在考虑引入程序化交易的问题，特别是当资金到一定量级，并且是多账户交易时。

七禾网 8：您现在的交易风格基本上是做日内短线，您为何选择日内短线作为主体交易方法？而不是做隔夜波段或中长线？

叶升峰：无论你做期货的目标是单纯为了赚钱，还是实现人生价值，首先必须达成稳定盈利的目标。日内短线只是达成这一目标的手段。在一个时点，恰恰是日内短线第一次帮我完成了这一升华。

七禾网 9：您认为“短线操盘手和中长线操盘手的心理承受是不一样的”，请问两者在心理承受方面有哪些不一样？

叶升峰：短线操盘手需要敏锐、果断，止损、止盈，心无挂碍！一般要有良好的盘感。长线操盘手则需要一种心理的坚韧性，一种坚持，或许还有钝感。

七禾网 10：您做日内短线，在品种选择上有没有讲究？您主要做哪些品种？

叶升峰：日内短线对止损的要求特别严格，要求在一个价位一次性成交。所以在资金量较大的情况下，必须选择活跃性高、成交量大的品种，如铜、锌、天胶、螺纹钢、郑糖，还有股指等。

七禾网 11：有没有您做得比较顺手，经常赚钱的品种？有没有您做得不太顺手，老是亏钱的品种？

叶升峰：天胶和铜比较顺手，给了我最多的盈利。郑糖与螺纹钢做得差一些。

七禾网 12：就您参与和观察来看，每一个品种是否具有它自己的“性格”？

叶升峰：我觉得就像人一样，每一个品种都有它自己的个性。天胶的霸气、敏锐、无拘无束，又不脱离技术的缰绳；铜的大气、沉稳。造成这些特点的原因，我认为主要有两点：一是品种本身所对应的现货的特性造成的，二是某一品种其中主要主力参与者的个性所形成的。

七禾网 13：您做日内交易，进出频率高不高？一般来说，平均一天几个来回？

叶升峰：我应该是一个日内波段交易者，基本上一天就两三次交易。

七禾网 14；您做日内交易，仓位重不重？会不会满仓交易？有没有加减仓的习惯？

叶升峰：我的日内交易仓位都比较重，一般最起码 50%的仓位，大多数时候也会满仓交易。看具体情况会有加减仓。

七禾网 15：某些日内交易者主要看指标或技术图形，另一些日内交易者则主要凭盘感，您属于哪一类，或是两种兼容？

叶升峰：**我应该跟以上两者都有区别，一般主要看价格本身的变化，**偶尔会看一下技术图形或参照比较有把握的盘感，但主要的下单还是看价格。

七禾网 16：一般来说，日内交易对基本面分析的要求不高，您做日内交易会不会研究分析基本面情况？会不会参考、借鉴相关信息或消息？

叶升峰：我会看某些品种基本面的一些情况，以及整个金融市场的宏观大势与气氛，但具体交易时基本上不会借鉴相关信息或消息。**市场的价格走势是最重要的，我会紧跟市场。**

七禾网 17：您做日内短线，有没有一个更大周期的趋势在指导？您在一天内会多空双边都做呢，还是只做一边？

叶升峰：**我会研究中短线趋势，但交易时基本上还是遵循当下的走势。如果有较好的机会并且符合我的交易系统，肯定多空双边交易都会做。**

七禾网 18：前段时间您参加了一项某期货公司组织的实盘大赛，为了获得更好的收益，您做了一些隔夜单子，结果效果很差，隔夜单子吞噬了日内单子的利润，最终比赛账户的收益反而小于同期其他账户。您觉得自己有没有做好隔夜单的能力？另外，参加大赛会不会影响您做单子的心态？

叶升峰：这是我第一次参加全国实盘大赛，经验肯定不足，在名次靠前时产生了一些急躁心理或者说功利心，以致临时改变了交易习惯去隔夜操作，无论结果好坏，肯定是错误的。其实，**拥有平常心，完全按照自己的交易系统去执行，成绩是自然而然的。**我正在设计一套波段交易系统，以及一套中长线系统，期货交易的基本原理是相通的，相信到时隔夜单的效果会比较好。

七禾网 19：这几年来，国内的期货实盘大赛比较多，在大赛中涌现出了不少交易高手，对这些高手您是否关注？有没有您特别欣赏的？

叶升峰：主要是通过你们七禾网了解了很多业内高手的情况，我觉得你们做的努力，会引导一些有天赋的初学者走上一条正确的交易之路，善莫大焉。**我比较欣赏李永强的短线交易，以及他的善心与人生观。还有“凌波微步”时强的哲学观与交易观。其实，期货交易功夫在诗外。**

七禾网 20：在连续亏损、连续盈利的影响下，或是在交易以外的其他事情的影响下，您会不会出现带着情绪去交易，从而打乱了交易节奏，导致该做的单子没做、不该做的单子反而做了这种情况？您觉得应该如何克服情绪对交易的影响？

叶升峰：以前经常出现在连续盈利的大好情况下，不愿见到任何一天亏损，一旦开局不利，不愿认输，从而造成频繁交易，以致大亏，并且严重影响了第二天的情绪和交易结果。

至于如何克服，一是从理性上认识亏损和盈利一样是期货交易必然的、无可避免的组成部分，只要按照交易系统，严格把亏损额控制在系统允许的范围之内就是成功的，接下去的盈利必然抵达。二是在交易期让生活规律化，每天做一些盘前盘后的研究、反省、计划，使内心保持宁静，有平常心。偶尔也可放松一下自己，例如运动、看书、下棋，每个人都有适合他(她)自己的方式。

七禾网 21：如果说盈利的要素分为三大类“交易技术”、“资金管理”、“心态管理”，就您切身感受而言，这三者哪一个最重要？为什么？

叶升峰：我认为三者都非常重要，相辅相成。坚实的交易技术会带来良好的心态，好的心态会有助于交易技术的发挥，资金管理可以保证长期生存与发展。

七禾网 22：您会走围棋，请问您觉得“围棋的对弈”和“期货的博弈”是否有相似之处？

叶升峰：我最喜欢围棋大师吴清源的棋谱，他的平衡理论和阴阳观，他的棋行云流水、天马行空，往往有神来之笔，又绝不会让局面失控，始终保持大局的均衡。围棋的大局观会让我对金融市场的宏观面有较好的关注。围棋强调平常心，行棋如流水；期货同样要求保持平常心，顺势而行，像流水一样跟随市场。

七禾网 23：您认为“机会没那么重要，有些机会可以放过，少犯错误才是最重要的”，请您诠释一下这个观点？

叶升峰：我开始做期货的时候，认为机会是最重要的，只要有机会就一定出击，错了就止损。随着交易技术与心态的成熟，现在对机会的认识与把握能力更强，一些可做可不做，确定性不是很高的机会就会放弃。其实期货市场并不缺少机会，少犯错误才能稳定长久生存。特别是交易系统不允许的机会，必须放弃！懂得放弃，是为了抓住更好的机会。

七禾网 24：您认为“人类对世界的认知很有限，有些东西永远不可知”，那么对交易者来说，市场行情是否也是如此？是不是交易者对市场行情的认知也很有限，有些东西永远不可知？

叶升峰：我是一个怀疑论者。我们在不断地认知这个世界的过程中，但这个世界永远有我们不可知的事物存在，所以任何事物没有绝对性。市场行情同样如此，保留一份谨慎，时刻保持一个止损的底线是非常必要的。当然，一定的规律是可以认知的，但不要绝对化。

七禾网 25：您看过的投资类书籍里，《股票作手回忆录》《专业投机原理》《短线交易秘诀》这三本书对您很有帮助，请您分别说一说这三本书给您的启发？

叶升峰：利弗莫尔的《股票作手回忆录》让我认识了金融市场趋势的重要性，《专业投机原理》的一致性原则帮我构建了交易系统的框架，而《短线交易秘诀》启发了我很多观察市场以及短线规则的方法。

七禾网 26：做期货的人，在交易中无时无刻都在和金钱打交道，金钱似乎来的也快、去的也快，请问您如何看待金钱？

叶升峰：人的一生其实非常短暂，生命有时候很脆弱，生命途中充满意外，说走就走了！钱，生不带来，死不带去，钱财真乃身外之物。人生如梦！恰似一场游戏。但我是一个积极的悲观主义者，既然在世上走一遭，就要做一些自己喜欢的事情，能最大地发挥自己的潜能和个人价值的事情，给社会和世界留下一些有益的东西。

在高中的时候我在日记上写下一句座右铭：个性，美，创造！她已经深入我的骨髓和灵魂之中。你不觉得期货具有这些特质吗?！期货是一件充满矛盾的事情，大多数人进入期货市场的最大目标肯定是金钱，但要做好期货，却恰恰必须在心中放下对金钱的强烈欲望，淡泊心态，拥有平常心。如何解决这个问题有关期货交易的生死?！

七禾网 27：在期货市场赚到多少钱您才会觉得比较满意了，或是比较对得起自己了？您感觉自己能在多长的时间内完成这个目标？

叶升峰：至少 1 亿以上吧，力争 10 年内完成这个目标。

七禾网 28：您很喜欢胡适的一句话“大胆假设，小心求证”。请您说说这句话对您期货交易的指导？

叶升峰：这对做中长线的人特别有用，要有对市场的想象力，金融市场的实际走势往往超出世人最大胆的想象。例如 2006 年铜的走势、2010 年棉花的走势。当然，具体交易时，必须遵循自己交易系统的规则，去一步步求证，错了就按系统止损。

七禾网 29：您还喜欢孙中山的一句话“天下大势，浩浩荡荡，顺之者昌，逆之者亡”。请您说说这句话对您期货交易的指导？

叶升峰：万事万物有大道，顺势即大道。孙中山的原话是“历史潮流，浩浩荡荡”。“天下大势”是我改的也是我的领悟。生物界的适者生存也好，政治也好，革命也好，改朝换代也好，产业界的更新换代也好，全球化也好，都是一种趋势，**在顺应历史大势的情况下，成功的概率就高，逆历史潮流而动，失败是迟早的事。期货更是如此。**

“叶等”：期货不艺术，自律方常青

（访谈时间：2012 年 12 月 24 日　沈良、翁建平整理）

“叶等”（网络昵称）：南华投资操盘手，期货短线交易高手，曾在会计师事务所工作，拥有注册会计师 CPA 资质证书。

2004 年 4 月感觉期货赚钱应该很快，毅然辞职专做期货，随后听信专家的言论做多大豆被封死在跌停板几乎爆仓，再用基本面分析与套利操作又几乎把追加的本金亏完。2004 年 8 月开始坚持技术分析，至 2005 年开始盈利，并形成了自己的交易体系“119 交易策略”。2006 年赚到人生的第一个 50 万，2005～2012 年连续 8 年资金稳步复利增长(70 倍收益)，实现质的飞跃。

访谈精彩语录：

期货投机，数字不是很重要。

技术分析更具有可操作性，容易量化，基本面的东西难以量化。

我在交易中不考虑基本面分析，有人跟我讨论基本面，我也会避开。

技术分析只是个概率分析，不具有确定性。

价格走势就是人性心理在行情波动上的反映，人性的重演会体现在价格走势上。

一条趋势线管的时间越长，如果它被突破的话，带动的价格走势就越大。一条趋势线时间管的越长，就越不容易突破。

一切操作的前提是要有止损，技术分析就是建立在止损基础上的概率分析。

颈线就是一条横线，尽量让一个阶段的价格在它的上面或者下面。

利益面前人性非常薄弱，越量化的越容易管住人性。

盘感我觉得很难定义，看着 K 线感觉快要突破了就是盘感。

目前一笔单子止损定在 3～5 万，账户回撤一般控制在 10%以内，以前的实际控制是在 5%～6%以内。

理性角度来说，一天做多少次跟盈亏没有关系，应该根据自己分析的交易机会来做，需要做几次就做几次。

在极端行情下我也会做隔夜交易，但做得比较少，即使空单吃到跌停板我也会平一半的仓。

我们应该在高赔率的基础上建立自己的投资策略。

心态不好所有的技术都发挥不出来，心态是发挥技术的前提。

被教训一顿后就会很自律，一段时间内就不太会犯错误，时间长了会忘掉，然后会再爆发一次。

从理性的角度来说，平均一天做一个来回的交易是最好的，频繁交易账户肯定表现不好。

做期货自己富有就好，不需要出多大的名气。

操作过程中，成败在于一个人，交易的时候必须一个人扛起所有的责任。

七禾网 1：“叶等”先生您好，感谢您在百忙之中接受七禾网的专访。您原本在会计师事务所工作，2004 年 4 月感觉期货赚钱应该很快，就辞职做期货了。现在回想起来，当时的决定会不会太莽撞了？

“叶等”：现在走出来了感觉还好，当时亏钱的时候是觉得太莽撞了，万一没转过来，就需要很多年的努力才能把本翻过来。

七禾网 2：会计师事务所的工作经历对您做期货投资是否有所帮助？您对数字的敏感度会不会高于其他人？

“叶等”：会计师事务所的工作主要是审计工作，跟现在的期货交易完全是两个不同的行业，一点点关系都没有，如果说有关系，就是对我的心理有点儿作用(自己注册会计师都考出来了，有一份好工作肯定没问题)，信心会比较强，**我不是被动去做期货，而是主动去做期货。**跟数字没什么关系，**期货投机，数字不是很重要。**

七禾网 3：2004 年 4 月 16 日您根据某个“专家”的看多思路，在大豆 9 月做多被封死在跌停板，几乎爆仓。请问，就您看来，专家的话是否都不可信？投资者要谨防哪些类型的专家？

“叶等”：从我现在的角度来说，所有的专家都是不可信的，做期货是完全要根据自己的判断。当时为什么会信任专家，主要是没有分析方法，就根据他的依据做了，结果账户反映也不理想。**做期货一定要靠自己的决断，**盘后可以跟人交流，盘中还是要靠个人做决断。任何专家的东西都是对你没用的，如果听信了专家反而会让你的止损不果断。在我心里，期货市场上是没有专家的。

七禾网 4：您做期货一开始用的是基本面分析，但失败了，到了 2004 年 8 月开始坚持用技术分析才逐步走向成功。就您看来，基本面分析是否毫无用处？

“叶等”：基本面分析不能说毫无用处，肯定是有用的，但就个人能力而言，很难把握基本面，全面性、及时性都很难把握。我也没有人力物力去研究基本面，如果光靠报纸网络了解的基本面信息，它的可靠性和及时性都不怎么样。

七禾网 5：您觉得技术分析和基本面分析相比，有效性体现在哪里？您现在做交易时是否完全不考虑基本面因素？

“叶等”：技术分析和基本面分析相比，技术分析更具有可操作性，容易量化，基本面的东西难以量化。我在交易中不考虑基本面分析，有人跟我讨论基本面，我也会避开。

七禾网 6：技术分析也不是万能的，您觉得技术分析最大的缺点或弱点是什么？

“叶等”：技术分析只是个概率分析，不具有确定性，只能说概率偏大或偏小。技术分析的缺点也是要自己去挑的，我讲过一句话，“技术分析只是一句空话”，什么东西都罗列到了，要能够取出对自己最有用的、概率最高的分析工具。技术分析的缺点或弱点是太笼统了，如果没有分辨能力，就不知道该采取哪种方法。

七禾网 7：您充分理解了技术分析的三大假设前提：①市场行为涵盖一切信息(价格反映一切)；②价格沿趋势移动；③历史会重演。请问，价格是否始终沿趋势移动？历史会重演，重演的是价格走势还是人性特点？

“叶等”：趋势有长期、有短期，是否始终沿趋势移动这句话本身就有一定的矛盾。但价格是有惯性的，按惯性来走的概率比较大。我觉得人性的特点会重演，价格走势就是人性心理在行情波动上的反映，人性的重演会体现在价格走势上。

七禾网 8：2005 年您形成了“119 交易策略”，并以此在交易上取得了很大的成功。请您简单介绍一下何为“119 交易策略”？

“叶等”：“119 交易策略”也是个无厘头的说法，第一个“1”是一根趋势线，第二个“1”是一根颈线，“9”就是目标要巨大。如果目标不做大一点儿，赔率很难掌握。

七禾网 9：在您的交易策略中，画趋势线是很重要的，请问，怎样的趋势线是比较有效的趋势线？

“叶等”：一条趋势线管的时间越长，如果它被突破的话，带动的价格走势就越大。反过来说，一条趋势线时间管的越长，就越不容易突破，可以围绕着它来回做。当然，一切操作的前提是要有止损，技术分析就是建立在止损基础上的概率分析。

七禾网 10：行情走了一段时间后，原先画好的趋势线可能要重画，您觉得在什么情况下应该重画趋势线？如何重新画？

“叶等”：一般一个阶段创新高或创新低，我就要重画。不过，如果行情走了一段，突然回撤下来，把趋势线破掉了，又马上回到趋势线上面去，属于一个短线的干扰，这种情况我不会重画。而当价格创出新高，我就根据破掉的点重新画一根趋势线。

七禾网 11：是否可以同时存在几条趋势线？在做交易时，主要看哪一条，还是每条都看？

“叶等”：要看具体的支撑在哪里，如果价格形态围绕其中一根趋势线“打架”，突然有一根趋势线穿过，刚好这个形态形成一个头肩顶，就说明是空方打赢了。如果有多条趋势线的话，就看价格形态围绕哪根趋势线战斗，哪根线就是最有效的。

七禾网 12：您所定义的“颈线”是一条什么线？

“叶等”：约翰•墨菲的《期货市场技术分析》里有写到颈线怎么画，我是完全根据教科书上画的。颈线就是一条横线，尽量让一个阶段的价格在它的上面或者下面。不管是趋势线还是颈线，在趋势线以上就是阳，趋势线以下就是阴，颈线也是一样。

七禾网 13：面对同一幅行情图，画趋势线和颈线会不会有不同的画法？画趋势线和颈线是不是含有较多的主观色彩？

“叶等”：是有一点儿主观色彩的。我画趋势线和颈线的方法跟约翰•墨菲的书上是一样的。画线主要看最高、最低价，操作不是以收盘价来操作的。

七禾网 14：您画趋势线和颈线有着自己独到的方法，甚至有朋友称您为“画家”。请问画趋势线和颈线是否体现着一定的“艺术性”？其“艺术价值”是否取决于画者的经验和灵感？

“叶等”：我喜欢把东西往量化的角度考虑，艺术性的东西难以量化。两个最高点或者两个最低点画一条线，它的形态围绕着这根线活动的话，我觉得就是有价值的。我不喜欢以艺术的眼光看待趋势线或者颈线，我喜欢量化，**利益面前人性非常薄弱，越量化的越容易管住人性。**

七禾网 15：您除了看 K 线、趋势线、颈线外，还会不会看一些其他指标或图形辅助交易？

“叶等”：其他都不看，成交量有时候会看一下。

七禾网 16：您交易时看四台显示器，这四台显示器分别看什么内容？

“叶等”：现在已经关了一台，每台显示器都是 K 线，看不同品种、不同分时的 K 线。

七禾网 17：您同时会关注几个品种？当您在操作一个品种时，还会不会同时关注其他品种？

“叶等”：会关注 4～5 个品种。原则上操作一个品种就不会关注太多东西，操作上最多 2 个品种。

七禾网 18：都说短线交易的盘感很重要，请问您如何定义盘感？您在交易中是否会经常运用盘感？

“叶等”：盘感我觉得很难定义，看着 K 线感觉快要突破了就是盘感，把它量化很难做到。感觉要突破的时候可以运用一下盘感。

七禾网 19：您觉得自己的盘感好不好？盘感这个东西能否复制？

“叶等”：我自己说不好，有时候一天怎么做都赢，有时候怎么做都是输。**我觉得盘感是不能复制的，自己都很难复制。**

七禾网 20：股指期货您有没有参与？您的方法在商品期货上盈利更好，还是在股指期货上盈利更好？

“叶等”：有参与。**股指期货做错的时候回撤太快，我的方法用在商品期货上表现最好。**我仅仅把股指当作一个投资品种，它没有特殊性，我发现股指期货有个特点就是回撤太快，不好止损。

七禾网 21：短线的最大瓶颈可能是资金容量问题，您觉得自己的方法最大的资金容量能做多少？

“叶等”：一两千万没问题。不过，短线如果满仓做，如果每次都满仓，500 万差不多。

七禾网 22：您做日内短线交易，一般一笔单子的止损设为多少？整个账户的回撤控制在多大范围内？

“叶等”：目前一笔单子止损定在 3～5 万，账户回撤一般控制在 10%以内，以前的实际控制是在5%～6%以内。

七禾网23：一般情况下，如果盈利了，一天做几次？如果亏损了，一天做几次？

“叶等”：理性角度来说，一天做多少次跟盈亏没有关系，应该根据自己分析的交易机会来做，需要做几次就做几次。但事实上的操作，一般亏损的时候、错的时候操作次数会比较多，盈利了反而做得少，这是人性使然。

七禾网24：您日内交易的仓位会放到多大？您会不会做隔夜交易？在什么情况下会隔夜？隔夜的仓位一般放多大？

“叶等”：只要流动性足够好，止损在3～5万内能够做就可以了，基本上我不考虑仓位是多大。在极端行情下我也会做隔夜交易，但做得比较少，即使空单吃到跌停板我也会平一半的仓。

七禾网25：您认为“期货市场即是赌场”，请问期货市场和赌场有何相似之处？

“叶等”：期货和赌博都跟钱直接挂钩，赌赢了就赚钱，赌输了就亏钱，我觉得最相似了，更确切地说，期货市场就是押大小，就两个方向。相对止损额来说就是两个方向，不是在止损价以上就是在止损价以下。

七禾网26：如果期货是一种赌博，那投资者应该如何建立自己在赌博中的优势？

“叶等”：赌博由胜率和赔率来决定能不能在赌博中赢出，胜率难以把握，要靠操作的实际情况来看，赔率可以在赌博前就设计好。期货市场上的赌博跟澳门赌博的区别，期货市场上的赔率可以自己做，实际上的赌博赔率一般不能由自己决定，我们应该在高赔率的基础上建立自己的投资策略，但是现实当中很多人难以做到高赔率，很多人是赚了一点儿就跑，亏了钱就捂牢。如果关掉电脑要赢出很容易，如果你认为自己的胜率很差，做10笔也赢不了1笔，要赢出的必要条件只能赔率大于10，用这个观点可以在市场中少交点儿学费。而胜率有时候要靠点儿运气。

七禾网27：您认为做交易“心态第一，技术第二”，为什么心态比技术重要？

“叶等”：心态不好所有的技术都发挥不出来，心态是发挥技术的前提，有好的心态才能把技术发挥出来，这个跟运动员打球一样，如果没有体力，技术怎么好都发挥不出来。我自己的实践证明，在心态坏的时候违背交易系统所产生的损失是很大的。

七禾网 28：你现在还会不会受相关因素的干扰导致心态不好，而使得该做的不做，不该做的乱做，甚至越做越亏的局面出现？应该如何规避这类情况的发生？

“叶等”：会。我尽量做到影响最低。其实，现实中会出现一个循环，被教训一顿后就会很自律，一段时间内就不太会犯错误，时间长了会忘掉，然后会再爆发一次。我现在希望通过场外的因素来克制，比如每天读一下交易规则。

七禾网 29：您认为“频繁交易是短线交易的一个死穴”，请问频繁交易有哪些危害？

“叶等”：频繁交易会导致胜率下降，止损马上增加。频繁交易导致胜率下降，胜率下降导致经常亏损，经常亏损导致心态变坏，心态变坏导致更重大的亏损，形成一个恶性循环。

七禾网 30：您虽然是做短线的，但您认为“很小的行情坚决不做”，请问，您会不会在某些交易日不做交易？在 10 个交易日中您大约有几个交易日是不做交易的？在原本不应该做的时候，万一手痒了，怎么办？

“叶等”：一般 10 个交易日会有两三个交易日不做交易，万一手痒了，也只能用小仓量去玩一下，没有更好的自制力就离开电脑，离开电脑是最好的选择。从理性的角度来说，平均一天做一个来回的交易是最好的，频繁交易账户肯定表现不好。

七禾网 31：您喜欢暴涨暴跌的行情，磨磨蹭蹭的行情您尽量不参与，为什么喜欢暴涨暴跌的行情？如果涨了很多了，或跌了很多了，您还跟不跟进？

“叶等”：更确切地说是喜欢“干脆”的行情，涨了就涨了，跌了就跌了，我很怕那种来回大幅波动的行情。已经涨了很多了，或已经跌了很多了，我基本上不考虑，跟我的交易系统是没有关系的，如果涨完以后符合我的形态，不管多高，我都要去追。

七禾网 32：据说您的技术分析方法是经过一个高手指点的，在期货这个很容易亏损的市场，您觉得成功榜样的力量有多重要？

“叶等”：榜样的力量很重要，技术分析包罗万象，你并不知道技术分析会不会成功，然而有人跟你说了他的技术分析成功了，表现很好，这样你才有信心把技术分析当成一个方法。实际上有很多人都在兜圈子，原来做基本面分析，做得不好又去做技术分析，技术分析做了段时间后表现不好又兜回来了，在那儿不断地绕圈子，因为他们没有信心。如果有个榜样的力量，就会有信心，就会往一个方向走下去。

七禾网 33：现在的期货行业比较热闹，有各种各样的大赛，很多高手都喜欢参加大赛和别人切磋技艺，而您却从未参赛过，这是什么原因呢？

"叶等"：①趋利。目前来讲，参赛对我来说没有利益，我不想要别人的资金也不想要知名度，没有意义；②去参赛了也不一定能得到名次，他们操作那么狠，动不动就满仓隔夜，我肯定受不了；③做期货自己富有就好，不需要出多大的名气。以后如果 CTA 出来后市场很规范，也有可能拿点儿小资金去参加正规一点儿的大赛。

七禾网 34：有人说期货行业是一个孤独的行业，成败在于一人，也有人说期货行业是一个需要互相沟通交流的行业，互相学习才能进步。您的观点呢？

"叶等"：在操作过程中，成败在于一个人，交易的时候必须一个人扛起所有的责任，跟交易有直接关系的，最好是一个人决策。借助榜样的力量也是沟通交流、互相学习。交易没有形成自己体系的时候，需要不断沟通交流，向别人取经；自己形成一定的系统后，跟别人交流的范围就小了，唯一的交流就是自己的盲点，比如哪天做得心情不好了，可以做一个心理上的沟通，这样反而更好。

汪斌：(一)要不断随着市场的变化来改变自己

(访谈时间：2012 年 4 月 16 日 沈良整理)

汪斌：网络昵称“风林火山”，知名操盘手，短线交易高手，全国大赛参赛账户名“screeper 汪斌”。

2006 年开始做股票，2007 年开始做期货。2011 年 3 月至 2012 年 2 月一年时间，用盈利不断取出的方式，实现 5 万元盈利 214 万的成绩，为第二届笑傲江湖期货实盘大赛实际收益率第一名。在第六届期货日报全国期货实盘大赛中，汪斌以 268.15%的收益率，获得重量级组第五名。账户“风林火山”在 2012 年 4 月 18 日到 2013 年 10 月 22 日，在七禾网实战排行榜的实盘复合净值为 1941.93。

访谈精彩语录：

我从一开始做期货就是短线交易，靠自己摸索找到适合自己的交易方法。

日内风险可控，基本都是满仓操作。

波动大的时候一天能有 100 来个来回，波动不大可能 20～30 次。

扣掉手续费，可能 70%的单子是盈利的，80%～90%的交易日是盈利的。

股指可能一天来回 50 次，47 次是小盈小亏，赚钱就是靠那 3 笔爆发行情。

从现在的情况看，股指最适合做日内短线，然后是天胶、铜和 PTA。

短线交易的人止损都很坚决，秒杀行情多半都是止损造成的。

秒杀行情一般盘面会有征兆，我比较少受伤。

只看分时图和对价，K 线和技术指标其实就是分时图和成交量画出来的，没必要去看。

应该认为所有基本面的变化都反映在了价格中。

手快有时候可以让你取得 1～2 个价位的优势，脑快才能抓到趋势的转换，抓到大波段，避免大的亏损。当开仓单量比较大之后，脑快比手快要重要得多。

开仓后，开仓的价格对后面的操作就已经没有任何影响，感觉不对就平仓，无所谓当时是赚还是亏。

一种方法能持续盈利几个月、一年就很不错了，关键还是要随着市场的变化不断来改变自己。

七禾网 1：汪斌先生您好，感谢您在百忙之中接受七禾网的专访。您做期货主要是日内短线交易，如果把日内短线分为两类，一类是技术型（看固定指标或用固定的规则进行交易），另一类是盘感型（根据盘面变化，自己感受强弱进行交易），您主要属于哪一类？抑或是两类都有用到？

汪斌：我主要是用后一种，即感受盘面强弱，根据盘感交易，但当某些形态走出也会按照规则交易。

七禾网 2：您做期货短线交易的手法是自己在实践中摸索出来的，还是经高人指点的，或是从书本上学来的？您做期货一开始就从日内短线交易入手的吗？

汪斌：是的。**我从一开始做期货就是短线交易，靠自己摸索找到适合自己的交易方法。**

七禾网 3：目前您除了日内短线交易，隔夜波段或中长线有没有涉及？您为什么把日内短线交易作为自己最主要的交易模式？

汪斌：**中长线也做，不过用的钱比较少。**我还是比较厌恶风险的，隔夜突发事件可能导致 40%以上的亏损，感觉还是接受不了。**短线交易风险可控，盈利也比较稳定。**

七禾网 4：在什么情况下，您会留隔夜单？您一般日内交易的仓位多大？如果隔夜，一般仓位多大？

汪斌：真的感觉趋势很强，而且是一波行情的第一根大阳或者大阴，可能会去留 30%的隔夜单（小账户一般就满仓上了）。**日内风险可控，基本都是满仓操作。**

七禾网 5：您从 2000 年开始做股票，2007 年开始做期货，您做期货的手法和您以前做股票的手法是否相关？您现在还在做股票吗？

汪斌：股票是 2005 年开始做的。**做期货的手法和之前做股票的手法应该有一定的关系，我做股票持仓时间也不长，**但是短线手法在股票牛市不怎么适合。现在股票也有操作，主要是打新和抓反弹。

七禾网 6：据说您最多的时候一天交易 140 多个来回，在一般情况下，您平均一天交易多少个来回？以每一笔交易的盈亏来统计，您大约多大比例的单子是盈利的？以每一个交易日的盈亏来统计，您大约多大比例的交易日是盈利的？

汪斌：主要是看行情，波动大的时候一天能有 100 来个来回，波动不大可能 20～30 次。扣掉手续费，可能 70%的单子是盈利的，80%～90%的交易日是盈利的。只算平仓盈亏的话比例更高些。

七禾网 7：您认为“做短线不是一直要买卖，而是要等待机会”，您等待的是怎样的机会？

汪斌：等待日内趋势行情的爆发。比如，股指可能一天来回 50 次，47 次是小盈小亏，赚钱就是靠那 3 笔爆发行情。

七禾网 8：在国内上市的这些期货品种中，您觉得哪些品种适合做日内短线交易？为什么这些品种适合？您在哪个品种上赚过最多的钱？

汪斌：从现在的情况看，股指最适合做日内短线，然后是天胶、铜和 PTA。这些品种交易活跃，参与的人足够多，短线交易最好要做到不对行情有任何的影响。我做得最多的是股指和天胶。赚钱最多的也是天胶和股指。

七禾网 9：股指、橡胶等品种日内的“秒杀”行情较多出现，您是如何预防和处理的？您有没有受过伤？是否可以利用“秒杀”行情实现盈利？

汪斌：秒杀行情多是因为这些品种交易足够活跃，短线交易者众多。短线交易的人止损都很坚决，这些行情多半都是止损造成的。秒杀行情一般盘面会有征兆，我比较少受伤。如果能看懂征兆，对于短线交易者来说却是最好的盈利时间，可能几十秒就能赚到总资金的 3%。

七禾网 10：您在 2010 年底一个多月亏损 100 多万，这次亏损是否和当时交易所突然提高手续费并且改成收双边手续费有关？手续费加收以后，您感觉行情波动是否有变化？对短线交易的影响主要体现在哪些方面？

汪斌：当时的亏损和手续费增加确实有比较大的关系，手续费增加后，交易活跃度大减，交易成本急剧上升，更关键的是市场运行的节奏发生了变化。短线交易没有适应市场变化，就一定会出现亏损。

七禾网 11：您做交易主要看分时图和成交量，您有没有配合看看 K 线图或其他技术指标？

汪斌：只看分时图和对价，K 线和技术指标其实就是分时图和成交量画出来的，没必要去看。

七禾网 12：您认为做短线要抓住行情的强弱转换，请问您怎么判断分时图和成交量的强弱转换？

汪斌：比如分时图上是涨势，但对价表现却很弱，就可能发生强弱转换，强弱转换往往会伴随着大量止损盘，出现所谓的秒杀行情。

七禾网 13：您做交易是否会关注基本面的变化？市场上的信息和消息会不会影响您的方向判断和具体交易？

汪斌：盘前会参考一下（基本面信息），开盘后就应该认为所有基本面的变化都反映在了价格中而不再去关心基本面。

七禾网 14：大家都说要顺势交易，而您觉得“逆势赚钱更快”，为什么这么说？

汪斌：短线交易者大多拿不住单，当趋势转换或者逆势的时候，价格波动最快，赚钱也就最快。

七禾网 15：我们都知道，一种方法做日内交易有一定的资金容量限制，您感觉您的方法最大能容纳多大资金？

汪斌：就现在看，股指大约能承受一次开仓 20 手。如果降低操作频率，开仓的确定性更高的话，每次开仓 50～100 手都是可以的。

七禾网 16：有人说做日内交易要“手快”，也有人说要“脑快”，您觉得“手快”和“脑快”哪个更重要？为什么？

汪斌：手快有时候可以让你取得 1～2 个价位的优势，脑快才能抓到趋势的转换，抓到大波段，避免大的亏损。当开仓单量比较大之后，脑快比手快要重要得多。

七禾网 17：做日内短线一般止损都比较快，您怎么处理亏损的单子？一笔单子您能够容忍的最大亏损是多大？有时候一笔单子进场后，老是在略赚或略亏徘徊，较长时间挣不了钱，您会怎么处理？

汪斌：每次开仓心里就要对未来的走势有一个预判，当走势和你的预判出现较大差异时就要平仓。其实，我觉得开仓后，开仓的价格对后面的操作就已经没有任何影响，感觉不对就平仓，无所谓当时是赚还是亏。

七禾网 18：您在一次演讲中提到了出自《孙子兵法》的一句话，“胜兵先胜而后求战，败兵先战而后求胜。”请问，您是如何理解这句话的？

汪斌：具体应用到期货就可以理解为，高手都是知道这次开仓能赚钱才去开仓，亏钱的都是随便开仓。

七禾网 19：您认为投资是人与人之间的较量，请问主要包括哪些方面的较量?

汪斌：主要是心理上的较量。一波涨势的顶峰往往就是几乎所有散户都看多买多，没有了新的推涨力量就会暴跌，比如股市的 6124 点。

七禾网 20：某些程序化交易者正在研究或已经使用自动化高频交易做日内短线，这些人可能会抢夺日内短线机会，吞噬大量的日内短线利润，您觉得他们会不会成为您的竞争对手？为什么？

汪斌：投资是人和人的较量，程序化靠纪律和暂时完美的策略可能能战胜 80%的人，但在期货这个负和市场需要战胜 90%的人才能获利。因为我国的手续费相当昂贵，我觉得程序化做短线暂时是没有大的机会的。

七禾网 21：有人认为只要人性不变，只要人类对金钱的欲望不变，行情的演化规律就雷同，您是否认同这一观点？为什么？

汪斌：行情演化的雷同是肯定的，但是也一定会出现变化，这也是程序化难以成功的重要原因。

七禾网 22：有人说一种日内短线交易方法一般只能延续 3～5 年，之后，交易者要么被淘汰，要么转型。您是否认同？为什么？

汪斌：我觉得一种方法能持续盈利几个月、一年就很不错了，关键还是要随着市场的变化不断来改变自己。

七禾网 23：您如何规划自己的期货事业？

汪斌：目前还是以短线为主，当利润不能让自己满意后，会去尝试做中长线。以后找到合适的机会和时机，可能会转向实业。

（二）要选方向最明确、波动最大的品种交易

（访谈时间：2013 年 5 月 29 日　沈良整理）

访谈精彩语录：

（风林火山）其疾如风，其徐如林，侵掠如火，不动如山。

盈利不断出金主要是受市场容量影响，还有就是股指的交易量限制。

手续费交了这么多是感觉有点儿吃亏，不过最终结果自己能赚就可以了。

希望交易所对我们这样的给市场提供流动性，对价格又不起太大影响的人多一些回馈。

股指的参与者变化最多也最快。

每天都会选方向最明确、波动最大，又有一定成交量的品种去交易。

（如何捕捉交易机会）简单来说就是判断相关品种的强弱，大势强的话就多最强的，大势弱就空最弱的。

其实做股指很不合算，短线操作难度最高。

顺大势逆小势，跌势就是反弹开空，不去追，这样成功率会高很多。

涨势中一段下跌后，下方出现持续有力的承接，或者有大的压单也不往下跌，就可以认为是跌不动了。反之亦然。

不管何种交易，想赚钱最关键就是把自己的想法、操作和散户反过来，在大家想抄底的时候坚决去开空，大家割肉的时候大胆去抄底。

趋势非常明显的时候会过夜，这样即使外盘方向不利也不会有很大亏损。

我觉得一般的短线交易员可以培养出来，优秀的则要靠些天赋。

七禾网 1：汪斌先生您好，感谢您在百忙之中接受七禾网的专访。您在七禾网实战排行榜注册了一个账户“风林火山”，请问这个昵称对您来说有何含义或有什么渊源？

汪斌：我的 qq 昵称就叫风林火山，得自《孙子兵法·军争篇》：故其疾如风，其徐如林，侵掠如火，不动如山，难知如阴，动如雷霆。

七禾网 2：从 2012 年 4 月 18 日开始，截至 2013 年 5 月 14 日，“风林火

山”这个账户净值做到了 335.05，即按照复利计算，这个账户赚了 300 多倍。我们发现您这个账户有盈利出金的习惯，请问您为何经常性把盈利取出账户？如果不按照复利计算的话，您这个账户这一年多时间大约赚了多少倍？您操作的其他账户，收益情况是否雷同？

汪斌：盈利不断出金主要是受市场容量影响，还有就是股指的交易量限制。主要做的账户从投入的资金总量来看，年收益应该在 300%左右。操作少的账户收益会低很多。

七禾网 3：“风林火山”这个账户虽然盈利很多，但这一年多时间里最大回撤只有 10.89%，请问您从哪些方面控制账户的风险？

汪斌：由于主要是短线操作，一天甚至几分钟内就会有很多的开仓机会，放过没把握的，再加上严格止损回撤就会比较小。

七禾网 4：截至 2013 年 5 月 14 日，“风林火山”这个账户净利润达 450 万以上，手续费近 750 万，手续费比利润还多。请问您交了那么多手续费给交易所和期货公司，会不会觉得有点儿吃亏？像您这样的手续费贡献大户，希望交易所和期货公司给您提供哪些针对性的服务？

汪斌：手续费交了这么多是感觉有点儿吃亏，不过最终结果自己能赚就可以了。希望交易所对我们这样的给市场提供流动性，对价格又不起太大影响的人多一些回馈，例如像美国市场挂单成交的话交易所不但不收还要倒贴手续费。

七禾网 5：2012 年连续降两次手续费后，您账户的利润和手续费占比情况是否有所改善？

汪斌：略有改善。目前商品实际净利润和手续费比能在 3∶1 左右，股指的实际净利润和手续费比应该在 1∶1 左右。

七禾网 6：就您实际交易的感受来看，手续费降了之后，相关品种盘口的活跃度有没有提升？相关品种日内的波动特性有没有发生变化？

汪斌：盘口的活跃度确实有很大的提升，特别是股指和螺纹钢。品种的日内波动随着参与者的变化，每次换月都会有很大的变化。其中股指的参与者变化最多也最快。

七禾网 7：“风林火山”这个账户做过 19 个品种，分别是大豆、白银、黄金、棉花、铜、玻璃、股指、焦炭、焦煤、聚乙烯、豆油、甲醇、棕榈油、螺纹钢、橡胶、白糖、PTA、强麦、豆油。请问您一般同时看几个品种？一天内一般操作几个品种？是不是有些品种只是尝试性做做？

汪斌：现在一般主要看铜、橡胶、螺纹钢、焦炭和股指。每天都会选方向最明确、波动最大，又有一定成交量的品种去交易。对一些不熟悉的品种，比如玻璃、棕榈油，不是特别有把握的话，都是轻仓交易。

七禾网 8：您如何捕捉不同品种的交易机会？如何做到灵活切换品种？

汪斌：简单来说就是判断相关品种的强弱，大势强的话就多最强的，大势弱就空最弱的。

关于做哪个品种和切换品种，我一般这样处理，自选里相关品种放在相近的位置，比如股指、螺纹钢、铜、橡胶一组，焦炭、焦煤一组，豆类一组，油脂一组。这样各类品种交易机会和互相的联动效应会一目了然，便于选择和切换。

七禾网 9：从您账户的成交额来看，股指占所有品种的 82.8%，橡胶占 5.01%，螺纹钢占 3.84%，豆粕占 3.57%，其他品种所占的比例都在 2%以下。请问股指期货这个品种存在哪些优势或便利之处，使得它成为您的重点操作品种？

汪斌：因为股指期货的流动性最好，方便资金进出。还因为自己是做股票出身，对股指比较偏爱(**其实做股指很不合算，短线操作难度最高**)。

七禾网 10：做日内短线交易以来，您是否还记得哪一天赚的百分比最多？当时主要操作哪个品种？大概情况如何？

汪斌：应该是刚做期货的时候，是豆油大牛市 7 个交易日 5 个涨停，然后有一天一下冲到涨停位置但一直没封住，最后从涨停打到跌停。空单滚动操作赚了 50%以上(不过，从效果上来说，还不如一直拿着不操作)。

七禾网 11：另外，您是否还记得哪一天亏的百分比最多？当时主要操作哪个品种？大概情况如何？

汪斌：这个记得比较清楚，是 2010 年加收双边手续费两三个月后，由于手续费高，当时的成交已经很小了，一天突然整个市场从平盘打到跌停，我拿着 200 手锌的多单，一直找不到下面的接单来平仓，最后平在接近跌停的位置。当天亏损了账户上资金的 30%。

七禾网 12：据说您在看涨的情况下，一般在看上去跌不动了的地方买，在看跌的情况下，一般在看上去涨不动了的地方抛。是不是这样的？您如何判断这段时间要涨或要跌？

汪斌：就是顺大势逆小势的意思，跌势就是反弹开空，不去追，这样成功率会高很多。可以参考前几天的走势，对开盘后的走势进行预判，后面如果价格一直向上就是强势，反之就是弱势。

七禾网 13：在日内的一波涨势中，一小段下跌后，出现什么特征时，您会判断“跌不动了”？反之，在日内的一波跌势中，一小段上涨后，出现什么特征时，您会判断“涨不动了”？

汪斌：涨势中一段下跌后，下方出现持续有力的承接，或者有大的压单也不往下跌，就可以认为是跌不动了。反之亦然。

七禾网 14：在同一个交易日内，您会不会出现有时看涨、有时看跌的情况？您会不会随时切换多空观点？

汪斌：基本每天都会，因为大单边是很少出现的。

七禾网 15：近几年来，国内期货市场涌现出不少日内短线交易高手，就您看来，成功的短线交易高手之间有何共通之处？

汪斌：交流比较少，我也不太清楚。应该都不听音乐吧，我感觉听音乐的人盘感比较差。不过，短线交易都需要对数字敏感、心理素质好、脑子反应快。

七禾网 16：某些资深的交易人士认为，短线交易是竞争最激烈、盈利难度最高的交易模式。交易者必须克服哪些方面的问题或瓶颈，才能在短线交易上取得成功？

汪斌：其实在负和市场，怎么交易难度都是很大的。短线交易可能只是把几十年的行情放到几天或者几个月完成，成或者不成最为明显。不管何种交易，想赚钱最关键就是把自己的想法、操作和散户反过来，在大家想抄底的时候坚决去开空，大家割肉的时候大胆去抄底。

七禾网 17：您除了大量的日内短线交易外，有时候还会持有少量单子过夜，您一般会在什么情况下持有过夜单？您过夜单胜率如何？过夜单的盈利情况如何？

汪斌：趋势非常明显的时候会过夜，这样即使外盘方向不利也不会有很大亏损。因为留仓次数不多，胜率比日内要高。

七禾网 18：您有没有和其他交易高手沟通交流的习惯？您一般和他们交流哪些方面的话题？

汪斌：交流不是很多，主要以闲聊为主，行情基本不讨论。

七禾网 19：有人认为短线交易员是靠天赋的，无法培养；也有人认为短线交易员是可以培养出来的。您怎么看？

汪斌：我觉得一般的短线交易员可以培养出来，优秀的则要靠些天赋。

七禾网 20：如果说短线交易员是可以培养的，应如何培养？

汪斌：多看行情，知道什么形态涨的可能很大，什么形态跌的可能很大。什么时候该扛什么时候该止损。但最关键的心态很难培养。

七禾网 21：您觉得自己目前的交易模式是否适合做较大规模的基金产品（比如 5000 万规模的产品）？为什么？

汪斌：现有模式的容量最多也就是 1000 万资金（100 手股指），再多的话交易滑点就太大了，一笔单也平不出去，止损困难。

七禾网 22：您有没有想过把目前频率较高的日内短线交易模式逐步改为频率较低的日内波段模式，或是隔夜波段模式？

汪斌：正在逐步尝试。试下来效果还可以，利润更高，不过感觉不如短线有把握，也就不敢用太多资金。

七禾网 23：期货资产管理时代已经来临，市场赢家群体的组成情况和博弈情况正在发生微妙的变化。您对自己近两三年内在期货市场的发展有没有新的规划？

汪斌：规划是一点点尝试扩大使用资金的规模。我本人不太看好期货的资产管理，这是一个和股市不同的负和市场，不可能大家一起赚，容量又相对有限。可以说现在能赚钱的大多处在自己能管理资金的上限，如果再加上几千万、几亿的管理资金，那么这些钱又能去赚谁的钱呢？

王会东：自信、勤奋、专注、豁达、敏锐

（访谈时间：2012 年 11 月 13 日　沈良整理）

王会东：银川人，期货短线交易高手。擅长商品期货和股指期货的日内短线交易，并参与一些短周期的隔夜交易，交易主要依据技术面和资金面分析。

从 2009 年 5 月到 2011 年 1 月，创造了连续 21 个月每个月均实现盈利的纪录，把 2 万多元的本金做到 600 多万。

访谈精彩语录：

我认为在期货市场中，任何一个交易者都要经历以下几个阶段：①亏损阶段；②持平阶段；③不稳定盈利阶段；④稳定盈利阶段。

之所以选择短线交易，我觉得与自己的性格有很大的关系。

做期货和做其他行业成功的道理是相通的，那就是专注。

我的交易记录已经证明短线交易可以实现长期、稳定、大幅盈利。

交易员必须做到以下几点：①掌握被市场验证的简单而有效的交易方法；②严格的自控能力；③过硬的心理素质；④极佳的身心状态；⑤资金管理。

我一般的日内交易仓位都很重，很多时候都是满仓操作，但是隔夜持仓我会非常谨慎。

我认为每天的交易都是一场战斗，而你的敌人不是别人，是你自己。

交易既然是一场战争，那么胜败乃兵家常事，只要我还有资金，那么我就还有机会。

豁达的心态和良好的朋友圈对做交易也是很有利的。

技术分析我主要关注均线和趋势线，其他图形均不关注。

资金面分析我主要关注持仓量和成交量的变化。

我只看一个显示器，同时关注 3～4 个品种，主要关注分时图和 15 分钟 K 线图。

盘感是一个成熟交易者对期货市场盘面的一种综合感觉。

盘感是交易者经过长期大量的实战所磨炼出的一种敏锐的、即时的、先于行情的判断。

日内交易的频率我们一般视行情的变化来定，开仓、锁仓、平仓均在交易时随机进行，没有限制。

长期、中期、短期趋势在我脑海中都是非常清晰的，顺势而为是我们的生存法则。

任何时候，我都只交易这个市场上最强或者最弱的品种。

一个短线交易者必须具备多方面的优秀素质，比如说自信、勤奋、专注、豁达、敏锐，等等。这些素质缺一不可，但是决定成败的往往是那个短板。

我珍惜每一次与各位高手学习交流的机会。

七禾网 1：王会东先生您好，感谢您在百忙之中接受七禾网的专访。您全职做期货之前是做什么行业的？您觉得期货市场最大的魅力是什么？

王会东：**我在全职做期货之前已经有了一些在股票和权证市场的投资经历**，并取得了一定的成绩。这也为我进入期货市场交易打下了较好的基础。我认为期货市场最大的魅力在于：①T+0 高流动性；②杠杆交易，以小博大；③双向交易。

七禾网 2：您做期货以来，是一开始就实现了盈利呢，还是经过一段时间的亏损后才逐步走向盈利的？

王会东：我进入期货市场首笔入金 5 万元，短短半月时间亏损到仅剩 2 万元，之后用这 2 万元实现了 21 个月的连续盈利，最终做到 600 多万。**我认为在期货市场中，任何一个交易者都要经历以下几个阶段：①亏损阶段；②持平阶段；③不稳定盈利阶段；④稳定盈利阶段。**

七禾网 3：短线交易、波段交易、中长线交易等不同周期的交易模式都有人能实现盈利。您做期货短线交易之前有没有尝试过周期更长的交易模式？您为什么选择做短线交易？

王会东：在做期货之前我做过股票也做过权证，**做股票时也曾试着拿些长线，但事实证明，这不符合我的性格。之所以选择短线交易，我觉得与自己的性格有很大的关系。**

七禾网 4：从 2009 年 5 月到 2011 年 1 月，您连续 21 个月每个月均实现盈利，并实现了 300 倍左右的收益。若让您回想一下，您觉得主要是什么原因让您实现了这么好的持续收益？

王会东：我认为做期货和做其他行业成功的道理是相通的，那就是专注。

七禾网 5：从 2011 年 2 月到现在，恰好也是 21 个月，这 21 个月里，您大约有几个月是盈利的？

王会东：绝大部分月份都是在盈利的。

七禾网 6：有人认为短线交易无法实现长期盈利。您觉得短线交易能否实现长期盈利？做短线要实现长期盈利的关键因素是什么？

王会东：我的交易记录已经证明短线交易可以实现长期、稳定、大幅盈利。短线交易对交易员的要求很高，如果想实现长期、稳定、大幅盈利，那么交易员必须做到以下几点：①掌握被市场验证的简单而有效的交易方法；②严格的自控能力；③过硬的心理素质；④极佳的身心状态；⑤资金管理。

七禾网 7：您一般把账户的回撤控制在什么范围内？2009 年以来，您操作的账户出现过的最大回撤是多少？

王会东：我一般的日内交易仓位都很重，很多时候都是满仓操作，但是隔夜持仓我会非常谨慎。我的这种交易方法必须要求有一个大的波动范围，一般回撤控制在 30%左右。有过最大的回撤是 60%，就是一开始做期货 5 万元亏到只剩 2 万多的那一次。

七禾网 8：做短线交易，心态很重要，做得不顺手时，可能会心情烦躁，您有没有出现过越亏越做、越做越烦、越烦越亏的情况？您如何调节自己的交易心态？

王会东：刚进入期货市场时，经常有这种情况发生，但是现在很少再出现了。一个成熟的交易员心理素质的建设是必备的。我认为每天的交易都是一场战斗，而你的敌人不是别人，是你自己。交易既然是一场战争，那么胜败乃兵家常事，只要我还有资金，那么我就还有机会。还有，豁达的心态和良好的朋友圈对做交易也是很有利的。

七禾网 9：短线交易有风险可控、资金平滑、收益稳健等优势，但它必然也会有一些劣势，您觉得短线交易最大的劣势是什么？

王会东：凡事有利必有弊，短线交易可以在短期之内实现很高的盈利，但同样也会带来短期的资金的大幅波动。

七禾网 10：做短线交易，您主要用的是技术面分析和资金面分析，在技术分析方面，您主要看哪些指标？主要分析哪些类型的图形？

王会东：技术分析我主要关注均线和趋势线，其他图形均不关注。

七禾网 11：在资金面分析方面，您主要关注哪些指标或信息？

王会东：资金面分析我主要关注持仓量和成交量的变化。

期货盘面有其独特的语言，我们需要做的就是读懂这些语言，并根据它们提供的信息做出操作方向的判断。持仓量的变化是一个很重要的指标，持仓量稳步增大，说明有资金不断进场，持仓量的增大方向与价格的运行方向产生的共振，说明了资金主动进场的方向。这时候顺势来做相对安全，而且胜算较大！成交量的有效放大说明了资金的活跃程度。我们在活跃的品种中交易进出相对自如。

七禾网 12：在看行情时，您用几个显示器，同时看几个品种，是看分时图、TICK 图，还是分钟 K 线图？

王会东：我只看一个显示器，同时关注 3～4 个品种，主要关注分时图和 15 分钟 K 线图。

七禾网 13：您用哪个下单软件下单？对您来说电脑性能、网络速度、下单软件功能等是否比较重要？

王会东：我常用金仕达软件下单。我认为上述所说的电脑性能、网络速度、下单软件功能对我来讲都不重要。

七禾网 14：您有几个下单员辅助您交易，通过喊单的形式传达交易指令。请问下单员操作账户的效果如何？和您自己做的账户是否有差别？

王会东：我有 3 个下单员辅助交易，我们的团队已经磨合的非常默契，所以和我自己做的账户差别不大。

七禾网 15：有人说盘感在短线交易中有着重要作用，您是否认同？您如何定义“盘感”？您在做交易时，是否经常会有“盘感”闪现？

王会东：盘感很重要，我认同这种看法。盘感是一个成熟交易者对期货市场盘面的一种综合感觉。盘感是交易者经过长期大量的实战所磨炼出的一种敏锐的、即时的、先于行情的判断。它很难用语言来表达，但却很准确！我经常会有盘感出现，尤其是自己经常做的一些品种。

七禾网 16：有些短线交易者不关注任何基本面信息，您呢？在您的交易中，基本面信息起着怎样的作用？

王会东：我只关注个别重点交易品种的基本面信息，但不作为我短线交易的依据，我更相信技术面。

七禾网 17：您做日内短线一般一天做几个来回？同一个交易日内，一般做几个品种？

王会东： 日内交易的频率我们一般视行情的变化来定，开仓、锁仓、平仓均在交易时随机进行，没有限制。我们在某一段时间内会关注 2～3 个品种，主要交易自己关注的品种。

七禾网 18： 您除了做日内短线交易，也会做一些时间较短的隔夜单，请问您会在什么情况下留单过夜？您的隔夜单一般持有几天？

王会东： 我一般在两种情况下持仓过夜：①自己关注的品种在收盘前出现明显的进场机会；②我持有的仓位已经实现大幅盈利，而且出场点并未出现。仓单的持有周期取决于出场点的出现点位，出场点不出现就一直持仓。

七禾网 19： 有些人做短线是不看趋势的，只是随波逐流而已。您做短线交易是否有趋势的分析和判断？您一般分析多长时间的趋势？如何用趋势指导交易？

王会东： 趋势很重要，我一般都不会逆势而为。长期、中期、短期趋势在我脑海中都是非常清晰的，顺势而为是我们的生存法则。

七禾网 20： 您做得最多的是哪几个品种？获得盈利最多的是哪几个品种？您有没有特别偏好的品种？

王会东： 市场千变万化，不同的时期不同的品种会有不同的表现。我只跟着趋势走，没有特别偏好的品种，（如果偏好某几个品种）那样会限制自己的判断。我曾在很多品种上都大幅获利，比如说铜、PTA、棉花、橡胶、豆粕，等等。

七禾网 21： 当一个品种出现怎样的特征时，您会关注它、交易它？

王会东： 第一，交易量变化明显；第二，趋势性明确。这些都是我进场的必备元素。

七禾网 22： 您商品期货和股指期货都有参与，从您做短线的角度来看，是商品期货更容易赚钱，还是股指更容易赚钱？为什么？

王会东： 商品期货和股指期货我都有参与，但商品期货做得更多一些。因为商品在某一段时间出现趋势性行情的机会更大一些，它种类更多，涉及到的行业更多，出现的机会也就更多。

七禾网 23： 有人说不同的品种就像不同的人，有着不同的性格。您是否认同这样的观点？为什么？

王会东： 的确，不同的品种有不同的“性格”，这个很容易理解，因为不同的品种背后有不同的参与群体和不同的主力资金，资金参与者的性格特点、交易策略综合起来决定了该品种的“性格”。

七禾网 24：行情的波动千变万化，每一年甚至每个月都会有不同的特征。针对行情波动节奏变化，在不同的时间段、不同的品种上、不同行情类型中，您所用的短线交易方法是否也会有所不同？

王会东：**任何市场环境下我的交易方法都是相同的，那就是：任何时候，我都只交易这个市场上最强或者最弱的品种。**

七禾网 25：不少投资者认为短线交易是期货市场最难的交易方法，因为短线交易的博弈程度最激烈，还要应对大量的手续费。就您看来，投资者要获得短线交易的成功，必须具备哪些方面的素质、取得哪些方面的突破？

王会东：**一个短线交易者必须具备多方面的优秀素质，比如说自信、勤奋、专注、豁达、敏锐，等等。**这些素质，有些是一个交易者与生俱来的，有些需要在不断地交易中磨砺、积累。**这些素质缺一不可，但是决定成败的往往是那个短板。**

七禾网 26：有人说期货的成功，要么靠天分，要么靠勤奋，您觉得短线交易的成功主要是靠天分还是勤奋？

王会东：**我认为两者都是需要的，但勤能补拙**，无论做什么事情，要想成功，专注非常重要！

七禾网 27：或许并不是所有的投资者都适合做短线交易，您觉得哪些类型的投资者参与短线交易的盈利概率会高一些？

王会东：就如我上面所讲到的，**一个优秀的短线投资者需要具备极高的综合素质，这些素质缺一不可**，有些是先天具备的，有些需要后天来弥补，有些人通过自己的努力最终克服了自己的弱点，取得了成功，而有些人却做不到。

七禾网 28：市场上有些投资者通过程序化交易做短线，其中部分人取得了较好的业绩表现。您是否认同程序化交易做短线的方式？您觉得程序化交易做短线能否持续盈利？

王会东：我对程序化交易不是太了解，也没有实践过，所以没有发言权。

七禾网 29：手续费的高低对短线交易者的盈亏至关重要，今年降了两次手续费，您觉得交易有没有更好做一些？盈利有没有更多一些？

王会东：**手续费对短线交易者至关重要，甚至可以说是生命线。**我的账户一定要有很低的手续费，省下的就是利润。

七禾网 30：您在银川生活工作，银川做期货的人多不多？您会不会经常和上海、杭州等地的期货高手交流？

王会东：银川很美，素有塞上江南之称，欢迎各位能来银川做客。我在全国各地都有期货界的朋友，上海和杭州也有很多业内的朋友。他们有很多都比我做得更优秀，**我珍惜每一次与各位高手学习交流的机会。**我深知自己还有很多的不足，需要提高和完善，渴望能有更多的机会结识更多的行业同人，与之学习交流。借此，特别感谢七禾网给我这次与大家交流的机会。谢谢！

刘志刚：做日内短线，追求长期稳定盈利

（访谈时间：2012 年 11 月 22 日　沈良、翁建平整理）

刘志刚：网名添瑞，期货短线交易高手，2006 年开始投资股票、基金、权证，现以股指期货日内短线交易为主，偶有隔夜单。一天多则四五十个来回，少则十几个来回(每天上千手成交)。一年左右时间 300 万做到 1000 多万。

2011 年“建行乐当家杯”兴业期货实盘大赛大师组冠军。

访谈精彩语录：

我的第一桶金是权证上赚到的。权证和期货是我比较擅长的。

现在的股指期货跟以前的权证相比，用的方法一样，但难做很多。

我习惯于开一单马上见利润，这样自信心就会增强，如果每开一单就亏损，对自信心的打击是比较大的。

做日内短线，在风险很小的基础上能找到一个稳定盈利的模式，我觉得还是比较适合我的。

我做日内短线交易可以把仓位放得很重，可以下到 99%。

做日内短线我追求的是长期稳定的盈利，不要求每天要赚多少。

不是市场让你亏损这么多，而往往是自己意识到错误却不改正、止损不坚决等，都是个人因素，最大的风险还是在个人。

做日内短线的瓶颈是资金问题。

我在办公室看 8 个屏。

盘感也很重要，什么叫盘感？我是做股指期货的，盘感就是对股市的感觉。

形态、K 线、指标、均线、MACD、成交量，这些我都会看，但对我而言最主要的还是盘感和形态。

市场会不断地变化着重复过去发生的东西，这就需要自己不断地总结，盘感才会延续下去。

我两个(追涨杀跌和背离)都做，做日内短线一天几十个来回，不可能只用一种方法。

开仓主要是追涨杀跌，尽量把单子开到起爆点上。

我不做商品期货只做股指期货。

一般在日 K 线级别出现一个非常明显的趋势形态，比如说放量突破，确立趋势性质的时候，我会选择隔夜，但是仓位不会很重。

做得不顺的时候，脑子是比较混乱的，本来就亏钱了，还急于下单，这个时候往往是很不理智的。

股指期货上市时我一天 100 个来回，现在二三十个来回，我理想的状态是让自己的资金容量越来越大，周期放长一点儿。

（做日内短线）执行力、自律非常重要，该止损一定要止损，成功率要高一点儿，要耐得住寂寞。

在看得准的时候出手，看不准就观望，多看少做。

七禾网 1：刘志刚先生您好，感谢您在百忙之中接受七禾网的专访。您股票、基金、权证、期货都做过，就您切身感受而言，这四项投资哪一项您最擅长？为什么？

刘志刚：这些品种我都做过，最开始进入资本市场做的是基金，当时还在公司上班，以理财为目的选择了一只基金，后来慢慢了解到了股票、权证。

我的第一桶金是权证上赚到的。要在这四项里面选择一个，我觉得权证是我最擅长的，股票做得一般般，可能还是亏钱的，期货做得也不错，因为权证取消了，就以股指期货为主，收益还行。**权证和期货是我比较擅长的。**

七禾网 2：都说权证和期货有一定的类似性，您觉得权证和期货有哪些相通之处？有哪些差别？

刘志刚：权证和期货我比较擅长，因为它们有个共同的特点——T+0，我个人觉得 T+0 的品种更适合自己一点。另外，权证、股指期货跟大盘走势的相关性还是比较密切的。

说到差别，权证只是一个单向的交易模式，只能做多，而期货可以做多、做空，不管上涨、下跌都可以盈利，权证只能一个方向盈利，下跌就要谨慎一点儿或者说抄底点位要精确一点儿。

七禾网 3：刚刚您说到了权证只能做多，股指期货既能做多又能做空，这点儿差别会不会导致两者交易机会的不同？

刘志刚：其实不是。**很多人觉得期货又能做多又能做空，两个方向都能赚钱，盈利会更好，但是在操作的时候效果却不是这样。以前我做权证的时**

候非常顺利，很少有亏损，现在做期货就不一样了。在资本市场，多一种盈利模式不代表你能赚更多的钱，反而增加了风险。本来是非常看多的市场行情，因为期货是双向的，有的时候会想做空是不是会赚钱，多少都有些影响，而权证只能做多，如果今天行情不好，我可以不做，所以说既能做多又能做空不是多一个盈利的机会。

七禾网 4：*您当年做权证的业绩如何？现在做期货的一些手法是否有借鉴当年做权证的手法？*

刘志刚：具体收益率多少不好统计，我估计本金大概是 5～10 万之间，最多的时候赚到 700 多万。

我现在做股指期货的手法和当年做权证的基本一样。但因为股指期货的上市造成了市场的变化，用这种方法做的人越来越多，盈利能力就有所下降，现在的股指期货跟以前的权证相比，用的方法一样，但难做很多，盈利困难很多。

七禾网 5：*您做期货有没有大亏过？若有，当时您是如何走出亏损的阴影的？*

刘志刚：我做期货有过大起大落，怎么走出来？我觉得信心最重要，如果一段时间自己做得不顺，稍微停下来或者把仓位降低，通过小仓位少操作找回盈利的自信。我习惯于开一单马上见利润，这样自信心就会增强，如果每开一单就亏损，对自信心的打击是比较大的。

七禾网 6：*您做期货以来一直是做日内短线吗？您有没有尝试过其他交易方法？您为什么主要选择做日内短线？*

刘志刚：我以前做权证就是以日内短线为主，很少过夜，现在做期货也只是偶尔尝试着过夜，但会选择比较有把握的机会，仓位不会很重。不管做权证还是期货，我觉得永远要把风险放在第一位，如果选择隔夜仓，就会有很多东西不受自己的控制。做日内短线则可以规避掉很多风险，比如一些政策性的风险、外盘的影响等。做日内短线，在风险很小的基础上能找到一个稳定盈利的模式，我觉得还是比较适合我的。

七禾网 7：*您觉得日内短线交易和隔夜波段交易、中长线交易最大的区别是什么？*

刘志刚：我做日内短线交易可以把仓位放得很重，可以下到 99%，但是做隔夜、中长线这么重的仓位肯定是不行的。我个人认为隔夜的交易模式仓位最多不超过 50%，中长线的不超过 30%。在方向正确的时候，可能日内交易的盈利不像隔夜、中长线的盈利这么大，很多时候利润是来自过夜的。**做日内短线我追求的是长期稳定的盈利，不要求每天要赚多少**，比如今天跌了 1%，我不要求把 1%都赚到，赚其中的 0.5%，然后明天可能涨了 0.5%，我只要做到不亏，长期的积累，我觉得不会比做波段或者中长线赚的少。但日内短线的利润要靠时间的积累，一两个星期肯定不行，几年下来或者十几年下来慢慢积累，利润还是非常大的。跟资金也有关系，资金很大做日内也很难做，比如有几十亿，不可能拿来做日内短线，像我这种模式，一两千万的规模还是可以接受的。

七禾网 8：相对来说，日内短线交易的风险会比其他交易方式小一些，但并非没有风险，您觉得日内短线交易的最大风险是什么？最大不确定性是什么？最大瓶颈是什么？

刘志刚：做日内短线最大的风险和不确定性是存在的，但它取决于个人而不是市场。**不是市场让你亏损这么多，而往往是自己意识到错误却不改正、止损不坚决等，都是个人因素，最大的风险还是在个人。**

做日内短线的瓶颈是资金问题，当资金做到一定程度的时候，做日内短线就很难做了。我做日内短线要求开仓成本和平仓成本要很低，这就要看当时盘口单子的数量，我现在用 1000 万做，当市场不活跃的时候，1000 万也没办法做，只能用其中的两三百万做，当市场活跃的时候，则可以放大点儿。

七禾网 9：很多人都说短线适合年轻人做，年纪大了不行，您是否认同？您觉得自己能够长久做短线吗？

刘志刚：日内短线其实也分很多种，比如有日内波段、超短线。就我个人而言做的是日内波段，它的要求并不是很高。我有些朋友是做超短线的，可能对网络速度、电脑和服务器硬件设施等要求很高。这就是两种不同的交易模式。**我觉得超短线的模式更适合年轻人，年纪大的可能反应没这么快，但像我这种做日内波段的，年龄的影响并不大，就个人而言，再过几十年还是可以做的。这种盈利模式更多的是靠判断力和执行力，而不是瞬间的反应能力。**

七禾网 10：您做日内短线交易，下单更多依据的是盘感反射？是形态分析？是指标分析？是盘口价格跳动分析？还是成交量分析？或是其中的几个因素的综合分析？

刘志刚：这些我都看，**我在办公室看 8 个屏**，你说的这些我屏幕上都有。

包括盘感也很重要，什么叫盘感？我是做股指期货的，盘感就是对股市的感觉。大盘是很多股票构成的，同样的点位不同的组成也会产生不同的结

果，比如今天涨了是银行涨了，或者因为金属、煤炭涨了，涨的力度如何，有没有龙头股？这些不同对后市的影响还是非常大的，不是说今天涨了明天就一定涨，或者今天跌了就一定跌，我觉得这就是盘感。今天该涨不涨，该跌不跌，要知道有哪些成分因素构成，然后去判断后市该怎么走。最近大盘在2000点附近震荡，跌破2000点是真的突破还是假的突破？看起来是同样的走势但是造成的结果是不一样的，感觉很犹豫、突破不坚决，然后没有个股放量下跌的配合，可能这是一个假突破，后市可能有一个反弹，这是我的盘感。

像形态、K线、指标、均线、MACD等，这些我都看的，主要以均线和MACD为主，其他的偶尔看一下，主要是盘后分析时看一下，盘中一般是不看的。盘口跳动我看得不多，做超短的比较看重，他们基本上不看K线，也不看分时图，就看盘口来回波动。**成交量我也会看，但不是很主要。这些我都会看，但对我而言最主要的还是盘感和形态。**

七禾网11：您感觉自己的盘感好不好？您认为盘感能复制吗？

刘志刚：**我觉得自己的盘感还是不错的**，因为做了这么久了，有一个比较稳定的盈利模式。**但我的状态也是有变化的**，有些时候也不能说状态不好，因为市场是不断变化的，有句话是这么说的："历史不会简单重复 。"这是道氏理论最基本的一句话，**市场会不断地变化着重复过去发生的东西，这就需要自己不断地总结，盘感才会延续下去**。如果有段时间不去总结了，盘感可能会慢慢变差或者消失。所以**我觉得盘感可以复制但是不一定能够成功**。我经常跟高手进行交流，学习的是他们怎么理解市场，今天为什么涨，今天为什么跌，如果不按我的方向去，我认为要涨但是没涨，这问题又在哪儿？其实更多学习的是分析能力，我觉得适应市场才是最重要的。还有一句话是：**"市场永远是对的，交易者永远是错的。"**

七禾网12：您做日内短线交易时会不会关注基本面信息的变化？您觉得分析基本面对做日内短线有没有作用？

刘志刚：**基本面我会看，但不是很重要，我看基本面主要是对大的趋势的判断，对日内短线没什么用。看它也是对后市大的方向判断，尽量按照这个方向来做**。基本面向好，股市走好的概率也大一点儿，我可能以做多为主；基本面不好，可能以做空为主，但也要根据盘中的走势变化来变化。

七禾网13：有些人做日内短线会买在涨势的回调处或跌势的上涨处(比如汪斌)，另一些人做日内则是用追涨杀跌的方法，您觉得这两种方法哪一种更有效？您的方法主要是哪一种？

刘志刚：我两个都做，做日内短线一天几十个来回，不可能只用一种方法。追涨杀跌我做的也比较多，很多时候也会把自己的单子砸到起爆点上面，做背离也有，但做的不是很多，背离我更多选择的是平仓的位置，我不太会平掉后马上开相反的仓位，因为人的思想变化是需要一个过程的，不可能开了个多单瞬间就变空单。开仓主要是追涨杀跌，尽量把单子开到起爆点上。任何方法，适合自己最重要。

七禾网 14：您做日内短线一天多则四五十个来回，少则十几个来回。如果股指期货没有单账户每天成交量的限制，您会不会做得更多一些？

刘志刚：会的，但也不会多太多，主要还是取决于市场，市场活跃可能相对多一点儿，不活跃就相对少一点儿。

七禾网 15：您做日内短线是否只做股指期货？有没有做商品期货？主要做哪几个品种？为什么会选择这些品种？

刘志刚：我不做商品期货只做股指期货，因为是做权证出身，股指期货跟大盘的联动性比较强，做股指期货基本上是看大盘做，跟以前做权证是一样的，所以我选择股指期货。对商品期货我也不了解，我觉得不了解的东西还是不要去碰，以控制风险为主吧。

七禾网 16：您主要做日内，但有时候也可能会隔夜，请问您会在什么情况下隔夜？您隔夜的单子一般持有几天？

刘志刚：一般在日 K 线级别出现一个非常明显的趋势形态，比如说放量突破，确立趋势性质的时候，我会选择隔夜，但是仓位不会很重。一般不会选择持有几天，因为我的交易模式就是以日内为主，之所以做隔夜就是赌第二天的高开或是低开，或者是基于外盘的判断，比如说我判断今天的外盘至少不会涨，我会选择空单过夜，反过来我认为今天会涨，本身走的比较强的，我会选择多单过夜。

七禾网 17：您日内一般仓位多少？隔夜一般仓位多少？

刘志刚：盘口活跃的时候日内基本满仓，隔夜一般半仓左右，机会很好也有全仓过夜的经历，但是不多，一般就 1/3 或者半仓。很有把握的机会我会全仓过夜，前提是如果第二天不对，肯定是开盘就跑。

七禾网 18：您做交易时会不会出现做得不顺手却越做越亏、越亏越停不下来的情况？您觉得应该如何避免这种情况？

刘志刚：有。我现在一个比较好的方法是连续做几笔都不顺或者觉得市场老是跟自己对着来，就选择站起来去倒杯水或者干点儿其他的，过个三五分钟再回到座位上。目前来看效果还是不错的，**做得不顺的时候，脑子是比较混乱的，本来就亏钱了，还急于下单，这个时候往往是很不理智的，**站起来走走、深呼吸，然后再去看这个行情，我觉得会好点儿。

七禾网 19：您一次下单的亏损控制在什么范围内？整个账户的最大回撤控制在什么范围内？

刘志刚：这个不好说。一般下单在形态上会给自己一个点位，比如到什么点位不对了，价格到那个点位我就选择平仓，一般不会亏很多，尽量在 1%以内。整个账户也做得不算好，年初的时候回撤了 30%～40%，出现再连续亏损，造成一个比较大幅的回撤，这往往是心态的因素造成的，像刚才提到越不顺手越做越亏。今年大的亏损后慢慢总结出来，我总结刚刚说的比较适合自己平静心态的一个方法。

七禾网 20：您参加“建行乐当家杯”兴业期货实盘大赛，去年是该大赛大师组的冠军，今年也一直保持在大师组第一名（大赛正在进行中）。请问您大赛账户和普通账户的做法是否有所不同？有哪些不同？

刘志刚：大赛账户因为资金比较小可能相对灵活，100 万做十一二手，基本上可以做超短，另一个账户比较大可能没办法做超短。**盘中会出现比较好的机会，但不是很活跃，成交盘口比较小，这个时候非比赛账户不动或者只下一点点仓位，比赛账户基本上可以满仓下进去，**想出也很快。有了比赛账户，在有比较好的机会时，我就选择满仓过夜，非比赛账户最多用个小仓位过夜。前段时间过夜的成功率还是比较高的，所以成绩还是比较好的。

七禾网 21：大赛的交易可能会追逐名次或比较激进，这会不会干扰您的交易情绪？或者使其他账户的操作受影响？

刘志刚：肯定会有影响。前期阶段主要是追赶的过程，可能影响比较大一点儿，后期领先了也不管别人怎么走，尽量自己做到最好。我记得有一次我开了个空单，市场是很看空的一个趋势，但我用比赛账户想抢个反弹，做了个多单，后来市场没有反弹，直接下去，理论上是看空的，但是比赛账户是多单就造成我思想发生变化，空单不敢追，多单止损又不坚决，就亏了。本来非比赛账户一直做空的，但是不敢做，也变成了做多，想把比赛账户的亏损补回来，后来造成比较大的亏损。**很多时候不顺利都是主观因素造成的，不要把责任归到客观因素上。**

七禾网 22：都说短线交易方法无法操作太多的资金，您觉得自己的交易方法的资金容量有多大？

刘志刚：目前来看资金容量在1000～2000万之间，之间尝试过2000万但不是很成功，现在做1000万还可以。我现在也在寻找突破，希望把资金做大点儿，前提条件是把持仓时间放长，目前还是处于不断地摸索过程中，还不是很成熟。

七禾网23：随着资金量的增大，您会不会考虑加入周期更长一点儿的交易方法？或是多参与一些品种、多参与几个市场的交易(比如多参与几个商品品种或参与外盘的交易)？

刘志刚：我现在也是在转型，**股指期货上市时我一天100个来回，现在二三十个来回，我理想的状态是让自己的资金容量越来越大，周期放长一点儿**，这也是我现在不断追求的交易模式。至于其他品种，我暂时还不考虑，**因为不了解的东西我还是不想去参与的，控制风险是最重要的。**市场好起来的时候，我可能会拿些资金去做股票，做一些长线的单子。

七禾网24：有人说做短线是最考验人的、是最难做的，您觉得做短线要取得成功，需要具备哪些素质？

刘志刚：**我觉得执行力、自律非常重要，该止损一定要止损，成功率要高一点儿，要耐得住寂寞。**很多人会觉得不下单会失去一个赚钱的机会，反过来说，不下单也是隔离风险的机会，不参与市场，风险影响不到自己。在**看得准的时候出手，看不准就观望，多看少做。**

我用的都是最简单的技术，随便买本书都比我讲的详细，之所以到现在还是有不错的收益，最重要的还是心态上的自我约束能力。什么叫技术分析，因为有人用就有效，没有人用的东西，就是无效的，那么多技术分析、指标，用的最多的最有效，所以我觉得还是个人主观问题。

七禾网25：目前市场上有些朋友在用程序化做股指日内短线，其中某些人也做得挺好。您是否认同程序化的做法？您觉得程序化交易做日内短线，盈利是否具有可持续性？

刘志刚：**程序化我是认同的**，因为我身边也有朋友在做，就是把自己比较好的盈利模式放在程序里。有些人的执行能力差，就用电脑去执行，就不会存在执行力差的问题。我认为程序化追求的是一种稳定性而不是暴利的盈利能力，在国外成熟的程序化交易，一年盈利20%～30%就很好了。

能否持续还是要看交易系统怎么样，一个好的交易系统，长期来看肯定有种稳定盈利模式，不能用短期一两年来看，很多行情还没出现，还不知道程序会跑出什么样子，成熟的程序化，我觉得还是要看时间更长远一点儿，至少要看几年以后才能说这个是很好的程序。**市场在变化，程序化也要不断地更新，一个程序编好了不动要一直赚钱是不可能的。**

七禾网 26：手续费是短线交易的一大块成本，您每赚 1 万元净利润，大约要交多少手续费？

刘志刚：手续费比我赚的钱要多不止一倍，估计有 3～4 倍。

七禾网 27：今年期货手续费下降了两次，就您参与交易的切身感受来看，股指期货的日内波动节奏有没有发生变化？对日内短线交易者来说有没有更好做一些？

刘志刚：变化肯定是有的，很多时候的震荡幅度比以前要小，以前大盘震荡 10 个点，股指期货会跟着震荡 10 个点，现在大盘震荡 10 个点，股指期货可能只有 5～6 个点，节奏变化就很明显。对日内波段影响也不大，不管手续费怎么降，市场总是要变的，该涨的时候大盘也会涨，该跌也有跌的需求，只要方向正确，还是可以做的。**对我这种日内波段不见得会更好做，感觉手续费降了也没比以前多赚了多少钱，**相对来说对超短的影响会很大，我有几个朋友没有降的时候不是很顺利，一降之后每天可以多赚好多钱。

七禾网 28：期货资产管理的时代已经到来，您在期货正规产品发行等方面是否有所打算？

刘志刚：我个人还是想去参与类似的产品，每个人都把自己做到最好，做大做强，靠一个人能力还是有限的，如果能参与产品，未来的机会会更多，对自己来说也是比较好的提高机会。但是个人而言这方面没经验，我有一些个人方面的操盘技巧，而提到产品，资金肯定比较大的，对我来说，突然这么多资金可能不适应，我更希望和有经验的管理人员合作，慢慢提高自己在这方面的能力，未来才会做得好一些。

七禾网 29：刚刚您说到一些方法从权证而来，您是看着现货做的，还说到看 8 个屏幕，请问您怎么看现货的，8 个屏幕是看哪 8 个内容？

刘志刚：8 个屏幕不是 8 个内容，因为我有些是一拖二，有时候 2 个屏幕是显示同样的内容。**股指期货我主要看分时、1 分钟 K 线，商品期货的东西我也要看，但不主要，外盘我也会看，更多的是看股票，有 4 个屏是看股票的，金融、地产、金属等影响力比较大的权重指数，包括影响力比较大的股票，像中国石油、中国石化、招商银行这些股票我都会看。**今天市场涨了，为什么会涨，如果是有影响力的股票带动上涨，我会选择做多。如果是中石油盘中跳动几个价位，等一下还会回去，我不会追多，在涨不动的时候还可能做空。

Lxiii：短线交易者刻苦、专注、热爱缺一不可

（访谈时间：2013 年 7 月 13 日　刘健伟整理）

Lxiii（李峰）：七禾网实战排行榜 trader.7hcn.com“Lxiii”操作者，以年度净值 54.24 的成绩荣获七禾网实战排行榜 2012 ~ 2013 年度亚军。以日内短线为主，2010 年 4 月进入期货市场，2011 年 6 月至 2014 年 1 月按月计算没有出现过亏损。

访谈精彩语录：

短线交易方式更灵活，风险相对可控。

（短线交易者应该具备的素质）热爱、专注、冷静、果断。

化工和金属期货投机资金参与度高，日内波动大，经常会出现秒杀行情；农产品期货走势相对规范，风险更可控一些。

短线交易本身就是在不断地试错。

短线交易与人的性格和思路有关，与年龄无关。

入场依据是寻找价格变动阻力最小的方向，顺着这个方向进行交易。交易是主要采用盘感与行情客观走势相结合的方式。

短线交易客观地跟随价格波动方向比看基本面更有效。

我对盘感的理解就是心理对行情变化的一种条件反射。形成盘感的前提取决于个人对行情的阅读能力。

复利交易在小品种上意味着需要进行交易方法的调整。

跟随发动行情的人去操作，这就需要去熟悉主力的常用操作手法，根据主力的手法去对行情的下一步走势进行快速判断和操作。

很多成功的短线手不排除其中一些是有天赋的，但是我想大多数都是有着长期刻苦用心的训练过程。

球员的位置更像短线交易时的几种操作：前锋（开仓）、中场（持有头寸，时机合适的时候增加头寸）、后卫（止损位附近的判断）、守门员（止损）。

只参与自己看得懂的行情，只赚自己能赚得到的钱。

加速行情价格波动快，有时是单向的，有时是双向快速往返，这个时候交易机会最多，做对方向的单子进去盈利概率最高，是最适合短线交易的行情阶段。

当你盯盘的时候突然觉得心跳加快，肾上腺素飙升，没错，这就是加速行情。

我觉得能够坚持自己的交易方法，并且长期稳定盈利的交易员都算是市场中的高手。

七禾网 1：Lxiii 先生您好，感谢您在百忙之中接受七禾网的专访。请问 Lxiii 这个名字的由来或渊源？

Lxiii：这个名字是我学生时代一个绰号的英文缩写，后来发现注册各种 ID 的重复率特别低，就一直用了下来。

七禾网 2：看到您的股票操作经历是在去年的低点入场的，应该赚到了一笔钱，为什么不继续做了？

Lxiii：我对股票和期货的理解不太一样，我觉得**股票应该侧重投资的角度，期货由于自身独有的交易制度，投机性更强一些**。去年抄底买的股票和进场价都不错，但是由于长期做短线养成的一些习惯也导致了出场过早，利润没有跑赢大盘。从那时起我觉得**更应该以投资的眼光来对待股市**。由于股市在 2400 点上方冲高遇阻后没有再走出上升行情，就一直空仓观望。

七禾网 3：您在期货和股票上可以说都赚到了钱，那您觉得期货和股票的区别是什么？期货吸引您最大的魅力又是什么？

Lxiii：其实和很多投资者相比我也没赚到什么钱，只是略有盈利。**股票需要更多考虑宏观经济方面的因素，更适合寻找大机会进行长期投资。期货市场的双向交易、保证金和 T+0 交易制度使得资金使用率更高效灵活，短期回报率会更高一些。**期货吸引我的最大魅力是双向交易和 T+0 机制。

七禾网 4：您做期货以来一直是做日内短线吗？您有没有尝试过其他交易方法？您为什么主要选择做日内短线？

Lxiii：由于原来是从事金融行业信息系统方面工作的，刚开始进入期货市场就先尝试了程序化交易。尝试失败后才开始做日内短线，因为**短线交易方式更灵活，风险相对可控，所以就一直做短线至今。**

七禾网 5：您觉得作为一个短线交易者，应该具备哪些素质？

Lxiii：热爱、专注、冷静、果断。

七禾网 6：您觉得日内短线交易和隔夜波段交易、中长线交易最大的区别是什么？

Lxiii：**我认为这几种交易模式最大的区别就是盈利预期与风险可承受能力的不同。**

七禾网 7：您主要做的品种是强麦，而强麦大多数时间的走势很平稳，似乎并不适合日内交易，请问您为什么选择主要做强麦？

Lxiii：刚开始学习短线的时候先做的白糖和 PTA 等活跃品种，因为当时对短线交易的认识很肤浅，导致前一两个月一直处于亏损状态，后来资金不够做这些品种了，就尝试做一些波动小、保证金低的小品种。在强麦这种慢盘上让我渐渐地学会了很多盘口的技巧，在 2010 秋天的时候农产品交易很火爆，10 月份做强麦和早籼稻获得了近 5 倍收益，11 月份近 3 倍收益。后来由于监管机构进行调控导致了行情走势逐渐趋稳，虽然波动变小了，但是通过前期的锻炼已经形成了自己的交易方法并一直能够盈利，就坚持做了下来。

七禾网 8：除了强麦，我们发现您交易的品种也都是农产品期货，从来没有涉及过化工及金属期货，为什么您对农产品期货情有独钟？今后的交易生涯会考虑把其他品种放入您的篮子中来吗？

Lxiii：**化工和金属期货投机资金参与度高，日内波动大，经常会出现秒杀行情；农产品期货走势相对规范，风险更可控一些。短线交易本身就是在不断地试错。**由于我期货交易的时间不长，经验比较欠缺，我只想让自己的试错成本更低一些，所以就选择了农产品期货。**将来做工业品期货可能会考虑用程序化交易来完成，因为程序的纪律性更强一些**，目前也正在着手进行着一些准备工作。

七禾网 9：很多业内人士都表示短线适合年轻人来做，您是否认同这个观点？您把期货作为专职工作来做，您觉得您会一直做短线吗？

Lxiii：**短线交易与人的性格和思路有关，与年龄无关。**

现在短线是我能够盈利的交易模式，随着对行情的阅读能力的提高，我也会适当调整一些交易思路，尝试新的交易模式。

七禾网 10：短线交易的赚钱机会往往稍纵即逝，为了抓住行情，您的入场依据是什么？光凭盘感还是经过技术分析？

Lxiii：**入场依据是寻找价格变动阻力最小的方向，顺着这个方向进行交易。交易是主要采用盘感与行情客观走势相结合的方式。**

七禾网 11：很多短线交易者都很少看基本面或者是根本不看基本面，您做交易时考虑基本面影响吗？或者是您觉得基本面在短线交易中重要吗？

Lxiii：基本上不太看基本面的东西，因为基本面的信息大家从各种公开渠道都能看得到，很多时候主力就是利用这点在日内行情中做出很多与大众思路相反的一些操作，比如说强麦很少和外盘保持一致的走势，我觉得短线交易客观地跟随价格波动方向比看基本面更有效。

七禾网 12：很多短线交易高手把自己的成功都归结于盘感，您如何看待盘感，您觉得您的盘感如何？

Lxiii：我对盘感的理解就是心理对行情变化的一种条件反射。形成盘感的前提取决于个人对行情的阅读能力。我对自己常做的品种盘感还行，有时也会因为对于自己盘感的自信和行情顶牛导致亏损。

七禾网 13：在具体交易时，您会根据自己判断的大方向，只做一边的短线交易，还是在机会合适时做多做空两边都做？

Lxiii：开盘前会根据前一天的走势大致判断一个方向，开盘后就会根据客观的行情变化和行情的表现去坚持或者调整自己的思路。选择什么交易方向首先需要去解读开盘后前 10 分钟的走势，如果当天出现单边市的特征一般就坚持顺势做一个方向，如果当天横盘特征比较明显就会做一些震荡区间内的双向交易。

七禾网 14：您的日内短线方法，一般一天来回做多少次？最多的时候一天会交易多少次？

Lxiii：每天做多少次不固定，需要根据行情的大小和成交节奏的快慢来决定，少的时候一天三四笔交易，多的时候一天六七十笔。

七禾网 15：我们发现您在七禾网实战排行榜的账户做的是单利交易，账户权益一直保持在 15000 左右，为什么要采取这种方式？复利交易不是能收获更大的收益吗？

Lxiii：因为强麦大多数时候盘口挂单很少，现有的交易方法更多时候还是按过去炒单的方式来做的，甚至有时候我一个人的成交量就能排到强麦当天成交榜的前 10 名。所以我平时基本上是留够保证一个价位能把单子平完的资金就行了。复利交易在小品种上意味着需要进行交易方法的调整，我现在还不太适应分批进出场的操作。

七禾网 16：刚才提到您的账户权益一直保持在 15000 左右，您会考虑扩大资金规模进行交易吗？

Lxiii：2012 年 12 月份在七禾网和和讯网注册后，随着净值不断地上升，现在收益率排名也比较靠前，经常会有一些资金问我可否进行合作，我都拒绝了，因为现有的方法和主要操作品种在资金使用方面确实存在瓶颈。我也不想不负责任的拿别人的钱去做自己不熟悉的品种。**目前正在学习一些成交量大的活跃品种，等进入稳定盈利状态后就会相对扩大资金规模进行交易。**

七禾网 17：您觉得您的操作模式最大能够承受多大的资金容量？

Lxiii：目前的短线方法做强麦资金容量在日常行情下很难有大的提升了，资金容量的大小就如刚才我说的在常态挂单下能够一个价位把单子平完就行了，这个需要根据不同的品种常态挂单量去计算。

七禾网 18：您做期货短短 3 年，但从 2011 年 6 月开始，按月计算从来没有出现过亏损，也就是到目前已经整整 27 个月的月收益没有出现亏损，这在期货圈子里是一个非常出色的成绩，请您跟我们分享一下这个成绩是通过哪几方面实现的？

Lxiii：首先想说一下虽然按月计算两年来没有亏损，但是自己觉得离真正高水平的短线交易者的差距还是非常大，由于长期局限于一些小品种，相对盈利金额也很有限，这也是我下一步需要去改进和提高的。下面就我自己对短线交易学习的一些认识和朋友们分享一下：**无论我们做哪个品种，首先要对这个品种的日内行情特性要比较熟悉**，比如盘口的常态挂单量，一般情况下日内波动的幅度，加速行情出现时的一些主要特征，等等。等到基础知识熟练掌握以后，就要多观察行情的变化，因为行情不是我们个人能够发动起来的，所以就要**跟随发动行情的人去操作，这就需要去熟悉主力的常用操作手法，根据主力的手法去对行情的下一步走势进行快速判断和操作**。这是一个长期的过程，需要不断地总结和强化记忆，需要每天从交易所公布出的成交数据去寻找规律。经常一起交流的很多朋友都知道，由于强麦成交量少，所以主力的操作手法不是很隐蔽，现在基本上成交明细里出现前一些固定特征的成交的单子，我能大概判断出是哪个席位的主力下的单子，根据当时的增减仓状况判断出行情下一步的方向和幅度。**很多成功的短线手不排除其中一些是有天赋的，但是我想大多数都是有着长期刻苦用心的训练过程。想要在短线交易上有所发展，刻苦、专注、热爱缺一不可。**

七禾网 19：您最初进入期货市场尝试的是程序化交易，但以失败告终，使得您开始了短线交易，现在程序化交易已经越来越火爆，也有很多专家指出量化交易是未来的趋势，请问您如何看待程序化交易，您未来还会重新使用程序化交易来做期货吗?

Lxiii:不可否认,程序化现在是主流趋势,因为它是由算法主导的交易,没有贪婪,侥幸、恐惧等人性弱点,相对于人来说能更客观地处理交易行为。通过这两三年的实盘交易我也对过去做程序化失败的经历进行了反思,当时对于真正的期货交易本身就不是很熟悉,只是想当然的利用一些技术指标设计的算法,并且各种行情都想参与进去,不想错过任何一个波动。这种情况直接导致了算法畸形,失败是必然的。现在对期货交易有了新的认识,也积累了一些经验,目前也正在开发测试新的交易模型,如果测试结果顺利的话我还是会重新使用程序化交易的。

七禾网 20:您期货生涯中最大的亏损应该是尝试程序化交易的时候,达到了 80%,现在回想起来,您觉得当初是什么原因导致出现这样的亏损?

Lxiii:前一个问题已经提到了导致亏损的原因,这里想说的是没有一种算法是可以完美的处理各种交易的,能够掌握一种盈利的算法就实属不易了,所以做程序化一定要复杂的问题简单化,把自己收集或者研究的各种方法分别进行测试,找出那套最有效的方法。

七禾网 21:您日内一般仓位多少?隔夜一般仓位多少?

Lxiii:因为是小资金,日内基本上满仓交易。平时很少隔夜,当行情走势很清晰的时候偶尔会留 1~2 张单子作为第二天开盘时候的方向标。

七禾网 22:您一次下单的亏损控制在什么范围内?整个账户的最大回撤控制在什么范围内?

Lxiii:每次下单的亏损控制是结合盈利预期的,如果只是为了试方向或者抓小波动,基本进场后不马上盈利就 0 止损或者 1 跳砍出来,除了被秒,很少砍仓超过 2 跳。如果是想抓行情的拐点,有时也会把止损放到关键价位止损。

正常情况下开盘后连续几笔交易不盈利的话就降低节奏或停止交易了,所以说一般情况下回撤不会超过 5%,因为很多时候是靠盘感进行交易,偶尔也会出现和行情顶牛的时候,也出现过日内 10%的回撤。2013 年最大的一次回撤是因为 3 月底强麦换月,新合约是大合约,资金参与度不高,就试着做别的活跃品种,当天先盈后亏,最后导致交易失控,回撤近 22%。

七禾网 23:您是一个主观交易者,往往一次做错的行情都会对主观交易者后续的操作情绪有影响,您是如何克服这种情绪的?

Lxiii:如果是执行了正常的交易纪律,那么这笔单子不会对我下一笔交易造成影响。如果是某个价格区间反复出错，就让自己停下来，等行情过了这个区间再重新寻找交易机会。如果感觉当天的交易成为一种负担，搞得自己浑身不自在或者心烦意乱，就直接关机，去做一些和交易完全无关的事情来控制自己的情绪。

七禾网 24：您做交易前有着收入丰厚的工作，您也曾表示过做交易以来赚的钱可能还不及辞职前的工资多，您是否后悔进入期货市场？如果您当初不进入期货市场，可能目前的职位及薪水会更加丰厚。

Lxiii：既然选择了，就没有什么可后悔的。现实是我已经进入了这个市场，在没有被市场淘汰之前就尽力去做好自己该做的，所以第二个问题只是一种假设，不是太好回答。

七禾网 25：我们看到您在炒客论坛上称刚开始做交易时亏损很大，您老婆也反对您做交易，封杀了您的经济来源，使您不得不卖掉了自己心爱的钢笔，甚至差点儿卖掉了对您意义深刻的手表，现在您通过做期货也赚了不少钱，您的老婆对您的期货事业的态度有转变吗？

Lxiii：因为原来独自一人在外地工作，错过了孩子成长的最宝贵的阶段，一直是我比较遗憾的事情，现在的这种生活方式更适合我，做自己喜欢做的事情并且能够有时间多照顾家里。由于她对期货不是很了解，刚开始只是看到我天天亏钱，情绪也很低落，就想还让我干自己熟悉的工作，当后来看到我每天都很努力地去学习各种资料，熬夜复盘后，就不再反对我做交易，她了解我的个性，如果我很努力地去做一件事，一般情况下都会达到最终目的。现在每当孩子幼儿园因停水停电的原因工作日需要放假在家的时候，她宁可带着孩子上班也不想让孩子影响我交易。

七禾网 26：您非常喜爱足球运动，您也表示正因为您多年的足球守门员经历培养出的冷静沉着和抗压的性格使您更适合做短线交易，那从足球的角度讲，前锋、中场、后卫在期货市场中分别适合哪种交易手法？

Lxiii：现代足球已经无法从严格意义上去定义球场上的位置该干什么，很多时候根据对手的不同和场上局面的变化，球员都会灵活的去调整自己的角色。我觉得如果拿足球运动和期货交易相比较，球员的位置更像短线交易时的几种操作：前锋(开仓)、中场(持有头寸，时机合适的时候增加头寸)、后卫(止损位附近的判断)、守门员(止损)。

七禾网 27：不少交易者在交易时为自己制定了严格的规则和纪律，而做日内短线如果完全遵循规则和纪律可能就会错失掉很多机会，请问您如何看待这个矛盾冲突？您是否给自己制定了严格的规则和纪律？

Lxiii：如果对自己的交易模式有了比较清晰的定位，那么这个问题就不矛盾，**只参与自己看得懂的行情，只赚自己能赚得到的钱。**

我给自己定的纪律主要是风险控制方面的，比如说开盘前几笔不赚钱就压节奏放弃小波动等待放量突破行情，亏够一定金额就停止交易，看不懂的行情就尽量不参与。**因为投机市场风险永远要放在第一位。**

七禾网28：您对期货的理解是“期货是浓缩的人生，酸甜苦辣咸，五味俱全”，我们在榜单上看到的都是您出色的成绩，应该只是甜的部分，那您能谈谈您的期货人生中其他的滋味吗？

Lxiii：做期货之前看到身边的朋友在期货市场赚大钱，当然就会羡慕，会有种酸酸的感觉。进入市场后的学习初期天天亏钱，心里有苦难言。随着经验的积累慢慢地不再亏钱甚至偶尔还能赚点儿小钱，觉得期货还蛮有滋味的，这就是咸。当技术相对成熟后在市场中搏杀，偶尔会被突发行情搞得措手不及，就体会到了它的辣。通过自身努力进入一种相对稳定盈利的状态，最终会尝到它的甜。

七禾网29：您给自己的交易系统就定位了“砍仓第一，做加速”这短短7个字，您能给大家诠释一下这7个字在交易中的含义吗？

Lxiii：这里我先解释一下砍仓，这里所说的砍仓是一种主动行为，而不是很多投资者常常遇到的心理承受不了或者风险率超限的那种砍仓，那种行为对于我来说用“割肉”更为贴切。**短炒的盈利预期本身就很低，进场的理由就是你主观认为行情要涨或者要跌，当你进场后发现行情没有如你所愿的发展，那就说明你多半是错了，那就用主动的砍仓去回避可能会对你造成不利的风险，只有严格的砍仓才能把风险降至最低。**慢速的整理行情由于随机性很强，很多时候都无法判断出行情的发展方向，这个时候最好以观望为主。**加速行情价格波动快，有时是单向的，有时是双向快速往返，这个时候交易机会最多，做对方向的单子进去盈利概率最高，是最适合短线交易的行情阶段。**这里给朋友们分享一下判断加速行情的技巧，**当你盯盘的时候突然觉得心跳加快，肾上腺素飙升，没错，这就是加速行情……**

七禾网30：我们在您炒客论坛的热帖《当幸福来敲门——我的短线交易之路》中看到您经常提到您的一位非常厉害的炒手朋友，请问您的交易技巧是否也受到了这位朋友的影响，您平时与交易高手之间的交流多吗？

Lxiii：像我朋友那种级别的炒手的方法对于我这种初学者来说并不是很

有用，因为他进出场会影响短期价位的，单子要经常分批进出场，有时候也会用一些特殊手法去交易。但是他的一句话对我帮助很大，在我学习初期天天亏损的时候，**他告诉我："砍仓是立足之本，想生存下去，先学会砍仓。"**平时也经常和一些职业炒手朋友聚一聚，因为我是做的最差的，所以更多时候会听他们讲述交易时候的各种经历或者心得。

七禾网31：在您眼中，谁是真正的期货交易高手？或者是您如何定义真正的期货高手？

Lxiii：期货市场藏龙卧虎，已经成名的或者为人低调的高手太多了。**我觉得能够坚持自己的交易方法，并且长期稳定盈利的交易员都算是市场中的高手**，因为投机市场赚钱的人总是少数人。不过，还是借着这次宝贵的机会向"炒客论坛"致谢，向"初级炒单－李小军"和"JUST555"前辈致敬，在我学习交易之初正是研读了他们在论坛上发表的自己的宝贵经验，让我的短线交易水平有了很大的进步。

七禾网32：您进入期货市场的时间还不长，您有自己的"期货梦"吗？您将如何实现您的"期货梦"？

Lxiii：我只希望在今后的交易道路上能够不断地完善自己，通过对市场理解能力的提高，去尝试一些新的交易模式，让自己能在这个风险与机遇并存的市场稳稳地走下去。

最后，谢谢七禾网给我这个机会能和大家进行交流，也借此机会谢谢曾经给我交易之路带来帮助和鼓励的家人和朋友们。谢谢大家！

第二部分

波段投资高手

李金鹏：寻找“心理预演”的催化剂

（访谈时间：2012 年 10 月 18 日　沈良、翁建平整理）

李金鹏： 网络昵称“独行侠”，江西人，现居杭州。毕业于江西医学院（现在的南昌大学医学院），在省级医院做牙医 10 余年。1997 年股票开户，1998 年开始做股票，后深感股票市场不是很公平，纠错功能太差，2005 年 5 月起转战期货市场。

2005 年，对期货的杠杆驾驭不好，亏损 50%；2006～2008 年，年收益率在 50%～200%之间；2009 年到杭州，专职做期货，年收益 18～20 倍；2010 年收益 200%左右；2011 年略有盈利；2012 年复合收益率为 400%多，2013 年复合收益率为 150%多。

以波段交易为主，持仓 1～5 天。认为心理预演非常重要，认为看 K 线图比看心电图容易多了。

七禾网实战排行榜(http://trader.7hcn.com/)2012 年第二季度冠军，账户“独行侠”从 2011 年 4 月 22 日截至 2014 年 3 月 20 日复合收益率为 1542.9%。《期货日报》第三届全国期货实盘大赛第十名，《期货日报》第五届全国期货实盘大赛轻量组第十七名，并在国内多项期货实盘大赛中名列前茅。

访谈精彩语录：

我想应该是期货的杠杆交易和收益短、平、快、狠吸引了我这种一穷二白、一无所靠而想发家致富的草根。

总是梦到在一座城市里可以爬到山上去，依稀可见花果山、水帘洞之类景致，醒来仔细想想应该是杭州。

平时一般开仓在 20%～50%左右，当信心很足时，仓位会在 80%左右。

重仓交易是一把双刃剑，用得好的人会对它喜爱有加，用得不好的人会对它恨之入骨，我个人还是比较喜欢重仓的。

为什么能承受这么大的回撤？首先我这是在已经有盈利基础上的回撤，其次我对自己的获利能力非常自信。

我一般持仓在 1~5 天左右，因为这样我觉得自己才看得清楚，感觉更安全。

趋势行情，我觉得自己只能看清 1~3 个月左右，太长了我就没能力看了。

我会不断切换交易的品种，只要它符合我的条件。

在我眼里，品种不分高低贵贱，跟人一样。

但在同一时间，我一般只操作 1 个品种，有时 2 个，最多 3 个。

当一个品种在技术面走出我所熟悉的图形，并且在成交量、持仓量都配合时，我就会关注，并且有可能参与。

我的预判主要基于当前的技术图形和储存在大脑中的各种信息加工而成的主观判断。

没有贪婪，就没有对收益的进取，没有恐惧，就谈不上对风险的可控。

期货交易之道是掌握了一种能持续盈利的内在规律、一种方法论。

交易之术只是指一种停留在技术层面的只能用来养家糊口的雕虫小技。

高手肯定会有一些共性，我想应该会是冷静、理性、学习能力、独立思考、自信、勇气等方面。

我基本上什么电影都可以看，但最爱看的是科幻片。

七禾网 1：李金鹏先生您好，感谢您在百忙之中接受七禾网的专访。您以前是医生，该职业是比较令人羡慕和尊敬的，后来您为何决定专职做期货？期货哪些方面的魅力吸引了您？

李金鹏：我以前说过，我心中一直有一个商业梦想，我觉得市场经济或叫作商业领域那种交易双方自由交换和对等的关系，很契合我内在的性格和价值观。大学期间，我学习专业之余还看些有关商业、经济方面的杂志，还做了一些笔记。1997 年 5 月广州深圳之行，**偶然间接触股票，让我有一种一见钟情、怦然心动的感觉，**当时就觉得这个行业应该是我未来的职业方向和人生归宿，回来之后就开了个股票账户，慢慢操作摸索。股票这么多年下来，虽然中间有赚有赔，但总的来说是赔的，而且赔得还不少。虽然股票不成功，但是我心里从来没有放弃，不是我盲目乐观，而是我发现股票不太适合我的个性和心态。其实，我买了很多好股票，总是拿不牢，熬不住，在不断地止损和手续费损耗下伤痕累累。2004 年我想进入基金公司，到上海交大参加金融分析师 CFA 考试的咨询和报名，买了全套中译本考试用书，至今一直在自学。2005 年初，我遇到一位患者(我当时在做医生)，可以说是我的贵人，他

建议我试试期货，就这样在 2005 年 5 月份开始做期货，刚开始半年亏损了 50%左右，到年底总结经验后就慢慢顺利起来了，就这样我误打误撞进入了期货市场。**我想应该是期货的杠杆交易和收益短、平、快、狠吸引了我这种一穷二白、一无所靠而想发家致富的草根。**

七禾网 2：您当年决定专职做期货时，从南昌搬到杭州，您为何选择杭州？

李金鹏：刚开始 2009 年来杭州是为了找工作，中粮、南华都去过咨询、面试，后来在中大期货一个朋友那里给他帮忙，我可以专职做交易，也算给了家里一个交代，几个月后那个部门解散了，我就回南昌了，回家后晚上经常做梦，**总是梦到在一座城市里可以爬到山上去，依稀可见花果山、水帘洞之类景致，醒来仔细想想应该是杭州**，让我体会了魂牵梦绕是这种感觉。我是一个随心所欲的人，2010 年过完春节后，我就来杭州租房做交易，来杭州后就没做过那种梦了。2011 年我在这里购房落户，打算把杭州作为我的生活和奋斗之城。**我觉得一个朋友说的特别对，他说我是那种喜欢山水田园感觉的人，特别适合杭州的气质。**当然还有杭州的期货氛围和市场环境也非常的吸引我。

七禾网 3：您做股票的年份更长，现在是否还在交易股票？您觉得期货和股票最大的不同点体现在哪里？

李金鹏：还有一点儿股票，坦白地说，一直在亏损，但是我很长时间没有交易了，主要是没有足够的时间和精力来筛选和分析。还有做股票是用什么策略？价值投资还是短期波段操作？比较纠结。将来资金量大了，股票市场肯定是要重新配置和参与的。

我觉得期货和股票最核心、最关键的不同，**一个是期货相对公平和透明，股票则相反；二是期货价格参照点相对明确，而股票则非常模糊；三是期货纠错功能好(T+0 交易)，股票纠错功能差(T+1 交易)。**

七禾网 4：您在 2012 年 6 月到 7 月上旬，收益曲线较快增长，一个多月赚了 3 倍；另外从 9 月初到现在(10 月 12 日)，一个月时间又赚了 2 倍。请问您这两次收益大幅上升，分别抓住了哪几个品种的行情？

李金鹏：6 月到 7 月中旬，抓住了豆粕的前半段行情，应该说是比较完美，后来半段就惨不忍睹了，我反思是贪心惹的祸，另外账户比较多也是原因之一。9 月初到现在，就有点儿零零散散了，**主要是抓了点儿焦炭和股指的多头以及豆粕的空头行情。**

七禾网 5：您平时的仓位一般在什么范围？当您看准机会时，仓位会达到多少？

李金鹏：平时一般开仓在 20%～50%左右，当信心很足时，仓位会在 80%左右，形成了习惯，雷打不动。

七禾网 6：您如何看待重仓交易的高收益和高风险？

李金鹏：重仓交易是一把双刃剑，用得好的人会对它喜爱有加，用得不好的人会对它恨之入骨，我个人还是比较喜欢重仓的，因为我把期货当作我的创业投资，而不是理财投资，关键是看你是否能够胜任和驾驭它。

七禾网 7：您的资金曲线波动较大，常会出现 10%～30%的回撤，甚至最大回撤超过了 50%，您如何承受这么大的回撤？在出现较大回撤时，您的心态会不会有变化？会不会影响后续操作？

李金鹏：我的操作风格必然会带来资金曲线波动较大。因为主要是自有资金，权益回撤 10%～20%对我的心态基本上没有什么影响，回撤 40%～50%肯定有影响了，而且很肉痛。为什么能承受这么大的回撤？首先我这是在已经有盈利基础上的回撤，其次我对自己的获利能力非常自信。当出现 40%～50%的回撤时，我的心态会有很大的影响，我会明显降低仓位，并且主要靠更加短线的操作一口一口把权益咬回来，然后再一次踏上新的征程，通过这段时间的反思，我打算把资金回撤的生命线从 50%降低到 30%，这样可能权益曲线会更加好看和完美。

七禾网 8：对您来说是“亏钱”的打击更大，还是“错过行情”的打击更大？

李金鹏：这个要看情况，我可以肯定的告诉你，一般情况下，肯定是错过行情比亏钱对我打击更大，但如果亏损超过 50%，我想应该还是亏钱更难过些。

七禾网 9：您认为“期货交易就好像在刀尖上跳舞，在钢丝绳上跳舞，一不小心踏错了节奏就失败了”。如果某一笔交易踏错了节奏，您会怎么处理？

李金鹏：如果踏错了节奏，砍仓走人呗。但是如果我判断还有不错的空间，我会耐心找个好点儿的价位再次小仓位介入，挽回点儿损失。

七禾网 10：您说自己最讨厌“临时抱佛脚”，喜欢任何事情都准备得妥妥当当，但期货交易的变数很大，您如何确保任何事情都妥妥当当？

李金鹏：是的。在生活工作中，我比较喜欢把事情安排得有条不紊，但是很多事情谁也不能保证万无一失，特别是期货交易，我们只能在脑力和能力所及之处，尽量考虑周全些，多一些预案，多一些准备，尽可能降低它的风险。

七禾网 11：您做交易一般持仓 1～5 天，您看一个品种的趋势一般看多长？为何选择相对较短的波段交易？

李金鹏：对。**我一般持仓在 1～5 天左右，因为这样我觉得自己才看得清楚，感觉更安全**，仓位才拿得牢。**趋势行情，我觉得自己只能看清 1～3 个月左右，太长了我就没能力看了。**即使这样，我的仓位也会经常调整和换手，这样做会让我感到更加安全。

七禾网 12：据七禾网的统计，2011 年 4 月 22 日以来，您总共参与了 24 个品种的交易，您是否有不断切换品种的习惯？您一般同时操作几个品种？

李金鹏：我会不断切换交易的品种，只要它符合我的条件。在我眼里，品种不分高低贵贱，跟人一样。但在同一时间，我一般只操作 1 个品种，有时 2 个，最多 3 个。

七禾网 13：当一个品种符合什么条件时，您会关注它？您有没有比较偏好的品种？

李金鹏：当一个品种在技术面走出我所熟悉的图形，并且在成交量、持仓量都配合时，我就会关注，并且有可能参与。

当然有比较偏好的品种，就是那种波动比较大、流动性比较好的品种，比如天胶、白糖、铜、PTA 等。

七禾网 14：您在进场时，主要依据“预判”+“技术”，您的预判主要基于哪些方面的分析？您常用的进场技术主要是哪些？

李金鹏：关于预判，老实说，很多情况下，我的预判是不知道方向，只是在比较少的情况下，我会比较确定，那种情况一般会有比较大的行情。**我的预判主要基于当前的技术图形和储存在大脑中的各种信息加工而成的主观判断。**

我的进场应该跟大部分人一样，主要是依据技术分析，15 分钟、30 分钟、60 分钟的 K 线，日线、均线、MACD 等，如果这些指标高度统一则是绝佳的进场机会。

七禾网 15：您在出场时，主要依据“目标位”+“时间点”，您的目标位一般是怎么确定的？时间点又是怎么确定的？

李金鹏：我出场的目标位一般根据交易品种的量能、重大阻力位、期现价差、相关品种比价、内外比价等因素来确定。出场时间点一般根据品种消费淡旺季起始、生产周期、重大政策公布日期等因素确定。

七禾网 16：您认为“做期货心理预演很重要”，也说过“心理预演是我超额利润的重要来源”。请您简单介绍一下您如何进行“心理预演”？

李金鹏：“心理预演”是索罗斯在《金融炼金术》中提出的概念，我觉得非常契合我的投资风格。关于“心理预演”，我的理解是某件事物在某个时空点上，在某种条件的催化下必然会发生的某种变化。

还是拿近期的豆粕品种来说，豆类，包括豆粕，我去年就开始关注了，总觉得价格偏低，国内种植面积也一直在萎缩，但是似乎缺乏一个催化条件，所以行情起不来。今年不一样，从 2011 年底开始，豆类，特别是豆粕，底部慢慢抬高，成交量、持仓量大幅增加，资金流入明显。从 2012 年初到 4 月，豆粕走出了一波可观的反弹行情，从 2800 点左右反弹到 3450 点，受阻于 2011 年的高点附近。这一波我没有参与，当时把主要精力放在工业品上，当然主要是我当时还没看懂。然后豆粕在 5 月底回调到 3200 点左右得到支撑，而成交量、持仓量还是持续放大，最重要的是美国大豆、玉米种植区干旱初现端倪，**那时我才突然醒悟，觉得行情的催化剂来了**。所以在 6 月 5 日、6 日两天买入了 80%左右的仓位，在 6 月中旬有利润了又加了一些仓位，后来随着美国大旱情的演化，我预期豆粕的第一目标位在 2008 年的高点 4200 点左右，第二目标位在 4500 点左右，出场的时间点放在美国大豆成熟期的 8 月底左右，最后豆粕主力合约 1301 在 8 月底 9 月初见到了 4369 的高点，近月合约 1209 到了 4700 的高点，当然可能它也搭了下 QE3 的顺风车。

当时很多人觉得豆子、豆油偏弱，不跟涨，判断没有大行情，说实话，我当时判断也过于乐观，也有偏差，特别是对豆子的判断，觉得它会涨到 6000 点，否则的话收益会更加完美些。现在回过头来看豆粕行情，看似意料之外，却在情理之中，**国内大豆种植面积下降，大企业专业化养猪，消费偏紧，美国大旱，进口大豆价格上涨，压榨企业有涨价压力，豆油不能涨，但是还得生存，只有力挺豆粕了。**

说点儿关于未来的“心理预演”吧。随着城市化接近尾声，年龄 40 岁以上的人家庭平均拥有 2～3 套以上的房产，**我觉得房价向上的空间有限，向下空间会在 30%～50%左右，在未来的某一天一定会实现，到时我肯定会满仓做空。**

七禾网 17：如果行情与您的“心理预演”相符，您会怎么交易？如果行情和您的“心理预演”不符，甚至差别很大，您又会怎么处理？

李金鹏：很简单。符合的话，满仓出击，到达目标出货；不符合的话，按照我的计划和习惯止损走人，重新等待时机。说到这种情形，让我想起了2011年的欧债危机行情，6～7月份我一直在做空天胶、铜等工业品，但总是反弹，弄得我灰头土脸，伤痕累累，在8月份闪电变盘，确立跌势后，我在9月份机会再次来临的时候，在9月13～29日、10月17～21日全仓出击做空天胶，打了两场漂亮的短、平、快、狠歼灭战，彻底扭转了上半年亏损的局面，如果不是在8月初买了房子，我在2011年的绝对收益额会在50%以上。

七禾网18：您认为“看K线图比看心电图容易多了”，为什么这么说？

李金鹏：这个我就不清楚了，反正我的体会是K线图比心电图容易多了，可能在别的医生眼里，应该是心电图比K线图容易多了。这可能说明我不是一个合格的医生。在这里我要客观地说一下，心电图、CT片、B超等真不是那么好看的，正常人的图形都差不多，异常的却各有各的不同。想想看，要在一张黑白片上发现黄豆大小的东西，不难吗？**我觉得在我们国内，医生、教师的价值是大大低估了，**这些职业真是值得我们社会上每个公民用心去尊重和重视，这样我们才会享受到更好、更优质的服务，**如果医生的价值有期货的话，我会买入多头。**

七禾网19：您觉得“期货投资者要想做的比较顺利，最需要克服的困难就是人性的弱点，即克服自己的弱点”。请问您觉得自己最大的人性弱点是什么？您能否有效克服？

李金鹏：在投资市场中，我认为人性的弱点不管是什么样的表现形式，其实根本的就是贪婪与恐惧。**我应该是贪婪多一些，恐惧少一些，主要表现在仓位比较重，操作比较频繁，总想把所有潜在的机会都抓到手，这就是贪婪。**

怎么克服？其实也不可能完全克服，除非是程序化交易，主要还是要靠在交易中慢慢磨炼，靠那种已经成为你性格一部分的自律和习惯。**我觉得，适当的贪婪与恐惧是合理的，没有贪婪，就没有对收益的进取，没有恐惧，就谈不上对风险的可控，**两者相辅相成，尺度以自己能承受为准。

七禾网20：您说您特别认同青泽老师的一句话：“期货交易更是一种道，而不是一种术。”请问您如何理解这句话？

李金鹏：对。我觉得这句话说得非常有道理，有水平，有深度。道出了高手与低手之间的差别。我的理解，**期货交易之道是掌握了一种能持续盈利**

的内在规律、一种方法论。而交易之术只是指一种停留在技术层面的只能用来养家糊口的雕虫小技。两者不可同日而语。通俗点儿说，弄明白了期货交易之道，就可以稳定挣钱，挣大钱，而交易技巧只能挣小钱，挣辛苦钱。

七禾网 21：您参加了多项期货实盘大赛，请问您参赛的主要目的是什么？参赛的感受如何？参加大赛是否会让交易更有激情？

李金鹏：我从 2009 年至今是参加了不少比赛，我的目的也很明确，就是为了打开点儿知名度，希望有欣赏和信任我交易风格的伯乐朋友出现，给我大一点儿的平台，在为别人实现理想收益的同时，自己也能得到跨越式的发展。通过这些比赛，我进一步提高了自己的交易和资金管理水平，同时也认识了一些交易高手和期货界的朋友，学到不少东西，挺好的。

我比赛和平时的仓位及交易风格基本上没什么差别，但可能会有更足的动力和激情。

七禾网 22：在杭州和上海有不少交易高手，您平时有没有和其他高手进行交流？您觉得不同的高手是否有某些共性？

李金鹏：很少交流。首先我的性格决定了我很少主动联系别人，其次我也不太喜欢对行情进行交流，随便聊聊天、吹吹牛倒是蛮好的。

高手肯定会有一些共性，我想应该会是冷静、理性、学习能力、独立思考、自信、勇气等方面。

七禾网 23：您喜欢看电影，特别是科幻片，而且喜欢一个人去看电影，电影的“虚拟世界”能给您带来怎样的感受？

李金鹏：对。我基本上什么电影都可以看，但最爱看的是科幻片。大多一个人去看是因为没有一个时间跟我一样多的人陪我看所有感兴趣的电影。我觉得看电影有这样一些好处，不管你在生活工作中有兴奋、愤怒，还是郁闷、烦躁的情绪，通过电影里的角色进入了一个虚拟的世界，让你的心情平复下来，还能让你产生一种幸福的感觉。同时电影也能让我感受到人性的美丑、社会的变迁和世界的趋势，这些也可能会给我的投资带来一些灵感。

杨湛：本金安全的情况下追求无限高收益

（访谈时间：2012 年 9 月 12 日　沈良整理）

杨湛：南京贝易德投资管理有限公司创办人。2001 年南京大学七年制本硕连读临床医学系毕业，2001~2010 年就职于南京市中西医结合医院急诊外科。

1998 年揣着 20 万进入股市，到 2005 年 20 万只剩 8 万，后受益于 2006 年和 2007 年的大行情，8 万变成 100 万。2007 年底介入期货市场，2009 年开始主要精力放在期货上。个人账户从 2007~2014 年以 10 万的本金起步，做到了 1500 万的收益。目前管理期货资金约 5000 万。

相关业绩和荣誉：

①2013 年《期货日报》排排网重量组年底综合第六名；

②2012 年第六届全国期货实盘大赛重量级组亚军；

③2012 年海通期货笑傲江湖实盘期货大赛年度第六名；

④2012 年 CCTV 期货实盘大赛重量级组第八名；

⑤2012 年海通期货笑傲江湖期货实盘大赛第一赛季第二名，第二赛季第一名，第三赛季第三名；

⑥2010 年第四届全国期货实盘大赛轻量组优胜奖；

⑦2010 年海通期货笑傲江湖期货实盘大赛第一赛季第三名；

⑧2006 年华泰证券股票实盘大赛第四名。

访谈精彩语录：

期货是一门高深的学问，符合我不断追求自我进步的个性。

第一是稳，保住自己的本金，才能去追求下一次盈利。

第二是准，判断品种和方向的正确才能有更高的交易成功率。

第三是狠，在判断准确以后，通过合适点位的加仓，去追求盈利的最大化。

70%的准确率对应的盈利会比 60%的准确率提高 1 倍。

一年内真正带来盈利的机会很少，当出现很好的入场点的时候，一定要下单。

方向判断正确了，而没有盈利，说明自己的水平不够，就等于亏损。

我追求的是，保住本金安全的情况下去追求无限的高收益。

没有盈利一定要轻仓，有了盈利后，通过趋势交易来进行加仓。

我认为的重仓是 40%以上的仓位就是重仓了。

我是做趋势交易的，在第一笔开始盈利以后，我就会寻找下一个加仓的点。

我是先用技术面寻找品种，再去结合基本面来交易。

找到趋势品种后，我一般寻找的是逢低多和逢高空的方法入场。

我一般同时操作 1～5 个品种，选择品种没有特别的标准，只要技术面符合，我就会考虑。

我是长线交易者，但是我会在交易途中选择自己认为的点位进行大级别中的小波段操作。

期货和哲学、心理学息息相关，和经济学的关系反而不大。

七禾网 1：杨湛先生您好，感谢您在百忙之中接受七禾网的专访。您硕士毕业后，做了近 10 年的医生，做医生期间也炒过股票、期货，起初您都是兼职做的，为什么到了 2010 年您开始创办投资公司专职做期货？期货哪些方面的魅力吸引了您？

杨湛：到了 2010 年，我觉得自己的期货操作理念慢慢成熟了，已经能够成为一个合格的期货操盘手，就放弃了自己外科医生的工作，全身心投入到期货的行业中来。**期货吸引我的魅力就是，它能够将我的各种所学结合起来运用，期货是一门高深的学问，符合我不断追求自我进步的个性。**

七禾网 2：您 1998 年就开始做股票了，期货是 2007 年才开始做的，请问您做期货的某些分析方法、操作手法是不是从做股票的经验中借鉴过来的？您觉得做股票的某些方法能否有效应用到期货交易上？

杨湛：是的。我期货的经验，就是部分复制和提取的股票的经验。**寻找趋势品种，并加仓追求更大盈利，就是借鉴的股票经验。**

七禾网 3：有些从股市转战期市的朋友对股指期货的操作比商品期货更得心应手，您有没有参与股指期货的操作？您更擅长股指期货还是商品期货？

杨湛：我经常会参与股指期货的操作，但是我更擅长的是商品期货的交易，所以股指期货操作相对比较少。

七禾网 4：您进入期货市场后，每年都实现了盈利，而很多投资者做期货则要亏 5 年甚至更长时间才能走向盈利(有些人甚至花再多时间也无法实现盈利)，您觉得自己为什么第一年就能在期货市场盈利？

杨湛：在经历过多年股市的交易后，结合我自身所学的哲学和心理学理论，我已经形成了一套稳健盈利的交易模式，对市场有了很深的感悟。将这个模式移植到期货市场，通过实践不断优化和完善，才能做到期货市场的每年盈利。

七禾网 5：您做期货讲究“稳、准、狠”，请您对这三个字分别做一个解释？并对它们做一个重要性排序，哪个第一位，哪个第二位，哪个第三位？为什么？

杨湛：第一是稳，保住自己的本金，才能去追求下一次盈利。

第二是准，判断品种和方向的正确才能有更高的交易成功率。

第三是狠，在判断准确以后，通过合适点位的加仓，去追求盈利的最大化。

七禾网 6：您认为“正确率越高，收益就会越高。70%正确率要比 60%正确率高 1 倍的收益”。请您诠释一下为什么正确率从 60%提高到 70%，收益率却可以翻 1 倍？

杨湛：理论基础很容易理解，50%正确率，在止盈和止损相同的情况下，亏的只是手续费，但是如果正确率达到 60%，那么就会出现 60%-40%=20%的操作盈利。如果 70%准确率，就会有 70%-30%=40%的操作盈利，70%的准确率对应的盈利就会比 60%的准确率提高 1 倍。

七禾网 7：您认为“在战略性交易机会出现的时候，不能盈利就等于亏损”。请问这句话应该怎么理解？

杨湛：一年内真正带来盈利的机会很少，当出现很好的入场点的时候，一定要下单，只要判断正确，获利会非常丰厚，如果判断错误，则立刻止损。方向判断正确了，而没有盈利，说明自己的水平不够，就等于亏损。

七禾网 8：在期货市场，有些投资者认为“做期货就是要追求高收益，不追求高收益就不用做期货了”；另一些投资者则认为“做期货每年追求 20%的利润就不错了，复利起来也不得了”。对这两种观点，您是怎么看的？

杨湛：我的观点是，先轻仓追求低收益，在有了收益以后，再通过自己的高准确率，去追求更大的盈利。就是我说的，稳、准、狠。我追求的是，保住本金安全的情况下去追求无限的高收益。

七禾网 9：您做交易平时的仓位一般多大？在什么情况下您会重仓出击？

杨湛：我平时的仓位一般是 10%～20%，在我有了部分盈利以后，通过自己的经验和技术分析，进行加仓并重仓，追求更大收益。

七禾网 10：有不少交易高手都反对重仓交易，而您似乎对重仓交易有不同的见解。请问，您如何看待重仓交易的风险？您如何控制重仓交易的风险？

杨湛：我对重仓的认识就是，没有盈利一定要轻仓，有了盈利后，通过趋势交易来进行加仓。我说的重仓和一般人认为的重仓可能有区别，我认为的重仓是 40%以上的仓位就是重仓了。

七禾网 11：您在交易中是否有加减仓的手法？在什么情况下，您会对初始仓位进行加仓？您是否会分批多次加仓？

杨湛：我是做趋势交易的，在第一笔开始盈利以后，我就会寻找下一个加仓的点，做到盈利的最大化。

七禾网 12：在一笔亏损的单子出场时，您是逐步减仓还是一次性平仓？在一笔盈利的单子出场时，您是逐步减仓还是一次性平仓？

杨湛：我会选择一次性出场，出场后再考虑下面的操作。

七禾网 13：您用“基本面＋技术面结合”的方法“寻找趋势”，请问您是先用基本面分析判断趋势，再找技术图形的配合呢，还是先在技术图形上选出品种，再找基本面信息的共振？

杨湛：我是先用技术面寻找品种，再去结合基本面来交易。

七禾网 14：“找到趋势后”您会“通过技术面寻找入场点”，您一般通过哪些类型的技术指标、方法或图形识别寻找入场点？

杨湛：找到趋势品种后，我一般寻找的是逢低多和逢高空的方法入场，这样可以在大势中找到好的入场点，比如多头趋势的下跌 2～3 天和空头趋势的上涨 2～3 天。就是顺大势逆小势，短期反向力量的衰竭是顺大势进场的好位置。

七禾网 15：您一般同时操作几个品种？您选品种有没有特定的标准？当一个品种出现什么情况时您会关注它？当一个品种出现什么情况时，您会放弃它？

杨湛：我一般同时操作 1～5 个品种，选择品种没有特别的标准，只要技术面符合，我就会考虑。当一个品种出现趋势走势改变的时候，我就会关注它，比如从上涨趋势转变为下跌趋势时可以去找多空转换点(值得一说的是，有时候图形上看上去是逆势实际上并不一定是逆势，而是另一个趋势的开始)。如果不符合我的判断，我就会放弃。

七禾网 16：您有没有个人偏好的品种？为什么偏好这几个品种？

杨湛：我偏好的是橡胶、TA、糖、黄金，因为我喜欢做自己盈利很多的品种，有心理优势，而且比较熟悉和习惯它们的走势。

七禾网 17：在交易中，“只做少数几个品种，重点参与”和“广撒网，参与很多个品种的交易”这两种模式您觉得哪一种更好？为什么？

杨湛：我喜欢只做少数品种，重点参与。这样能把有限的精力放在品种的操作上面，能做到更好的趋势操作。

七禾网 18：您一笔单子平均持仓时间有多长？您给自己的定位是中长线交易者，波段交易者，还是短线交易者？

杨湛：我是长线交易者，但是我会在交易途中选择自己认为的点位进行大级别中的小波段操作。

七禾网 19：您准备持有一段时间的隔夜趋势单，会不会在日内做一些倒手？

杨湛：我会选择大级别趋势单的时候，做一些1～3天的倒手操作，日内倒很少。

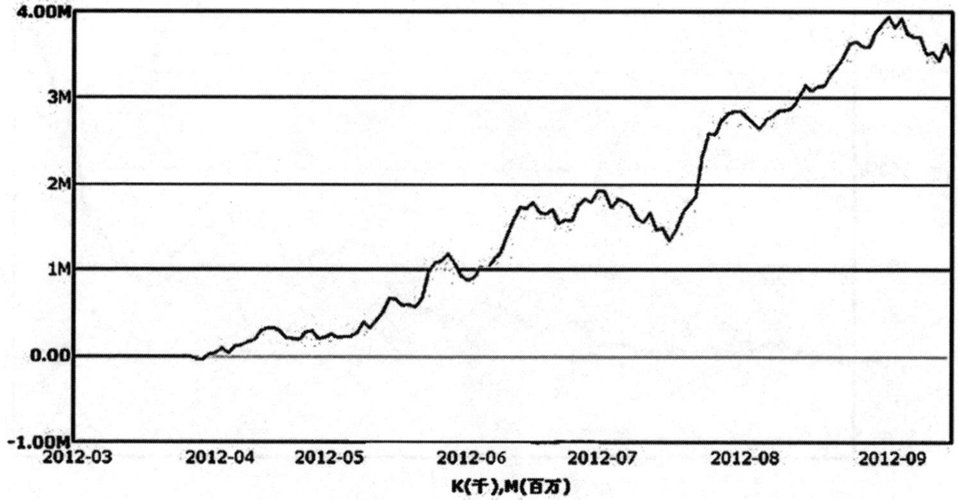

笑傲江湖大赛杨湛参赛账户收益额曲线图

七禾网 20：您做了 5 年左右时间的期货，有没有感觉到期货市场波动特征随着时间的推移在发生变化？您觉得导致市场波动特征变化的主要原因是什么？

杨湛：现在期货市场的变化是越来越复杂、越来越难以判断，我觉得出现这种情况的原因是大量的程序化交易和散户交易的越来越成熟导致的。

七禾网 21：当市场波动特征发生变化时，盈利模式是否也要随之改变？您在市场波动特征的变化中，如何调节自己的交易模式？

杨湛：如果市场出现趋势转换，我操作上面出现连续的止损，我会选择休息几天来回避低潮期，观察是否出现趋势的改变。

七禾网 22：您从 2009 年开始参加大赛，在《期货日报》大赛、海通笑傲江湖大赛、南证《金陵晚报》大赛、CCTV 证券资讯频道大赛等赛事中都能看到您风采，请您谈谈参加期货实盘比赛的目的？在参加比赛的过程中您有何感悟？

杨湛：我参赛的目的，就是为了提高我自身的操盘能力，追求的是大级别的趋势交易获利并且加上小级别波段的获利。只有这两个交易盈利结合起来，才能在大赛中脱颖而出。

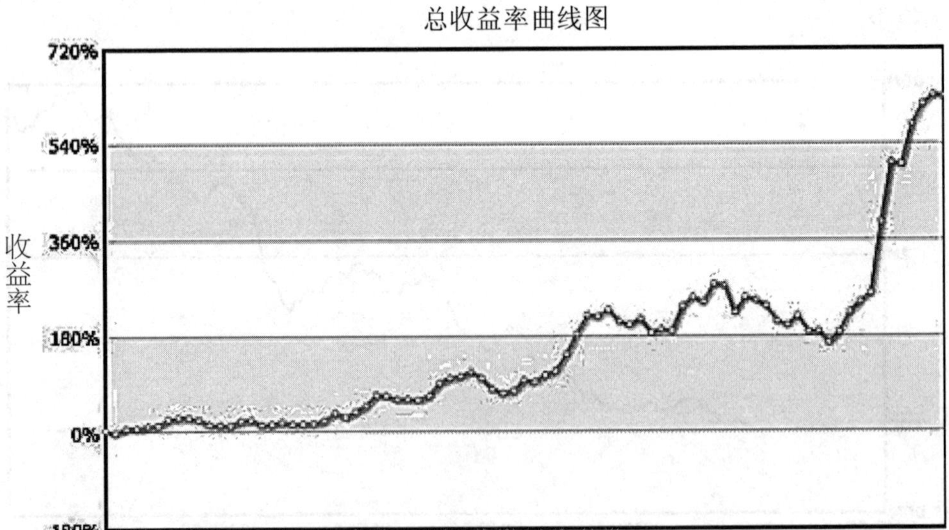

第六届全国期货实盘交易大赛杨湛参赛账户收益率曲线图

七禾网 23：您觉得参加比赛能否提高自己的交易水平？参加比赛会不会为了追逐名次或是受外界因素的干扰而影响判断和操作？

杨湛：参加比赛能够很好地提高我自身的交易水平。

参加比赛可能会为了追逐名次而干扰自身的操作，比如 2010 年第四届全国期货大赛，我在比赛的最后一个月，排名第三的时候，为了追逐第一名，在已经出现趋势转变苗头的时候加仓去赌博，结果从第三名掉到第二十名，而且盈利大幅缩水。

七禾网 24：近几年来，在全国各项大赛中涌现出了一批高手，您和其他高手是否有所交流？您有没有特别欣赏的交易高手？

杨湛：我和别的选手交流不多。我很欣赏丁洪波的淡定和激情相结合的交易手段，欣赏汪斌的超强日内交易能力。

七禾网 25：您曾表示“从来不看任何投资类书籍”，为什么从来不看这方面的书？

杨湛：我确实从来不看经济类、投资类的书籍，因为我个人觉得看这类书籍对做期货没有帮助。

2001 年我炒股的时候，天天看那些经济学家、投资专家的观点，媒体里面他们几乎天天都在看好股市，但实际上股市从 2001 年一直跌到了 2005 年，从 2000 点跌到了 998 点。从此我就不再相信任何专家学者，不看他们的书。

我认为，期货和哲学、心理学息息相关，和经济学的关系反而不大。期货的交易技术，基本上都是我在实践中自己总结的。

做期货，不懂哲学是做不好的，我反而会看哲学和心理学方面的书，比如王阳明的《大学问》，虽然这本书是文言文，但我从中学到不少对做交易有益的东西。**做期货很多人只看到“唯物”，没看到“唯心”，这也是不行的。**必须把唯物和唯心相结合，不控制自己的欲望必然赚不到钱。有良好的交易心态，投资可以做到良性循环，而交易心态不好，则是恶性循环。

七禾网 26：您曾透露您的目标是“做一位成功的期货基金经理”，请问您觉得一位成功的期货基金经理必须具备哪些条件？

杨湛：丰富的哲学和心理学基础、丰富的人生阅历、丰富的交易经验。

七禾网 27：如今期货市场已经从自主交易时代向产品购买时代过渡，从个人投机时代向资产管理时代跨越，在这样的时代背景下，您觉得机会将属于谁？

杨湛：机会将属于稳健的资产管理团队。

冯成毅：想改变人生，先改变心态

（访谈时间：2012 年 11 月 26 日　沈良、李婷整理）

冯成毅：期货生涯始于 1993 年，20 年只专注做铜一个品种，内盘外盘均有涉足。以精准的隔夜单和极高的日内交易功底操作铜，虽有能力操控庞大资金，但一直注重资金规模的管理，不追求短期暴利，用“积小胜为大胜”的理念参与市场。

在 2012 年《期货日报》第六届全国期货实盘大赛中，以 1003.42%的收益率获得重量组冠军。

访谈精彩语录：

一个期货的投资者，想改变自己的人生，首先要改变自己的心态。

即使我不做交易的时候，我也要盯盘，我要关注每一个细节的变化。

现在内盘和外盘的联动性非常强，二者缺一不可。

从事外盘 8 年左右时间，不是觉得盈利越来越难，而是觉得盈利越来越简单。就像你号准了一个病人的脉搏之后，对症下药，你发现很快就会药到病除。

我只做铜的单边交易，双向的套利交易从来没做过。

大家下过围棋就知道了，不管世界上多顶尖的高手或者有多少人在下，从来没有一盘棋是完全一样的。行情也是如此。

遇到波折的时候我不像其他人会停下来休息，而是马上再去交易，在交易的过程中调整自己，就是在战斗中养伤。

每天做交易，其实就是在做一个趋势无限长的单子。

我交易的时候从来不看技术指标。

期货这个行业本身是一个特殊的行业，也是一个比较孤独的行业，它不是一个靠群体力量的行业。

就像动物储备粮食过冬一样，以备不时之需，绝对不能把所有的利润放在雪球上滚。

年轻的时候太喜欢激情了，所以输得倾家荡产，经过了这么多年岁月的沉淀，我觉得积小胜为大胜这个理念会伴随我的一生。

我现在要做的就是既要有能力赚钱，也要有能力守住这些钱。

成功所需要的70%的勤奋、20%的天赋、10%的运气，是由70%的汗水、20%的泪水、10%的血水浇灌而成的。

我在性格上是一个比较简单的人，朋友们都说我这一辈子可能比较适合做期货。

今时今日，我们不再需要为利益打拼，而是更需要为自己、家人、朋友、社会做一些事儿。

在这个行业中没有人可以称王，所以也希望以后大家不要叫我“沪铜大王”。

做慈善最重要的是真心实意去做，心存一份感动、真诚。

期货就像修行一样，它需要到了一种境界的时候才会明白很多道理。

七禾网1：冯成毅先生您好，感谢您在百忙之中接受七禾网的专访。“期货交易是个不求人的行当。”您大学毕业时听到父亲一位朋友说了这句话，从而一头栽入期货市场。当时的这句话让您产生了怎样的遐想？20年后的今天，您回过头来看这句话，又有怎样的感受？

冯成毅：我很庆幸我父亲的朋友讲了这样一句话，给我的人生指明了一条我认为发展比较好的道路。如果当时没有他的这句话或者没有他指引我进入这个行业，我可能也不会有今天的成绩。20年后的今天再看这句话，我应该这么说：我非常感激他，是他把我带到这个行业，让我有了今天的一点儿成绩。

当时他跟我说：“做期货是以后白领中的白领。做期货最主要是不求人，而且不论家庭背景、父母官职、贫富贵贱，最终都要靠自己。”对于年轻的我，觉得这个行业是比较有挑战性的。那个时候家庭环境还算比较优越，但我不想父母设计我以后的人生，**期货既然是不求人的行业，刚好比较适合我的性格，**所以非常庆幸当初能进入这个行业。

七禾网2：您1993年入行，到1996年就赚到了第一个100万，到1998年27岁时就赚到了第一个1000万，但因为年少轻狂而失去了那个1000万。请问您当时亏掉那个1000万时的感受是怎样的？您花了多长时间走出“灰暗”？您后来又花了多长时间赚回1000万？

冯成毅：亏掉1000万的时候，**感觉整个人生都是黑暗的，觉得天都要塌下来了**。毕竟那个时候还年轻，没有经历过这样的起落。大学毕业的时候，我自己在想，如果有一天，我的人生中有100万，就觉得足矣。大学毕业的时候，一个月的工资只有400块钱，想法可能也比较简单，只要有100万，我就很开心了。**事实上，当我赚到人生中第一个100万的时候，是我这一辈子最开心的时候**。真的有1000万或者上亿，不管有多少身价，都没有当时赚到100万那么开心。失去1000万的时候，因为没有任何心理准备，来得太快，太突然，非常痛苦，整个人生都非常灰暗，差点儿撑不住。

后来，大概用两年左右的时间才走出来。我曾经在《期货日报》的颁奖晚会上也讲过这个话题，**当时是因为父亲以及家人的鼓励和资助，才让我走出了做期货中的第一个坎儿**。后来花多长时间赚回了1000万，确实没有去想过。以后对于金钱的得失不像以前会去计算。有第一个100万和1000万的时候，我会记得很清楚，失去的时候我也会记得很清楚是哪个年份，但现在让我回忆什么时候赚回那个1000万，客观地说我真想不起来，就好像成了自然而然的事情。

七禾网3：到了2003年，即您入行10年后，您感觉自己的交易进入了一个新的境界。请问，当时您自己进入了一个怎样的新境界？和之前相比，主要有哪些方面的提升和突破？

冯成毅：1993～2003年，对我来说是折腾和折磨的10年，也是自己不断探索的10年。在这10年中经历了太多，从有到无，从无到有，经历了几次。2003年以后，自己感悟了很多，不仅仅是期货方面的交易心得，更主要的是对人生的一种感悟。我说过，**期货是一个浓缩的人生，一个真正的期货投资者，是用汗水、泪水和血水浇灌而成的**。作为一个期货投资者，如果简简单单只是分析一些行情，或者看一些图表，那始终还处在门外，不能进入到一个很高的境界。2003年之后的10年进入到一个怎么样的境界？我觉得更多的是对人生感悟的升华。在性格上发生了很大的变化，人生的理念发生了很大的变化。**在这10年中我体会到一个比较大的收获：一个期货的投资者，想改变自己的人生，首先要改变自己的心态**。这应该就是我10年来进入的一种新境界。这10年来是一个提升和突破，更多的是人的阅历、家庭等因素综合起来考虑的比较多了。10年以前考虑的可能只是期货，单纯的期货盘子，10年以后能考虑到方方面面，比如对父母、妻子、儿女、朋友等更多的责任，已经不是单纯的期货了。

七禾网4：您一开始生活在重庆，后来举家搬到佛山，请问是什么机缘促使您定居到佛山？

冯成毅：这里有一个故事。我是从2006年5月31日到佛山的。当年珠江期货原董事长屈正哲收购了广东南金。我原来在广东南金有一个账户在做。他到海南找了我三次，到了第三次的时候我跟他聊了很久。他那个时候的实力以及在期货其他方面的影响力应该不算特别靠前，但是我通过与他交谈之后，觉得他就像一只比较有潜力的绩优股，跟他在一起能做一些事。这些主要的原因促使我放弃了在重庆的事业，再加上家里面有一些事，很多机缘巧合使我离开重庆到佛山。这六七年专门只在他一家公司做，就是珠江期货。他当时让我很感动，很动心，那种感觉是一瞬间的，而且这个决定让我今天也感到非常庆幸和正确。**如果说我是千里马的话，他就是我当年的伯乐。**

七禾网5：您20年只做铜一个品种，还把铜比喻成自己的"结发妻子"，为什么您只做铜一个品种？

冯成毅：这可能跟我的出生有关，我出生在甘肃白银，白银以前被称为"铜城"。1954年铜矿大爆破的时候震惊中外，当时美国以为我们在西部发射了原子弹核武器。我爷爷上世纪五几年的时候第一批到了白银公司露天矿。**因为家庭的原因，我从小跟铜就有不解之缘。20年只做铜可能也跟我的性格有关系，我做事比较简单、专一。**我把铜比喻成"结发妻子"，我自己是这样理解的：现在这个社会有很多诱惑，就和这些品种一样，有多个品种，不只是铜，像上海的橡胶、螺纹钢或者是大连的豆粕、郑州的白糖，我把这些比喻成一个漂亮的女人，如果想和自己的妻子白头到老，又周旋在这些漂亮的女人之中，我觉得自己不是一个柳下惠，也不是一个坐怀不乱的男人，有时候看到这些品种行情的时候，也很动心，但是我一再告诫自己。中国有句古话叫作"术业有专攻"，如果20年来能真正研究好一个品种，应能取得更好的成效，而且今时今日我也发现我的做法是正确的。做好一个品种，专一地对待它，其他品种可以当成一个朋友交往。期货交易不可能只是单纯一个铜这么简单，也不能只关注铜，像我现在做外盘，关注的就多了，晚上看美元的变化、美国股市的变化、黄金原油的变化以及地缘政治等方方面面的变化。现在单纯只做铜，但是很多品种是不得不去关注的，白天做国内铜的短线时，肯定要关注一些比较活跃的品种，比如股指期货、橡胶甚至前段时间比较活跃的豆粕、白糖等，因为它们当天短线的变化会直接影响铜的短线变化。**我们可以把铜作为"结发妻子"一生不变，但也需要交一些异性朋友，我们不**

是活在一个孤立的社会中，也不是单一的群体，可以和这些人交往、了解，但是要保持尺度。这就是为什么 20 年来我只做同一个品种的原因。

七禾网 6：当其他品种有较大的机会时，您会不会心痒？当您看到了其他品种的交易机会，而没有去参与，会不会惋惜？

冯成毅：如果说没有感到任何惋惜，这是假的。2011 年、2010 年白糖有很好的机会，而且有几个朋友都做得很好，也希望我参与一下，他们都赚了大钱。当时没有参与，多少有点儿后悔。**谁对待金钱、利益或者好的行情不动心是假的，但最终我为自己没有迈出这一步而感到欣慰。**如果当时我去碰了这个品种，赚的钱可能还不够我今年可能赔的钱，所以我很庆幸没有去参与。

七禾网 7：您白天看内盘，晚上看外盘。有人认为做期货需要时时刻刻盯盘，但另外有些人则认为“盯盘是一种恶习”。您怎么看？

冯成毅：我对盯盘的理解就像一个人练武功，练武不练功，到老一场空，盯盘是最基本的。如果有人觉得盯盘是一种恶习，我绝对不能苟同。盯盘是训练基本功最基本的环节。为什么很多人认为盯盘是一个恶习，因为他们控制不了自己，看了盘就想做，想不断参与。**我说的盯盘是即使我不做交易的时候，我也要盯，我要关注每一个细节的变化。**这就像看一本书，比如这本书我只看了一个开头和结尾，貌似我知道了你写的是什么东西，但中间的整个过程我都没有细细品味，没有完整读懂你这本书。很多人说白天看一下，收了盘再看一下，这就跟读书只读开始和结尾是一个道理，整个过程是不知道的，看似懂了，实际上不懂，没有读到这本书的精华。因此，我觉得盯盘是一个必要的基本功，绝对不是一种恶习，只是要看盯盘的人对盯盘是怎么理解的。

七禾网 8：就您目前参与内外盘铜的交易感受来看，外盘铜和内盘铜现在的联动性如何？现在更多的是外盘带动内盘，还是内盘带动外盘？

冯成毅：现在内盘和外盘的联动性非常强，二者缺一不可。现在做套利、从事外盘的交易者，中国人的比例越来越高。**在白天交易的过程中，早上 9 点到下午 3 点，主要是内盘带动外盘，**因为中国投资者交易得比较多。**而晚上更多的是外盘自身的变化，**比如根据欧美股市的变化、汇率的变化以及黄金、原油的变化会影响铜的走势。**而到了第二天早上，前一晚外盘的表现又会影响内盘的开盘。**

七禾网 9：某些做铜的朋友说，随着国内外越来越多有实力的机构参与铜的交易，使得铜的盈利难度越来越高，您是否有这样的感受？您觉得目前的沪铜是否适合普通投资者参与？

冯成毅：如果单纯从外盘的角度来说，参与的机构投资者很多，毕竟LME属于百年老店。**我从事外盘8年左右时间，不是觉得盈利越来越难，而是觉得盈利越来越简单。就像你号准了一个病人的脉搏之后，对症下药，你发现很快就会药到病除。**如果号不到脉，可能用了很多好的药或者高级的治疗方法都起不到作用。我对外盘的理解是从最先的恐惧、担心到现在应该是游刃有余了。

目前沪铜是否适合普通投资者参与？这很难回答。每个投资者的期货经历不一样，熟悉的品种也不一样，有些可能对农产品研究得多，有些则是对化工品研究得多。至于**是否适合铜的交易，要根据每个投资者自身的经历，以及他对各个品种的理解，**应该具体分析，而不能简单地说沪铜是否适合一个投资者。

七禾网10：您除了做铜的单边交易外，双向套利有没有参与？您觉得现在铜的内外盘套利可操作性如何？盈利空间大不大？

冯成毅：我只做铜的单边交易，双向的套利交易从来没做过。内外盘套利我有一些朋友在做，目前国内、国际联动性这么强，而且关联这么紧密，我觉得可操作性并不大，盈利空间也不大。这种机会现在每个人都在等，很多机构投资者都在捕捉套利机会，现在套利的空间和盈利的空间已经越来越小了。

七禾网11：您做铜20年如一日，是否已经把铜主要的经典行情都已经记在脑子里了？当您在盘中看到某些图形时，会不会条件反射，强烈感觉后续价格会怎么走？

冯成毅：这就是我为什么鼓励大家盯盘的原因。**盯盘就像我们在看两支足球队的精彩比赛一样，如果没有去现场看，感受不到强弱的变化。**比如巴西和德国踢，我们真的不知道谁会赢，只有在现场看，慢慢看出一些趋势，觉得巴西或者是德国占上风了，那个时候就像是多头占上风或者是空头占上风，然后我们再去操作。还有一些行情比较简单，比如中国对巴西，我们不用看都知道中国一定输。有些行情是很简单的，比如是单边上涨或者单边下跌，就像中国对巴西；还有些行情比较复杂，就是震荡，就像巴西对德国一样，你要用心去盯。**有时候盯盘会有一种强烈的感觉，这里该跌了或者该涨了，这就是多年盯盘之后形成的一种能力。**很多图表深深刻在我的脑海里，每一个跳动的符号，每一个细节都很清楚，所以做的时候，我觉得自己的心里很轻松，甚至觉得很简单。这也就是所谓的条件反射，就是多年盯盘养成的习惯。

七禾网 12：有人认为“行情会重演”，也有人认为“行情不会重演”，您如何看待“行情的相似性演化”？

冯成毅：**大家下过围棋就知道了，不管世界上多顶尖的高手或者有多少人在下，从来没有一盘棋是完全一样的。行情也是如此，有些相似度达到了90%，但还是有些细节上的变化是不一样的。**不要去想重复一些经典的行情，我觉得这是一个很大的误区。我们每个人应该正视每一盘棋，可能这盘棋大家的定式都差不多，看起来很像，但内中是千变万化的。**也不要去迷信相似性的行情，而只能根据行情的变化及时调整自己的思路。**

七禾网 13：有人观察您大赛的单子，发现您大赛期间主要是日内和短周期的隔夜波段，还说您做铜 30 分钟周期的操作几乎都是对的。请问，您做铜的正确率一向如此呢，还是大赛期间的运气比较好？

冯成毅：如果说是运气好，比如说这波铜是单边上扬或者单边下跌，我只做一个单边，抓住了它，就像豆粕，今年有一波上涨行情，抓住了，中间没有什么反向波动，这可能是一种运气。但是，**参加大赛期间铜没有什么具体的趋势行情，只是上下震荡，而且我每天都在交易，短线也做，如果几乎每天都在赚钱或者每天都能把握得这么好，应该不是运气。**

10 年以来基本上正确率都是如此。客观地说，每年都是赚钱的，不管是境内还是境外。甚至有时候一两个月，每天都在赚钱。当然，没有波折是不可能的，一年下来也有起起落落的时候，但这种情况时间比较短，有波折的话一般延续 3～5 天最多了，**遇到波折的时候我不像其他人会停下来休息，而是马上再去交易，在交易的过程中调整自己，就是在战斗中养伤。**总体一年下来肯定是盈利的。我现在采取积小胜赢大胜的策略。

七禾网 14：您除了做日内和短周期的隔夜波段外，会不会做持仓时间更长的单子？什么情况下会去做持仓较长的单子？

冯成毅：很多人做长线，做进去一个星期或者半个月不动。**而我对长线的理解是这样的，我可能每天都在做长线，我把每天的每一个点连起来看作一个长线，把这些点连成一个趋势，就是一个非常大的趋势和长线。**我每天都在交易，这个持仓的单子算不算长？**每天做交易，其实就是在做一个趋势无限长的单子。**

七禾网 15：在比赛期间，也出现过几次持仓方向与次日行情走势相反的情况，您要么果断平仓反手，要么追加保证金扛几天。请问，您在什么情况下选择平仓反手？什么情况下选择继续扛？

冯成毅：平仓反手我肯定认为错了，我确认判断行情错了，感觉有问题，果断止损并反手。选择什么时候继续扛，就像那次《期货日报》颁奖上，也有人问过，为什么套了 1000 多点不平？那次我就选择扛，因为那只是震荡过程中的小插曲。

七禾网 16：除了平仓反手和继续扛之外，在什么情况下，您会彻底放弃一笔交易，止损出场，等下一次机会？

冯成毅：对行情非常模糊的情况之下，我确实觉得这段行情太模糊看不懂，就会选择止损出场，等待下一次机会。就是我觉得自己看不懂了，需要休息一下。

七禾网 17：铜的走势和世界经济的冷暖息息相关，您一般关注哪些基本面信息？关注哪些相关品种的走势？

冯成毅：做外盘铜肯定要关心美股、欧洲的股市、汇率的变化、黄金、原油等大宗商品的变化。国内则会关注一些比较活跃的品种，比如股指期货、橡胶、白糖、豆粕、螺纹钢等。

七禾网 18：您做交易时，看不看具体的技术指标？若看，主要看哪几个指标？

冯成毅：我交易的时候从来不看技术指标，这个也没办法回答朋友们。

七禾网 19：据说您“爱想行情”，即一个人进行行情推演。请问您一般如何进行行情推演？

冯成毅：我可能会去设想一下，比如说对行情的判断，以及未来一些走势的想法。但如果是设计一些行情，或者推演行情具体会走到什么位置，我只能根据每一天的变化来应对，比如这段时间我认为行情在一个区间内震荡，到了高点我选择抛空，或者到了低点选择买，这个时候我可能会推演一些行情，设计一下，等待这些价格的到来，然后去进行买卖。

七禾网 20：有人认为行情要讨论交流，一起探讨，就能越来越明了；也有人认为，行情没有必要讨论，怎么看行情，怎么操作行情是一个人的事。您的观点是怎样的？

冯成毅：我觉得期货这个行业本身是一个特殊的行业，也是一个比较孤独的行业，它不是一个靠群体力量的行业。每个人对行情都有不同的看法，每个人的操作手法和理念都不一样。**我真的不建议大多数投资者去讨论行情，因为这会误导自己。**就像我们做一个作品一样，不管这个作品的好坏，画一幅画，从头到尾都应该一个人完成，行家一看就知道这是一个人画的。如果画了一半之后觉得不好，请了一个高手来画，他帮你完成剩下的一半，业内的行家一看就知道这是两个不同风格的人完成的作品，即便粉饰得再好，也没有意义。所以我不赞成大家一起讨论行情，而且我也从来不讨论行情。**一旦画不好就会依赖别人，希望别人完成你的作品，我觉得这是一个大忌。**

七禾网 21：从大赛账户上，我们看到您有盈利出金的习惯，请问您为何选择盈利出金，而不是把利润放在账户里继续“滚雪球”？

冯成毅：这就是我 10 年前犯的一个错误，1000 万就是这样亏掉的。我曾经觉得应该把所有的资金都弄到期货上，这才叫利益的最大化，实际上这样是不对的。**我喜欢看战争片，从主席身上学了很多的东西。如果主席没有二万五千里长征，没有积小胜为大胜打游击，最终不可能和国民党决战，不可能得到天下。我现在选择盈利出金，就像两军对垒时，我要留下一些预备队，**不能把所有的力量都用上，如果全压上了那只能赢不能输，一旦输了，连翻身的机会都没有。十几年前我频繁犯这样的错误，十几年后我学会了储备。**就像动物储备粮食过冬一样，以备不时之需，绝对不能把所有的利润放在雪球上滚。**

七禾网 22：您做交易虽然能挑 100 斤却只挑 30 斤，不求一夜暴富，而是积小胜为大胜，但有人认为期货市场的魅力之一就是可以短时间大赚，您觉得自己的操作方式会不会少了一些激情？

冯成毅：年轻的时候太喜欢激情了，所以输得倾家荡产，经过了这么多年岁月的沉淀，我觉得积小胜为大胜这个理念会伴随我的一生，如果这一生我都和期货有关的话。期货这个行业真的不乏神话，很多投资者从几万赚到几百万甚至上千万，很多人从几百万赚到几千万甚至几个亿。我们看看身边一夜暴富的人或者是创造了所谓奇迹的人，有多少在期货市场能真正生存下去。这些人也是真的有本事，很有能力的，可能因为在资金管理方面没有做到良性的管理，有能力赚钱但是没有能力守住这些财富。**我现在要做的就是既要有能力赚钱，也要有能力守住这些钱。**主席曾经说过，打天下容易，守天下难。现在很多投资者也面临这样的困境，**一夜暴富容易，暴富之后守住这些利润就太难了。**我一直会坚持，能做 10000 吨，我会做 3000 吨，积累每一次小的胜利作为一次大胜，这个思路是不会改变的。

七禾网 23：您认为“把一些利润留给市场，也就把风险留给了市场”，请您诠释一下这句话的含义？

冯成毅：这和我的做人风格有一定的关系，用一句话概括就是：**做期货和做人一样，得饶人处且饶人，做事、做人都不能做得太满、太大。**“把利润留给市场，把风险留给市场”，我希望每个投资者好好品味这句话，如果真的能理解了这句话的真谛，我相信在今后的交易中肯定会给自己留很多的余地，使自己能够很轻松地生活。

七禾网 24：您认为“做期货难的不是赚了怎么处理，而是亏的时候，特别是在被套住的时候怎么处理”，请问您亏钱或被套的时候，心态会不会有变化？交易动作会不会变形？

冯成毅：这也是很多投资者面临的一个巨大的困境。**很多人赚了钱的时候都知道应该怎么处理，怎么止盈，但是恰恰难的是止损。止损是每个投资者最需要学习的地方，也是最难的。**根据每个人资金情况、头寸情况、扛风险的情况以及对当时市场运行的情况，这需要很具体地分析到每一个细节。而不是说被套了，我不管，我有钱就扛，不去分析行情是不是真的看错了，是不是行情真的能扛回来，这些都不管，只是在算我的钱能不能扛住。**我现在不是在算钱或是看钱亏了多少能否扛住，而是在考虑行情是不是看错了。如果我错了，果断止损，不管我输多少。**

亏钱或被套的时候，心态上肯定会有一些变化。但 10 多年以来，**我尽量让自己做到处变不惊、荣辱不惊，挣了钱是不容易的，输了钱也是很平常的事情**，正确对待它，所以在交易的过程中应该不会变形，始终采取固定的一个量。比如我的量尽力控制在 5000～10000 吨，在这个量之内运行，我不会出现受不了的情况。**只有承受不了的时候技术才会变形、动作才会变形。**

七禾网 25：您认为“70%的勤奋+20%的天赋+10%的运气”是通向成功的公式，那么对普通期货投资者来说，应该把这“70%的勤奋”用在哪些地方？

冯成毅：**成功所需要的 70%的勤奋、20%的天赋、10%的运气，是由 70%的汗水、20%的泪水、10%的血水浇灌而成的。**70%的勤奋用在什么地方，就是用在“汗水”上，就是多努力。这不是简简单单的一句话，需要岁月的沉淀以及对行情的应对，就像下围棋，即便看了很多书，如果从来没有好好下过几盘棋，也不可能成为一个围棋高手。**期货投资者只能在实战的过程中完善自己，所以 70%的勤奋还是需要用在交易的过程中。**只能在交易中不断总结，总结每一次成功和失败，为什么会成功，为什么会失败，是因为资金管理的不当还是因为自己的心态输不起，每个人的情况都不太一样。70%的勤奋就是指70%的汗水。

七禾网 26：又应该如何去寻找和发现自己那“20%的天赋”？

冯成毅：这 20%的天赋很难说，需要根据每个人具体的情况去分析。比如我见了一个人，交流顺了，才会互相有所了解。我和汪星敏的交流就是这样，我知道他缺什么或者他知道我缺什么，这样才可以对症下药。如果单纯泛泛地说你有没有天分，你的天分在哪儿，这样很不客观，要根据具体的人，具体地分析。

七禾网 27：您做期货 20 年，虽然在交易上已获得较大的成功，但 20 年来市场上没有您的声音，您为何喜欢类似隐居的生活？

冯成毅：这可能跟我的性格有关。**我在性格上是一个比较简单的人，朋友们都说我这一辈子可能比较适合做期货。**因为很简单，只需要对着电脑，不需要跟人打交道。在和人打交道的过程中，我觉得我不是一个好商人，不是一个很会算计的人。不是说我有多清高，也不是说我不食人间烟火，我只是比较讨厌应酬。就像我说的**期货是一个比较孤独的行业，需要一个很清静的环境，不被外人打扰。**这段时间有些朋友想找我做理财，但是我没有做。今天，我利用七禾网的平台跟大家说明一下。我觉得理财就像两个人交朋友，如果只是单纯通过这次比赛觉得我能够挣钱，简简单单就把资金交给我，而根本不了解我这个人的人品怎么样，不了解我这次期货大赛的成功是不是很偶然，是否只是大赛期间的运气比较好，这些都是需要大家去揣摩，认真思考的。另外，我心理上也没准备好帮别人做理财。我觉得别人的钱不管是哪儿来的，他们需要的都是盈利，对人家的资金就要认真、负责，如果没有心理准备，还是不做为好。举个例子，你看到一个女的很漂亮，一见面就想和她结婚，但是你了解她的背景吗？了解她的性格吗？什么都不了解只因为她漂亮就要结婚那是不合适的。

我自己的资金量足够大了，不太需要别人的资金。现在，我更爱惜自己的名声，不是为了钱去做事。就像男女结婚，如果没有好男人或者好女人，宁缺毋滥。如果没有好的客户，没有好的平台，没有好的形式，我宁可不做资金管理这件事。很多人也问了：“为什么不做，你应该挑起这个大旗，带领团队把事情做好。”现在证监会已经批了 18 家期货公司可以做资产管理业务，现在哪儿都需要人才，也有很多人真的和我联系，想要我过去。但我的想法是这需要一个“缘”，真的缘分走到那一天，有合适的平台，就像当年我和珠江期货的屈正哲合作似的。六七年前我放下了所有的东西，选择了和他合作，现在他成功转型卖给了中国国际，我觉得他是很成功的。如果我是一匹千里马，下一步合作的时候需要一个好的伯乐才行。而且今时今日，**我们不再需要为利益打拼，而是更需要为自己、家人、朋友、社会做一些事儿。**

七禾网 28：按照您以往的“风格”，应该是不会参加实盘比赛的，而这一次您却参加了万人瞩目的《期货日报》期货实盘大赛（并获得了冠军），是什么因素促使您参赛的？

冯成毅：就是一句话，纯粹是帮朋友一个忙。

七禾网 29：不过，在大赛期间，您似乎从未看过成绩排名，也从未看过《期货日报》，既然参赛了，为何又不关注呢？

冯成毅：其实，比赛的过程中我都已经想退赛了，因为参赛束缚了我的手脚，而且当时也有很多人打电话过来，对我也是一种影响。但既然答应了朋友，又不好拒绝，就坚持了下去。**我也在公开场合说了，以后这种比赛我不会再参加。**我始终有一句话在激励我自己：人外有人，天外有天。还有很多更厉害的高手，只是人家没有来参加这个比赛，并不代表我参加了这个实盘比赛，我就是做铜第一，所谓的“沪铜大王”也不知道是谁起的，这名字起得太大了。在这里我需要和大家说一下，没有什么“沪铜大王”，只不过我做铜的时间稍微长了一点儿，而且只做这一个品种而已。**在这个行业中没有人可以称王，所以也希望以后大家不要叫我“沪铜大王”。**

七禾网 30：您如何看待美国的 QE3？您觉得 QE3 政策是否可持续？它对美国经济会有怎样的影响，对铜价会有怎样的影响？

冯成毅：我觉得现在谈 QE3 已经有点儿过时了，现在 QE3 对铜的影响已经全部消化在盘子里了。**现在真正会影响铜价的只有两个比较重要的事情，第一是美国的财政悬崖怎么处理。**2012 年 12 月底之前，必须要达成一个协议，至于民主党和共和党在国会中是以什么样的方式达成，是一个未知数，但最终一定会达成。达不成一定会损及美国经济，而且使民主党和共和党在整个美国人民的心中会很负面，他们是不愿意冒这个险的。但这就像是两个做买卖的人讨价还价一样，讨价还价的期间，市场中肯定会出现一些波折，我可以判断，肯定不会一帆风顺的达成协议，如果真的很简单，一帆风顺的达成这个协议，就不会有什么财政悬崖了。当时标普就是由于这个原因，把美国的 3A 评级调降了。今后这一个月最要关心的就是美国的财政悬崖。第二个影响铜价至关重要的因素，就是中国在换届之后，新的领导人会以什么样的政策来领导中国的经济。12 月份要开中央经济工作会议，对 2013 年整个 GDP、国民经济运行做很全面的部署。**这两件事才是影响铜价最主要的因素，而且这两件事是我们不可能猜出来的，只能根据市场的变化做具体的分析。**

七禾网 31：听说您是信佛的。您长期在做一些慈善，并把本次期货大赛的奖金全部捐了出去。请问您如何理解慈善？在做慈善的过程中，您觉得比金钱更重要的是什么？

冯成毅：很长一段时间以来，我们都在做一些慈善方面的事，反正现在我们有一些能力了，应该去回报社会，帮助一些弱势群体。**做慈善最重要的是真心实意去做，心存一份感动、真诚，**而不是像一些明星或者企业家只是沽名钓誉去做慈善。我希望我们还是简简单单去帮助需要帮助的人。**佛家说过，真正的大慈悲是不要求回报的，要求回报的都是假慈悲。**

最后，我觉得能有今天，真的应该感谢我的父母、感谢我的妹妹、我的妻子，感谢他们在我困难之中给我的支持和帮助，能有今天，离不开我的家人、我的朋友对我的鼓励。**当年倒下的时候，如果不是父母的鼓励，妹妹和家人的资助，也不可能有今天。每个投资者在期货的交易中，都面临着很大的压力，面临着各种各样的折磨，但是我觉得更不能忽略家人的感受，实际上他们承受的比我们更多。我希望每一个投资者能更多地关心自己的父母，关心自己的妻子、儿女、朋友，有时间的时候多跟家人在一起，有能力的情况下多帮助社会中的弱势群体。**

期货就像修行一样，它需要到了一种境界的时候才会明白很多道理。如果只是简简单单说你该怎么做或者不该怎么做，对每一个投资者都不是很客观，因为每个投资者从事的品种、时间不一样，人生的阅历和经历不一样。所以我们不能片面地告诉投资者：我这个经验是成功的，是可以复制的，这是不客观的。只能希望每个投资者，通过所谓成功投资者的一些经验中吸取一些对自己有用的东西。**一个投资者，特别是一个期货投资者，要想改变自己的人生，首先要改变自己的心态。**这种心态包含的东西太多了，需要自己慢慢去体会。最后祝每一个期货投资者都能领悟到自己的人生，能在期货行业中越走越远，越走越好。

余章武：期货的路很漫长，需持续努力

（访谈时间：2013 年 6 月 25 日　沈良、李婷整理）

余章武：七禾网实战排行榜 trader.7hcn.com 昵称“顾梦德”。湖北鄂州人，1997 年开始做股票，2008 年底开始做期货，现专职做期货。期货交易以技术分析为主，做短中线，主要采用主观交易的方式操作。

2009 年倍特杯比赛第三名，2010 年红绿联盟开心赛第一名。七禾网实战排行榜 2013 年第二季度冠军、2012～2013 年度季军。

访谈精彩语录：

商品期货的魅力来自于可以当成实业中的生意来做。

大亏后要以日内操作为主；大赚后不能再重仓操作。

我的个人账户资金回撤经常比较大，经历了太多的回撤，感觉比较麻木了。

选择主观交易与性格脾气没有必然联系。个人选择主观交易主要因为自己水平比较低，没有经历过严格的系统训练。

我只是一个坐在家里做期货的“宅男”，对基本面的确无从考查。

我个人只能以技术分析为主，但并不是否定基本面分析。

我比较常用的技术分析是 K 线形态和持仓量、成交量，结合美指、道指及 A 股来判断商品趋势，从而决定追涨杀跌或抄底摸顶。

短线把仓位放大，不亚于持有并做对一波中线大行情。

（出入金的）好处是每天都以新的资金来面对市场，忘掉以前的亏损或盈利。

在主观判断的基本面认识下，假设认为某品种在某一阶段会出现趋势性行情，就重点压注这个品种。

所有品种都看。一天内一般会操作自己计划中要操作的品种。

贪婪的结果是，重仓赌隔夜或日内重仓胡乱交易，导致资金回撤或亏损严重。

个人需要努力的东西还很多，期货的路还很漫长，希望能够有高人指点一二，希望自己最终在期货市场上不会以暴亏或遗憾收场。

七禾网1：余章武先生您好，感谢您在百忙之中接受七禾网的专访。“顾梦德”是您的网络昵称，请问您取这个名字的渊源是什么？

余章武：来于英文“good”，自己译为“故梦得”，意为“过去梦想得到的”，后来改为顾梦德，这更像一个人名，在现实生活中很多人也叫我顾梦德。

七禾网2：您1997年开始做股票，2008年底开始做期货，根据您的切身投资经历，您觉得股票市场和期货市场的本质区别是什么？您目前是否还在做股票？

余章武：个人觉得区别在于期货是保证金制度，股票没有。商品期货有规律可循，而绝大多数股票更像有资金操纵的行为，所以现在没有做股票。

七禾网3：您是在什么样的机缘下接触到期货的？您最后选择了全职做期货，放弃了原来的工作，是期货的哪些魅力吸引了您？

余章武：我是在2008年下半年在一位叫作“阿铭”的上海朋(网)友推介下接触到期货的，当时对A股6124点后的暴跌，感到很无助，希望能够有做空机制的东西，后来由对期货的排斥发展到接受和热爱这个事业。**个人认为：商品期货的魅力来自于可以当成实业中的生意来做**(它与经济紧密相关)，不算是完全虚拟的东西。

七禾网4：在您的期货交易经历中，短期内获得巨大盈利是在什么时候？短期内出现最大回撤又是在什么时候？经历了赚赚亏亏之后，您总结了哪些经验和教训？

余章武：短期有较大盈利一个是在2010年，当时从3万元做到50多万；另一个是在2013年4～5月(资金增长表现可以在七禾网实战排行榜的账户“顾梦德”上看到)。出现最大回撤是在2010年11月做到50多万之后，资金很快暴亏，导致长期(2年)做不上来，这可能与我没有熊市经历有关。总结的经验有，比如**大亏后要以日内操作为主；大赚后不能再重仓操作**。但我还是经常犯同样的错误。

七禾网5：现在您账户的资金出现一定幅度的回撤时，您的心态与刚开始做期货交易时相比较，有哪些变化？

余章武：**我的个人账户资金回撤经常比较大，经历了太多的回撤，感觉比较麻木了**。个人希望以后有针对性地改正操作的手法。

七禾网6：您曾在2009年获得倍特杯比赛第三名，2010年获得红绿联盟开心赛第一名，您当初参加这些比赛的初衷是什么？参加这些实盘大赛后，对您的操作是否有影响，对您交易水平的提高有没有帮助？

余章武：当初参赛的目的是看看自己在比赛的选手中排在什么位置，想认识或结交一两位期货高手。**参与比赛对自己的操作没有影响，对提高自己的交易水平有较大帮助**。比如知道了什么叫“频繁日内”，以及资金管理等。

七禾网 7：您参加实盘大赛时，用过“期货是破产机”的 ID，取这个名字，是否和您对期货市场的理解相关？

余章武：介入期货之前，知道期货市场很恐怖，加之有人起 ID“期货是提款机”，于是类比起名**“期货是破产机”，目的是警告自己在这个市场上随时会破产**。

七禾网 8：您在期货交易中选择以主观交易为主，这是否与您的性格脾气有关？在您的理解中，主观交易和客观交易各自的优缺点是什么？

余章武：**选择主观交易与性格脾气没有必然联系。个人选择主观交易主要因为自己水平比较低，没有经历过严格的系统训练**。主观交易的缺点自然是止损认错的成本相当高，换句话说，我也想进行客观交易，只是水平有限。**客观交易的优点是尊重规律，有盈利无限扩大，自动止损**。

七禾网 9：您觉得一个人的人品、性格、脾气与期货的盈亏是否有直接的关系？

余章武：如果用数字来形容它，我觉得是 100%有关系。**期货高手应该都有特定的不同于其他人的性格**。比如说，**温和、沉着、独立思考、思维敏捷、遇挫折而不气馁，等等**。

七禾网 10：您在期货交易中以技术分析为主，那么您是否认同基本面分析的方法？

余章武：因为**我只是一个坐在家里做期货的“宅男”，对基本面的确无从考查**，我至今都不知道 PTA、甲醇、PVC、天然橡胶等是什么东西，我也不知道北方和南方的螺纹钢价差、运费等的正常数据，所有基本面的东西都是从互联网上找到的。但我绝对认同基本面分析的方法，基本面为主，技术为辅。

所以在这种情况下，**我个人只能以技术分析为主，但并不是否定基本面分析**。

七禾网 11：技术分析中有指标类、形态类、K 线类、波浪类等，请问您主要分析的是哪一类或哪几类？

余章武：因为个人是短中线为主，因此上述的技术分析方法基本都不看，我比较常用的技术分析是K线形态和持仓量、成交量，说大一点儿就是结合美指、道指及A股来判断商品趋势，从而决定追涨杀跌或抄底摸顶。如果以后资金大了做趋势，我觉得还是要参考形态类、波浪类等技术方法，这种情况下成交量和持仓量的分析可能倒不重要了。

七禾网 12：在期货交易中，每个人对短线、波段、中线、长线理解的时间周期的概念都不尽相同，在您的理解中，持仓多长时间的算短线？持仓多长时间的算波段？持仓多长时间的算中线？持仓多长时间的算长线？

余章武：我没有做过中长线，所以也没定数。5天之内的或者日内操作都为短线；波段可分日内的分时波段和日K线的波段；半月以上的为中线。

七禾网 13：您在操作中做短中线比较多，请问您选择短中线的原因是什么？

余章武：由于个人赌性比较大，仓位放得比较重，觉得短中线比较适合自己目前的这种赌性。短线把仓位放大，不亚于持有并做对一波中线大行情，当然，这种做法风险也同时扩大。当然并不是我不会做中长线，中长线需要比拼的是耐力，这方面我以后可能需要重点培养。

七禾网 14：我们发现您在七禾网实战排行榜注册的账户“顾梦德”经常有出入金的习惯，您为什么经常出入金，这对您的交易有什么影响？

余章武：出入金的习惯来自于一些日内操盘手经常出入金，于是模仿；觉得其好处是每天都以新的资金来面对市场，忘掉以前的亏损或盈利。实际上这是不成熟的表现，以后争取稳定下来。同时频繁出入金会导致累计净值产生一定程度的虚高。

七禾网 15：截至2013年6月24日，“顾梦德”这个账户在七禾网实战排行榜中累计净值已达到14.43(即复合收益13.43倍)，若扣除出入金因素，实际上这个账户赚了多少倍？

余章武：不知道基数以多少为参考，因为资金起起落落，如果以20万起计算的话，应该是5倍，如果以12万计算的话，应该是9倍。

七禾网 16：根据您在排行榜中成交偏好的分析，橡胶在您的投资品种中占比18.68%，是占比最多的一个品种，请问您选择橡胶比较多的原因是什么？

余章武：选择橡胶是因为橡胶相当活跃，不容易被操纵，具备金融属性。其实我做的品种比较多，对各个主流品种的运行规律知其一二。

七禾网 17：请您谈一谈，您在某一个阶段选择某个品种作为主要交易品种的依据和标准是什么？

余章武：应该说是在主观判断的基本面认识下，假设认为某品种在某一阶段会出现趋势性行情，就重点压注这个品种。换句话说，先是主观判断基本面的变化，然后根据技术面重点操作。

七禾网 18：您一般一天内同时会看几个品种？一天内一般会操作几个品种？

余章武：所有品种都看。一天内一般会操作自己计划中要操作的品种。当然，有些时候日内短线是无序随机操作的，状态不好时也会胡乱交易。

七禾网 19：每当上市一个新品种时，您是否会在第一时间尝试参与操作？为什么？

余章武：不操作。不懂历史走势，因此不操作。

七禾网 20：您在总结缺点时曾表示自己过于贪婪，这对您的实际操作有哪些负面影响，现在您是如何控制贪婪情绪的？

余章武：贪婪的结果是，重仓赌隔夜或日内重仓胡乱交易，导致资金回撤或亏损严重。个人这方面的控制方法不够好，一般采取每天出金和入金或减少资金操作的方法，以后争取外出游玩不看期货来克服这种贪婪情绪。

七禾网 21：做期货 5 年以来，您在期货市场中结识了一些朋友，平时与朋友的交流中是否会讨论行情走势？和他们的讨论是否会影响您对行情的判断、是否会影响您的交易动作？

余章武：这个问题问得好，物以类聚，人以群分，我非常感谢我认识到的“投机人生”群中的一些期货朋友，他们给了我很多帮助，如“阿铭”、“俄的神啊”、“跑得快”、“周一”，等等，他们基本上都是以金融市场为生。我经常与他们讨论行情，我会考虑他们的观点，但不太会影响自己的交易动作。

七禾网 22：您觉得纪律是期货操作中最基本的，为什么？交易者应该如何制定纪律，如何遵守纪律？

余章武：这个问题我不擅长，因为我是以主观性交易为主，肯定觉得纪律是最重要的。我个人有时会遵守得比较好，但有时会遵守得比较差。

七禾网 23：您还有一些需要补充的话对大家说吗？

余章武：感谢七禾网给我这次和大家沟通的机会。自己能够在七禾网实战排行榜的季度排名中获得较好名次，个人觉得运气的成分很大，我知道自己的期货水平有几斤几两，谈不上有好的经验，个人需要努力的东西还很多，期货的路还很漫长，希望能够有高人指点一二，希望自己最终在期货市场上不会以暴亏或遗憾收场。

汪星敏：交易必须脚踏实地一步一步来

（访谈时间：2013 年 12 月 31 日　沈良、李婷整理）

汪星敏： 期货交易高手，对盘面有着很高的敏感度，日内短线、波段和中长线均有涉及，并在各个周期都有较好的盈利模式。

在 2010 年 7～12 月举办的交通银行杯 2010 年领航中国期货大赛中以 4408.42%的收益率获得标准组冠军。

2012 年兴业期货大赛专家组冠军；国海良时杯大赛 2012 年度亚军，2013 年度冠军。

多年参加《期货日报》全国期货实盘大赛，并屡获佳绩。2010 年轻量组第十四名，收益率 165.17%；2011 年轻量组亚军，收益率 215.32%，重量组第六名；2012 年轻量组第十七名，收益率 268.81%，重量组第十六；2013 年重量组冠军，累计净值达到 19.54219。

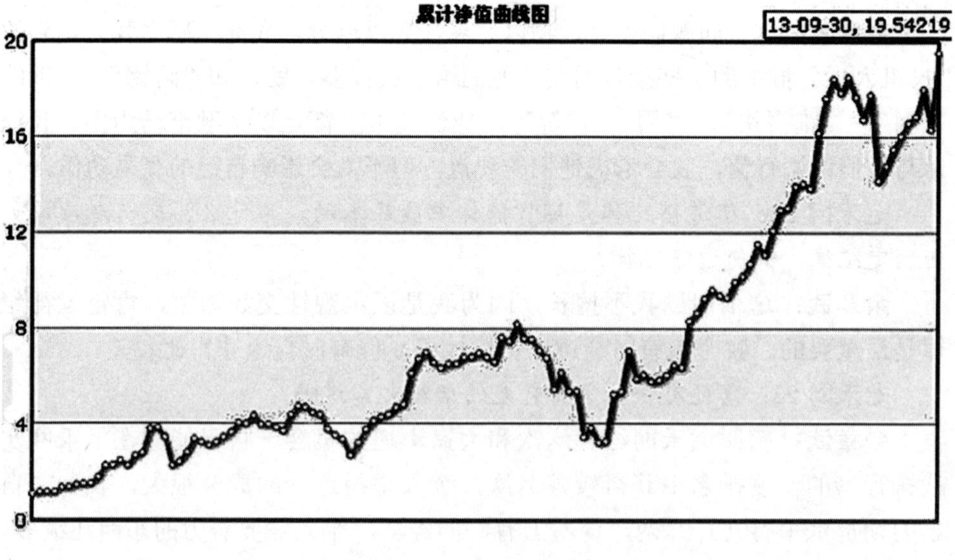

汪星敏 2013 年《期货日报》全国期货实盘大赛净值曲线图

访谈精彩语录：

秉承一贯的理念，坚持努力地拼下去，总会取得令自己满意的成绩。

女儿的出生比取得冠军更加重要。

比赛中技术、心态、运气都挺重要的，其中最重要的是心态。

我们最终的目的是利用有限的交易青春期，尽可能大地发挥自己的能力，博取更大的利润。

对于大部分交易者而言，(短时间的高收益)主要还是行情造就而不是水平造就。

重仓是我的习惯。

我只会在盈利的时候加资金，亏损的时候从不加资金。

出金本身就是控制风险的最有效办法。

符合三位一体有可能会创造大行情，我会放手一搏。

如果你追求的目标只有 60 分，最后可能会变成 50 分。所以每年稳健盈利 30%固然好，但就怕你做不到。

“赢到钱”和“守住钱”都很重要，而“赢到钱”更重要。

在不同的阶段不会切换重点操作的品种，就只做这几个品种。切换到别的品种就是送钱去的。以后更加不会切换了，有可能只做铜一个品种了。

期货交易必须脚踏实地，一步一步来。

在这个市场中能操作 1000 万资金的人，其实非常少。

行情怎么波动是次要的，形成一套自己的交易体系和交易模式是最重要的。

练好自己的基本功，行情自然会撞上来。

行情是变的，但行情是可以重复的，重复的原因就在于交易群体的心理，包括心理特征、心态、情绪，这些方面是不变的。

盯着看交易行情与第二天看收盘价是不一样的。过程中市场跳动是有节奏的，这在盘后看不到。

这么多年我平时也都有做布施的习惯，在金钱上，只要赚点儿钱，过过日子，一家人幸福就可以了。

七禾网 1：汪星敏先生您好，感谢您在百忙之中接受七禾网的专访。前几年，您多次参加《期货日报》的全国期货实盘大赛，每次的成绩都名列前茅，但每次都与冠军擦肩而过，2013 年您终于一举夺得重量组冠军。您获得这个冠军最大的感受是什么，这个冠军对您的期货职业生涯有何重要意义？

汪星敏：最大的感受就是：**秉承一贯的理念，坚持努力地拼下去，总会取得令自己满意的成绩**。也算是对自己的一个回报，但必须是十年如一日地投入。我在期货市场这么多年，也秉承了这个做法，必须坚持到底，非常努力地拼搏。

我参加比赛很多年，从 2010 年参赛就想获得冠军。**我比较好强，既然参加了比赛总是希望取得第一名**。但有几次都与冠军擦肩而过，虽然每年的成绩都还可以，取得了比较好的盈利，但都没有获得冠军，今年如愿以偿了。这是对我前面十几年期货交易的总结，也是对我过去十几年辛勤付出的回报。**对未来而言，如果继续在期货市场拼十年八年，还是会遇到很多困难**。10 万资金有 10 万资金的困难，500 万有 500 万的困难，1 个亿有 1 个亿的困难。**有了这个冠军之后，如果遇到困难，关键时刻会起很大的作用，让自己更有信心**，即便遇到困难也可以更容易地克服，肯定可以通过自己的努力与付出去解决。在上一个阶段通过努力与付出取得了冠军，对自己的交易生涯有里程碑式的纪念意义。

七禾网 2：朋友圈里都说，自从您女儿出生后，您的交易就越来越顺利。您的女儿是不是您的福星？女儿出生后，您在交易上、生活上有哪些改变？

汪星敏：这确实是人生的大事，**女儿的出生比取得冠军更加重要**。女儿出生以后越来越顺了，她确实是我的福星。

在交易上的改变，一方面因为有家庭的责任，责任心自然就增强了，在交易上相对就稳重一些。我不太愿意冒大的风险了，小的风险可能还会冒。比如某一段行情，如果我对它有想法，100 万的资金就去冒一下险，如果成功可能有比较高的回报，不成功也没关系，这样的做法还是存在的。但是更大资金规模的冒险，我就不太愿意了。**过去冒险一次，可能也要付出 500 万、800 万甚至更大的代价，现在会更加趋于稳重或者理性**。在生活上，因为女儿小，所以外面的交际、讲课基本上就很少参与了。一般这些活动有很多在外地，需要一两天来回的时间，这一两天就会和女儿分开，说不定女儿和我就不亲了，到时候还得重新培养感情。其他基本上没有改变，除了做期货就是一家人在一起，周末出去逛逛、玩玩。

七禾网 3：2013 年的比赛过程中，您有一半以上时间长期排在第一名，但在临近比赛结束的时候，“期货海盗帮”曾有几天时间超过了您，但最后您又超过了他重新回到第一名并获得冠军。您觉得“期货海盗帮”做得如何？大赛比的更多的是技术、心态还是运气？

汪星敏：“期货海盗帮”参加比赛比较迟，所以前面一直没有关注他。后来冲到了前三名甚至第一名，我关注了他。**他具备一种超强的短线捕捉能力，不单单只局限于一两个品种**，只要某些品种有行情或者有机会，他都会去捕捉。他涉及的交易品种至少在 10 个以上，基本上活跃的品种他都会参与并且能在第一时间抓牢。他对短线的反应非常灵敏，这与他形成自己固有的稳定的交易体系也是有关的。比方做好一个笼子，不管是什么鸟飞过来啄食，都会抓住。他做得非常优秀，人也非常年轻，是后起之秀。

比赛中技术、心态、运气都挺重要的，其中最重要的是心态。技术上，到了我们这种程度，做了十几年的时间，不管做股票还是做期货，对技术或多或少都懂一些，甚至对某些技术会比较精通。但每个人所用的工具不一样，技术方法也是不一样的。因此技术上没有什么优劣可分，只是不同的人使用不同的技术。就像《三国演义》中，**关云长用大刀，张飞用矛，只要这个工具在你手上是最得心应手的就可以了**。心态是最重要的，比如我们参加的大赛有 6 个月的时间，不可能每天都做得很顺，肯定有困扰的时候。顺的时候，如果你的心态没有人家好，受到生活琐事或者折腾行情的影响，心态一时不好，在顺的时候也会踏空或者只是小赚。比如这个行情跌 5000 点，而你在跌了 3500 点的时候就离场了，按理说赚 3500 点也不错，关键是在 3500 点离场的时候反手做一把多，最后套 1500 点割掉，就变成只赚 2000 点。**如果有一个良好的心态，在处理顺境，尤其是处理逆境时所表现出来的意志品质是不一样的**。比如某个单子，有可能第二天开盘亏 100 万，但是如果你心态比较好，当天不合理的波动就把它回避掉了，按照常理你今天会亏 100 万，结果通过一天的操作只亏了 20 万，这其实是一种很大的胜利。后续行情的演变与你所采取的策略和措施，对后面的交易会有很大的不同，会有正面、积极的反应。这种心态往往表现在极端行情中，不仅仅关系到你能不能在某一段行情内取得回报，或者在比赛的某一阶段中能不能战胜人家取得领先，这些还只是小的一方面，如果在极端的行情中你能处理好，把心态摆正，这还关乎未来你能成就多少大的事情。**目前市场上最活跃的一批大户，很多我们都见过也一起探讨过，他们在逆境中所具备的心态比我们要强很多**。所以他们能够做这么大，这也是我自己在未来需要磨炼、锻炼的东西。运气也挺重要，运气和心态最好能相辅相成。心态不怎么好的人，一般不会时常有很好的运气陪伴，好的运气也需要积极、健康的心态。运气好能锦上添花，做得更好一些。如果一个心态好的人，技术也不错，运气也不会差到哪里。差运气往往是陪伴那些技术、心态这两方面都处理不好的人。**技术、心态都处理好的人，运气自然好，平时再做一些善事会让自己心里底气更足。**

七禾网 4：就您看来，得一年或两年的冠军，和每年都进入前一百名，这两种情况哪一种更好？为什么？

汪星敏：按照目前整个期货市场的现状，我个人觉得获得一年或两年的冠军更好。去年的冠军是冯老师，他比赛的账户是 735 万，最终获利 2200 万左右。我们就拿普通的冠军来说，你参加比赛的可能是一个账户，另外应该还会有两三个账户没有参加比赛，你比赛中得冠军，那么另外两个账户也应该做得不错，这样累积起来，利润就会非常可观。过去从几十万赚到 500 万就获得冠军已经成为历史了，我估计后面的冠军要赚千万以上。假设一年的比赛得了冠军，赚了 2000 万，而每年都进入前一百名，给你 10 年时间，你是赚不了 2000 万的。**交易是有寿命的**，一个人为期货付出了十年八年，参加比赛取得了一定的成绩，比方是取得了前一百名，第 11 年继续参加，一直参加到第 20 年，我估计到后面根本就赚不了钱。因为心力方面的消耗很大，理论上每年进前一百名，总体上应该是赚钱的，但现实当中，到 100 名可能就亏钱了。哪怕赚一点儿小钱，10 年加起来也赚不了一年得冠军所赚的钱。**我们最终的目的是利用有限的交易青春期，尽可能大地发挥自己的能力，博取更大的利润**，以此来完善期货交易周期，达到自己财富方面的积累。再者你这一两年得冠军，那么在得冠军之前应该是赚钱的，得冠军之后总还有一两年也是赚钱的，运气还是在的。这时候再赚一笔，哪怕后面不赚也没关系，把位置让给人家，长江后浪推前浪。后面会有不断的新人和新手冒出来，等你具备一定的资产之后，即使交易不能赚钱，但眼光还是很准确的。凭我们的经验，谁会赚钱，谁会亏钱，一目了然。我们可以把钱投资在他们身上，他们负责管产品，我们可以买他们的产品，然后赚点儿钱过小日子也是挺好的。可能更多的人会喜欢后面“每年进入前一百名”的状态。**我觉得很多理想的东西基本上都是扯淡，还是需要现实一点儿**。这一两年赚到之后，哪怕把大部分钱提出来花掉、用掉、存掉，里面再放小部分资金继续拼，拼成功就继续前进，拼不成功就投资给别人。

七禾网 5：一个操盘手，某个阶段做得很好，比如半年翻了好几倍这样的好成绩，您觉得主要是行情造就的还是自己的水平造就的？

汪星敏：这两方面都有。某一个阶段做得很好，说明那个阶段的行情正好撞在他的怀里了。至少说明他有一套自己的交易体系，而这套交易体系在那种行情下能赚大钱。为了这一套方法，他可能也付出了很多年的努力，至少三五年以上。行情造就是另外一方面，如果你有好的方法，但始终没有出现适合你这种方法的行情，基本上也是很难赚到钱的。有了这样的行情，前面的基础做好了，方法得当，如果福报比较大，行情就抓牢了。每年这么多的品种有这么多的行情，事实上能真正抓牢的都非常少。

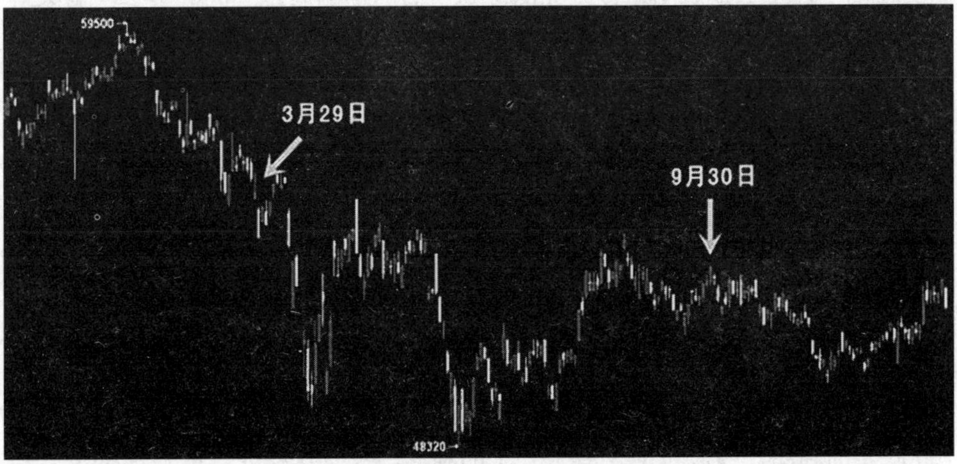

铜连续合约 K 线图

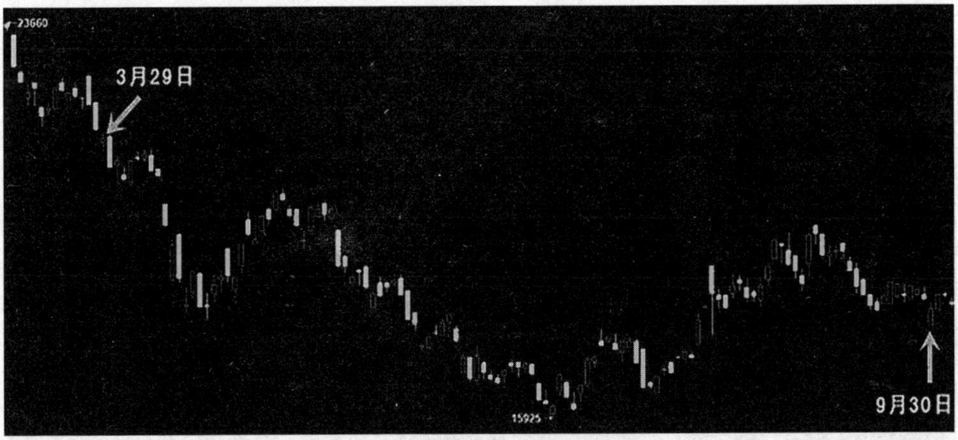

橡胶连续合约 K 线图

我 2013 年其实没抓牢大行情，唯一要被我抓牢的比较像样的行情又漏掉了。我们从图中可以看出，在小阳线的这一天（3 月 29 日），我比赛中同时做空了铜和橡胶，这波行情一做进去，我的耐心比较足，很多单子一直放到 4 月下旬，将近一个月的时间。这段时间的行情，我实实在在抓牢了。当时我是重仓甚至满仓进去。这段行情之后经过一番折腾，稍微加点儿仓根本就没钱赚了，这就很容易割掉，一割掉又创新低，虽然看它创新低，但真正意义上也没有多大的空间，后面阴阴阳阳也挺难弄的。一直到后面反弹，等到 9 月 30 日比赛结束，这一天橡胶的价格是 20600 元，前面做的时候 22000 多元。整个过程当中，拿橡胶这个品种来说，它就只跌了 2000 块。我们再看一下铜，虽然当中也有跌停、涨停，3 月 29 日铜收阳线，比赛的时候做进去，当时运气比较好，开了铜和橡胶的空头，第二天铜跌了 2%多一点儿，进去第二天就赚钱。橡胶则是先给你赚一段，马上一口气就能赚到，铜跌了 1000 多点之后全部涨回去，事实上根本就没有跌而是涨的。还好在这个地方屏住气，跌下来就全部赚到了。之后就出来做短线，多空都做，有一次好不容易去买了个多，亏了一个跌停板。9 月 30 日出来的时候，铜是 52700，当时做空的时候是 55200，就跌了 2500 点。**长达 6 个月的比赛时间，我始终主要做橡胶和铜两个品种，结果橡胶只跌了 2000 块，铜只跌了 2500 块。**而事实上在整个过程中，铜应该有 10000 元的利润，橡胶也应该有八九千的利润，只有这样才会有后面的五六倍利润，当中还需要考虑损失，包括来回的折腾以及手续费等。整段行情中赚的利润应该有万把块，而行情只跌了 2000、2500 点，这根本就属于没有行情。**所以我今年赚的钱其实是一个折腾的钱，如果铜和橡胶是单边流畅的行情，我可能是暴利，但我今年并没有创造暴利，也没有创造奇迹。**

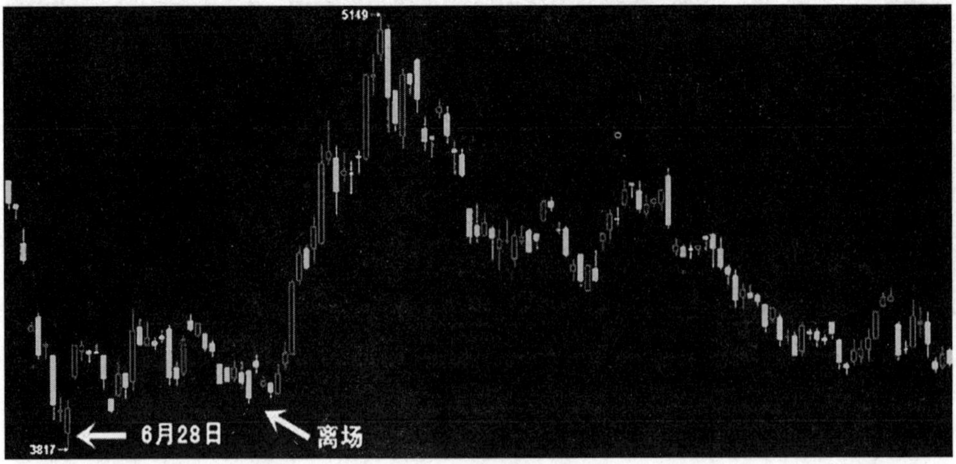

白银 K 线图

后面好不容易把钱拿出去想在白银上拼一把，不论成与不成，最多不要这笔钱了。我就在最低点的时候进去，两天时间就翻倍了，涨涨跌跌加仓，追涨杀跌，到了这个地方的时候没钱赚。前面赚的100%全亏回去，我就离场。一离场之后，一口气涨1000多块，我在4000以下离场，它涨到了5100，我原本想在白银上多一把，之后再从黄金上抛回来。铜和橡胶在比赛中是不流畅的，而像这种行情一旦做对就流畅了，这是发大财的机会，而我与其失之交臂。虽然2013年得了一个冠军，但是这笔钱是在折腾中赚的，并没有在趋势行情中赚到，如果出现趋势行情，我可能跑得比人家更快，我可以不断地加仓。我的交易强项就是铜和橡胶，所以白银前面的下跌跟我是没有关系的，因为平时我不做这个品种。后来因为铜和橡胶有了可观的利润，我可以拿小部分的钱去博一把。

短时间的高收益主要是行情造就还是自己的水平造就，两方面的原因都有，但**对于大部分交易者而言，主要还是行情造就而不是水平造就**。如果是水平造就，应该可以持续很多年都赚钱，如果某一波行情赚了，后面调整的时间比较长，那交易体系可能还需要修炼。因此即便某一波行情赚了大钱也不要认为自己的水平有多少高。

我在2010年的时候，一年之内10万块钱做到三四百万，我也并没有认为自己的水平有多少高，当年主要是棉花的行情抓住了，有了这个底之后，后面容易一些，一年下来10万块就赚到了三四百万。现在给我10万，我也做不到这样的成绩。更多的还是行情的配合。

七禾网6：您参加比赛会不会让您的交易更有激情？

汪星敏：**参加比赛的时候我很用功**。比赛期间每天除了准时起床，盘前、盘后做一些功课，还会去观察另外一些做得非常好的参赛选手，看看他们的表现，不仅仅是排在前十名的，有些排在前几十名甚至一百名，这都在我的研究和学习范围之内。用功的同时也很累，随着比赛时间的延续，到了四个月的时候就已经显露疲态了。到了第五六个月的时候已经非常累了，不仅仅只是腰酸背痛简单的累，脑子里还在思考一些交易的东西，比如在整个比赛中，后面要采取什么样的策略，让成绩能够继续前进。还有**更重要的是我不希望赚到的钱回吐，这是最关键的**。比方赚了1000万，要不要出金。如果出金能够保证你的利润兑现。但人总是有贪性的，做得顺风顺水同时行情又配合得好的时候，不出金能赚更多，可以把未来几年的钱在一个月里面赚出来。要让这两方面均衡，是一件很费神的事情。**这些事情谁都帮不上忙，只能自**

己去思考，压力自然就大了。

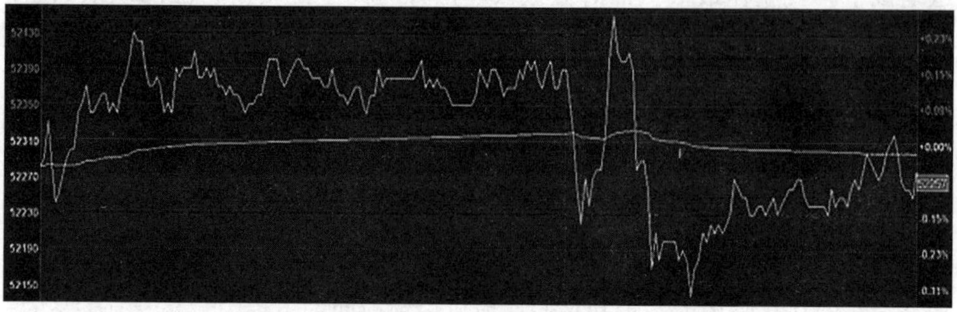

铜主力合约 12 月 31 日分时图

比赛期间有很多的资金参赛，10000 多名选手，87 亿的资金规模，那时的行情比现在大多了。比赛结束之后，这段时间的交易我都觉得很累。比如今天(12 月 31 日)的铜，拉上去打下来，根本就没有量，比赛期间的量要大很多。如果没有量，我们盈利的单子最多就是少赚点儿，如果亏钱的时候就要割肉，虽然能割出来，但是滑点会很大。

七禾网 7：另外，比赛会不会给交易带来一些不利因素？

汪星敏：我想还是利大于弊。我感觉没有不利的因素，只是比赛期间让自己交易的方式、模式公开化了。但这也没关系，我不会一辈子在期货市场里面做，而且再好的方法也是没有用的，因为它只是在某一段时间可以用。长江后浪推前浪，现在的新人都是很厉害的，如果自己不能赚钱了，只能老老实实，这个市场不是每天都属于你的。

七禾网 8：您习惯于重仓交易，在 2013 年的大赛中您依然保持重仓交易的风格，不同的是，您用了盈利出金的方式控制利润的回吐，并取得了较好的效果。虽然账户最大回撤到过 60.57%，但利润的回撤只有百分之二三十。请问您 2013 年为什么采取了盈利出金的方式？对出金时间点的选择，您是怎么考虑的？

汪星敏：重仓是我的习惯，包括现在我还是重仓交易。今年采取盈利出金的方式主要是考虑风险，包括女儿出生需要一些费用，既然我在期货中赚到了就需要把这些钱保牢。

出金时间点的选择，一定选在回撤的时候出金。我的资金增长到一定的程度，感觉非常累、非常疲惫。那段时间上上下下都很难赚钱，也很难跨越。

一方面是行情造就的，根本没有行情而自己异想天开认为有行情，始终赚不了钱。另外交易是有周期的，一段时间很兴奋，过段时间会处在低潮期，这时候就赚不到钱。资金账户会出现回撤，为了控制回撤的损失，让损失尽可能降低，我会采取出金的方式。**我只会在盈利的时候加资金，亏损的时候从不加资金**。盈利的情况下出金选在涨不动的时候，比如我的资金增长出现了停顿。**出金本身就是控制风险的最有效办法**。从这个角度出发，所有的人都应该考虑当资金增长不动或者出现回撤的时候，适当出一部分资金出来，等下一个阶段顺起来时再把资金打回去也是可以的。愿意出金的，出了之后就用掉一部分，因为能做起来的终归能起来。

七禾网 9：您曾说过，您“宁可选择 500 万资金一年翻 5 倍，也不选择 5 个亿资金一年赚 5%”，为什么？

汪星敏：这是基于我自己的能力所考虑的，并不针对所有人，也不是让别人来效仿。我具备 500 万一年翻 5 倍的实力，而且完全做得到，但是我不保证 5 个亿资金在手上还能赚钱，所以这 5%可能赚不到。我控制不了 5 个亿的资金在手上，我不清楚自己能不能赚 5%，如果只赚 1%，那就远远不如 500 万赚 5 倍。如果 5 个亿的资金能赚 50%，这固然好，但这就是大赌，因为你不知道自己能不能把握。5 个亿的资金在身上很累，500 万很轻松，单子下进去不看盘都没有关系，当然这是在顺势单的时候。如果是 5 个亿，哪怕这个单子是盈利的，你肯定也离不开，你会很紧张，因为责任感不一样。

七禾网 10：不同的交易机会对应的盈利预期和风险都是不同的，请问怎样的交易机会您愿意尝试？怎样的交易机会您会放手一搏？

汪星敏：如果行情的走势符合我的波段体系，我会去尝试。这就是我在演讲中多次提到的三位一体，**符合三位一体有可能会创造大行情，我会放手一搏**。万一失败了，损失可以控制，而如果成功了就可以获得很大的利润（“三位一体”法，即：中长线入眼；短线入手；追踪品种的持仓结构，即资金面因素）。

七禾网 11：您做期货比较注重一个阶段的爆发力，另一些高手则可能注重长期的稳健盈利，您对他们的做法是否认同（比如风险控制比较严格、每年赚 30%左右的方式）？

汪星敏：每个人的做法不同，我也没有资格去评价他们。方法各异，关键看自己如何去把握。在我读初中的时候，各方面的成绩都比较好，但有些同学学习不是很刻苦。上政治课的时候，政治老师就说：再不好好学习，下次又是不及格了。几个顽皮的学生就回答：考试只要 60 分就好，及格就可以和家人交代了。政治老师就说：60 分固然好，每门功课都考 60 分，高中、大学还是能读的，怕就怕到时候考不了 60 分。因为，**如果你追求的目标只有 60 分，最后可能会变成 50 分，所以每年稳健盈利 30%固然好，但就怕你做不到。**如果你能做到，我可以投资给你。**很多东西还是实在点儿比较好，每年稳定赚多少都是比较扯淡的。**世界上可能也就只有巴菲特每年收益 20%～30%，索罗斯根本就做不到，也有亏损的年份，但人家能成为大鳄。如果是为了包装自己、销售自己，这种话是可以的，如果是客观务实，科学地对待交易，那么这种话是不靠谱儿的。

七禾网 12：就您看来，在期货市场，“赢到钱”和“守住钱”哪一个更重要？

汪星敏：这个问题把我问住了。**我觉得“赢到钱”和“守住钱”都很重要，而“赢到钱”更重要。**只要源源不断赚到钱，哪怕亏了一些回去，总数还是在增加。如果赚到了一定的钱，然后每年就想着守住这些钱，这就和“每年赚 30%”的问题一样了，就怕守不牢。前面几年守住了赚 10%，后面没守住就变成亏钱了。如果要做好，这两个方面都很重要。

七禾网 13：您日内短线、隔夜波段、中长线都做，请问您如何兼顾这三种交易模式？您自己最偏好哪一种模式？您账户的利润主要是从哪一种模式赚来的？

汪星敏：日内短线、波段、中长线都在做，但要我回答如何兼顾，有点儿说不清楚。十几年以来，我已经逐步形成这样的交易体系了，做这三种交易模式，我都没有问自己为什么。对三种模式的选择也没有偏好，**如果一定要说偏好的话，就是偏好于赚钱的单子。**利润从哪种模式中来则要看不同的阶段。不同的阶段使用的交易体系不一样。我空了 30 手橡胶，已经放了很长的时间。我在 8 月底的时候空进去，一直到现在我还没走，30 手橡胶赚了 70 多万。平时橡胶也有进进出出，并不是 30 手空单之后，另外的就不做了。日内我也做，如果橡胶跌，我就空进去，平今仓，老仓保持不动。有时候可以做别的合约，看到明显要反弹就做了一把多，第二天赶紧逃掉，稍微赚了一点儿。之前一直没加仓，后面加仓了，但是失败了。

我看到从这里反弹到这里，是一个绝佳的加仓良机，结果加仓的手数太大，这一天加了 60 手，折腾了两天都没赚钱，我就想是不是加错了仓，万一构成了反转，前面的单子还要离场，而要我前面的单子离场必须是现货发生了根本性的改变，否则我是不会根据图形、指标而离场的。**既然这个单子能放几个月的时间，肯定与技术、指标都没关系**，只要瞄准去库存的过程，现货不上去，这个单子就不动。原本发大财的机会，我割掉了，虽然加仓的单子没怎么亏钱，但是这么大一段行情没有了。这就是比赛和不比赛的区别，如果是比赛中遇到这样的行情，就不会出来，哪怕割掉，第二天我还会再进去，不比赛觉得少赚也无所谓。这 30 手单子算长线单，如果当时加仓的 60 手单子成功了，那就是波段的做法。

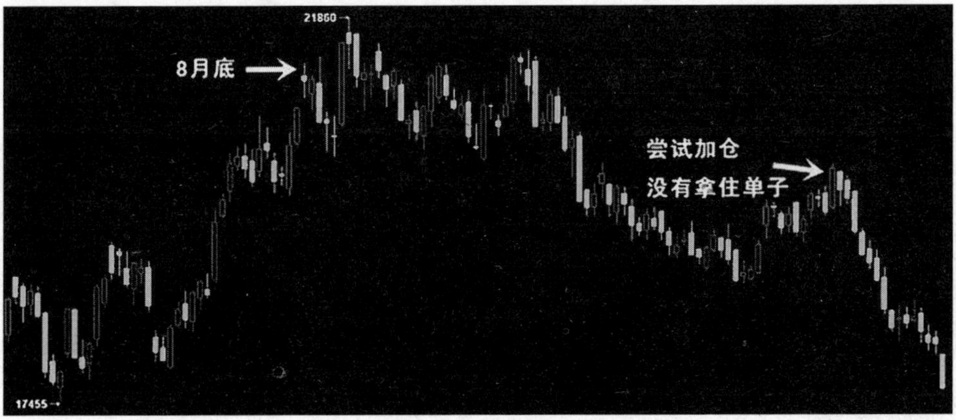

橡胶主力合约 K 线图

最近我在做铜的短线，本身价格涨上去，如果是稍微前面一点儿买的，我就做长线了。我在目前价格的成本线附近做进去，到现在才赚几十块，价格离下面的低点相差很远，这是短线的做法。

这样来看，三种模式没有优劣之分，利润的来源也是三方面结合起来的。

七禾网 14：据统计，在 2013 年的比赛中，您总共操作了 16 个品种，主要利润是在橡胶、铜、焦炭、白银等品种上赚到的，请问您主要抓住了哪几波行情?

汪星敏：虽然交易了 16 个品种，但真正赚钱的就是橡胶和铜、焦炭和白银稍微有点盈利，白银甚至可以忽略不计，另外的品种更不用提了。主要是比赛的第一天就空了铜和橡胶，第一段下跌行情从头到尾都拿到。第一波下跌将近一个月的时间，橡胶和铜都拿到了。放了这么长的时间，铜和橡胶赚了好几千点，从比赛的业绩来说已经有 200%～300%了，后面没有太大的行情。去年和冯老师一起比赛之后，2012 年思考了很多，也学到了很多的东西。冯

老师身上交易的闪光点太多了，我只是学到了一点儿皮毛而已。哪怕学到这一点儿皮毛也是受益匪浅。从 2013 年的比赛上而言，我自始至终都将利润保住。比赛过程中要保住这么大的收益额，并不是一件简单的事情。但 2013 年的的确确做到了，而且比较完美，利润只有 20%多的回撤，在我眼里简直和没回撤一样，因为有时候一天就能赚 30%以上。

七禾网 15：您平时一般同时操作几个品种？当一个品种有较好的行情时，您会不会重点只做这一个品种？在不同的阶段，您如何切换不同的重点品种？

汪星敏：平时会同时操作铜、橡胶，这两个品种是必做的，另外还会挑一两个积极的品种，即方向稍微明确一些的品种作为对冲，有时候是股指、焦炭或白银。虽然在白银上也赚到一些钱，但都是作为对冲的，不是单独去做这个品种。有些品种虽然亏钱，但它本身就是作为对冲，如果这个亏 10 万，那边的盈利应该有 12～13 万或者 20 万，它起着保护作用。

某一个阶段重点只做一个品种的情况很少。前几年做棉花的时候就专做棉花，做黄金就专做黄金。原先资金少，现在资金稍微多一点儿还是需要考虑一下风险。

在不同的阶段不会切换重点操作的品种，就只做这几个品种，切换到别的品种就是送钱去的。以后更加不会切换了，有可能只做铜一个品种了。

七禾网 16：有些人专门只做一两个品种或少数几个品种，有些人大部分品种都会做一做，您觉得这两种方式各有哪些优势和劣势？

汪星敏：这是因人而异的。专门做一个品种固然很好，比如周战平专门做股指，冯大哥专门做铜，还有一些做少数的几个品种，这些都很好。要判断优劣很难。**但从我个人而言，十几年交易，从原先的十几个品种慢慢变成两三个，未来可能只做一个品种**，从这个角度来看，还是做一个品种比较好。有些品种，不做的时候看得清清楚楚，等你一进去就洗盘，你的重心不在这儿，只是来打游击，然后撤退就亏钱了。到最后会发现没什么好结果，还是专注一个品种比较好。但是像资金大户做品种的组合，这又是另外一方面的事情，小资金还是做少数几个品种比较好。

七禾网 17：交易者应该如何寻找适合自己的品种？

汪星敏：这也因人而异。最简单的办法就是把自己两三年的账单拉出来统计，看哪个品种的效果最好，资金曲线是一目了然的。哪怕所有的品种都是亏的，但总有一个是亏得最少的。亏最少的至少是最适合的。

七禾网 18：就您看来，对一个交易者来说，要想把资金规模不断扩大，要跨越的第一个坎儿大概是多大的资金规模？第二个坎儿大概是多大的资金规模？第三个坎大概是多大的资金规模？

汪星敏：一个普通的交易者要把资金规模扩大，从我的经历来看，第一个坎儿是 100 万，要突破 100 万是很难的，因为你要从小资金磨上去。第二个坎儿是 300 万，我当年从 100～300 万的过程中也折腾了很长的时间。上去之后下来，反复如此。第三个坎儿是 1000 万，跨过 1000 万这个坎儿比前面更加重要。**期货交易必须脚踏实地，一步一步来**。这里提的三个坎儿是针对普通的交易者，特别是 1000 万，不是任何人都能掌控的。**在这个市场中能操作 1000 万资金的人，其实非常少**。如果 1000 万的资金能在你手上运用起来得心应手，每年取得比较满意的收益和回报，这是很了不起的事情。

七禾网 19：就您看来，在交易中，技术分析、基本面分析、盘感、资金管理、情绪状态等，哪一项最重要？为什么？

汪星敏：技术分析肯定不是最重要的，因为它的变数太大，既然技术不是第一，那基本面也不是第一。资金管理也不是，你都没有做好期货，凭什么讨论资金管理。资金管理是到了一定的程度，上了一定的规模之后需要考虑的问题。情绪状态也不太重要，**相对而言盘感是最重要的**。盘感肯定包含了基本面和技术面，如果行情来了，这笔单子要做进去，你自然也会考虑到风险，而考虑到风险自然会涉及到资金管理，情绪自然也会罗列当中。既然准备把单子下进去，情绪肯定是很稳定的，不可能在自己很毛躁、举棋不定的时候下单。所以还是盘感最重要，它已经包含了其他几个方面。也许我们各方面的水平还不到位，水平高的人一眼看过去就清清楚楚，第一感觉一定是正确的，很多大户就是如此，先进去再说，不对再砍。我听说过很多做得非常好的大户，他们都说开仓哪有什么条件，先进去再说，对了就持有，不对就割掉。

七禾网 20：有较多交易高手认为 2013 年的行情不太好做，您觉得呢？

汪星敏：2013 年的行情不是赚大钱的行情。行情不流畅，上下的折腾也很厉害。今天一个利多，明天一个利空，你都不知道到底应该听利多的还是利空的，利多来了不涨，利空来了也不跌。从这个方面来看，2013 年的确不具备让一定资金规模快速增长的条件。所以 2013 年确实不太好做，只能说明我这段时间的运气还好，还能赚到钱。

七禾网 21：2013 年主流品种没有像样的大行情，这样的情况会不会成为后续几年的常态？

汪星敏：不会。政府换届成功了，现在需要处理一些事情，等这些事情处理好了，经济自然稳定了，那牛市自然就会来，到时候就会流畅了。国家本来就在做宏观调控，货币政策、房地产都在调控。一方面经济保持良性的发展是必须的，另一方面过热就给它降降温，这时候不冷不热肯定有点儿难做，我相信后面会好做起来。

七禾网 22：可能以后每年的行情特征都会有所不同，投资者应如何应对不同类型的行情波动？

汪星敏：**行情怎么波动是次要的，形成一套自己的交易体系和交易模式是最重要的。只要方法有了，行情来了撞在你的枪口上，你就赚钱了。**只要你的方法是完善的，经得起考验的，用良好的心态坐在那里，行情自然会撞到你的枪口上。行情即便再好，如果自己的方法不完善，也会在棉花的大牛市中爆仓，或者橡胶大熊市，一天到晚抄底，结果到现在还不知道底在哪里，仍然是亏钱，这都是没意义的。所以**练好自己的基本功，行情自然会撞上来。**

七禾网 23：某些以往比较有效的交易方法会不会被市场淘汰？投资者的交易方法应该如何与时俱进？

汪星敏：严格来说一个方法也不会被市场淘汰，但是这个方法可能在某一段时间有效，过段时间行情发生了变化，就无效了。虽然没效，但坚持下去，过两年又会重新有效。**投资者与时俱进是必须的，每一天都必须进步，**如果你不进步，市场在进步，那你的水平在市场平均水平之下，亏钱是理所当然的，至少你的水平要在市场平均水平之上，还要考虑到手续费、滑点以及成本，即便在平均水平之上都不一定能赚钱，最好离平均水平之上再高一点儿，那就能赚钱了。做得更好的就赚大钱，我们就赚点儿小钱，但至少需要进步。

七禾网 24：有没有可能某个操盘手在任何行情中都能保持盈利或不亏？

汪星敏：这个可能性只能针对个别交易者。**对个别交易者而言，他们可以在任何行情中都不亏，但这仅仅是个例。**这需要交易者对某个品种非常熟悉，无论走哪种行情，他都知道。比如现在的行情下跌，他做空，过几天开始盘整，往上涨了，这时候他可能还是空单，亏两天之后他就反手做多，又开始赚钱了。接下来开始盘整，他还是多单，盘整之后重心往下移，前面稍微回撤一点儿，后面马上又能扭转。他需要对这个品种的基本面非常熟悉，这种人在市场中非常少，但是肯定有。

七禾网 25：您认为行情是有变数的，在变化中找到不变才能赚到钱、留住钱。请问您在期货行情中找到了哪些不变的东西？

汪星敏：行情是变的，但行情是可以重复的，重复的原因就在于交易群体的心理，包括心理特征、心态、情绪，这些方面是不变的。把握住这些，在千变万化的行情中找出类似的行情。市场参与者的特性会在某一段时间内发生什么样的转变，比如恐慌、贪婪，这些东西是相同的，这就可以参考前面的行情。

七禾网 26：您做期货非常注重基本功的训练，就您看来期货交易的基本功包括哪些方面？投资者应如何练好这些基本功？

汪星敏：第一，前期要看一定量的书籍；第二，通过结交期货高手与他们一起交流，然后向他们学习；第三，看盘的工夫是不可少的，特别是在初期的时候需要大量的时间看盘，虽然不做外盘，但是只要外盘在跳你就看，时间久了就会形成一种盘感。这就是通常所说的马步，如果不看会生疏。盯着看交易行情与第二天看收盘价是不一样的。过程中市场跳动是有节奏的，这在盘后看不到。

七禾网 27：有时候您会参考某些朋友的交易观点，理解消化之后可能会拿过来用。请问您会参考哪些朋友的观点？怎样的观点会引起您的重视甚至会变成您自己的交易行为？

汪星敏：这么多年结交了很多朋友，都已经成为我的良师益友。通常在交往的过程中，如果发现他们讲的话很有道理，回过头来就会想想自己的问题所在，这样就修正一些自己的观点、做法。否则凭自己一个人是思考不出问题来的。首先他们都做得很好，从内心而言都非常尊敬他们，所以他们所讲的话才会引起我的重视。发现他们说的话是对的，自己在这方面的确有问题，然后就去及时修改，一点点来。通过与不同的人多次接触，慢慢地自己身上的毛病就变少了，自然就会形成一种自己的交易方式，原来的做法在这个价格可能会鲁莽地把仓开进去，时间久了后面就不开了。

七禾网 28：您善于向其他高手学习，您和冯成毅老师成了“好兄弟”，两个人经常沟通交流，请问您从冯成毅老师身上学到了哪些东西？

汪星敏：目前我从他身上只学会了一点儿皮毛。他身上优秀的东西实在太多了，我的领悟力有限，但是还会不断地向他学习。有时候我在交易中遇到困难时，也会向他请教。他在为人处事方面，比如对父母的孝顺，对家人的关心，对朋友甚至一面之交的朋友都很好，他的水平不是我们能比的，远远在我们之上。但人家丝毫没有架子，而且还有慈善心，在 2012 年颁奖中获得的奖金都捐出去了。同样，我 2013 年也全都捐出去了，只是途径不一样，我和他有种相见恨晚的感觉。**我和冯大哥有一点是共同的，就是对期货的执着和热爱。**

七禾网 29：您还认识不少大户、高手、冠军，在这些大户、高手、冠军中，对您影响较大的有哪几个？

汪星敏：每个人对我的影响都挺大的。我在加入俱乐部(中国期货专业投资者俱乐部)之前的哥们儿，后来加入俱乐部之后所接触的冠军、高手，每个人的身上都有很多的闪光点以及值得我学习的东西。

七禾网 30：期货行业已经进入了资产管理时代，您对自己的期货事业是如何规划的？您想成为大户，还是想成为基金经理，或是只想自己做做？

汪星敏：我目前还没有很长远的规划，但我还是相信水到渠成。本身基于对期货的热爱，这么多年能执着地坚持下去，未来的每年规规矩矩做好自己的交易。至于大户、基金经理并不是想成就能成的，基金经理是一种荣誉，如果你被称为基金经理，你对你的基民应该有很好的回报。我还是顺其自然。

七禾网 31：您私下会做一些慈善，并把大赛的奖金都捐掉了。请问您如何看待财富的获得、消费和布施？

汪星敏：我对金钱看得比较淡，虽然我也是白手起家，两手空空进入这个市场，但我对待金钱向来是比较坦然的，当我自己也没有多少钱的时候，也帮助过一些遇到困难的交易者。**这么多年我平时也都有做布施的习惯，在金钱上，只要赚点钱，过过日子，一家人幸福就可以了。**也不会过分苛求财富，一定要赚多少钱或者怎么样。

李栋：做市场中的恒星，持久闪烁而不陨落

（访谈时间：2013 年 12 月 9 日　翁建平整理）

李栋：江苏人，毕业于北京航空航天大学自动化系，现任白石资产管理（上海）有限公司国际期货部负责人，专注于全球衍生品市场的交易，2009 年开始内盘交易，2010 年开始外盘交易。操作风格以趋势跟踪为主，主要操作波段中长线，跨市场多品种、多周期对冲交易，在量化控制风险的前提下，提高风险报酬比，实现了在全球交易市场长期稳定的盈利。交易全球主要交易所近百个主流品种，涵盖外盘商品、全球股指、国际货币、内盘期货，日常持仓品种保持在 30 个左右；曾获得国贸期货建行杯实盘优胜奖。

七禾网实战排行榜 http://trader.7hcn.com/ “瀚宇期汇”账户操作人。该账户从 2011 年 2 月 14 日至 2014 年 2 月 14 日，累计收益率 637.89%。

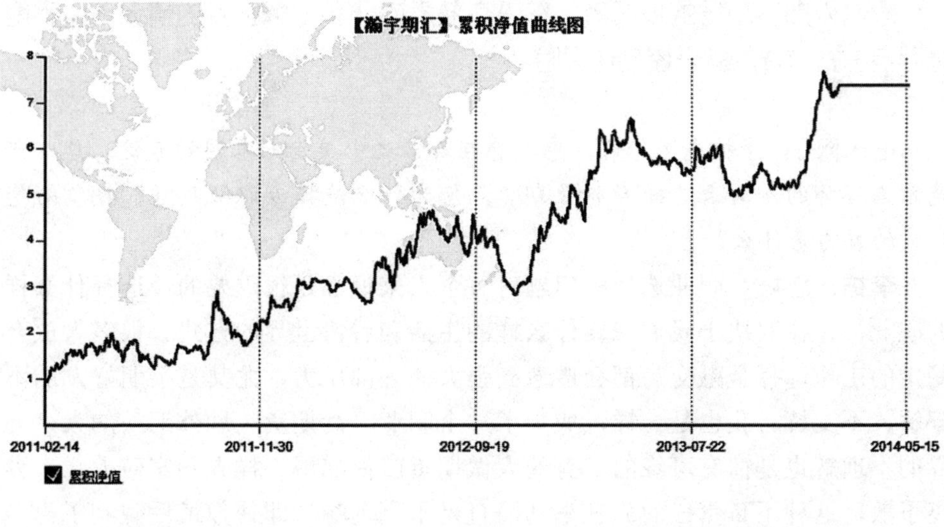

访谈精彩语录：

年轻人单纯依靠个人努力过上体面的生活是件非常不容易的事情，不为

了生计而忙碌，而是做着有趣的事情，金融交易无疑是一种选择。

不是以短期暴利作为驱动，而是以把握中长趋势为目标。

作为交易者，有必要交易全球可以交易的品种，不要局限于国内，内盘行情不好的时候，外盘行情可能大好，东边不亮西边亮，这也是分散风险的方法。

从盈利效应来讲，外汇小于股指、小于商品期货，外盘商品期货和内盘商品期货相比，各有千秋，比如外盘的能源期货原油、天然气的盈利效应是很好的，而内盘的橡胶、铜也是很好的。

只有跟随市场大势的变化不断改变策略，才能不被淘汰。

单个品种制订交易计划时主要看摆动指标，出入场主要看趋势指标和 K 线形态。

技术分析是远没有资本管理和风险控制重要的。

技术分析可以给我清晰明确的结论，但基本面却不可以，不是基本面分析不好，而是我没有足够的能力和资源来做好基本面分析。

稳定才意味着真正的暴利，波段和中长线相比，短线更为稳定。

趋势性行情来临的时候，基本上趋势有多远，单子就会持有多久。

亏损是最好的老师，正是亏损让我认识到了风险控制的重要性。

刚进入期货市场的投资者，在没有熟悉市场和了解自我的情况下，不能盲目自信，首要的就是控制住风险。

七禾网 1：李栋先生您好，感谢您在百忙之中接受七禾网的专访。您以前是做工程师的，后来选择专职做期货，您为什么选择专职做期货？期货给您最大的魅力是什么？

李栋：您好！职业选择的问题对每个人来说都是很重要的，选择什么样的职业，往往取决于我们想要什么样的生活和看待世界的方式。很多人放弃稳定的工作选择金融交易都会遭遇到强大的外部压力，尤其是亲朋好友的不理解、不支持。我也是一样，成为了一个职业“炒期货、炒外汇”的人，外界的不理解也是情有可缘的。有的人做期货就像赌博一样弄到家破人亡、妻离子散，这种不负责任的疯狂举动简直是不可理喻，即使你最后赚到了再多的钱，当初你对亲人所造成的伤害也是不可挽回的，成功不应该以牺牲他人的幸福为代价，对待事业和幸福也应该像资本管理一样有风险控制和适时止损。我们应该坚定地走自己选择的道路，但不要一厢情愿地认为自己的选择多么伟大就理所当然地损害他人的幸福，这不过是极度自私的表现，你有权利选择自己的人生，但请放过你身边的人。男人必须依靠自己的力量，输不起就不要逞英雄，如果你连失败的后果都承担不起，那有什么资格要求别人的理解和支持呢？无法对自己负责的人本质上不过就是个期望不劳而获、自欺欺人的懦夫。在这里我要感谢我亲爱的父亲母亲，虽然他们一开始也不可能理解我的选择，为了我的前途而担忧，但他们没有干涉我，哪怕是全世界都反对，也只是毫无怨言地支持着我，他们是我最可爱的人。所以从一开始，我就是准备着自己的事情自己扛的，我会对在乎我的人和我在乎的人负责，决不会把他们拖下水，这也是为什么我一直把风控和稳定放在如此之高地位的原因，宁可稳一点儿慢一点儿，也不要跨太大的步子冒不必要的风险。曾经面对过太多的不理解，所以借着这个机会，我想一劳永逸地多多解释一下，选择金融交易并不是心血来潮一时冲动，而是经历了长期深思熟虑的结果。当年选择专业时无意中受一本大学访谈录的影响，教授们说今后是硅谷的时代而不是华尔街的时代，没有掌握科技的人是没有竞争力的。那时候我不过是个义务教育培养出来的半成品，分辨力有限，想着还是顺应时代的潮流吧，于是更改了心仪的经济类专业，选择了工科。我们的教育体系不是引导年轻的学生去认识世界的真相，而是不遗余力地灌输知识甚至是掩盖真相，目标是制造出大批思想符合组织要求有用的螺丝钉，有独立精神和深邃思想的人却是少数。随着对社会的深入了解，我慢慢发现科技的力量不可能挣脱金融资本的控制，比如互联网泡沫破灭，高科技公司在金融资本的抛售下跌下深渊，比如VC、PE在科技公司孵化和行业竞争中的作用。华尔街和金融城的国际资本一直是最强大的物质力量，这在既定的格局下是很难改变的，某种程度上，国际金融资本主宰着世界经济的繁荣和衰退，从前是现在是将来也同样不会改变。以弗里德曼为代表的货币学派相比凯恩斯主义在解释经济周期的变化时可能更加接近本质，在人类的物质创造力基本为固定变量的某一特定时期，劳动力价值的货币供给作为商品和服务的交换媒介，直接或者间接决定着物质世界的繁荣和衰退。金融业是所有行业的核心，掌控着各行业的资源分配，对产业的兴衰起到决定性的作用。金融领域的工作，要求对物质世界有宏观的认识，胸中有天下，而技术领域的工作，主要集中在专门的领域，技术人员大多是专才。这不是说孰优孰劣，而是个人选择的问题，某种程度上，我不希望成为工具性的人才，也一直没有放弃投身金融行业的想法，放弃工程师的职业也就是自然而然的事情。社会稳定的时期，大多数依附于体制的人可以活得风光体面，一旦出现意想不到的变革，脱离体制却没有生存能力的人，可能就会沦为炮灰。所谓的永远稳定的工作，有时只不过是存在于你的想象中而已，国家都有可能破产，何况是一份工作呢？2004 年曾经探访过洛轴的总工，当年是风光无限几千人大厂子的技术负责人，20 世纪 90 年代国企改革后下岗了，待在一间阴暗的屋子里，体弱多病、年老无助。虽然这是特例，但生活往往就是这么无情。社会变革的浪潮裹挟着我们向前，有多少人能够真正把握自己的命运？这是值得我们深思的问题。对未来保持着谨慎的态度，是基于对人性的客观认识。人与自然的矛盾从工业革命以来一直在加剧恶化，短短的几百年间消耗了进化史积累的大量资源，这是不可持续的。当然，希望社会能够一直繁荣下去，如果社会永远是进步的，历史就不会重演。但人类社会在大的周期里面就是一个反复的过程，即使是宇宙也是成长到消亡的必然过程，2000 年前罗马帝国的社会制度就已经非常先进，最后还是被野蛮民族消灭，这个世界就没有永恒稳定的体制。信息化时代的蝴蝶效应让整个社会系统都显得脆弱不堪，即使是局部的次贷危机都可以对全球经济造成如此之大的影响。我们总是希望享受成果但不必承担后果，最终会给未来留下了一个很难收拾的烂摊子，可以预见的是几十年以后的能源危机，如果建立在太阳能基础上的现代工业不能有革命性的技术变革，那么能源危机将有可能是 100 年内对世界经济最致命的打击。或许科技进步会改变一切，但知识革命和宇宙大爆炸是一样的，都是加速度趋缓的过程，从相对论到量子物理的大飞跃后，到现在近 100 年实质上仍然停留在局部的科学理论完善上。所以说，可能搞笑的是当我们这代人慢慢变老的时候，突然不得不面对即将崩溃的世界经济，这也不是没有可能。为什么想得这么远，并把情况想得这么糟糕，这不是消极的杞人忧天，而是积极的未雨绸缪。人无远虑必有近忧，在交易中首要就是防范最坏的情况，对于社会发展，同样也是这样。在历史的大潮中选择正确的方向，这样的可能性建立在对社会机制运行的深刻理解之上，不管是太平盛世还是全球危机，我们最好都能依靠自己的力量独立生存。扯了这么多，其实就是想说如果未来出现大的危机，职业对于个人命运的影响是巨大的。金融交易给了我们这样的可能性，通过不断的努力，人身独立和经济自由不是虚无缥缈的幻想。多数人实际上对社会和经济危机毫无抵抗能力，在动荡中就像一块飘来飘去的浮萍。而成功的职业交易者，基本拥有了危机中自我保存的实力，在全球的任何一个角落都可以生存，即使是到了像巴菲特这样 80 多岁的高龄，也能够依靠几十年的经验在市场中拥有一席之地。有多少职业能够提供这样的可能性？个人能力和社会价值是成正比的，如果没有自我保全的能力，所谓的社会价值也不过就是一颗组织需要的螺丝钉，一切意义只是相对，不一定需要飞蛾扑火般的牺牲，而是在实现个人价值的同时为社会做出相应的贡献。金融交易其实也可以看作是一种商业模式，与做现货和实业是相通的，掌握了金融资本的运作方法在实业的商业模式中也是游刃有余的，而人际关系这个外部变量的影响却变得很小，更多的是依靠个人的努力。极端一点儿说，在如今国内这样的关系至上、垄断盛行的商业环境中，还有多少可以不轻易放下尊严却能创业成功的行业？还有多少可以凭借个人努力也能和背景很深的关系户公平竞争的机会？排气口都被堵得死死的压力积聚的社会中，**年轻人单纯依靠个人努力过上体面的生活是件非常不容易的事情，不为了生计而忙碌，而是做着有趣的事情，金融交易无疑是一种选择。**虽然这个职业进入门槛很低，残酷的竞争在金融市场有着最充分的体现，淘汰率极其之高，但正因如此，能够从这个行业脱颖而出并长期存活的人，在社会竞争中也基本可以立于不败之地。**金融交易实际上就是人与人博弈的行业，只要付出了足够的努力，克服人性的缺陷，未来会变得越来越清晰可靠。行业的选择往往比努力更加重要，每个人都要选择一个适合自己的行业并坚持下去，在这个领域中成为卓越，金融交易是我的职业选择，今后也不会改变。**

七禾网 2：有很多人认为期货跟赌博差不多，您是否认同这个观点？为什么？

李栋：认识决定交易的高度，认为期货和赌博差不多的人，他们做期货确实就是在赌博，这样的看法其实也没错，交易和赌博本身就有相似的地方，或者说任何有风险的事情都和赌博有相似性，关键在于是否能够控制风险，把损失控制在可以承受的范围之内。为了赚钱来到期货市场试图搏一把的人，当然就是在玩赌大小的游戏。赌场里面大多数项目的最大的特征是靠运气，前后事件相互独立，结果出自于纯粹的偶然性，这就好比随机漫步的二叉树模型，每一步下去的胜负概率都是可以计算的，长期结果不依赖于外部变量的干扰。事实上赌博中庄家也是无法控制赌博的结果的，赌场的盈利模式是利用概率和赔率形成规则上的优势来保证其盈利。成功的职业赌徒认识到这样的规律，通过判断胜率控制筹码来参与这样的概率游戏，赌博也是有规律可循的，这和金融交易有共通之处，这两年德州扑克盛行，虽然不是件独立的游戏，但其最重要的仍然是不同情况下筹码的控制。**如果说期货是赌博，**

那股票也是赌博，买房也是赌博，很多投资都是赌博，因为在赌博者看来，就是博大小改为博涨跌，换汤不换药。期货交易是不是赌博取决于交易者本人，把风险控制在可承受的范围之内，从不确定性中寻找到确定性，就不能够单纯被看作赌博。期望不劳而获贪婪的人会一直赌，但长赌必输，这是大概率事件。事实上付出和回报是成正比的，长期的实盘操作和经验总结才能认识到金融交易是个复杂的系统工程，涉及到风险控制、资本管理、参数量化、仓位控制、策略设计、基本分析、趋势跟踪、震荡处理、系统交易，是建立在概率统计上的技术。制定全面客观的交易策略，制度上防范小概率事件的风险，优先考虑极端行情的应对措施，严格执行退出机制，就在体制上划清了交易和赌博的界限。金融交易也许不能被称为科学，但毫无疑问是一门高深的技术，市场中的失败，大多源于交易者本身的能力缺失和人格弱点。金融市场无疑是最符合社会达尔文主义的竞技场，寻找长期稳定盈利的必然性，是摆脱依靠运气去赌博的根本途径。金融市场从长远来看是有规律可循的，尤金•法玛的有效市场理论就论证了虽然短期市场走势很难预测，但中长期弱有效还是可以预测的，主要是在较大级别时间区间内存在着必然性，就像海里面的波浪，看似没有规律的无数的浪花，却能组成潮汐和洋流，在更为宏观的角度上才能看到这样的规律。例如商品期货，长期价格必然保持着上升的态势，因为金本位废除后各国政府的货币超发导致纸币实际价值不断贬值，价格的长期上升趋势对于投机者来讲就是必然性。通过跨市场多周期分散投资，在大量的资产组合交易中让大数定律来显现威力，是交易者排除运气成分走向稳定盈利的重要方法。看过一份统计数据，每年期货市场盈利的大概有 40%左右，其中稳定盈利的不到 10%，也就是说靠运气成分盈利的有 30%，那么第二年仍然能够持续靠运气盈利的只有 9%，第三年就不到 3%了。也就是说长期依靠运气成功的概率就和买彩票一样，短期内确实不排除可以靠运气获得暴利，但毫无疑问的是，风水轮流转，靠运气的人不离开这个市场，长期下来，基本就会在哪里站起来了又在哪里倒下去。投资市场不缺乏令人瞠目结舌的案例，有人赚到几千万又迅速倾家荡产，这样的故事给人的印象就是期货不靠谱儿。误解源自于不了解，如果交易就是赌博，那就没有办法解释市场上存在着的一大批稳定盈利的交易者，运气不可能如此眷顾这批人，从随机漫步的概率上来讲也是说不通的。这群稳定盈利的交易者，相对数量是较少的，但考虑到庞大的交易群体，绝对数量也是很大的，走上了稳定盈利的道路，原因就是找到了应对市场偶然性的方法，通过策略的设计保证了在金融市场长期生存的能力。期货交易无疑是有风险的，风险往往也意味着机遇，比如2008年的次贷危机商品大跌，就造就了一大批资金快速增长的交易者。社会群体的整体效应是有规律可循的，2013年另一位诺贝尔奖获得者席勒在他的畅销书《非理性繁荣》中就论述了资本市场所固有的不稳定性。在市场永恒的不确定性中，寻找相对确定的必然性，是交易者孜孜不倦地追求着的事情，也是我们的信心所在。纵观整个投机史就会清楚地认识到，阳光之下并没有新的游戏，也没有新的狂热，这就是历史往往能够重演的原因。**交易如果是一个游戏，那么越是独立的分布，就越能体现概率的威力，交易品种越多，涉及市场越广，周期跨度越大，盈利的稳定性就越好，也就越接近稳定盈利的必然性。**

七禾网3：您认为专业的交易者才能真正掌握金融市场长期稳定盈利的法则，请问专业的交易者必须具备哪几种特征？

李栋：对金融市场的理解不是一朝一夕可以形成的，只有长期投身市场，在一线的大量实盘操作中才能逐渐认识和总结出来，与市场近身“肉搏”的过程是不可或缺的。衍生品市场的零和博弈中，二八定律决定了多数失败者和少数胜利者的组合，这样的竞赛就好像马拉松，毫无疑问的是每天都在刻苦训练的专业选手当然会把业余选手远远地甩在身后。术业有专攻，这样的道理在任何行业都是一样，**专业的从业者才更可能成功。所谓专业，关键是专注，**天才毕竟是少数，大多数人都没有超高的天赋，一分耕耘，一分收获。每个人都有自己擅长的领域，而精力是有限的，精则不通，通则不精，最核心的竞争力应该体现在我们所从事的行业当中。专注意味着投入了大部分的时间和精力，并保持着不间断的关注。有很多投资者，也许只是工作之余看一下盘，根据心情好坏或者只言片语来决定交易，同时想着赚得盆满钵满，这难道不是过于天真的表现吗？想要在投资行业分一杯羹就一定要付出艰辛的努力，天时地利人和你一样都不占，拿什么与专业机构投资者竞争？专业化是成熟市场的特征，是金融市场发展的必然趋势，欧美主要就是机构投资者在参与市场的博弈。**专业的交易者需要有信心，对操作充满自信，**这源于长期的实盘训练，从没有上过擂台的拳手比赛前往往是忐忑的，而身经百战的职业选手却能从容地走上赛场。专业还意味着强大的意志力，交易不是可以始乱终弃的游戏，而是需要认真对待的职业，这条道路是充满荆棘险阻的，遇到困难不应该轻易放弃，坚持走下去，不懈努力寻找解决的办法，相信任何问题即使没有最优的解决方案，也都是有次优的缓解途径的，**每一次危机**

都是机遇，熬过了黎明前的黑暗就是光明，这就是坚持下去的理由。

七禾网 4：每个成功的交易者都有属于自己的核心交易理念，而您觉得您的核心交易理念是什么？

李栋：核心理念也可以是个完整体系吧。我的核心理念可以这么总结：**不是以短期暴利作为驱动，而是以把握中长趋势为目标**，在量化控制风险的前提下，追求国内国际市场长期稳定的盈利，通过复利实现资本的长期快速增值。趋势理念是基础，技术分析为根本，系统化策略交易，多品种多级别跨市场对冲风险。严格控制风险，量化管理资本，使用稳健的交易手法，控制总仓量，明确退出机制，拒绝激进冒险，以绝对优先权防范小概率事件，制度化保障极端行情的资本安全。**不是单纯以收益为目标，而是努力提高风险报酬比**，以正态概率分布考虑行情，把握主要的概率区间，**以适当的风险换取可观的持续利润为目标，牺牲暴利的可能性换取更为稳定长久的收益**，用完整的策略体系在市场的偶然性中筛选出必然性，这就是交易理念的核心。

七禾网 5：您从 2010 年开始做外盘期货，当时您是在怎么样的机缘下接触到外盘的？

李栋：接触外盘实际上是比较早的事情了，读书的时候开始关注国际市场，交易过美股模拟盘，一直在听彭博社的新闻，英文也还不错，全职做期货后经常看外盘走势，内盘停了闲着没事，做外盘就是自然而然的事情。**作为交易者，有必要交易全球可以交易的品种，不要局限于国内，内盘行情不好的时候，外盘行情可能大好，东边不亮西边亮，这也是分散风险的方法。**

七禾网 6：您现在做外盘的规模比内盘还大，请问当时您是多少资金开始做外盘的？主要做哪些品种？盈利情况如何？

李栋：外盘资金利用率较高，一开始也就是几千美元，后来逐步投入。**我现在主要交易大约 60 个品种，其中外盘 40 多个，内盘 20 多个，日常持仓外盘 20 个左右，内盘大概 10 个。**外盘交易的品种比较多，所以交易规模是比内盘的大。外盘包括直交叉盘外汇、欧美股指、能源、贵金属、有色金属和农产品。我做的品种比较分散，各个板块之间的相关性也较小，所以资金曲线波动不是太大，基本都是在稳步上升的。初期刚开始交易外汇的时候，对仓位控制没有什么概念，导致在欧美股指上有过较大规模的亏损，后面改变策略，再也不重仓单品种了，也就走上了稳定盈利的道路。内外盘的风控标准是一视同仁的，外盘交易品种较多，所以总体的盈利量也要比内盘多。

七禾网 7：您觉得内盘期货和外盘期货主要的差别体现在哪里？

李栋：主要差别是连续性的问题，国内假期比较多，日内交易时间比较短，造成了隔夜跳空。外盘期货交易时间要远多于内盘，短线交易较容易实现，下单设好限价止损就可以了，内盘因为跳空，隔夜短线的风险难以控制，所以短线就主要指日内交易了。国内的外汇管制比较严格，不能像银期转账那么方便快捷，所以资金转移也是比较麻烦。虽然几家期货公司也可以出海了，但和国际一流的交易平台相比仍然差距很大，外盘交易主要还是用国外交易商的平台，服务器大多搭建在境外，通讯延时和可靠性也是心头大患，一般都是在美国、澳洲、香港和欧洲等地各开一个交易商平台备用，才能放心一点儿。从事外盘交易的群体较少，权益维护的难度也较大，**对于个人投资者来说，交易外盘的难度也更大**。如果不久的将来，国内的交易商也能够提供有竞争力的一流交易平台对接国际金融市场，解决资金安全性和通讯稳定性的问题，无疑将会是造福国内交易者的事情。我们也应该像自由市场国家的交易者一样，能够自由便捷地交易全球的品种，也要分世界金融市场的一杯羹。谈到这个问题，有时候我不得不想，封闭的市场和外汇管制，究竟对哪个群体更为有利？似乎国外的同行也没因为开放市场就倾家荡产啊！不仅活得好好的，还发展出了大批能量巨大、触角无处不在的对冲基金。相反国内的公募还陷在老鼠仓当中不能自拔，公募系 QDII 也是表现极不稳定，肥水不流外人田，盼星星盼月亮从 2000 年的 2000 点盼到了十几年后的 2000 点，最后可怜的小散们养老钱还是被一级市场的大鳄们收割了。

七禾网 8：就目前来看，外盘和内盘哪个盈利效应更明显？您的主要精力和资金放在外盘上还是内盘上？

李栋：从盈利效应来讲，外汇小于股指、小于商品期货，外盘商品期货和内盘商品期货相比，各有千秋，比如外盘的能源期货原油、天然气的盈利效应是很好的，而内盘的橡胶、铜也是很好的。内外盘的每一个品种都使用相同的风控标准，单品种的总风险都是相同的，最大亏损都控制在总资本的某个百分比以下，只是因为历史数据统计的原因，会使用不同的投资规模。外盘是 24 小时交易，交易品种较多，所以**主要的时间和资金还是集中在外盘上**。前几年国内期货的趋势比外盘要更为清晰，因为交易时间较短，所以一般上来就是趋势明显的行情，单品种的盈利效应要比外盘好，但是这两年来，大规模级别的行情少很多，大多数都是各个板块各自为政，联动行情变得越来越少，这应该也是期货市场发展的必然，因为投资者的认知进步，机构投资者越来越多，海外交易者回归，程序化盛行，国内市场的有效性会越来越强，盈利效应会渐渐和国外成熟市场趋同。老实说，**能够把外盘做到稳定盈利，内盘获利的问题也不大**，只不过是时间级别的转换和跳空的处理，如果是做中线级别以上，跳空的影响也不是很大。国内市场的转变，对于老一代交易者来讲也是一个挑战，没有那么多天上掉下来的馅饼了，暴利也变得更有难度。顺势者昌，逆势者亡，**只有跟随市场大势的变化不断改变策略，才能不被淘汰**。

七禾网 9：您股票、外盘期货、内盘期货都做过，这三者里面您更喜欢哪个？为什么？

李栋：相比而言只能说不喜欢股票，内外盘期货差不多，衍生品交易的本质是一样的，都可以买多、卖空跟随趋势，这和国内股票差别很大，股票双向交易的工具仍然是不便捷的。股票的资金利用率不高，这对于杠杆交易者来说是个不可逾越的障碍。很多人想当然地认为期货的风险比股票高，这其实是不了解去杠杆的方法，期货如果是 10 倍杠杆，那使用 1/10 的资金去投资期货就好了，杠杆是可以调节的，在相同的风险水平下，杠杆越高，资金的使用率就越高，只要控制住风险就好了。实质上控制住亏损总量，资金风险和杠杆大小没有任何关系，谁让你用同样的资本去买卖不同杠杆的资产呢？**外盘资金利用效率较高，合约比较灵活，24 小时交易，内盘期货交易时间比较短，但趋势性相对比较明显，所以差不多**。做过衍生品投资的人，国内股票的吸引力会大大降低，美股因为有做空机制和丰富的衍生工具，还是值得操作的。国内股票政策市和人为操控的痕迹太多，偶然性因素影响较大，对于追求投资市场必然性的交易者而言，政策和主力控盘都是不可控的风险。国内的股市常常是特立独行，外盘联袂上涨的时候，A 股可以大跌，反之亦然。相对而言，期货市场更为公平，主流品种走势的外部变量太多了，很多品种都汇集了众多的全球玩家，操控一个国际化的品种和控制一个大盘股不是同级别的概念。比如铜，如果违背了基本面刻意对抗市场那住友的下场就是最好的警示，**再牛的机构也不太可能单独控制商品的长期走势**，各国政府、对冲基金、跨国企业的参与使得国际化的品种能够更客观地反映大势的变化。股票理论上是未来现金流的贴现，上市公司影响未来现金流的手段很多，甚至能让公司倒闭，股价彻底归零，2009 年花旗股价都可以跌破 1 美元沦为仙股，说明了特定时期股票市场的风险也是巨大的，你如果是抱着大不了做 10 年股东的想法，那一场经济危机可能就会让你血本无归。相比较期货，总不能期望铜价从 50000 跌到 5000 吧？个股的相对波动率是比期货要大的，在去杠杆化的情况下，实际上个股的风险是比期货要大的，这和我们直觉相差甚远，如果也给股票来个 10 倍的杠杆，估计股票市场爆仓就会像很多气球噗噗一起爆炸一样蔚为壮观。股指期货就好一点儿，因为股指期货实际上是所有股票的资产组合，已经把非系统性风险消除掉了，从欧美股指的盈利效应来讲，是介于外汇和商品期货之间的，也是值得投资的品种。

七禾网 10： 您主要以技术分析为主，您在做技术分析时，一般看哪些指标、哪些图形、哪些量变？

李栋： 选择品种主要是看持仓和成交，也就是流动性一定要符合要求，单个品种制订交易计划时主要看摆动指标，出入场主要看趋势指标和 K 线形态，因为我是多品种、多时间区间交易的，所以内盘期货小时线向上到日线图都会看，周线级别主要用来判断大势，外盘期货交易时间比较长，主要看 4 小时线以上级别图形，在品种超买超卖或者需要获利平仓的时候，会看一看更小级别的 K 线。

七禾网 11： 您觉得自己的技术分析方法最大的特点是什么？

李栋： 很多时候是返璞归真、大道至简的。金融市场在我看来本质上就是资金驱动涨跌，没有必要纠结于细枝末节，也许大资金今天心情好，多买了 10000 手，你还得绞尽脑汁去分析图形、指标，最后惊喜于自己的秘密发现。使用过于复杂的技术分析对于趋势跟踪者来说没有太大的必要，甚至有人用到了心理分析指标，那几乎可以归结到玄学了。技术分析所反映的事实也只能是一种概率，很多人可以看着技术图形分析得头头是道，但那也许只是马后炮。我所追求的无非是趋势行情来的时候，我一定不能错过或者做错，所以应该要求技术指标简单实用、客观清晰，突破就是突破，而不能是可能或者即将突破，给交易者明确的指示而不是模棱两可，不然就平白无故增加了心理压力。技术分析是远没有资本管理和风险控制重要的，从长期来讲，坚持一个随机系统市场对你是公平的，没有必要今天用这个明天换那个，就像有的人相信打牌的时候不要随便换座位一样，长期的一致性才能保证你的概率优势得以发挥。

七禾网 12： 您做交易时还会用基本面作为辅助，请问您的基本面分析如何结合技术分析？

李栋： 基本面的作用，最主要的仍然是在于宏观背景的分析，一个品种是否在酝酿着一场大的行情，基本面里面是有迹可循的，有效市场理论实际上也是证明了中长期趋势仍然是可以预测的，这就是说基本面分析是有用的。

实事求是地讲，基本面分析致力于寻找根本原因，是高于技术分析的，但问题是，基本面非常复杂，能够把一个行情的主要原因都分析清楚并且量化到操作上不是一般个人投资者所能胜任的。机构投资者拥有充分、及时的信息，具有从事基本面分析的天然优势，即使是这样，预测的结果也只是差不多一半对一半错，当然也难说是不是故意对公众隐藏了真正有价值的信息。看过东方财经的辩论，基本面还是技术面哪个更有效？基本派咄咄逼人。我只是想问，你真的确信你有这个能力和资源做基本面分析吗？你得出的结果真的是源自于你分析的原因吗？你即使分析对了能把每一种变量量化到具体操作吗？如果片面的基本面分析有用，那抛硬币也有用，不就是涨和跌吗？你穷究机理最后得出的结论有一半的概率会蒙对，但实际的原因可能和想象的相差甚远。对我而言也是这样，技术分析可以给我清晰明确的结论，但基本面却不可以，不是基本面分析不好，而是我没有足够的能力和资源来做好基本面分析。我希望能够感受到大势来临之前的暗潮涌动，但或许这只不过是我的心跳加速而已。基本面并不影响我使用技术面进行具体的操作，如果基本面告诉我某个板块可能走出一波较大的行情，那么在仓位控制和获利平仓的具体操作上就会做出适当的变化。市场是反人性的，基本面服从技术面的指示，不会因为我自己认定一件事情就去死扛，比如美指近期的走势，在市场预期 QE 退出的时候，美指破位下行了，那不管如何预期美元升值也要服从技术面的指示，进行相应的操作。有时候市场的进程是曲折的，最终结果相同但过程不同，交易的结果也不同，比如美指最终大幅上扬了，但是上涨之前有一段深幅下探，大批多单也会被清洗出场，落得看对了结果却什么也没有得到的结果。

七禾网 13：*您主要做波段和中长线，请问您为什么以选择这两种交易周期为主？*

李栋：罗伯特•雷亚将短线、波段和中长线比喻为涟漪、波浪和潮汐，认为交易者应该不要理会涟漪，掌握波浪的走势，顺着潮汐方向交易。每个交易者都需要决定自己所希望交易的时间架构，不一定就是同一个时间周期，比如三重滤网系统就会采用不同的周期级别。根据日线图来交易，那么周线图就是长期架构，小时图就是短期架构。在我看来，相比整个战争的胜利，一场小战役的输赢无足轻重。为什么有的人急于落袋为安，不惜错过波澜壮阔的行情，说到底，还是内心无法容纳大级别的盈利，虽然渴望暴利但是心却不够大，对待亏损同样也是如此。大级别的行情能够成就趋势交易者，但是等待行情需要极大的忍耐力。在市场整理的时候，趋势交易者如果能够少亏损，那么市场急剧波动的时候，往往就意味着超额收益。**稳定才意味着真正的暴利，波段和中长线相比，短线更为稳定**，每年大级别的行情也许只有几次，但短线交易者可以来回倒腾上千次，他们试图抓住每一朵浪花。任何行情都有最适合的时间级别，在于你看到的是涟漪是波浪还是洋流。短线交易一般同时交易的品种较少，重仓品种会有资金的瓶颈，到了一定的规模，就没有办法不引发额外的交易成本。我交易的品种有 60 个，日常持仓 30 个，短线不合实际，如果每个品种平均每天 5 次交易，那一共是 150 次，一年就是 30000 多次，加上波段和长线操作以及记录和复盘，这样的工作量是巨大的。实际上，短线和中长线如果排除了人的反应速度限制外，并没有本质上的区别，只是时间轴的拉升或者缩短而已，参照系变化效果就会不同，就像一朵浪花在蚂蚁眼里也是巨浪。假设人的反应速度能够变得足够快，就像超级计算机一样，那短线就是中线，中线就是长线了。重要的是交易的市场阻力，也就是交易成本，包括滑点、点差、佣金，国内还有手续费，国内的交易者习惯地把手续费当作成本，**实际上点差才是最大的交易成本**。按照单品种比例来讲，比如原油短线目标收益 50 个点，止损 10 个点，交易点差 3 个点，总获利目标 500 点，假如胜率按照 50%算，短线平均需要交易 30 次左右可以实现目标收益。相反长线目标 500 点，止损 100 点，胜率也按 50%算的话，平均交易不过 2.5 次，那 27 次的交易成本 81 点就是同样的期望收益状态下长线的交易成本优势，而且盈亏比为 5 的情况下，胜率 50%已经是很高了。从心理上来讲，大级别周期使得交易者能用更宏观的视角去看待市场的变动，而不是每一天都神经紧绷、心神不宁。《全球通史》引言里说，看待人类社会应该就像一个身在月球上的观察者从整体上对我们所在的星球进行考察，因而与身处地球的一个角落的观察者的观点截然不同。选择的视角不同，得出的结论就不同，用宏观的视角来观察这个星球上的动态，用长远的战略眼光来看待社会的发展，就能够更加接近事实的真相。在金融市场同样也是如此，可以说，不同的世界观也会影响到交易者的选择。

七禾网 14：您做波段交易的时候，请问您平均一笔单子持仓时间为多长？交易频率大约为多少天做一次？

李栋：处在试单阶段的时候平均一笔单子的持仓时间是不长的，平均几天就止损出局了，**趋势性行情来临的时候，基本上趋势有多远，单子就会持有多久**。当然，波段的单子会比长线的时间短，波段有的时候就几天到几周，长线能够到达几个月。如果说跟踪某个品种的话，那可以达到 1 年以上。交易频率没有特别统计，因为品种比较多，每天成交的次数也在 10 次以上了，在持仓达到 30 种的时候，每个月平均一个品种操作十几次，那也有 300 次了。2013 年统计，内外盘合计成交是 3000 多次，所以即使是做波段和中长线，交易的绝对量也不小，如果说是做短线，那就超出想象了。

七禾网 15：您一笔单子的亏损一般控制在多大？整个账户能接受的最大回撤在多少？

李栋：具体一笔单子的亏损，是根据品种的特性来确定的，波动较大的亏损控制会较大，但重要的不是每笔单子的亏损，而是操作中单品种总体亏损的控制，具体来讲，**每个品种的整体风险控制在总资金的 4%以内，但是每一笔交易的亏损基本都是在 1%以下的。**往往触及限制只有在极端行情发生时才有可能，设计止损时冗余度应该容纳分布的主要区间，以最大期望为目标，同时考虑小概率事件发生时的退出机制，这样单品种的亏损对整体资金的影响就会被控制住。而多样化交易，各品种盈亏相互抵消，就产生了平均效应，实质上是通过相关性较弱的品种构成资产组合消除了非系统性风险，这是 CAPM 的实际应用。品种分散和退出机制，能够有效地把亏损控制在总体资本的 10%以内，在有盈利的情况下，可以增加仓位，适当放宽最大回撤的控制。细节层面上的风控是单品种亏损控制，整体上的风控就是总体资本量的回撤控制。应该跟随资本量的变化改变投资的规模，**传统的办法是正比例增加，但这是需要变通的，实际情况的效果并不一定很好。效果最好的应该是正反向结合使用，**并规定一个正反向切换的阈值，这就是需要更多的经验技巧了。

七禾网 16：在期货交易里，选品种很关键，您觉得如何才能选到有投资价值、有交易机会的品种？

李栋：我认为**持仓量较大，成交较为活跃的品种就是有交易机会的品种，**再加上对于历史相对波动率的分析，基本可以确定一个品种是否可以操作。期货市场和股票市场不同，期货品种是有限的，只要剔除不能交易的就可以了，**持仓在 10 万手以下，新上市以及一些偏门的品种，比如强麦、菜籽，基本是没有太大交易价值的。**股票有几千只，选板块、选个股很重要，品种选择更难一点儿，而同一市场中的个股相关性是很高的，我干脆就是用外盘的股指做组合投资。各品种特性不相同，都使用同样的操作方法是不明智的，应该量身定制不同的交易计划，力求近似相同的风险回报比，避免风险过度集中于单个品种，从而总收益不取决于个别品种的表现，盈利状况就会趋于稳定。当然，这也使得短期暴利的可能性大大降低，可以比喻成自废武功，重仓单品种的绝世武功不是谁都可以掌控的，弄不好就会血脉喷张，吐血而亡。品种的行情转换，是超出预期的，不是因为你喜欢哪个品种，它就会表现得更好。因此选品种不在于个人的喜好，就像是对待一个群体，不患贫而患不均，应该客观地选择，不偏不倚、一视同仁。

七禾网 17：我们在七禾网实战排行榜(http://trader.7hcn.com/) 上看到您一半多的资金投资在棉花这个品种上，您为什么这么配置？

李栋：2011 年上半年棉花成交较为活跃，在这个展示账户我尝试做过一段时间的棉花短线操作，收益还可以，积累了较多的成交单。2011 年下半年，棉花行情趋弱，就不再频繁操作棉花了，看持仓数据就是比较平均的。现在我也已经放弃短线操作，主要品种都是隔夜持仓的，随着分散投资、外盘规模的扩大，退出棉花的短线操作是必然的。

七禾网 18：在七禾网实战排行榜(http://trader.7hcn.com/)上发现您主要做商品期货，您为什么只做商品期货，不做股指期货？

李栋：交易体系中每一个品种都会有详细的操作计划，品种单量一般都会变化，从而适应不同的行情，机会大的时候单量应该较大，不是说操作股指就始终只做 1 手。单品种的风险控制标准相同，那么对于大合约来说，入场条件肯定是更苛刻一些。按照现行的股指期货合约设计，乘数 300，操作股指根据历史数据统计每手的阶段性亏损控制在 4 万元左右，如果按照 5 手股指的单量来操作，总亏损是 20 万，而我单品种的风险控制在总资金的 4%以下，这就要求正常操作股指的资金总量在 500 万以上。当然，很多人资金量不到 100 万仍然在操作股指，风险高度集中，在我的标准下就是重仓交易了。操作方法不同，风控标准不同，持仓的结构就不同，而我有更多更好的选择。从国内股指期货上市以来的数据来看，盈利效应还是很好的，但操作白银、橡胶这些品种的效果也差不多，同时风险却更好控制。股指并不是更难操作，而是因为合约设计，不利于中小投资者，如果股指设计成乘数 100，那么 200 万就有足够的腾挪空间来操作股指，这对于大资金来讲是没有什么影响的。大多数散户因为股指的进入壁垒仍然停留在股票市场上，对股票市场的下跌毫无抵抗之力，融资、融券毕竟比较麻烦。投资者没有便捷的放空工具，就无法真正改变靠天吃饭的结局。管理层一方面是保护不懂杠杆投资的股票投资者，另一方面或许是出于稳定市场的目的，一旦人们都能放空，那岂不是乱了套了？市场稳定依靠的是公平、公正的制度建设，以圈钱为目的而不是以投资者利益为导向的市场终究会被抛弃。我在外盘是交易股指的，美国的三大，欧洲的几大股指 DAX、CAC40，亚洲的日经、恒生，都在做，A 股的影子股指也可以做。国外不仅有大合约，还有迷你合约，以及众多的衍生品种可供选择，根据自己的风控标准可以选择合适的品种，即使是中小投资者也能在风险可控的情况下分享股指双向投资的机会。

七禾网 19：2013 年期货市场新上市了几个品种，比如国债期货、铁矿石期货，您是否参与了交易？您是否看好新上市的几个品种？

李栋：**一般新品种刚刚上市我不会参与交易，因为没有历史数据可供参考。新品种上市半年之后，持仓量较大，成交活跃，波动区间较大，我一般都会参与。国债期货是不看好的**，首先市场利率水平的管控已经远比“3•27”时代的更为稳定，没有恶性通胀，国债期货的波动就不会很大，盈利效应很弱。美债也是如此，即使是 30 年的长期国债波动率也很小，只适合大资金高杠杆的短线机构交易者，他们的交易成本很低，**对中小投资者来说国债品种是不合适的。铁矿石期货我还是比较看好的，成交较大，历史波动区间较大。**但对于价格指数偏低的品种来讲，比如铁矿石价格是 900，点差是 1，同样的螺纹钢是 3600，点差也是 1，这其中点差的成本就是 4 倍。价格指数较低的新上市品种，合约设计如果能加个小数点儿，把点差设计在合适的范围内，也是造福投资者的一件事情。交易所在点差的基础上，再收取手续费，就应该考虑交易者成本的问题。国外的合约设计一般都不会是整数，而且很多品种只收取点差，还有一些佣金和双向的隔夜利息。最活跃的货币对，如欧元 / 美元，假如价格是指数 14000，点差为 1 左右，豆油价格是 7000，点差是 2，这就是 4 倍的差距，同时豆油是收取手续费的，而欧美的隔夜费用基本可以忽略不计。交易成本的差别短期内看不出来，长期就是一笔非常可观的数目了。**金融市场如果相当于分配财富的抽水机，交易所就是水泵，水泵漏出去的少，市场就更加有效，参与者也能得到更多的好处。很多人亏损并不是输给了其他交易者，而是被交易成本吞噬了。**垄断的市场机制下，处处都是规则制定者不知疲倦、乐此不彼参与市场活动的身影，裁判员自己就是大玩家，如何还能够保证市场的公平、公正？政策性垄断意味着缺乏活力和免疫力，体量是做大了，但没有自我更新和纠错的能力，也许不过是囊肿而已。

七禾网 20：在您多年的期货交易经历中，有没有大赚大亏的经历？从中您学到了什么？

李栋：在刚刚进入市场的时候，仓位比较集中，对杠杆的认识不够，所以经历了如欧美的大幅亏损，幸好起初的投入不大，而得益于坚定的趋势跟踪理念，加上那时候运气比较好，遇到市场单边行情较多，所以一直较为顺利，并没有爆仓的经历。如果按单账户收益率来算大赚是很正常的，比如外盘账户每年基本都可以翻1倍以上，但这和总收益率不是一个概念，准确地来讲也算不上是大赚，实际上和比赛里的选手用部分资本投入取得惊人成绩是一样的模式。现在看来，过程比结果更为重要，正确的方法导致的亏损是正常的，但用错误方法获得的利润只是吸引你慢慢坠入深渊的诱饵。比如逆市加仓摊平成本，十有八九都能熬回来，但就是那么一次就对你造成毁灭性的打击。生存是投资市场的最高法则，任何可能造成毁灭性打击的操作都必须彻底消除。市场不断给你甜点，让你放松警惕，却在突然之间狂风暴雨袭来，让你失去一切。**亏损是最好的老师，正是亏损让我认识到了风险控制的重要性**。认识的转变是缓慢的，多数没有真正了解市场的人会认为金融交易成功的可能性渺茫，很多交易大师最后都落得悲惨的下场，等等。放弃是因为在漫长的等待中失去了希望，而并不一定是交易多么糟糕。马克•吐温说："真理还在穿鞋的时候，谎言已经走遍了半个世界。"失败者的言论和社会对于期货市场的误解，都是必须克服的负能量。在初期我是经历过困境的，也有熬不下去想放弃的时候，巨大的压力一点点消磨了自信从而感到绝望。但我始终相信一个行业能够有人成功，就一定是一条可以复制的道路，**选择了一个行业，却没有坚持走下去，那在其他行业，同样也不会有太大的成就。**交易本质上是人与人的博弈，这和我训练的MMA综合格斗一样，技术和素质固然重要，但更重要是意志力，谁能够坚持到最后，谁就是最终的赢家。

七禾网21：您曾说过以适当的风险换取可观的持续利润为目标，请问该如何理解"适当的风险"？

李栋：适当的风险就是每个人愿意承担的风险，比如说风险报酬比是1:3，也就是目标收益30%，预期亏损10%，通过资金管理和交易计划实现模块化操作，可以根据不同人的风险偏好，用改变仓位的办法来实现不同的目标收益。比如风险偏好较大的，就可以使用2倍的仓位来实现60%的目标收益和20%的期望亏损的组合，甚至可以通过杠杆化操作，在忽略资金成本的前提下，实现任意的投资回报组合。比如可以在预期亏损100%的情况下，目标收益300%，也就是冒着本金亏完的风险实现3倍的收益。获奖选手大多是在部分资本上使用着这种高风险模式，但对于管理几十亿上百亿资金的机构来说，这是绝不可能的。**高风险换取的高收益不等同于投资的高水平**，动不动亏个一半再翻个几倍，即使赢再多的钱，你也不过是个承担了不适当风险的初级投资者。所谓风险，对于品种来说是特有的波动属性，对于资本就是损失的比例大小，对于人来说就是可以承受的损失程度，损失在可以承受的范围内就是风险可控。风险不仅是市场的属性，同样也是个人偏好。同样的品种不同的仓位就意味着不同的资本风险，有人可以在本金亏完的情况下再借钱来交易，最终实现了翻几番的收益，实质上就是使用了极高的资金杠杆。高风险高回报，风险和回报是成正比的，实际上不管是运气好还是只使用了部分资本重仓交易，而总体资本的暴利是不可持续的。防范风险最重要的就是预防最坏的情况出现，能够在任何市场洗礼中存活下来，哪怕你辉煌了一辈子，最后在阴沟里翻船被市场清理出场，那也是完败。小心驶得万年船，小概率事件发生的频率并不高，也许很多年才发生一次，但发生了一次就可能让多年的交易成果灰飞烟灭，这是令人难以接受的。比如海龟交易的丹尼斯，1987 年股灾就让他损失过半，或者是利弗莫尔，同样结局悲惨，不是说他不能东山再起，而是眼看着大半辈子的心血付之东流，这是生命中不可承受之重。

七禾网 22：您还有一个观点“资本管理和风险控制的重要性远高于技术分析”，您为何如此看重资本管理和风险控制的重要性？

李栋：资本管理和风险控制是基础性的要求，是金字塔的底层，没有基础，不管多结实的大厦也会摇摇欲坠。相同的技术分析，拥有 1000 万和 100 万的人，最终的结果可能就是不同的，资本量越大就越有优势，小资本搭上身家的时候大资本只不过是小打小闹，比如德州扑克里面就很典型，你的筹码越多胜算越大。不是说技术分析不重要，而是大多数交易者都直观地认识到了技术分析的作用却忽视了资本管理和风险控制。有的人会问我会涨还是会跌，但从不会问该下多少单，即使预测对了涨和跌，你该投入多少资本量？实际上，资本管理和风险控制是关系到能不能存活下来、存活多久的最关键的问题。有的人对自己的分析能力十分自信，重仓交易，心理压力巨大从而扭曲了操作，有的人亏红了眼，就铤而走险，有的人却在该大胆的时候变得胆怯，这都是资本管理做得不好的表现。顺境中并不能看出一个人的真正水平，危机才是试金石，在危机面前力挽狂澜而不倒，不管行情如何都胜似闲庭信步，这样的自信和意志源自于风险可控的前提下对全局的把控。投资不是拼命，而是一个可以终身从事的职业，不管什么时候都要给自己留一条退路。没有了资本管理和风控，技术分析只是空中楼阁，没有了具体的适用性。

有正确的市场哲学观，有用的方法才能体现出价值。事实上，同样的技术在不同的认识下，可能产生截然不同的结果。很多人近乎痴迷地追求完美的技术，实际上几年过来，我觉得技术并不需要过于复杂。从大的角度来看，无非就是两种对立的状态、趋势和整理，而且不同的时间级别可能显现出不同的特征，市场是对立并统一着的矛盾体。其实技术分析就是这么简单，在呈现明显特征的市场尺度上使用合适的指标，并承担小范围内相反特征带来的成本。不存在能够精确预测未来的技术，过度完美一定有其致命之处，爱因斯坦说过，任何能够预测未来的公式中必然存在着不确定性，能够具备普遍适用性的技术必然有其本身的不确定性，比如波浪理论，普遍性的完美实际上是模糊的不确定的完美。简单的才是稳定的，自然界也是同样如此，热力学第二定律决定着物质在向着熵增的方向演变，而越重的原子核衰败速度越快，同样，越复杂的技术分析，其未知变量越多，也就越不稳定。**交易不是精确的科学，而是市场概率的游戏，我们所能做到的，无非就是在不具备必然性的市场当中，找到一丝必然性来实现盈利，这样的必然性不是来自于技术分析，而是来自于高超的资本管理和风险控制。**有的人通过主观预测来交易，有的人用技术分析来判断走势，而专业的交易者应该遵循完整的交易规则，这是一个主观臆测自由意志逐步减少的过程。技术分析固然重要，但是资本增长的过程中，亏损函数天生就是要比获利函数陡峭，亏损一半要翻一番才能持平，很多人都有赚大钱的经历，但最后还是还给了市场，即使你连续获利无数次，被市场清扫出门只要一次就够了，这就是为什么创业容易守业难，获利容易守利难的原因。在杠杆交易中，资本管理的重要性更加重要，同样的方法，有资金杠杆可以获利，那么没有资金杠杆也能获利，但相反没有资金杠杆能获利，绝不意味着有资金杠杆就能获利。事实上，众多投资类经典书籍都不吝笔墨来解释资本管理的重要性。萨普在《自由之路》里称技术的重要性只占10%，而资本管理是系统开发中最重要的部分，还专门举例解释了头寸调整的重要性。同样的，交易大师威廉•姆斯在《短线秘诀》中说："除了资本管理，再也没有更有价值的东西了，直到你学会资金管理方法以前，你不过是一位微不足道的小小投机客，在这里赢钱，在那里输钱，但永远赚不到大钱。"在他看来，威廉指标的重要性还不如资本管理。实际上，大多数的系统并不比随机入市更有效，但很多仍然能够赚大钱，这就是说明了追求完美精确的技术分析，只不过是太阳底下打灯笼，多此一举罢了。交易实际上不过是要坚持一个具有一致性的随机系统，**只要有高超的资本管理和风险**

控制，甚至哪怕是按照抛硬币来入场一样可能持续地赚钱。

七禾网 23：在期货交易中，您如何看待“风险”和“收益”的关系？

李栋：**市场的风险不以个人的意志为转移，收益依赖于市场的表现，但资本的总风险是可控的，大不了亏到一定程度就不玩了。**毫无疑问的是，同样的情况下，承担更多的风险，预期的收益就会更高。这就要求我们根据自身的情况，选择合适的风险水平。**在相同的操作方法下收益本质上来自于风险控制，控制好风险，长期来看收益会呈现符合期望值为中轴的正态分布。**资本市场是一个层级化的组成，有各种各样的风险收益组合可供选择，风险偏好不同就可以使用不同的资本量配置不同的投资品种从而形成适合自己的资产组合，没有最好，只有最合适的，活期、定存、国债、企业债、优先股、普通股、股指期货、商品期货、外汇、CDS、期权，总有一款是适合你的。我们的选择其实极其之多，完全没有必要一棵树上吊死，做股指就只盯着股指期货，投资这个游戏就变得毫无乐趣可言了。投资无非就是选择适合自己的风险偏好和资本状况的资产组合而已，**失败了不是去怨天尤人，而是看看是否选对了市场和正确的品种。**很多人不是没有理解市场的运作机制，而是没有真正了解自己的风险偏好。我们的目光总是停留在暴利者身上，对投资市场不可持续暴利的推崇，是一种畸形的价值观。总有人能够中到 500 万的彩票大奖，那你能保证通过努力就能使那个幸运儿就是你吗？大多数人只能在风险收益适当配比的情况下追求时间效应的威力，承担长期的适当风险来换取稳定的收益。

七禾网 24：您认为可以通过复利实现资本的长期快速增值，那您是如何看待复利的？您觉得复利的威力有多大？

李栋：复利的威力相信简单的数学公式就能够说明，越是长期的时间段，复利的威力越大，100 万翻 1 倍和 5 万翻 1 倍，同样是 1 倍，但 100 万却是 5 万的 20 倍。我认为**复利是考验意志力水平的一个标准，能不能长期坚持做一件事情，是成功的重要原因。**复利的道理不仅适用于投资领域，在自然界同样也是如此，如果一个物种可以保持指数级的繁衍速度，那这个物种的规模最终就会极其庞大。但一定会有未知的因素使得平均复利水平不会过高，外部变量往往是被人忽略的，如果每年翻 1 倍，100 万元起步的资金，20 年就会变成 1 万亿的水平，就成了世界首富，这是不可能完成的任务。做生意也是这个道理，商品的进价和售价有很大的利润空间，外行人看来这是一个暴利行业，但是真正做了这一行就会明白，很多成本是我们没有考虑到的，想象中的暴利并不存在。市场行情是不断变化的，永恒变化就是不变的道理，不存在什么圣杯，任何操作方法都不可能适应所有的市场行情。系统性风险是不能被消除的，追求稳定的发展符合市场内在的逻辑，一些著名的对冲基金，长期保持在20%以上的收益率就是非常厉害的了。实际上投资市场衡量水平最重要的指标是总资本长期复合平均收益率，但这是很难通过公开途径统计的，因此大多数交易者都可以截取一段最辉煌的交易经历来证明自己的交易能力，而不管这样的能力是否稳定可持续。冠军选手们能够到那样的位置，除了超凡的能力，同时重要的还有运气，就像没有人可以仅仅通过努力就能成为国家元首一样，有些成就不是仅仅依靠努力就可以获得的，时势造英雄，这个时势里面的英雄在另外的时势里面可能什么也不是。投资界的谎言之一就是，"一些被我们称为传奇的大师，他们职业生涯的回报很少能好于一只指数基金，在华尔街财富多并不意味着回报高"。作为普通人，不要盯着西蒙斯和索罗斯这些大腕们，一心想着复制他们的财富传奇，也不要把冠军们看成神，即使是保尔森这样的大神也会阴沟里翻船。**重要的是寻找一条可以复制的成功道路，不要做流星，即使你曾经再辉煌，也终究会被人遗忘，要做市场中的恒星，持久闪烁而不陨落。复利的威力在于其稳定性**，不稳定的系统不符合长期复利发展的要求。重仓单品种暴赚暴亏的做法，不符合希望长期稳定发展的大资金的要求，这就好比江湖上的武林高手，单打独斗也许能够撂翻一拨人，但让他指挥大兵团作战可能就全军覆没了。有时候需要自废武功，也许感觉明明可以获得更高的回报，但仍然不去承担不应该承担的风险，无视不属于你的利润，有舍才有得。如今励志的方式是几万赚到几千万，一年几十倍，给交易者带来了强烈的感官刺激，在这样的环境中，渐渐按捺不住，内心变得浮躁短视，最后可能就是走上了一条不归路。或者说这本就是一个浮躁的时代，房价高企，高利贷盛行，还有多少人能够静心接受并不激动人心的复利呢？错误的方法也能获得超额的利润，但这只是一个概率，如果你明明是用了错误的方法得到了好的结果，却被冲昏了头脑，归结于个人的超凡能力，继续停留在市场里，那么终有一天就能看到市场无情血腥的一面，除非你及早带着金钱离开这个并不真正属于你的地方。常在河边走，哪能不湿鞋。把交易当作终身职业的人，并不是赚足养老钱就全身而退，不会暴赚一把拍拍屁股走人，**稳定的复利才是必然的选择**。一辈子待在海上的水手，都知道要回避强大的风暴圈，不服从云图的指引，盲目进入风险未知的领域，长此以往，最终就会被大海吞噬。投资市场需要轰轰烈烈的神话，但是那只是神话，大多数平凡的人最终还是要选择平淡的方式，平平淡淡才是真。如果说暴利是烈酒的话，那么复利就是清茶，你愿意喝着烈酒在狂欢当中昏睡不醒，还是品着清茶享受人生，这是不同的人生选择。

七禾网25：程序化交易在国外已经比较普及，近几年在国内也逐步受到追捧，请问您怎么看程序化交易，您会去使用程序化交易吗？

李栋：一项事物被广泛接受就一定有它的道理，存在不一定正确但必然有其合乎逻辑的原因。**我是认同程序化交易的，但程序化交易的适用范围也是有限的，并不是万能的，不能完全取代人工交易。在高频交易领域，人的反应速度不够迅速，程序化交易有着绝对优势。但在人的反应速度能够满足要求的交易系统中，程序化未必就是最优的选择。**我的一些交易策略，如果用代码实现，需要引用很多外部变量，代码很长不说，历史数据调用和多周期整合都很难在代码行中实现，很多微观操作，比如单量和仓量的控制也很难做到像人工操作这么简单精确，代码的维护和系统监控同样需要花费大量的时间。**很多人认为程序化可以消除贪婪和恐惧的不利影响，但克服心理障碍还不过是初级的问题，放弃手工交易就等于放弃了自我修炼，不过是逃避了必须克服的人性弱点。**如果心理这一关都没有过，那交易还只是停留在术的水平，很难达到道的层面，**“世界上最优秀的投资者，首先是个好的心理学家，其次才是金融专家”。**交易的本质是需要我们在一手一手单子中不断去参透的，手工下了几万手单和自动化完成任务对交易者心理成熟和认识深化的影响不可能相提并论。**程序化只是一个中性的工具，好不好在于使用的人，没有经历过市场磨炼使用程序化一样也会贪婪和恐惧，只不过对象从市场变成了程序本身。人工下单对于交易者成长是一个必要的过程，这就像是内功，套路再好，内功不够也是花架子。**我有个认识的朋友甚至都没有做过外盘交易，只是懂程序开发，拿了一个策略写点儿代码就可以上线交易了，他甚至都不明白盈利的逻辑在哪里，结果自然不得而知。不能迷信程序化，市场的本质不会跟随程序化的进程而改变，和400年前阿姆斯特丹证券交易所一样，现在仍然是买的人多就涨，卖的人多就跌。程序化实质上就是排除了主观意志的机械化交易系统，如果不是高频和算法交易，只要你的执行力够强，是不是通过代码来实现，这个并不重要。人工智能还不能完全取代人脑，在工业自动化领域能够替代大部分重复性劳动，但创新和复杂的管理工作仍然要依赖人脑。金融市场不是一个静止僵化的体系，不是纯粹的大数据的集合，历史、经济、政治，甚至自然环境都会对金融市场造成影响，仅仅沉迷于算法分析和数据挖掘就丧失了太多的乐趣。**程序化是一个趋势，不管是统计套利还是管理期货，都大有用途。**最好就是交易者在宏观层面和策略层面进行把控，而把重复性的工作交给程序化，这样才是锦上添花。复杂的系统，只有机构投资者才可能实现，像 DE Shaw 这种量化对冲基金使用的模型，巨大的并行处理和数据检索的要求，估计普通的投资者买 N 台服务器都 hold 不住，**算法交易需要超级计算机和程序开发人员，成本太高不太适合中小投资者。**普通投资者倒是可以尝试着将自己的交易体系转变为代码，这毕竟是一个趋势，掌握了程序化也可以接触到大量的交易策略，这些都是可以为己所用的。

七禾网 26：您参加过期货公司举办的期货实盘大赛，还获得了不错的成绩，请问您当初参加比赛的目的是什么？

李栋：参加比赛当然是为了能够拿到好的名次，认识更多的同行，同时向其他选手学习，提高自己的水平。比赛的账户也只是部分资金而已，所以收益率会比较高一点儿。能够长期保持在排名的前列往往比拿到冠军更重要，这是必然性和偶然性的关系。获奖的选手都是有过人之处的，在和他们的交流中也能学到很多东西，在精神上也不会觉得孤独，毕竟你不是一个人在战斗。

七禾网 27：您对刚进入期货市场的新手有何建议？您觉得新手进入期货市场应该做哪些方面的准备？

李栋：刚进入期货市场的投资者，在没有熟悉市场和了解自我的情况下，不能盲目自信，首要的就是控制住风险。很多人是抱着暴利的期望进入市场的，希望越大失望就越大，大多数人都会被泼泼冷水。衍生品市场的交易对手及其他交易者和股票市场是不同的，股票市场是一个价值估算市场，只要有人接棒，账面上大家都可以盈利，房地产市场也是一样。但是衍生品交易是一个零和游戏，有人赚钱就一定有人亏钱，新手有什么优势来和投身市场多年的专业交易者和机构来竞争？所以只能踏踏实实地准备长期抗战，不要追求暴富的神话，不要纠结于每一笔交易的得失，而是把精力放在认识市场、定位自我和寻找盈利的必然性上。交易行业的淘汰率是很高的，很多人不是被市场打败的，而是被自己打败的。为什么说投资最重要的是做人，因为最大的干扰是来自我们内心的矛盾，战胜自我才能成为最终的赢家。很多人抱着赚一把走人的想法，不太可能认真地对待交易，失败了无非就是亏点儿钱，赚钱了还是炫耀的资本。但没有人能够随随便便成功，踏踏实实地在一个行业走下去，长时间的专注，最后才有能在博弈中处于优势的地位。大多数成功的交易者比较低调，他们不需要在论坛上排解情绪，不需要辛苦地拉资金解决生计，也不依赖于他人生存，往往对市场的见解和资金的需求反而是来自于没有稳定盈利能力的人。诚信缺失是投资行业鱼龙混杂的原因，这也给在认真从事和热爱交易的人带来了困扰，因为这盆脏水一起泼在所有从业者的身上。信誉是可以不断积累的，也正是因为道德缺失，所以信誉才变得尤为珍贵。选择这一行会面临各种各样的阻力和误解，选择了就不要后悔，大浪淘沙，你是金子就一定会发光。金融交易行业和任何行业一样，成功都是不容易的，但付出了努力，就会有所回报，有的时候回报之大超出想象。走自己的路，控制好风险，向成功的交易者学习，寻找到适合自己的方法，这就是一条可以复制的成功之路。

方国治：趋势位置永远比形态本身重要

（访谈时间：2014 年 3 月 5 日　沈良整理）

方国治：曾任美国安倍胜中国首席策略研究员多年，2011 年世界投资博览会特约嘉宾，《趋势操盘法则》畅销书作者，从事证券期货研究和实战 15 年，拥有丰富的投资分析和盈利经验，曾实现 6 年 60 倍的投资收益。近几年一直跟随国外投资大师学习交易新理念、新技术，不仅在趋势跟踪技术上开发了高收益率的策略模型，而且在时空预测技术上也有了重大突破，掌握了国内股指期货和商品期货的时空涨跌密码。

访谈精彩语录：

股票和期货的本质是一样的，都是提前反映未来基本面的变化，变化都以趋势的方式来实现。

多空双方资金的思维转变不是短期内突然变化的，而是一个渐变的过程，而正是由于这个渐变过程，导致价格会以趋势的方式运行。

多空平衡——打破平衡——寻找新的平衡——再打破平衡，这样循环往复。无论是小趋势还是大趋势都是如此。

顶部和底部必然出现大阴大阳；成交量不是天量就是地量。

反弹和反转都是相对某一周期的，分钟线上的反转也许是日线级别的短线反弹。

当前的主力大都会按照市场的内在规律坐庄了，逆大势的主力越来越少了。

技术分析和基本分析都是对的，只是分析的角度不同。

对于非机构投资者技术分析是最佳选择。

我目前的技术分析体系核心是趋势，重点是分析趋势的阶段、趋势的结构和趋势的交替。

技术分析用不好的人，不是技术分析没用，而是使用技术分析的人不会用。

趋势位置永远比形态本身重要。

穿头破脚最常见，成功率也很好，如果是关键位置出现，几乎 100% 会反向。

形态方面，双底和头肩底是最常见的，成功率也是最高的。

既然是底，前提是经过长期的下跌后出现大阴线，而不是刚下跌初期的大阴线。

底部一定是在重要支撑位区间，即历史的重要密集成交区形成。

底部是由两部分形成的，左边会出现大阴线，右边会出现大阳线。

“顺势而为”和“震荡”是很难结合的，但是“顺势而为”与“物极必反”是可以相互融合的。

市场由量、价、时、空四个要素组成，如果仅仅研究量、价，无论你研究得多么好，也仅仅是掌握了市场一半的信息或机会。

世界是物质的，物质是运动的，运动是有规律的，有规律就一定可以预测。我们预测不准确并不等于市场无法预测，而是我们没有真正掌握市场的根本规律。

所有市场都有一些共同的规律，比如长期趋势每 4 年循环一次，中期趋势每 4 个月循环一次，短期趋势每 4 天循环一次。

七禾网 1：方国治先生您好，感谢您在百忙之中接受七禾网的专访。您做股票和期货的研究、实战已经 15 年了，请问就您的理解而言，股票市场的本质是什么？期货市场的本质是什么？

方国治：股票的价格涨跌方向取决于上市公司未来的基本面是变好还是变坏，和当前及历史的公司业绩好坏没什么多大关系。股市也是一门生意，**传统行业的生意是从东边低价进货，高价卖到西边去，而股票投资是现在低价买进，等待未来高价卖出**。一个是空间方面的价值转移，一个是时间方面的价值转移。其本质都一样，都是低买高卖。从交易上理解，**股票市场又是一个资金博弈的市场**，机构与散户之间的博弈，实力强的机构与相对弱的机构之间的博弈，**大鱼吃小鱼，看谁不接最后一棒，不做最大的笨蛋**，我认为这就是股市投机的本质。

谈到“投机”二字，很多人不喜欢，如果你买股票的目的纯粹是为了获取上市公司的红利，那么可以叫投资者，但是如果你是想在市场中获取差价的，那你必须承认你是投机者。正是由于这个市场是实力强的吃实力弱的，所以，**作为一个散户投资者要处理好和主力的关系，应该和散户站在一个阵营还是和主力站在一个阵营？**而要和主力站在一个阵营就需要对主力的运作手法有一定的认识。同时，也要对散户的弱点有个清晰的认识。

期货市场的本质其实和股市类似。商品期货的价格是反映未来该商品的供求关系的。未来的价格趋势是由未来的基本面决定的，如果未来基本面朝更好的方面发展，当前的期货价格就该涨，未来的基本面朝更差的方面发展，当前的价格就应该跌，当前的价格和当前的基本面好坏关系不大。从期货二级市场交易上讲，更是多空资金博弈的结果，但这种博弈资金始终受制于未来基本面的因素，这种未来的基本面因素又会提前反映在当前的供求关系上，形成一种市场化的内在驱动力，**期货市场的本质就是通过市场的这种驱动力来提前发现未来现货价格，这就是市场趋势。**所以说，投资者可以倒过来研究当前趋势，从而判断未来的价格趋势。所以，**股票和期货的本质是一样的，都是提前反映未来基本面的变化，变化都以趋势的方式来实现。**这就是趋势技术既适合股市也适合期市的原因。

七禾网 2：您是《趋势操盘法则》一书的作者，请您谈谈您对“趋势”的定义？

方国治：“趋”就是指方向，“势”就是指在这个方向上的运行力度，即运行的时间和空间。所以，趋势分析包括两个方面：一是分析趋势的方向，二是分析趋势运行的程度。**趋势分析就是在趋势反转的早期阶段采取行动并顺势而为，直到足够的证据证明趋势发生转变为止。**

趋势分析既包括最基本的方向判断，还包括趋势的运行时间和空间。趋势方向又要分析趋势运行到什么阶段，是在趋势初期、中期还是末期。如果初中期，策略是顺势而为，如果是末期，那么就要考虑物极必反了。但是如何判断趋势运行到什么阶段呢？那就要分析时空了。如果能大致预测出未来转折点时间和空间，然后做起趋势来就非常从容。

七禾网 3：就您看来，趋势行情的发展动力是什么？为什么会产生趋势行情？

方国治：我们随便打开一个品种的走势图，可以发现任何一个品种的走势并不是随机的，而是具有明显的趋势规律。产生这种趋势行情的原因有两个方面：一是市场内在的原因，二是市场以外的原因。

市场内在的原因：

第一，市场的供求关系的转变促使价格以趋势的方式运行。**多空双方资金的思维转变不是短期内突然变化的，而是一个渐变的过程，而正是由于这个渐变过程，导致价格会以趋势的方式运行。**第二，市场永远不可能是完全有效的市场。信息传导在市场中也是一个渐进的过程，即使每个人得到同样的信息，可处理信息的能力和结果必然存在差异。所以趋势只要一旦形成，必然会持续一段时间。这是顺势交易的基本原理所在。

那么市场外在的原因是什么呢？当年有记者曾经问江恩，价格波动的最根本原因是什么？江恩笑着说："我花费了 20 年的时间彻底学习这个原理，提出事物发展将依据时间的影响。这是我的秘密，并且由于它太珍贵、太有价值了，以至于绝对不能广泛传播。"我理解江恩的这个秘密就是市场外在的决定因素，它不容易被发现。市场是以趋势的方式运行，但不是直来直去，而是蜿蜒曲折的，峰谷相互交替循环，而**每个峰谷转折点的时间都是有规律可寻的，市场在一个特定的时间范围内以一定的规则重复循环**。比如说，中国股市长期趋势的转折点，每 4 年一个循环，每个循环周期内共有 10 个转折点，历史上 20 年如此循环往复，今后的 100 年、200 年都不会改变。

七禾网 4：为什么市场大部分时候处在震荡状态而非趋势状态？

方国治：市场表现确实如此。我们在物理学中有个能量守恒定律：能量既不会凭空产生，也不会凭空消灭，它只能从一种形式转化为其他形式，或者从一个物体转移到另一个物体，在转化或转移的过程中，能量的总量不变。

期货市场是资金买卖形成的，存在多空买卖两种能量。**市场在趋势行情中，由于趋势状态的运行空间大，运行速度快，在短时间内消耗的能量大，而市场在震荡时运行的空间小，同样的时间内消耗的能量较小，所以必然需要比趋势状态更长的时间来积蓄能量，否则能量无法守恒。**

所以，市场遵循一种运行模式：**多空平衡——打破平衡——寻找新的平衡——再打破平衡，这样循环往复。无论是小趋势还是大趋势都是如此**，所以我们发现趋势和震荡是相互交替出现的。

七禾网 5：趋势行情的酝酿、产生、发展、结束等是否有一定的规律性？趋势一般如何演变？

方国治：趋势的演变具有一定的规律性。《周易》中说：**"易穷则变，变则通，通则久，久则穷。"变就是趋势的酝酿阶段，通和久就是趋势的发展阶段，而穷就是行情通向了极端状态，当消灭了所有敌人后，它就成为了自己唯一的敌人，此时，市场必然发生反转，形成相反的趋势。**

所以，趋势的演变一般有三个阶段：趋势的形成、趋势的发展和趋势的结束。任何事物的变化都是从量变到质变的过程，同样价格趋势的变化也不是一蹴而就的，必然是逐步转变的过程。我们说价格最终的决定因素是供求关系。在下降趋势的初期，只有少数人意识到市场将要下跌，但是随着价格的继续下跌，越来越多的人意识到趋势已经反转，开始加入在卖出的行列，长期的下跌把下降趋势推向极端状态，达到了“物极必反”的境地，空方力量得到充分的释放。“阴盛则阳生”！下降趋势达到极端状态后，实际上已经是穷途末路。此时上升趋势的第一阶段在悄悄地进行着，某天当市场向上突破底部形态的颈线或者下降趋势线，标志着上升趋势形成，开始进入趋势发展阶段。进入发展阶段后，一方面新趋势已经确立，另一方面新趋势的基础不牢，大多数投资者对上升趋势的延续将信将疑，所以，发展阶段既不会单边上涨，也不会单边下跌，而是上下反复。既然新的上升趋势已经确立，那么，反复的震荡都是为第三阶段加速上升积蓄力量。当价格突破重要的压力位后标志着发展阶段结束，进入了第三阶段——加速阶段。

从趋势的演变过程看，每个阶段都有不同的特征，掌握这些特征对我们建立交易策略很重要。比如，**顶部和底部必然出现大阴大阳；成交量不是天量就是地量**等，还有很多特征。这些特征不是说某个主力能控制的，是市场运行中必然的结果。趋势演变除了趋势的阶段，还要考虑趋势的结构及趋势的交替，这些趋势的研究成果，不是某个人的发明，不是我们单个人可以悟出来的，我们的前辈们其实已经通过近百年的经验，给我们做出了很大贡献，我们只要认真、虚心地学习这些研究成果，无论市场如何变化，最终都能以不变应万变。

七禾网 6：在您眼中，不同时间周期、不同级别大小的趋势行情有何不同？

方国治：这个问题实际上是趋势结构的问题，就是我们常说的“大中小趋势”。一般周线上的趋势反转会持续数周，但是到底能持续 4 周还是 10 周，需要受到月线趋势的制约；同样，日线的趋势反转会延续数天，它的力度受周线制约。所以，**我们在做交易分析时，遵循先长后短。反弹和反转都是相对某一周期的，分钟线上的反转也许是日线级别的短线反弹**，如果在盘中不分青红皂白的买进后，结果发现是日线反弹高点，你买多的点位实际上是加空的机会，做反了。策略没出问题，是趋势结构分析上出了问题。

既然趋势是大小周期相互制约，那么大小周期的趋势在空间和时间上会有不同。比如，分钟线的趋势反转只能维持几分钟或十几分钟，空间和时间都会有限；而周线上的反转一般都会持续数周或数月，时间会很长。**对于短期趋势，主力大资金可以适当控制价格或骗线，而对于周线月线级别的趋势，**

主力没那个能力，也没那个必要来控制。当前的主力大都会按照市场的内在规律坐庄了，逆大势的主力越来越少了。但是不管是长周期还是短周期，趋势的演变规律都是类似的，在关键位置表现的特征都是相似的。

七禾网 7：多头趋势和空头趋势在表现上有没有不同的地方？

方国治：趋势的演变过程上，多头和空头趋势几乎没什么两样，因为这是多空博弈本质规律决定的。但是，从多头和空头市场运行的空间和时间上，还是有一定区别的。从时间上，一般空头市场会更长。比如 2001～2005 年股指经历了 4 年的熊市，之后的牛市只有两年半。然后从 2007 年 10 月以来的熊市目前已经持续 6 年多了。这也是有原因的，大众投资者心理是：在多头市场，喜欢追涨，不断买进，加速了多头趋势的运行，多头市场上涨速度更快，持续时间必然变短。而在空头市场，大众投资者喜欢套牢补仓，越跌越买，这就减缓了下跌的速度，时间自然变长。这就是著名的“韦伯定律”，这属于投资心理学的范畴，有时间还是需要研究一下。

七禾网 8：您对行情的分析和研判主要基于技术分析，能否把您归为纯粹的技术派？您在交易中会不会参考基本面信息？

方国治：技术分析和基本面分析都是对的，只是分析的角度不同。技术分析是用目前的价格结果去推导未来的价格趋势，直接从价格入手，比较简单。而基本面分析是寻找未来股价变动的原因，由于影响股价波动的原因多而且复杂。选择分析方法还要根据自己的投资风格，是短线投资者，还是中线波段投资者，或是长线投资者。我个人认为，**对于非机构投资者技术分析是最佳选择。**

我个人使用技术分析更多，基本上不考虑基本面。一方面我认为影响未来基本面的因素可以提前在价格中反映出来。第二，当前的基本面已经被市场提前消化了，没什么参考意义了，而未来的基本面信息，我的能力无法准确得到，即使得到信息，其准确性本身就需要考证。第三，影响价格的因素很多，价格最终的方向是多方面因素的合力的结果，每个因素影响未来价格的程度太难研究了，太专业了，我们散户做不到，至少我做不到。而技术分析对于我们散户投资者更简单，容易掌握，当前的价格是上升趋势，你就顺势做多，这样做的概率就大，因为高点只有一个，只要不在最高点买进，你都是对的。如果当前趋势是向下的，你就做空，结果你只有一次最低点卖出是错的。

机构投资者的优势就是对基本面信息的把握，如果我们也是基本分析，那就是拿我们的劣势和机构比，**博弈讲究的是用自己所长去博对手所短。**

技术分析存在于华尔街已经100多年了，至今仍是最主要的分析方法之一。技术分析方法也是目前应用人数最多的股市分析方法，即使绝大多数基本面分析人士同样也离不开技术分析。

技术分析的有效性尽管已被很多人认可，但是它在预测商品期货或者股票市场的走势时，由于投资者对市场和技术分析方法的认识和运用都存在很大差异，往往又被人们质疑它的有效性。在很多对技术分析一知半解的人看来，技术分析就是技术指标，那只是技术分析的冰山一角，**技术分析的核心是趋势，技术指标只是判断趋势的一种最简单的方法而已。**

七禾网9：您觉得自己的技术分析方法的最大特征是什么？

方国治：这里需要强调的是，我使用的技术分析方法不是我发明的，中国证券市场仅仅才二十几年，相比欧美市场上百年的历史而言还很年轻，这么短的时间要创立自己的一个新的分析理论几乎不可能，我们只能学习国外成熟市场的一些分析理论，然后结合中国股市的实际加以发展。我很庆幸自己选择了从经典理论中吸取营养。

我目前的技术分析体系核心是趋势，分析的要素是量价时空。最开始研究的是量价为主，后来发现单一的量价关系还有很多不如意的地方。后来发现时间和空间要素是市场的核心，有了时间和空间的分析，量价趋势就变得更简单了。

对于时空主要是分析峰谷变盘的时间和空间，对于量价关系的分析，**重点是分析趋势的阶段、趋势的结构和趋势的交替。**然后会选择其他不同的方法体系进行相互验证。目前基本上可以分为美洲体系，以趋势主线，第二是欧洲体系，即指标，选择1～2个重点指标，第三是亚洲体系，即价格形态。三大体系在关键位置一般都能相互验证的。谈到相互验证，有人又会误解了。比如，有人使用均线系统，然后也会用MACD、KDJ或OSC等指标进行验证，结果买一次错一次，因为它们并不能相互验证，它们都是同一个体系，都是均线系统，都是指标系统。所以，我一直认为**技术分析用不好的人，不是技术分析没用，而是使用技术分析的人不会用。**学习很重要，正确的学习方法更重要。

七禾网10：您对行情形态的研究比较深，就您看来，哪些K线形态最为可靠(即这些形态出现后，后续行情的确定性最高)？

方国治：价格形态是属于亚洲体系的技术分析方法。可以独立运用，有优点也有很多缺点。很多学习了 K 线形态的人都觉得 K 线形态很难用，很多 K 线组合或形态不可靠。实际上，在运用 K 线形态这种分析手段时，核心还是要回到价格趋势上，也就是**同样一根 K 线在趋势的不同的位置，作用和意义是不同的**。比如，趋势的起涨点会出现大阳线，同样在趋势即将结束的加速末期，也会出现大阳线，显然前者是看涨，后者是看跌，**趋势位置永远比形态本身重要**。在关键的位置出现的反转 K 线组合或形态，成功率极高。就像人生一样，时刻都在做决定，关键时候的决定就会决定你的一生。

不过，即使在同样的趋势位置，不同的 K 线形态可靠程度也是不一样的。比如，K 线组合**穿头破脚最常见，成功率也很高，如果是关键位置出现，几乎 100%会反向。形态方面，双底和头肩底是最常见的，成功率也是最高的**。当然，形态分析还必须要成交量来验证。

七禾网 11：您对底部形态和顶部形态颇有研究，一般来说，底部形态具备哪些特征？顶部形态具备哪些特征？

方国治：所有的底部和顶部特征都是从趋势演变的本质规律得出来的结果。比如底部特征，底部的到来是由于多空力量趋于一致看空，或者空头在关键的位置顺势向下打压而形成的，必然表现在 K 线上是大阴线，或连续的大阴线；**既然是底，前提是经过长期的下跌后出现大阴线，而不是刚下跌初期的大阴线**；当然，底部是相对的，要对应于某一趋势结构的底部，**日线趋势底部反转可能是周线上的一次反弹**。再比如，**底部一定是在重要支撑位区间，即历史的重要密集成交区形成；底部是由两部分形成的，左边会出现大阴线，右边会出现大阳线**。顶部特征和底部特征刚好相反。有关特征还有很多，比如指标在底部的特征、在成交量上的特征，等等。其实，只要认真学习趋势运行的规律，都能很好的理解和发现这种特征。

七禾网 12：您对日内、波段和中长线均有研究，就您看来，要在日内交易中取胜的关键是什么？哪些类型的投资者最适合做日内交易？

方国治：选择什么样的交易风格，一是要充分了解市场趋势的特点，二是要了解自己适合做什么。趋势有三种：长期趋势、中期趋势和短期趋势。**中长期趋势容易判断，受人为控制、突发消息因素小，而短期趋势或日内趋势受到主力控制、骗线或突发消息的影响更大，日内趋势的杂波也更多**。我觉得日内交易要成功，**除了技术上要有较高的要求外，要控制自己的贪欲，不要什么钱都赚，一定要对行情进行选择性的参与**。不符合事先制定的技术要求的机会不能做，**最忌讳的是看着行情分时图不断地追涨杀跌**。

至于什么投资者适合做日内交易，我觉得要知道哪些人不适合做日内交易。第一，情绪容易激动的人不适合做日内；第二，慢性子不适合做；第三，做事情不果断的人不适合做；第四，没有高胜算的日内交易策略不能做。

七禾网 13：在波段交易中取胜的关键是什么？哪些类型的投资者最适合做波段交易？

方国治：日内交易对大趋势的分析不是很重要，而波段交易对趋势的位置和趋势的结构分析就显得至关重要了。有些人认为，趋势交易就是跟着一个趋势类指标买卖就行了，这是初级的趋势交易。**好的趋势交易者，必然对大趋势、中趋势和小趋势的位置都会做到心里有数，当大趋势和中趋势或小趋势都到关键位置时，会重仓参与。**指标方面作为进出点的参考。

对于大部分人来说都适合做波段交易，波段交易对技术和盘感的要求较低，上班族可以选择日线级别的波段，职业投资者可以选择半小时或小时级别的波段。

急性子、急于赚大钱的人不适合做波段，拿不住单子的人，无论你判断多么准确，最终都会把主升段丢掉，而当出现一段小幅被套，又急于止损。

七禾网 14：在中长线交易中取胜的关键是什么？哪些类型的投资者最适合做中长线交易？

方国治：从技术上讲，中长线交易是最简单的。即使简单的按照日线上的一根 30 天均线做，控制好仓位，最终的结果都会是盈利的，可惜的是没几个人能这么做。不过，如果作为一个专业的投资者来说，单用均线来做，也只能算是及格。最好是能把量、价、时、空四大要素结合起来。我觉得中长线交易是我们很多投资者应该选择的方法，特别是上班族。

七禾网 15：您用独到的股票板块和个股选择方法在股票市场获得较大的成功，请您简单说一说您的选股方法？

方国治：很多人经常犯一个错误：做股票是以市场为中心，还是以个人为中心？当然是以市场为中心。因为我们毕竟是在市场的波动中获取差价，市场也不可能按照我们设想那样去走。所以，**我们首先要重视的不是选什么股票，而是选股的时机，不是任何时候都可以选股操作的。**这叫顺“市”而为。就像农民种地一样，首先考虑的不是种什么，首先考虑的是播种的时机。最起码搞清楚春种秋收是怎么回事吧？你总不能说今年要种玉米，结果在一个大冬天到地里挖个坑种下玉米种子，就算你所选的玉米种子再好，恐怕也长不出玉米来。在大盘连续下跌的市场中，尽管也有上涨的股票，但是抓到持续上涨的股票的概率很低很低，“覆巢之下安有完卵”。所以，**首先考虑的是时机，大盘的时机。中国股市有个重要的特征就是平均一年只有一次中线上涨的机会，一年只做一买一卖，做到了这点，你基本就不会亏钱了。**而在这一次上涨的机会中，能抓到龙头股就是翻番，抓不到也是赚多赚少的问题。

龙头股人人都想要，但是抓龙头股就需要真正的选股技术了。这里也只能简单透露一些原理，其他的就看个人的悟性了。

任何一波像样的行情必然会有一个领涨的主流板块存在，这是一个很现实的问题。1996～1997 年的牛市行情主流板块是以深发展、四川长虹为代表的绩优股板块；1999 年“5•19”启动的牛市行情领涨的是科技股板块；2004 年底 1307～1783 点的行情是以钢铁、石化等国企大盘股为主流；2005 年的主流是金融、地产、有色金属板块；2006～2007 年是汽车、钢铁、煤炭；2008 年底至 2009 年中小板是最大主流；2010 年的主流又是如新能源等新兴行业；2012 年是银行和地产；2013 年是创业板的新兴行业。

那么主流板块如何反映出来？我们来分析一个问题，**所谓主流板块就是主流资金运作的板块，**这些主流资金不是一般的机构资金，他们对宏观经济政策和市场趋势有超强的把握能力，更重要的是他们掌握的资金非常庞大。这些资金进入市场唯一的目的就是获取利润，而获取利润的途径只有一条：低位建仓，拉升之后高位出货，获取差价。但是，资金过于庞大，要在低位建仓，至少需要一段时间，不可能等行情开始上涨了才开始建仓，来不及了。所以，**这些先知先觉的机构一般都在大盘的下跌末期，在大盘见底之前就开始建仓。这是主力大机构的唯一软肋。**主流资金建仓的板块和股票由于大资金的悄悄介入，必然使这些股票拒绝下跌，提前开始构筑底部或缓慢上升，而大盘却继续下跌。当大盘开始见底上涨时，这些主流板块开始借大盘拉升了，而且非常轻松，因为有很多场外资金开始加入。知道这点，剩下的是选股方法问题，如今电脑软件这么发达，几分钟就可以统计出来。

七禾网 16：您一开始做的是股票，后来才逐步过渡到股指期货和商品期货，就您看来，股票市场的一些技术方法能否应用到期货市场，特别是应用到股指期货的操作上？为什么？

方国治：技术分析方法在股市和期市以及外汇市场都一样适合。股指期货就更不用说了，我们目前的沪深 300 指数和上证指数都是按照市场自身的规律在走，关键还是使用技术分析的人。同样一个普通指标，比如 MACD，有人用赚钱，说这个方法好，有人用会亏钱，就说技术指标没用。

趋势是自然界的普遍规律，即使在任何地区重新开设一个其他品种的交易市场，趋势的力量马上发挥作用，技术分析是分析趋势，所以必然适用。

七禾网 17：就您切身参与来看，股票和期货的波动规律有何不同？股指期货和商品期货的波动规律有何不同？

方国治：**从波动的规律上讲，商品期货、股指期货和股票完全一样，区别不在规律上，而是品种的投资群体大小不一样**。股票市场和股指期货群体大，波动受到人为控制相对较小，市场自身的趋势力量表现的就更强，市场自身的作用就更大。在 K 线图上看起来，趋势就比较流畅。而小众品种表现的趋势就比较杂乱无章。比如，2012 年的白银 K 线图和当前的 K 线图完全不一样。如今白银的走势很像股指的走势，原因是参与的群体和资金大了，市场的力量就显示出来了。所以，**技术分析最适合大市场**。

七禾网 18：另外，股指期货在上市后的 4 年多时间内，波动节奏上发生了哪些变化？发生这些变化的主要原因是什么？

方国治：我在股票市场十几年，经历了股指期货上市前后的市场，我认为股指期货上市后，波动节奏上没发生什么明显的变化。**可能有人说，股指期货上市后，有了做空的工具，导致股市持续下跌，而实际上股市下跌不是由于股指期货的上市，而是股改之后供求关系发生了极大的变化，股票的供给增加了数十倍，市场的资金根本无法支撑上涨，这是真正的内因**。在美国一样有股指期货可以做空，为什么股指照样创历史新高？

七禾网 19：您的股指期货交易模型能够在较低回撤下博取较高的收益，股指上您能够在低风险下获得高收益的核心原因是什么？

方国治：归根结底还是**股指的容量最大，市场的客观规律起的作用更大，趋势特征和规律表现的更明显，所以精通趋势的投资者在股指期货上做的大多比较好**。当然，趋势研究是一个持续完善的过程，除了继续学习国外前辈们的经典技术外，还需要结合中国市场的实际加以完善。

近几年在股指期货上取得的一些成绩，除了运用量价关系，即趋势的方法之外，更多的运用了时空预测的方法。时空预测是一项更先进的技术分析方法，可以提前预测未来市场在什么时间点出现转折的概率最大，然后结合量价关系确认顶底。

七禾网 20：就您看来，在股指期货这个品种上，高频策略、日内策略、隔夜波段策略、中长线趋势策略等类型中，哪种类型的盈利能力最强？哪种类型的可持续性最强？

方国治：交易市场非常公平，它会提供给各类参与者盈利的机会。最关键的是看自己适合什么类型。从理论上讲，高频交易日内短线交易盈利的能力更强。每天盈利一点点，一年后复利累计就是天文数字了。中长线交易者需要对趋势有较强的判断能力，否则风险也很大。就我看来，小时级别的波段是比较适中的，既不会回撤太大，风险可控，又不会出现高额的手续费，趋势相对也比较稳定。

七禾网 21：不少程序化交易者认为股指期货越来越难做了（市场上也确实存在程序化交易者在股指上赚钱效应的下降），您是否认同？为什么？

方国治：这是对市场认识上的误解。不是市场变了，是市场处于不同的阶段。市场是趋势和震荡交替出现的，2009 年和 2010 年是箱体震荡趋势，2011 年和 2012 年是趋势明显的下降趋势，然后到了 2013 年又是箱体震荡，所以 2013 年以来趋势类的程序化业绩不理想，这是正常的，也许到了 2014 年、2015 年又是趋势策略赚钱的机会了。

七禾网 22：您觉得投资者简单地跟着一个指标做，或者跟着一个策略的信号做，能否赚钱？为什么？

方国治：任何一个指标都有特定的市场适应性，趋势类指标在趋势中盈利，在震荡中亏损，跟踪一个指标做，不可能每个阶段都盈利。当然，**持续跟踪一个比较好的趋势类指标，长期来说，盈亏抵消后总体效果还是可以的。**最好是根据市场的运行规律，适当进行调整。

投资界有两大投资思想："顺势而为"和"物极必反"。顺势方法是主流的思想和方法，但缺点是在震荡市场的失误和反转时的滞后。而物极必反的机会较少，但优点是特征比较明显，成功率较高，可以在反转前更早发出买卖信号。物极必反可以弥补顺势而为的缺点，又很好地发挥了物极必反的优点。物极必反和震荡趋势不是一回事，**"顺势而为"和"震荡"是很难结合的，但是"顺势而为"与"物极必反"是可以相互融合的。**

七禾网 23：国内较多金融机构邀请您去教授交易技术的培训，您觉得投资者应该在培训中学哪些东西才能真正受益？怎样的培训课程才是对得起学员的课程？

方国治：参加培训学习是交易技术提高的途径之一，但是目前很多培训大都集中在一些成功者的经验分享。经验很重要，但是那是人家的经验，经验是无法学习到的，必须自己在实战中积累。学习首先要学习的是经受百年考验的经典技术分析理论和方法，这是一条真正的投资坦途。

当然，学习的方法也是有讲究的。目前大多数人学习的是量价关系，比如趋势跟踪的方法。而实际上，**市场由量、价、时、空四个要素组成，如果仅仅研究量、价，无论你研究得多么好，也仅仅是掌握了市场一半的信息或机会**。时间是技术分析最基础的内容，所有市场都伴随时间运动。在技术分析图表中，X 轴就是时间，Y 轴就是空间，XY 轴就能确定价格的具体位置（点），由一系列连续的价格点形成了连续的各种各样的价格图形，价格图形和成交量是时间空间的具体外在表现，价和量是显性的，时和空是隐性的。所以，要想在技术上更进一步，必须从时空方面提高，我也在不断提升自己。

七禾网 24：有人说市场是可以预测的，也有人认为市场不可预测。就您看来，市场真的可以预测吗？您的预测方法目前应用于哪些品种的实战？

方国治：世界是物质的，物质是运动的，运动是有规律的，有规律就一定可以预测。我们预测不准确并不等于市场无法预测，而是我们没有真正掌握市场的根本规律。这个世界上任何事物规律是客观存在的，既不能创造，也不能消灭，任何事物都受规律的约束。那么对于金融交易市场一样存在某种客观的规律，百年来全世界的投资者从未停止过对市场规律的探寻，而且真的有人早已发现了这种规律。

我没有发现什么预测方法，因为我不觉得自己有那样的天赋。就像牛顿发现了万有引力定律，我们可以把这个发现为我们所用。**所有市场都有一些共同的规律，比如长期趋势每 4 年循环一次，中期趋势每 4 个月循环一次，短期趋势每 4 天循环一次**。但是每个品种又会有自身的涨跌周期循环，即每个品种都有自身的涨跌密码，而且恒久不变。比如，中国股指每 4 个月都会有 12 个转折点，而且每个转折点的相对位置都是确定的，而且一直这样循环下去。橡胶每 4 个月有 10 个转折点；黄金有 11 个转折点，还有螺纹钢、棉花、白糖、豆等都有各自的密码。空间方面也有密码，每只股票、每个品种都有不同的密码，这些密码都隐藏在历史的价格图形中，一旦我们找到这些密码，交易就会变得非常简单。

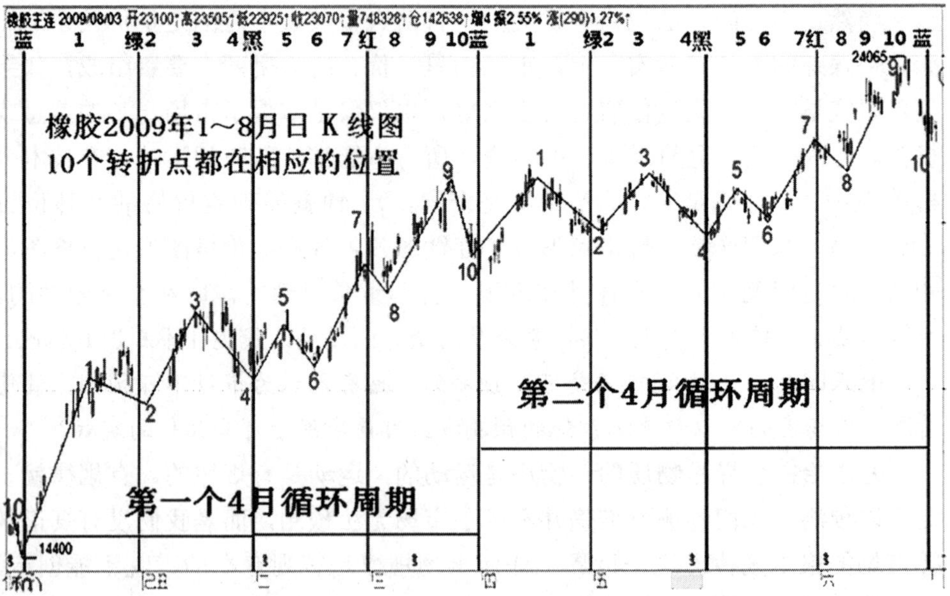
橡胶主连 2009/08/03 开23100 高23505 低22925 收23070 量748328 仓142638 增4 振2.55% 涨(290)1.27%
蓝 1 绿2 3 4黑 5 6 7红 8 9 10蓝 1 绿2 3 4黑 5 6 7红 8 9 10 蓝
橡胶2009年1～8月日 K 线图
10个转折点都在相应的位置
第一个4月循环周期
第二个4月循环周期
14400
24065

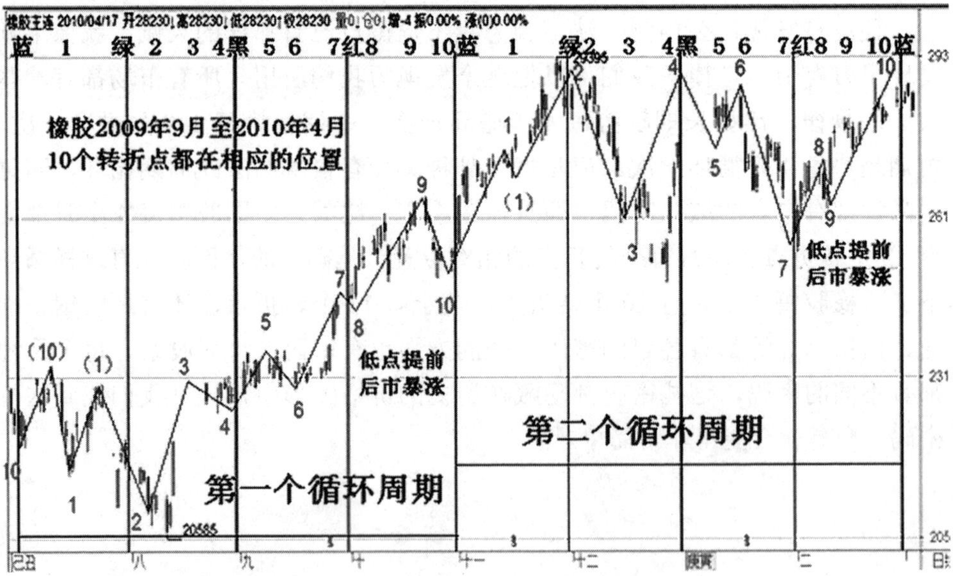
橡胶主连 2010/04/17 开28230 高28230 低28230 收28230 量0 仓0 增-4 振0.00% 涨(0)0.00%
蓝 1 绿 2 3 4黑 5 6 7红8 9 10蓝 1 绿2 3 4黑 5 6 7红8 9 10蓝
橡胶2009年9月至2010年4月
10个转折点都在相应的位置
低点提前
后市暴涨
低点提前
后市暴涨
第一个循环周期
第二个循环周期
20585

第三部分

中长线投资高手

傅海棠：天道就是市场，有自己的运行规律

（访谈时间：2012年4月24日　沈良、李婷整理）

傅海棠： 农民出身，曾养过6年猪，种过棉花、大蒜等。2000年开始做期货，2009～2010年一年半时间从5万起步到1.2亿，是国内期货界的传奇人物，不看任何技术图表、不做任何技术分析，用“天道”思想理解分析市场、指导操作方向和节奏，拥有最纯粹、最朴素的投资思想，有“农民哲学家”的称谓。

访谈精彩语录：

一般我看准的事情，只要基础没有改变，任何人说什么我都不会动摇。

（从5万到1.2亿）具体是做两个品种，三波行情。第一个品种是大蒜，第二个品种是棉花。

天道就是市场，市场有自己的运行规律，任何人都干预和左右不了。

价格多少是市场说了算，某一个机构说了是不算的。

农产品看供应，工业品看需求。简单地说，我们就是要找价值的偏离和供求关系的改变，这就是我们最好的切入点。

有的品种3～5年一个周期，或者是10年，甚至20年，说不定哪天就冒出一个历史大机遇。

具体操作主要做一个品种，或者在一个主要品种以外，两三个品种轻仓少量参与。

再大的人为力量也只能左右一时，左右不了一世。任何人和市场对着干总会走向灭亡的。

行情是等来的而不是做出来的。

世界上成功的投资派都不是技术分析家，包括索罗斯、巴菲特都是基本面分析。

收集信息需要自己亲自调查，通过调查然后再结合心理分析。

时时刻刻关注这些品种，一旦某一个品种来了机会，提前察觉，不然可

能这个品种的行情走过去才发现自己忘了。

如果市场的条件突然改变，观点也要及时改变，一切以市场为准，要客观，不能主观。

我不能算超长线，也不能算短线。长线中间也有倒仓、平仓、开仓。长线短做，以防万一。

大势就是极端的或相对极端的行情，超出常规的、历史性的、罕见的行情。这波行情和爆发之前的价格波动范围相比是很可观的。

世间没有想不到的事情，只有做不到的事情。

我的方法别人完全能够复制。研究的方法是对的，目标正确，早晚有一天会成功。如果不成功，那就是下的功夫还不到，前提条件不够。

我还是一个农民，我是农民出身，不愿改变农民的性质，因为农民是最质朴的。

从农民的角度去研究，得出的哲学思想是最正确的，没有什么装扮的成分。

财富给我带来最大的变化是能做我想做的事，能为社会带来一定的有益的影响。

七禾网 1：傅海棠先生您好，感谢您在百忙之中接受七禾网的专访。朋友们称呼您为“农民哲学家”，认为您的投资思想是最纯粹、未受任何污染的投资思想，您是否认同朋友们对您的称谓？

傅海棠：对于这些称谓，我真不敢恭维。我是一个农民，说我的思想最纯粹谈不上，没有受到其他思想的污染倒是对的，这个我认可。**我一般不受外界的影响，确实有自己独立的思想，一般我看准的事情，只要基础没有改变，任何人说什么我都不会动摇。**

七禾网 2：从 5 万做到 1.2 亿，有人说您用了 3 年，有人说您用了 1 年，也有人说您用了 18 个月，请问具体用了多长时间？主要是做了哪个(或哪几个)品种的哪一波(或哪几波)行情？

傅海棠：从 2009 年的春节以后，大概是阳历的三月份左右，一直到 2010 年的秋天，国庆节之后，具体的时间是 18～19 个月，大约是棉花到了 29600 点的时候。

具体是做两个品种，三波行情。第一个品种是大蒜，第二个品种是棉花。

做大蒜是 2009 年的 3 月开始的，做的是电子盘。那时我期货做得也不

错，做了豆粕，它也涨了，我从豆粕上赚了几万块钱，然后就在大蒜上开了户，虽然说大蒜是现货电子交易平台，其实就和期货差不多，只是保证金高一点儿，大概是20%。看到大蒜有暴涨的机遇，就做多，做的是寿光电子盘大蒜。做进去以后价格没有大动，就等，建仓的时候大概是840元左右一吨。当时做期货赚了两三万，就出金做大蒜，做期货又赚了钱，再拿一点儿出来做大蒜。在大蒜大涨之前，我做大蒜的资金已经有20万，相当于先是在期货上就翻了几倍。在暴涨前两个星期左右，寿光蒜交所出台了一个“集中转让”制度，就是如果价格出现三个连续涨停板或三个连续跌停板就协议平仓（其实，当时空头主力已经闻到了大蒜要暴涨的味了，推动这个制度，非常有利于空头）。“五一”开始大蒜就暴涨，第一天价格逐步上去涨停，第二天主力在跌停板成交10万手，然后在收盘时封涨停，这样第二天虽然涨停但结算价比第一天还低，第三天涨停，后来就“集中转让”协议平仓了，这样价格到了1100元左右。大蒜暴涨的程度是从现货1毛钱一斤，不到两个多月，涨了3块，翻30倍的行情，历史上都难找。期货上杠杆的效应能翻多少倍呢？如果我的那些钱能做到底，不到三个月的时间，就能赚一两个亿。我赚的连本金一共70万左右就被平仓了，集中转让，没办法，寿光的电子盘不能做了。我从网上看到日照龙鼎公司也有大蒜的电子盘，下午一收盘我就到了龙鼎，然后开了户。隔了一天，上午我就把寿光的钱全部出光，入到了龙鼎，建仓。建仓的成本高了，1450元，这个价格别人不要我要，那时大蒜刚涨了一点儿，还是很便宜，我觉得大蒜能涨更高。建仓建了3天，这个仓就建得大了（因为之前的账户里的资金已经从20万变成了70万，资金多了）。建好仓之后，基本上是满仓操作（满仓是因为那时的情况非常特殊，当时我对行情的把握度基本上达到100%了，并且处在行情爆发的时间点，明确感觉到马上要爆发，爆发的还是十年一遇的大行情 ，当然，在一般情况下做期货是不能满仓的，要控制风险），1450元跌到1400元，然后再到1380元，但我不怕，一直做到星期五。我很有信心，**我认为大蒜的行情像山洪一样，马上就要爆发**。而我的朋友很担心，确实做的时候面临很大的风险。星期一开盘，直接封在涨停板上，连着三个涨停板，这样就涨上去了。**这个过程，我是赚一部分钱就出金一部分，基本上50万50万的出金，这样资金就到了500多万**。这时龙鼎也不行了，两个交易所都关门了。这就叫天道，**天道就是市场，市场有自己的运行规律，任何人都干预和左右不了。价格多少是市场说了算，某一个机构说了是不算的**。我从1450元进去之后涨到了4000元（其实，对应时间的现货已经 8000 多元了)，翻的倍数多了，就加仓、倒仓，总共赚了五六万。**这是历史不遇的大行情，要涨就涨到天上去，空头根本就撑不住。**电子盘和期货有点儿不一样，期货上是投机，电子盘是现货远期交易，进去以后就要允许交货、收货。如果不让出来，我就要大蒜现货。如果空头买好现货再去交割，等于推动现货价格，价格就会涨得更高。我在龙鼎公司的资金到现在还有一部分没出来，大概有 100 万，我也不向它要，因为它已经要倒了。他们的钱都赔光了，我就赚了几百万。不仅仅是我，这个盘里有很多人都赚了钱。

从大蒜电子盘出来以后，就做棉花期货，建仓的时候是 13000 点。

国家不让棉花涨的话，未来的棉花就绝迹了，没有人会继续种。那个时候我看一定会涨，因为农民种棉花的成本和人工的工资翻了很多倍，原来棉花在 13000 点的时候，人工工资一天大概才 15 块，而这时的 13000 点，人工工资都到了七八十了，工资翻了五六倍，棉花的价格还是没涨，那就不行了。相关的品种，像玉米、小麦当时的价格，和它们在棉花原先 13000 点的时候对应的价格相比都翻了几倍了。当时国家的棉花库存有 500 万吨，这个也不假，但是我不怕，今年不涨明年涨。我当时知道 2009 年棉花的播种面积大幅下降，这是据我实地考察的。棉花 13000 点做进去以后，成交不活跃，主力合约持仓量 5000 手，交易量不大，建仓之后就等，当时就想最坏的情况跌到 12000 点，也不过跌 1000 块钱(如果当时真的跌到 12000 点，我还会加仓的)，进去后波动幅度很小，基本上就在 13000 点上下。一直等到 7、8 月份，开始涨，那一波一直涨到 17000 点多，不到 18000 点。我这时候的资金达到 1300 万。我继续买棉花，到了 2009 年的年底就开始回调，我的资金又回撤了一部分，最低的时候到了 800 万。我依然不怕，等着它上去。到了过春节的时候，我满仓进去(满仓的原因也是确定性高、预期行情很大)，资金又赚回来很大一部分。7 月份的时候，远月的棉花是 16600 点，我就平仓了。当时买了一个新的写字楼，因为要装修，没有时间去看，另一个方面是觉得棉花在 16600 点的时候比较弱，**我想着出来以后，低一点儿再买回来就更好了。**出来以后就跌到了 16300 点，感觉出来还是不错的，然后我就看是否还能再跌，**结果错失良机。**它接着就往上涨，16500 点不买，然后就到了 17000 点、18000 点，就是说 16600 点平仓以后没有抓到什么利润。当棉花涨到 18000 点的时候，我有点儿急了，头都懵了，左右为难，到底应不应该“高价”追进，如果追进，价格基本上涨到历史高点了，怕回调，如果不追进，明知是大牛市，怕错失良机，以后价格会越来越高。临收盘还有 10 分钟，我突然从棉花网上看到一条消息，棉农采摘的僵瓣棉，在地头上不经过晾晒、含水分超标的非优质棉花被棉花贩子以 4 块钱一斤的价格收走了。**这个价格是历史上从来没有过的，实在是历史之罕见。**我了解这个市场，看见市场的动荡有点儿反常，这时到田间地头调查真相来不及了，我就赶紧通过 QQ 问新疆库尔勒的一个朋友，看看那边棉花的情况怎么样，他说他们那边的棉花全被棉花贩子划片包了(就是说这片棉花只允许卖给我，我保证不比别人给的价格低，甚至可以比别人出的价格高)。然后又问山东东营的一个种棉花的朋友，这个朋友说的和新疆差不多，他的棉花被一个收棉花的好朋友包收了，别人出多少价他就出多少价，甚至可以比别人给的价格更高，还说“你要是卖给别人了，我就和你翻脸，咱们就不是朋友了”。**于是收盘之前我毫不犹豫地以 18000 点左右的价格买进去了**，心里想着如果今天不买，就说不定没机会买了，很快就要涨停板了。结果隔了一天没涨也没跌，就在 18000 点附近震荡，第二天涨停，连续三个涨停板。到了 19600 点又平出来了，因为买了不久就涨了近 2000 点，根据历史的情况，可能会回调，看看是否能够跌一点儿，存在侥幸心理。结果没有变，一直都是来回震荡。**星期六我就跑去山东德州、河北去调研。**到了一个农村的小超市，买了一盒烟。我就问老乡，今年棉花的收成怎么样？一个女的就说今年的棉花超级不好，减产很厉害，差不多有 50%，4 块一两毛的价格都没人卖，他们说能涨到 5 块。我就想如果现货涨到 5 块，那期货棉要 20000 多点了。**这时候我心里就有点儿后悔了，为什么 19600 点的时候就平出来。**中午的时候我去了小饭店吃饭，遇到几个收棉花的人，然后请他们吃饭。我就打听今年棉花的收成怎么样？他们都说普遍不好，河北那边的棉农说能涨到 7 块钱。我心里又想，如果涨到 7 块，那期货就要涨到 3 万以上了。又问了收棉站的老板，问他今年的棉花什么情况，他就很有底气的说要到 2.5 万以上。**于是我就回来，做好计划，挂涨停板买进。**即使真的涨停板也要成交一部分，先挂了 50% 的仓，挂涨停。开盘离涨停板还有 100 个点，成交以后一直往下探，我立马将剩下的一半仓又建好，没有 5 分钟就涨停了。接着又连续三个涨停板。**后来到了 2.4 万左右平出来。第二天以更低的价格又买进去，在这个差价中没少赚。**这一波到了 29600 点，我的资金就逐渐增加了。加上中间做短线，做得很顺利。我母亲 66 大寿的时候，我回去庆寿，之后我去了趟济宁，做了一小段时间短线，每天做个十来分钟的短线就走，几乎每天都盈利三五十万，**29600 点平出来的时候就到了 1.2 亿。**就是这么个过程。

七禾网 3：您是做基本面分析的，一般来说，基本面方法的进场点和出场点往往都比较模糊，请问您如何选择切入时机？

傅海棠：农产品看供应，工业品看需求。**简单地说，我们就是要找价值的偏离和供求关系的改变，这就是我们最好的切入点。**价值是以成本来衡量的，价格低于成本就有做多的价值，价格高于成本就有做空的价值，但这只是笼统的说法，还要根据实际情况和具体供求关系的紧张程度去分析和定位。

价格高于价值以上程度的多少，取决于供应的紧张程度，就是看稀缺性有多大。价格低于价值以下的深度，取决于供应面的宽裕程度和需求的低迷状况，以及相关商品比价的关联体现。只有把这些要素全面了解了，并且一定程度地量化，才能在变化中找到好的切入点。

农产品供应的变化主要看库存的枯竭和种植面积的大幅下滑；工业品需求的变化主要是看经济增长的动力，工业品供应的变化主要在企业亏损的程度，它变化的主要标志就是减产、停产、破产，一旦到了破产的程度，工业品也会在供应上出问题。工业品的政策导向问题也很重要，比如原本是供过于求要下跌，但国家政策救市，就可能跌不动甚至要涨了。

七禾网 4：您一般同时研究几个品种？操作几个品种？

傅海棠：我所有的品种都研究，但不一定做。盘面上所有活跃的品种我都看，同时还要研究，因为要捕捉机会。**有的品种 3～5 年一个周期，或者是 10 年，甚至 20 年，说不定哪天就冒出一个历史大机遇。**

具体操作主要做一个品种，或者在一个主要品种以外，两三个品种轻仓少量参与。

七禾网 5：您说自己是一个地地道道的农民，还养过 6 年猪，您觉得“农民生涯”对自己的投资理念、交易手法的形成是否有较大的影响？

傅海棠：有影响。**我种过地，期货上的很多品种都生产过，大豆、玉米、小麦、棉花、大蒜等。**对于这些品种的特性和特点我很了解，生产的成本，各个品种的价格，对于价格的高低，下一年要种的面积以及影响，我都十分了解。**我能知道大多数农民是怎么想的，**相对于价格有多大的偏差之后，多长时间周期对方向性的影响我很清楚。这些对我的交易手法有很大的影响，比如做长线，我就能拿住单子，知道这一波大行情根据涨势条件的变化，大概价格能到什么地方。**多次对大行情的看法，虽然不能说一个点位都不差，基本上还是比较准确的。**比如 2003 年和 2007 年的大豆，包括刚刚说的棉花、大蒜，它们还没涨之前，价位大概能到哪儿，和我之前的看法基本上相差不大。1996 年的大豆涨到一块八，2003 年我看大豆能涨到一块八到两块，到了

2008 年，那波大豆疯狂涨到了 6000 点，包括 2010 年棉花涨到 35000 点左右，美国的棉花涨到 200 美元以上，没涨之前的估计还是比较准确的。**根据我之前预测的度，然后与其他相关品种的对照，就能知道过程中会回调多少，这是能拿住单子的主要原因。**

七禾网 6：您认为做期货，一定要弄清楚期货的本质，请问您所理解的期货的本质是什么？

傅海棠：期货的本质包括很多个方面。第一期货是什么，**有些人炒了很多年的期货，却不知道期货是什么。**一定要深入了解期货的交易制度、规则制度。商品运行的价格规律，包括庄家对期货的操作以及对价格短期或者长期的影响。**盘面上挂单买卖本身是不均衡的，不公平是自然的，这没法改变。**盘面上两个价格，买和卖总是有差距。比如豆粕卖报价 3000 元，买报价 2999 元，这个价格本身一买一卖就不公平了，产生了价差。不能小看 1 块钱，买了以后，就已经形成了 1 块钱的价差，不管涨与跌，这 1 块钱都少不了，所以赚钱的时候赚的少，亏钱的时候亏的多。赚钱的时候始终会少赚一个点，赔钱的时候始终要多亏一个点，就有这个原理。就算成交了，也是和庄家成交，与主力成交，不可能与一个自然的价格成交。庄家挂上买单和卖单，买和卖都存在着差距，一般人对于这个可能没有研究过。买和卖本身就产生了一个价差，同时还要加上手续费，无论是赚钱还是亏钱，都要加上这个手续费，那么整个市场群体就一定会亏钱，这是 100%的事情。赔钱的时候相当于赔一块五，赚钱的时候只赚了 5 毛。久而久之，做 50%的对和 50%的错的时候就会亏，甚至 10 把做对了 7 把也会亏钱。

七禾网 7：期货市场异常残酷，据统计 95%左右的投资者是亏损的，您认为他们亏损的主要原因是什么？

傅海棠：他们亏损的主要原因是不知道什么是期货，没有解开期货之谜。虽然在做期货，以为自己对期货的了解很透彻，实际上他不知道什么是期货，不知道市场运行本身的价格规律以及它的特点和特性。**做期货不是消费，而是虚拟的囤积商品，所囤积的商品最终要走向市场，在这个过程中，一买一卖或一卖一买，都增加了市场的需求或供应，对价格的产生和变化增加了能量。**买的时候是虚拟需求，卖的时候是虚拟供应，1 手有 1 手的能量，1 万手是 1 万手的能量，再小的单子都有能量，对价格肯定有影响，只是影响大小的问题。因此，自己的单子下进去或平出来，也会对自己想要的价格形成打压或抬升。

对自己做的品种没有进行深入了解，对于这些品种的自然规律没有弄清楚，糊里糊涂在做期货，亏钱的时候还不明白自己为什么亏钱。**我们在亏钱的时候一定要找出亏钱的原因，这对投资肯定有很大的好处。亏的时候不能怨行情，要先怨自己。行情不能由自己的性子来，自己的性子是可以改变的，但是不能改变行情。**

七禾网 8：您做期货只做基本面分析，不做技术分析。请问，关于基本面您主要研究哪些方面？

傅海棠：从大的角度来说，主要是研究供求关系。如果供大于求，价格又在相对的高位，那么价格变化只是时间问题，必然会下去。如果供不应求，价格又在相对的低位，这也是时间问题，必然会上来。这是任何人左右不了的，包括主力机构，**再大的人为力量也只能左右一时，左右不了一世。任何人和市场对着干总会走向灭亡的。**

七禾网 9：您为什么不做任何技术分析，甚至否定技术分析？

傅海棠：技术分析不能确切定位，而只能是如果。如果突破上涨要跟进，如果破位下跌也要跟进。**期货做的是未来的价格，技术分析是事后诸葛亮，**不能对市场未来的判断和趋势做出准确的定位和分析。因为不能准确的定位和分析，虽然你最初是看涨的，行情一波动，你的信心也动摇了，不能确认就会产生怀疑。很多人拿不住单，看对的行情还要赔钱，就是这个原理。比如豆粕现在是 3000 点，我就确认能涨到 4000 点，即便再跌，我也不怕。如果涨到 4000 点的概率是 90%，涨到 3500 点是 100%，如果 3500 点非常确定，那么 3300 点出来就是 100%赚钱了。所以技术分析都是事后诸葛亮，事后去看图形怎么都准，如果今天给你一个 K 线图，看明天怎么走，根本就不知道，都是自欺欺人的手段。

七禾网 10：您对技术分析的观点可能会伤到不少深信技术分析的交易者，如果有技术派的人要和您发起挑战，比实盘，您敢接受吗？

傅海棠：我就不和各位老师挑战了，真比赛我也不是不敢，有些高手的技术分析不可能比过基本面。比赛的时候要看时间长短，比赛双方做的盘都不允许互相看，比多少年也不一定，最好比的时间越长越好，不能说挑战就挑战。**行情是等来的而不是做出来的。世界上成功的投资派都不是技术分析家，包括索罗斯、巴菲特都是基本面分析。**

七禾网 11：您认为国家发布的信息不能完全相信，那么，您如何收集信息？

傅海棠：国家发布的信息不能不信也不能完全相信，需要去伪存真。收

集信息需要自己亲自调查，通过调查然后再结合心理分析。一个价格长期停留在一个价位上以后，它对农民的种植肯定有影响，要分析某一个价格对播种面积产生多大的影响，再结合多点儿实地调查，得出一个综合的结论，凭这个结论以点带面。

七禾网 12：据说您现在一年要支付 200 万的信息费给为您提供基本面信息的合作伙伴，您觉得值吗？

傅海棠：这个信息费是 2012 年刚开始的，大概的费用接近 200 万，我觉得十分值。养兵千日，用兵一时。即使 3 年不起作用，也可以为以后服务。相对于我目前的资金量而言，这个费用还是很小的，在具体的行情当中，一个震荡亏的钱远远大于这个数。**信息是最值钱的，我建立这个信息体系就是让他们时时刻刻提醒我，强迫我每天对各个品种都看一遍。**如果我对各个品种忽视了，偶尔一段时间对某个品种就淡忘了。**时时刻刻关注这些品种，一旦某一个品种来了机会，提前察觉，不然可能这个品种的行情走过去才发现自己忘了。**

有一次我在火车上，朋友给我发了个信息，内容就是网上摘的，是国家发布的信息，看到信息以后，我评估这个信息不假。当时就在火车上打电话，开仓进去 10000 手。

七禾网 13：您通过基本面分析得出一个品种的方向后，是否会长期坚持？会不会因为某些因素而改变原先的观点？

傅海棠：基本上是可以长期坚持的，但是市场的条件突然发生变化时也需要改变，不是一成不变。这需要综合的、变量的分析。**如果市场的条件突然改变，观点也要及时改变，一切以市场为准，要客观，不能主观。**

七禾网 14：从交易周期上来分，如果说期货投资可以分为日内短线交易、隔夜波段交易(持仓几天)、中长线交易(持仓 1 个星期到几个星期)、超长线交易(持仓 1 个月到几个月)，您是否属于超长线交易？为什么选择这一周期？

傅海棠：我不能算超长线，也不能算短线。长线中间也有倒仓、平仓、开仓。长线短做，以防万一。一个单拿几个月不动，在我的交易中确实没有过。方向是看几个月，做的时候可能会坚持几天不动，也可能一个星期平仓，也可能每天平仓，隔夜仓基本上还是有，空仓的时候少。

七禾网 15：您认为做期货要“看大势”、要“顺势而为”，请问何为“大势”？

傅海棠：大势就是极端的或相对极端的行情，超出常规的、历史性的、

罕见的行情。这波行情和爆发之前的价格波动范围相比是很可观的。2000～3500，甚至超过 1 倍，150%以上，2 倍等，这些都是大势，任何人都左右不了。正所谓大势所趋、天意如此。任何主力和个人凭个人的喜好和主观臆想，凭自己相对的资金优势和一时对行情的影响，违背大趋势，冬天里穿汗衫，夏天里穿棉袄，和趋势对着干，最终的结果只有死路一条，走向灭亡。

七禾网 16： 有时候一个品种的趋势顺畅，但还有时候则跌宕起伏，请问您遇到一段时间的反向运动或无方向震荡时，怎么坚持，怎么处理，会不会动摇？

傅海棠： 反向运动的时候，在我们的心中应该有数，涨了一段的价格之后，回调的幅度有多大，保证金受到的损害有多大。如果预计回调的幅度有30%，按 50%的去算，这就比较可靠了，就能坚持，甚至你看到未来还能涨上去或者一定能回来。这些情况一定要心里有数才行，不然单子会拿不住，甚至还会反着做。

七禾网 17： 很多人都说期货市场唯一可以确定的就是它的不确定性，而您却认为做期货就是要追求 100%，一定涨或一定跌，这能做到吗？

傅海棠： 能做到。通过自己定位、定量的分析，透过基本面研究供求关系和近期的发展形势，就是政治、经济、气候等因素的研究。通过综合条件分析，如果具备就能做到，可以做到 100%，一定涨或者一定跌。条件对了以后，没有不可能的事情，世间没有想不到的事情，只有做不到的事情。当然，看问题要全面分析、综合判断、分清主次、看清大势，不能主观，要客观现实，盲人摸象、以偏概全是不对的。

七禾网 18： 有人说“傅海棠的成功虽然传奇，但可以复制”，您觉得别人能够复制您的成功吗？您自己以后能够复制自己的成功吗？

傅海棠： 我的方法别人完全能够复制。研究的方法是对的，目标正确，早晚有一天会成功。如果不成功，那就是下的功夫还不到，前提条件不够。

至于我自己能否复制，这是一定的，我有信心。我这几年资金的增量不是偶然的，市场的机遇来了，我还是能做到。

七禾网 19： 您觉得自己现在是一个农民，是一个投机分子，一位金融投资人士，一个思想家，还是一个哲学家？

傅海棠： 我还是一个农民，我是农民出身，不愿改变农民的性质，因为农民是最质朴的。农民是社会的最底层，也是最实实在在的阶层。从农民的角度去研究，得出的哲学思想是最正确的，没有什么装扮的成分，一到了上面，概念性的东西太强了，反而不好定位和理解。

七禾网 20：从“一穷二白”到身家上亿，财富给您带来的最大改变是什么？

傅海棠：财富给我带来最大的变化是能做我想做的事，能为社会带来一定的有益的影响。我为山东梆子戏投资了 200 多万，让一些老年人去听戏，这也是敬老爱老的一部分，让老有所乐，老有所依，让老年人享有很好的精神食粮。

七禾网 21：莽红尘，多浮华，有些人驾驭了财富，有些人被财富驾驭了。您觉得自己能完全驾驭财富吗？您觉得自己能驾驭多大的财富？

傅海棠：我觉得自己能够驾驭财富。对于驾驭财富的大小，我自己很有信心，多多益善。

我有目标，如果将来还会有所发展，最后我的财富还是要回归社会，为社会做更有利的事情。

七禾网 22：您现在仍积极参与投资，畅快体验人生，请问您在金融市场更大的目标是什么？在人生中更大的目标是什么？

傅海棠：在金融市场的目标就是继续增长我的收益，在人生中的目标就是将来为社会做更大的贡献。

王永民：大机会经常出现在小品种上

（访谈时间：2014 年 3 月 12 日　翁建平整理）

王永民：浙江金华人，曾做过公务员，经过商，现专职做期货，从事期货交易 6 年，主要以主观交易为主，采用中长线交易，同时也使用对冲、套利、波段模式。

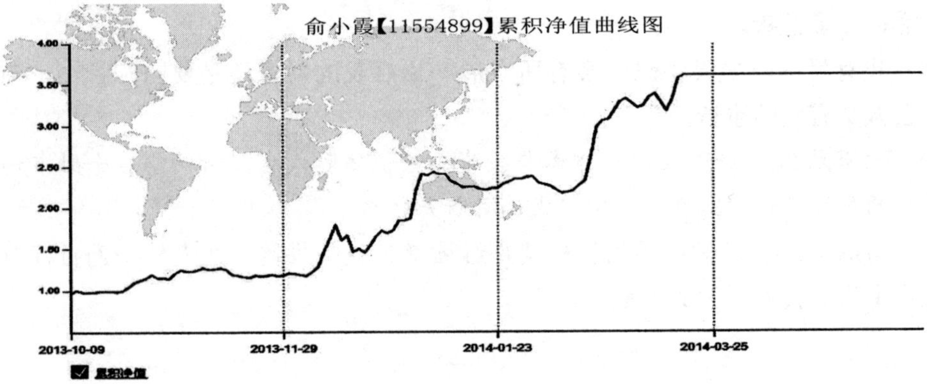

在七禾网私募排行榜 http://simu.7hcn.com/ 上注册“俞小霞 11554899”的账户，自 2013 年 10 月 16 日至 2014 年 5 月 16 日，复合收益率 266.39%，期间最大回撤 18.73%。

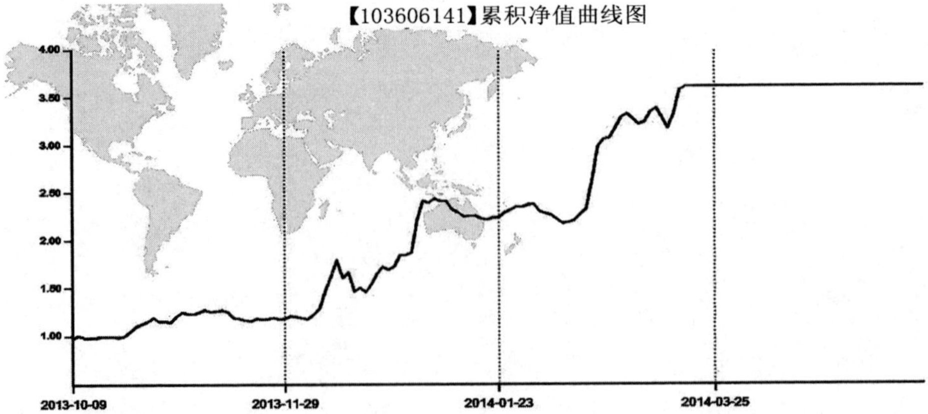

在七禾网实战排行榜 http://trader.7hcn.com/ 上注册“103606141”的账户，自 2013 年 10 月 10 日至 2014 年 5 月 16 日，复合收益率 390.79%，期间最大回撤 14.2%。

访谈精彩语录：

内盘基本都是投机资金，资金集中度也太高，容易被个别大资金操控，趋势比外盘难跟踪。

情绪化交易并不需要去特别克服。

大机会经常是在大家不关注的小品种上。

一般单个品种仓位不会超过 15%。

多空对冲以后单边净仓位很少会超过 20%。

新品种除非基本面比较了解的，一般不参与操作，要等运行一段时间以后才够数据进行技术面分析。

判断外盘我也是看收盘形态的。

如果账户连续 3 天出现亏损，我通常要重新全面评估市场性质了，即使判断没改变也会调整仓位来降低风险。

一个有些道行的操盘手稳定赚钱不难，要想搏高收益风险就来了。

只要机会品种多，我完全不用担心满仓，只嫌钱不够用，这样就实现复利增长。

期货和围棋一样，大局观非常重要，大局观不好必然是事倍功半。

逻辑分析能力和学习能力应该是最重要的，技术策略都有失效的阶段，只有逻辑分析能力的优势永远有效，学习能力强，适应能力就强。

七禾网 1：王永民先生您好，感谢您在百忙之中接受七禾网的专访。您以前做过公务员，也经过商，您为何放弃令人羡慕的工作而选择专职做期货交易？

王永民：我性格不善交际，不适合仕途，我们义乌商业氛围比较浓，1998 年就选择了下海经商，我是个爱折腾的人，赚了钱以后想更大的发展，也是经历了几起几落，后来发展碰到了瓶颈，偶然接触了期货，就喜欢上了。而且比较自由，谁的马屁也不用拍，就转做期货了。

七禾网 2：您除了做内盘也在做外盘，您觉得内盘期货和外盘期货主要的差别体现在哪里？

王永民：内盘基本都是投机资金，资金集中度也太高，容易被个别大资金操控，趋势比外盘难跟踪。

七禾网 3：就目前来看，外盘和内盘哪个盈利效应更明显？您的主要精力和资金放在外盘上还是内盘上？

王永民：外盘参与的资金也赚了一些钱，我是基本面加技术派的，每增加一个品种都要花精力去了解基本面，这样太累了，对内盘操作有影响，得不偿失，还是选择了国内为主，今年很少操作，看到好机会还是会做一点儿长线单。

七禾网 4：您做期货已经有 6 年了，在这期间您有没有大赚大亏的经历？从中您有哪些感悟？

王永民：大多数能盈利的投资过程应该都差不多，开始的时候没有风险意识暴亏暴赚，等到知道止损了就是稳定亏损的，熬过这个阶段就是不稳定期，自己也不能确定是否能稳定盈利，之后才是稳定盈利阶段。后来才明白期货是最累的行业，宏观经济，微观上各个品种，修炼技术等，一样都马虎不得，觉得比国务院总理管的事情还要多。开弓没有回头箭。我是比较自信的人，自以为一定能成功，却很多次在信心满满和信心崩溃间徘徊。

七禾网 5：您主要以主观交易为主，主观交易往往会受到情绪的影响，请问您是如何克服情绪化交易的？

王永民：刚开始做期货的时候是情绪化交易，重仓赌博经常有，结果往往是灾难性的，随着交易心态的成熟这种现象就越来越少了，**情绪化交易并不需要去特别克服。**

七禾网 6：据了解，您目前也在尝试将程序化交易作为主观交易的辅助，请问效果怎么样？您是如何看待程序化交易的？

王永民：目前来说只是在研究盈利策略的时候测试效果使用一些程序化，我设想用程序化来辅助平仓，这块工作还在研究阶段。

七禾网 7：您认为把握价格规律，找出最有利的出入点和品种机会很重要，那您是如何把握价格规律的？又是怎样找出最有利的出入点和品种机会的？

王永民：我一般是**通过基本面资讯和技术图形找到品种机会线索，再找验证。**

如果看到某个品种图形上出现比较好的买点或卖点，我会要求了解的基本面上是不违背的才会入场，如果基本面看好某品种，需要技术面上的验证。

七禾网 8：期货交易中选品种很重要，有些操盘手会专门选几个品种交易，而我们在七禾网的实战排行榜发现您大部分品种都在做，您这样操作的原因是什么？

王永民：我认为自己的强项是逻辑分析，要把自己的优势发挥出来，比如我的判断 60%是正确的，我要让概率充分发挥作用，这样收益曲线就会比较稳定。年前有一次，经过周末对各品种图形和基本面分析研究，周一开盘开仓了 11 个品种，有多有空，到了中午收盘 11 个品种全部是红的。看图形的技术到一定的阶段大家都差不多的，基本面分析得好，优势还是比较明显的。还有，**大机会经常是在大家不关注的小品种上**，所以我也尽量关注比较多的品种。

七禾网 9：您一般同时操作几个品种？单个品种仓位一般多大？品种组合后的仓位一般多大？

王永民：同时操作的品种 10 个以上吧。**一般单个品种仓位不会超过 15%**，仓位大小取决于我认为这个机会有多大，**多空对冲以后单边净仓位很少会超过 20%**，只有碰到把握很大的机会时才会偶然重仓做几天，即使这样的机会也会找合适的品种对冲风险。

七禾网 10：2013 年，期货市场上市了较多新品种，您对这些新品种是否有关注？有没有参与操作？

王永民：**新品种除非基本面比较了解的，一般不参与操作，要等运行一段时间以后才够数据进行技术面分析。**

七禾网 11：2014 年期权也有可能会上市，您对期权是否有所研究？您是否期待期权的推出？

王永民：期权了解一些，也比较期待，期权提供对冲风险选项，也可以为我的长线持仓增加点儿额外收入。

七禾网 12：继黄金、白银的夜盘成功推出之后，上期所又推出了铜、铝、铅、锌的夜盘，夜盘的大量推出，对您的交易有没有产生影响？

王永民：开了夜盘或多或少总是会看看，**除了影响休息，别的没什么影响**。我不太喜欢做金属这种受外盘影响大的品种，除了明显的机会一般不做金属，做的时候也是看中长线趋势的，不太会到了晚上就改变看法，**判断外盘我也是看收盘形态的，完全可以等到早上开盘再开单。**

七禾网 13：您在七禾网实战排行榜和私募排行榜的两个账户回撤率相差很大，一个账户回撤率是 18%点多，另一个账户回撤率是 14%点多，为什么两个账户的回撤率会有一些区别？

王永民：当时是做了甲醇买 1401 抛 1405 套利出现了比较大的盈利，其中一个账户先平掉了，另一个账户后平的，行情波动很快盈利回吐了一些。

七禾网 14：您是如何控制账户的风险和最大回撤？

王永民：我是多品种对冲持仓的，很少单边重仓，权益波动还是比较平稳的。

七禾网 15：您一笔单子的亏损一般控制在多大？整个账户能接受的最大回撤在多少？

王永民：我单笔持仓通常都不大，单个品种即使被吃反向板对整个账户权益影响都不会很大，如果连续出现亏损我都会从图形和基本面上找原因，重新评估，如果自己没信心了就减仓，判断改变了就止损，我无法忍受一个和我判断的中长线方向相反的仓位存在。**如果账户连续 3 天出现亏损，我通常要重新全面评估市场性质了，即使判断没改变也会调整仓位来降低风险**，风控基本可以说已经本能化了。

七禾网 16：在期货交易中，您如何看待“风险”和“收益”的关系？

王永民：**一个有些道行的操盘手稳定赚钱不难，要想博高收益风险就来了。**过分注重收益操作上激进，就好像一条过分负荷的船一样，不出事自然是提高效益，但稍有风浪就会翻船。我的目标是做寿星不是明星，巴菲特也是年收益复利 22%左右而已。

七禾网 17：您在交易中也涉及一部分套利交易，请问您会在什么情况下做套利？您套利交易的利润贡献占整个账户的比例大约是多少？

王永民：我基本都是对冲套利的，对冲和套利很难区分，只是不同的市场性质使多头和空头仓位的比例不一样，我不求暴利，要求能长期稳定盈利。很多时候是对冲的两边仓位都赚钱的，比如很长一段时间粕强油弱，那段时间我一直是操作多豆粕空油脂的，年前有段时间多动力煤空焦煤对冲收益也不错。甲醇那波行情赚钱也是 1 月多 5 月空对冲持仓的，这样我能把资金利用到极致，**只要机会品种多，我完全不用担心满仓，只嫌钱不够用，这样就实现复利增长。**复利每月 10%，一年就可以翻 3 倍。

很多机会我非常有把握但还是会部分或者全部对冲，虽然对冲风险的同时也对冲了利润，效益大大降低，可这是成本，和买保险一样，谁知道风险什么时候出现呢？

七禾网 18：您平时喜欢下围棋，您觉得下围棋和做期货有哪些地方是可以互相借鉴的？

王永民：期货和围棋一样，大局观非常重要，大局观不好必然是事倍功半；还要和下围棋一样，去揣摩对手心理和可能的招数。两者都应该尽可能选择对自己有利的局部地区开战，避开对手的锋芒。

七禾网 19：期货行业已经进入了资产管理时代，市场结构和行情节奏发生了一些变化，就您看来，具备哪些素质和能力的机构或个人能够在资产管理时代持续胜出？

王永民：逻辑分析能力和学习能力应该是最重要的，技术策略都有失效的阶段，只有逻辑分析能力的优势永远有效，学习能力强，适应能力就强。

七禾网 20：在资产管理时代，您对自己期货交易和职业生涯有什么规划？

王永民：现在资产管理是趋势，有越来越大的市场需求，我的操作方法也正好比较适合大资金的管理，期望未来能在基金管理市场有一席之地。

张晓陶：遵循事物变化的因果关系，相信市场的力量

（访谈时间：2014 年 3 月 31 日　沈良整理）

张晓陶： 19 年期货和股票投资经验，近期开始参与外盘投资。期货交易奉行趋势投资，涉足中长线和波段交易，以技术分析为主、基本面分析为辅。已实现十余年平均年化收益 30%以上。

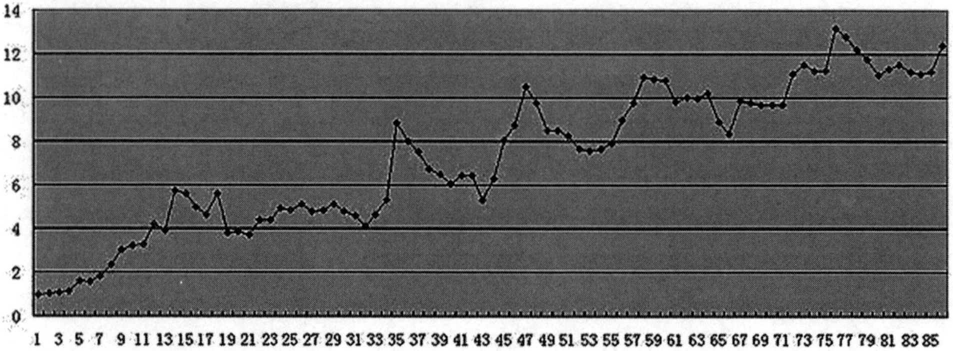

张晓陶 2007 年 1 月至 2014 年 2 月实盘净值曲线图（收益率 1137. 76%）

访谈精彩语录：

赢家的共同特征：坚持、理性、磨炼。

从事期货投资是越孤独越好，最好不要去和周围的人讨论行情。

我清楚知道我面对的是个永远正确的对手，结果错了那一定是我自己错。

一个老练的猎手会在丛林中埋伏十几天等待猎物出现。

期货市场的变化，我认为本质上就是价格周期性变化，过去是这样，将来也是这样。

因果规律在现实生活活动中具有最重要的揭示意义，商品走势就是在遵循这种因果关系，而且因和果是不断互换和前进的过程。

我很简单地把行情分为三种趋势，即上涨趋势、下跌趋势、震荡趋势，价格在趋势中波动。

看走势图，里面包含所有的因果关系，当量变最终累积形成质的变化时就进入。

看 K 线图的形态就够了，其他指标除了成交量和持仓量外就一概不去理会了。

（基本面分析）肯定有个起决定作用的重大因素，就像太阳挂在头上一样清楚，只要抓着这个因素就行了。

大多数情况下全力以赴对付一个品种，有时候会同时操作两个品种。

就算索罗斯进入中国期市他也得遵循商品运行的规律。

七禾网 1：张晓陶先生您好，感谢您在百忙之中接受七禾网的专访。您在期货市场已有 19 年的投资经历，在您的理解和感受中，期货市场是一个怎样的市场？期货投资是一件怎样的事情？

张晓陶：期货市场是个很单纯的投资市场，本质上和开公司做贸易差不多，但更多体现的是一种投资方法和技巧，比现货贸易更直接和先进，同时因为是保证金的杠杆交易制度，所以这里的投资行为都是放大的，包括人性的弱点。当然，如果是成功者，盈利效益也是放大的。

七禾网 2：在这么多年的期货生涯中，您应该接触了不少赢家，就您总结而言，期货赢家的共同特征有哪些？

张晓陶：多年的期货生涯确实接触了些赢家，就我的观察，这些了不起的人大部分都经过 5 五年左右的痛苦磨炼逐渐形成符合自己的交易模式，再继续不断地修正自己，最终形成自己的盈利模式。我自己总结为：坚持、理性、磨炼。

七禾网 3：这些年里，您应该也遇到了很多输家，就您看来，绝大部分人在期货市场输钱的主要原因有哪些？

张晓陶：看到和接触到的输家实在太多了，我觉得关键是缺少大的智慧，很多人做期货的主要想法是来暴赚一笔的，缺少长远的眼光，不用心研究商品的价格趋势变化，容易被现象所左右，非常在乎别人的看法。我自己的经验教训是，从事期货投资是越孤独越好，最好不要去和周围的人讨论行情，在这领域一加一很有可能是小于一。

七禾网 4：10 余年来，您实现了平均年化收益率 30%以上的好成绩，请问期间最大一年的收益率为多少？最低一年的收益率为多少？您能在期货市场持续盈利的核心原因是什么？

张晓陶：最大一年的收益率应该超过 100%。平均年化收益率超过 30%，有两年没有赚到钱，但本金回撤不到 10%，总的来讲还可以，但不是很满意。

至于10余年来能够赚钱的核心原因，就是非常谨慎地对待这个市场，因为我清楚地知道我面对的是个永远正确的对手，结果错了那一定是我自己错。我的决策是想不清楚就不要介入，要学会等待，一个老练的猎手会在丛林中埋伏十几天等待猎物出现，这是同样的道理。

七禾网5：在这10余年里，您出现过的最大回撤是多少？您的风险控制体系包含哪些内容？

张晓陶：盈利回撤可能会超过20%，本金回撤大概10%左右。说老实话，这么多年的期货投资生涯已完全形成了大脑的自动风控体系了，跟现代客机的自动驾驶一样，当偏航或其他不正常情况发生时，会及时发生警示和采取行动，十几年来风控部门从来没有对我们警示过。

七禾网6：在接下来的几年里，您觉得自己能够继续保持盈利吗？为什么？

张晓陶：再过几年回头来看，当然应该是盈利的，我觉得这是必然，从逻辑上讲，一个老中医应该比年轻时更有经验吧？

七禾网7：您如何看待期货交易中收益和风险的关系？

张晓陶：这是一个成正比的关系，收益大，风险大，反之亦然，关键是找到一个适合自己的平衡点，不要小看年化25%的收益率，10年将近10倍，20年近100倍，投资是一种长期的行为，不是买彩票的一锤子买卖，买彩票的风险远大于期货，因为它几乎不可能有回报，但大多数人不是这样认为的，所以多数人只能被期市所捕掠。

七禾网8：有人认为复利是可实现的，也有人认为复利无法实现，因为市场每年都在变化。您怎么看？为什么这么看？

张晓陶：我认为复利是可以实现的，市场是在变化的，没变化就没有机会，对处于非洲大草原食物链顶端的狮子来说，变化多端、生机盎然的自然世界才是它们栖息的场所。至于期货市场的变化，我认为本质上就是价格周期性变化，过去是这样，将来也是这样。

七禾网9：“信任商品走势的必然因果关系”这是您的一个观点，我们应该怎么理解这句话？

张晓陶：因果关系是宇宙、自然界的铁律，我们所认知的客观世界万事万物变化演变同样遵循这个最基本的规律，我个人认为宗教和哲学的核心就是讲这个问题。因果规律在现实生活活动中具有最重要的揭示意义，商品走势就是在遵循这种因果关系，而且因和果是不断互换和前进的过程。比如说，某一商品很紧俏，作为这个因它会产生扩大产能这个果，而扩大产能这个果又变成以后商品价格下跌这个果的因，就这么简单和必然。

七禾网 10：您是一个比较理性的投资者，交易行为基于系统、基于逻辑。但市场上也有比较感性的投资者，您如何看待那些靠盘感交易的人？

张晓陶：条条大道通罗马。假如说一个感性的投资者靠盘感交易能长期在期市上比较稳定的盈利，那就应该认可他这种交易方式。山外有山，人外有人。**你能想象在两个山峰上架一条钢索，然后在上面骑自行车吗？但就是有人能做到，所以你得佩服。**

七禾网 11：您如何看待那些勇于承担风险，要么大赚要么大亏的人？

张晓陶：我认为正确的投资理念不应该是这样的。脚踏实地，打好基础，稳步向前才是正确的前进方式。

七禾网 12：您如何看待极少数在期货市场创造财富传奇的人？会不会羡慕他们的高收益？

张晓陶：不会羡慕的。只知道巴菲特年化收益不到 30%，三十几年后成世界首富，我们应该从他那里学到很多道理。

七禾网 13：您近期开始参与外盘交易，就您亲身参与的感受来看，外盘和内盘有哪些相同点和不同点？外盘和内盘哪个更容易赚钱？

张晓陶：我觉得各有千秋，把握得好都有机会，相对来说外盘更容易风控，但有些活跃的品种外盘上没有。

七禾网 14：您参与外盘的主要目的是什么？

张晓陶：第一个原因是寻找更多的投资机会。第二是抵御汇率波动的风险。

七禾网 15：您是中长线和波段的趋势交易者，您参与期货投资一开始就是这种模式吗？

张晓陶：我是一开始就自然地成为趋势交易者，可能就是潜在的性格使然，而且觉得用短线交易来获利的难度更大吧。

七禾网 16：作为趋势交易者，请您谈谈对趋势的定义。

张晓陶：**我很简单地把行情分为三种趋势，即上涨趋势、下跌趋势、震荡趋势，价格在趋势中波动。**

七禾网 17：在交易中您是如何捕捉趋势的？

张晓陶：**看走势图，里面包含所有的因果关系，当量变最终累积形成质的变化时就进入。**

七禾网："当量变最终累积形成质的变化时"，在行情走势图上一般会出现哪些特征？

张晓陶：能量聚集到一定限度时必然要释放。这要看本质的特征了，它没有固定的模板，但它能告诉你薄薄的一层地壳已挡不住即将喷发的熔岩了。

七禾网 18：在没有趋势的时候您会做什么？

张晓陶：等待。其实等待也是一种投资。

七禾网 19：在您操作的品种中会不会出现某个品种出现了较大的趋势，而您没有捕捉到的情况？

张晓陶：有的。当某些我个人认为操作性比较差的行情出现时，我会选择放弃。

七禾网 20：您以技术分析为主，请问您的技术分析一般分析哪些指标，哪些形态，哪些量变？

张晓陶：看 K 线图的形态就够了，其他指标除了成交量和持仓量外就一概不去理会了，因为本源就在 K 线图上，关键要看自己能不能真的感悟到。

七禾网：哪些类型的 K 线形态是比较有效的，也就是这些类型的 K 线形态出现时预示着后续行情确定性概率较高？

张晓陶：实际上书本里介绍的各种顶部和底部的 K 线形态都是有效的，而且是技术分析最基本的知识，问题在于没有相同的两片树叶，所以只能靠自己长期积累的感悟了。书不尽言，言不达意。

七禾网 21：您在技术分析中会不会划线？您会划哪些类型的线？

张晓陶：不会划线。划线我认为就是成语中的刻舟求剑，每个人都会说刻舟求剑是个笑话，但很多人都在干这事，否则这则成语不会继续编入最新的成语词典了，还是有很经典的现实意义的。

七禾网 22：您觉得自己的技术分析手法最大的特征是什么？

张晓陶：遵循事物变化的因果关系，相信市场的力量。

七禾网 23：您做技术分析的同时，以基本面分析为补充。请问，您的基本面分析如何结合技术面使用？

张晓陶：在技术分析判定后，一般来讲我会了解基本面状况，但基本面不可能只有对自己有利的一面，它还有对自己不利的一面，这很正常，而这里面肯定有个起决定作用的重大因素，就像太阳挂在头上一样清楚，只要抓着这个因素就行了。

七禾网 24：您的交易方法已经形成了体系，请问哪些类型的行情最符合您的体系，哪些类型的行情最不符合您的体系？

张晓陶：趋势型的行情最符合我的操作体系，震荡型的行情最不符合我的操作体系。

七禾网 25：有些系统化交易者会把交易策略编成程序，用程序化的模式进行交易，对此您是否认同？您如何看待程序化交易？

张晓陶：我是这样理解的，有些人用这个模式比较成功，关键是其本身也有较好的研判力，所以说，**关键不是这个程序化模式，起决定作用的还是程序化操作者的投资策略**。对其他大多数人来讲，运用程序化模式操作结果肯定是一样的，就是出局，唯一的好处是亏损的过程延长了。实际上每个成功的交易者本身就已形成了符合自己的程序化交易方式，无非是在大脑里。

七禾网 26：在交易中您如何选品种？您一般同时操作多少个品种？

张晓陶：**大多数情况下全力以赴对付一个品种，有时候会同时操作两个品种。**

七禾网 27：您做不做股指期货？股指期货在您的体系中的重要性会不会比其他品种高一些？为什么？

张晓陶：偶尔会做一些股指期货，但很少，自从几年前退出股市后已经很少参与股指了，因为**我们的股市是个远远谈不上值得投资的非理性的市场，价格反映极为扭曲。**

七禾网 28：您的交易体系在单个品种和整个账户的仓位调节、资金管理上是如何设置和执行的？

张晓陶：**十几年来的经历和经验告诉自己，凡是仓位在三成以下的时候，行情的把握程度不是很大，凡是仓位在五六成以上时，我知道最安全的，**行情较大的时期来临了，而且从来没有失误过。

七禾网：在什么情况下您采用的是三成以下的仓位？在什么情况下，仓位会加到五六成？加仓动作是如何完成的？

张晓陶：有时候根据经验觉得这样的形态结构可以形成一个行情主浪，但是也可以继续整理推迟一段时间，这时候肯定会进入一部分，就是说三成以下仓位，当经过一段时间确实在以我认可的方式酝酿整理完毕并且转入攻击时，我会立即以五六成以上的资金进入。

七禾网 29：期货资产管理时代已经到来，期货市场发生了一些变化。就您的切身参与和感受来看，市场参与群体的组成发生了哪些变化？市场竞争格局发生了哪些变化？

张晓陶：在我眼里都是一样的，不管谁进来了，就算索罗斯进入中国期市他也得遵循商品运行的规律。至于竞争，我认为最终还是交易者能否与市场保持一致，就是你是否站对到永远正确的市场一方。所以说，真正的竞争者是自己的内心。

七禾网 30：也有不少交易者认为，现在的期货市场行情波动节奏、波动规律和以前相比也发生了一些变化，对此您是否有同感？

张晓陶：这我有同感。和以前相比发生了很多变化，这主要是全球经济发展周期引起的，有很多重大因素混合在里面，会造成暂时的行情去向难以判定，原有的商品之间的价格体系被冲击，这些都要经过较长时期的反复折腾来重新建立起新的价格体系。

七禾网 31：随着期货市场机构投资者所占比例的增加，暴利的机会会不会减少？大户产生的概率会不会降低？逆袭的难度会不会增高？

张晓陶：还是那句话，机构投资者比例的增加并不影响商品固有的特性，有盘整，还会有波澜壮阔的上升，仍会有飞流直泻的下跌，所以还会不断有新的神话诞生。

七禾网 32：最后请您谈谈自己未来三五年在期货市场的发展规划。

张晓陶：由于受经济周期的影响，目前很多商品价格处于相对低位，我认为未来三五年在内外盘期货市场上应该会有很多机会产生，市场依然充满活力和吸引力，我对未来的期货投资非常有信心，因为它才是真正的完全市场化的、公正的投资市场。

第四部分

程序化投资高手

张仲健：技术分析就像医学的诊断系统

（访谈时间：2012 年 5 月 5 日　沈良、翁建平整理）

张仲健：业内资深职业投资人。期货程序化交易实践者。1992 年开始进入股票、期货市场，参与过国债现货与期货、商品期货、恒生指数期货、外汇交易，有较大资金操作经验。能够理性地对市场做出判断，多年来盈利稳定。在期货市场的交易理念是“右侧交易，适时获利，坚决止损”。在文华财经的平台上开发了“鳄鱼图”，以简单、清晰、明确的交易信号，合理地诠释了金融市场上的价格运动规律。

访谈精彩语录：

市场中“羊”的比例在下降，“狼”的比例在增加。

程序化交易，它既是一门技术，也是一门艺术。

做期货，趋势来了进场，当量能衰减就选择退场，并不是一定要等到反向信号出来。

我主张计算机辅助交易，不等于全自动交易。

交易的实质是在做概率游戏。

价格的运行既有随机性，也有一定的规律。

K 线是一门语言，你只有掌握了才能与它交流。

我个人觉得程序化交易并不死板，程序化交易本身就是一种智慧。

实际上价格是有规律的，可以把价格看成大于零的位移，它和速度、加速度有关。

发生突发重大事件时也可以对交易系统进行干预。不明朗可以先退出观望。

鳄鱼交易法则认为，市场 70% ~ 85% 是震荡的，15% ~ 30% 是有趋势的，在没有趋势的前提下就休息，有趋势的时候就交易。

鳄鱼交易法则的核心是“市场告诉我们什么，我们就做什么”，洛氏霍克交易法的核心是做相对确定的交易，尽量不发生交易亏损。

没有一套系统能解决所有的交易问题。

把握不大的交易仓位要严格控制，当“盲鸡行情”来了，就应该放大仓位，但最好不要拼死一搏。

程序化要稳定收益一定要多品种、多周期。

量能是领先于价格的。

做减法的指标是领先指标，做加法的是滞后指标。

七禾网 1：张仲健先生您好，感谢您在百忙之中接受七禾网的专访。您从 1992 年开始进入股票期货市场，这些年来，您感觉中国股市的最大变化是什么？中国期市的最大变化是什么？

张仲健：中国股票市场这几年变化很大，发展很快，上市公司数量巨增，**市场赚钱效应在下降，盈利难度增加。**

中国期货市场发展也很快，上了许多新品种，市场参与者素质明显提高。**市场中“羊”的比例在下降，“狼”的比例在增加**，交易手段与方法丰富了许多。

七禾网 2：您从哪一年开始研究程序化交易？您现在是否所有的交易都执行程序化指令？

张仲健：我是 2003 年开始接触到程序化交易的，我个人推崇计算机辅助交易，我不会执行所有的程序化交易指令。

七禾网：请问您为什么选择性地执行指令？

张仲健：也不是完全这样，比如说我现在跟你认识，我只要见到你，我就能知道你叫沈良，但是我用个模型识别就很困难了，这个模型我也不一定做得出来。**程序化交易，它既是一门技术，也是一门艺术**，有些东西可能一目了然，但是要写成程序就很困难，而且各人的条件不同，有些人的计算机水平好一点儿，有些人数理水平好一点儿，从图形转化成数字相对困难。一般的期货投资者，我主张用趋势模型，可以执行全自动，趋势来了，让它自动进场。一般来说，**做期货，趋势来了进场，当量能衰减就选择退场，并不是一定要等到反向信号出来**，等反向信号出来可能原来的趋势已经破坏，两头的损失比较大，中间赚的比较小，甚至两边一减利润就没了。小周期做趋势的模型做出来总是亏钱的多，因为小周期趋势不明确，被来回洗的概率高。所以进场的时候比较顺利地进去，进去了感觉不舒服了就出来，从这个角度我不主张完全按信号执行,有方向信号就进去，没有到止损也可以出来，我认为这样的交易方法比较好。所以，**我主张计算机辅助交易，不等于全自动交易。**

七禾网 3：您为什么选择程序化交易？程序化交易的好处有哪些？

张仲健：丰富自己的交易，提高对市场认知水平。**交易的实质是在做概率游戏。价格的运行既有随机性，也有一定的规律**。通过对市场价格的研究能发现其中的规律。**K 线是一门语言，你只有掌握了才能与它交流。通过程序化交易的学习，你能提高与市场交流的能力**。现在的市场中有人走入程序化研究的误区，希望能找到一个模型战胜市场，更有一些人搞伪程序化交易。

七禾网：有些人在搞伪程序化交易，请问什么叫作“伪程序化交易”？

张仲健：他可能以程序化的名义去吸引客户，并不是用程序交易去做交易。有两种情况，第一种，过度模拟过去的历史数据做出来的模型，未来未必适用，但能忽悠人。第二种，在模型里使用未来函数，测试很好，看上去效益很好，然后去吸引客户。另外，有一些人打着程序化交易的旗号，直接在图上标上这个地方买、那个地方卖，这种画个信号就算程序化交易，对实战没有意义，甚至起到了欺骗的作用，所以我把这些情况定义为伪程序化交易。

七禾网 4：有人说程序化交易死板，抹煞了人的智慧和能动性，对此您怎么看？

张仲健：**我个人觉得程序化交易并不死板，程序化交易本身就是一种智慧**。这个市场许多亏损都是随意交易的结果。

七禾网 5：一套完整的程序化交易系统应该包括哪几个部分？您觉得其中哪个部分最为重要？

张仲健：首先要对市场的状态有个客观的评判，在客观评判市场的基础上，有完善的资金管理系统与策略管理系统。

哪一个部分最重要则很难说。首先，如果你没有一套客观的系统，就不会盈利。第二，在客观评价市场的基础上，**实际上价格是有规律的，可以把价格看成大于零的位移，它和速度、加速度有关。再有，首先要判断方向，其次要判断量能，当方向、速度、加速度都一致，这时就可以放大胆子交易。我们做技术分析就像医学里的一套诊断系统**，首先要诊断才知道情况怎么样，然后考虑该怎么做。也像打仗，首先分析敌我之间力量的对比，包括地形、地貌，然后决定什么时候打，如果错了怎么退出来。一定要说哪个部分重要，很难量化，有人说技术分析占 10%，资金管理占 70%，我觉得这都不可取，就像一场战役，只要一个环节出问题，就会很困难。就像毛主席过去打仗，他弱的时候就 5∶1 和你打，一旦不是这个比例就撤，到了解放战争后期，就无所谓几比几了，谁赢了就是谁的天下，有必要放手一搏。所以有的时候资金量可以大一点儿，有的时候资金量要小一点儿，一定要量化，我觉得很困难。

七禾网 6：一般来说，程序化交易者是不看基本面的，您是否完全不看基本面？基本面信息的变化对您的交易会不会产生影响？

张仲健：我不是生活在真空中，基本面的重大变化一定会在程序化交易中表现出来。**发生突发重大事件时也可以对交易系统进行干预，不明朗可以先退出观望。**

七禾网 7：有人认为多品种、多策略比较有效，有人认为把一个品种研究透更有效，您怎么看？您主要做几个品种？

张仲健：那要看资金量与各人的喜好，资金量在 100 万以上的应该关注三个以上的品种，**资金量在 5 万以下关注 1～2 个品种就可以了。50 万只做股指期货也不错。**我喜欢、关注的品种比较多，我想有好的交易机会就不要随便放弃。有时间多学习研究不会错，想实现财务自由的人更应该如此。

七禾网 8：您觉得哪些类型的投资者适合做程序化交易？

张仲健：自律能力差一点儿的，想做趋势交易的，增加量大一点儿的又想多做几个品种的。

七禾网 9：有人做程序化交易是全自动的，另一些人则是半自动的，您觉得全自动和半自动各自的好处是什么？

张仲健：这要看各人的能力，**全自动交易对各方面的要求高一点儿，相对来说半自动的模型好写一些。**没有绝对的好坏，关键是适合。

七禾网 10：有些投资者看好程序化交易，尝试程序化交易，但却无法坚持执行系统，您觉得核心原因是什么？

张仲健：这个问题很复杂。理想很美好，现实很残酷，需要慢慢地磨合。

七禾网 11：您的“鳄鱼交易法则”被众多朋友欣赏和认可，请您简单介绍一下您的“鳄鱼交易法则”？

张仲健：鳄鱼交易法则不是很短的几句话能说清楚的。建议看比尔•威廉姆的两本关于混沌理论的书。一本是《证券混沌操作法》，另一本是《证券交易新空间:面向 21 世纪的混沌操作获利指南》，这两本书构成了一个流派。在外汇交易平台 MT4 已经把基本的鳄鱼法则指标写进去了，如果不好，也不会放里面做指标。我觉得好的地方，第一，比较形象；第二，它把价格运动的规律本质的东西反映出来了，**最重要的是它把动量和加速度写到 K 线里去了，**到目前为止还没有其他指标把动量和加速度放到 K 线里去。

鳄鱼交易法则认为，市场70%～85%是震荡的，15%～30%是有趋势的，在没有趋势的前提下就休息，有趋势的时候就交易。三根均线形象地表现了鳄鱼的形态，当鳄鱼睡觉的时候，这些均线是黏合的；当它醒来时，如果闻到的是牛味，它就去追牛，是熊的味，它就去追熊，所以它是趋势交易的一种方法。首先要研究它的分形，找出上分形与下分形，当鳄鱼线外的分形被突破了就可能产生趋势，关键是找到第一个有效分形的突破，然后就沿着这个方向交易。鳄鱼法则的**核心是不预测市场，市场告诉你要做什么你就做什么。**

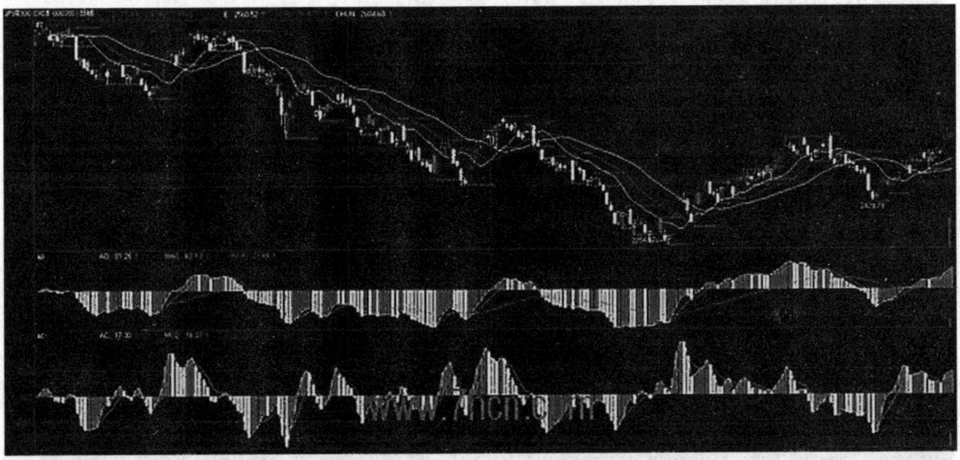

下面是一个带过滤的信号图。

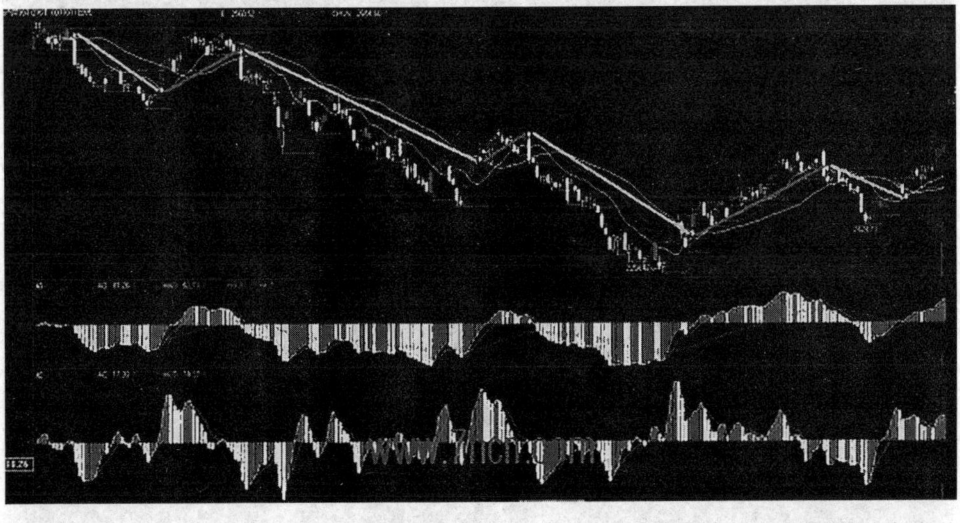

鳄鱼法则的关键点：分形－突破式交易、动量震荡指标、市场加速指标、在区域内交易、兑现利润的技巧、多维交易空间的综合运用。

七禾网 12： 另外，您以洛氏霍克交易法下的 2B 规则，总结出了一套行之有效的系统交易准则。也请您简要介绍一下这套规则？

张仲健： 鳄鱼交易法与洛氏霍克交易法都是研究趋势交易的，2B 法则是研究假突破的。鳄鱼交易法则的核心是“市场告诉我们什么，我们就做什么”，洛氏霍克交易法的核心是做相对确定的交易，尽量不发生交易亏损。

七禾网 13： “鳄鱼交易法则”和“洛氏霍克交易法”是否适合不同的市场(股票、期货、外汇等)？是否适合不同的品种(比如股指、橡胶、白糖等)？是否适合不同的周期(分钟 K 线、日 K 线、周 K 线等)？

张仲健： 它们都是经过市场检验的不错的交易方法，都有确定的交易原则，任何交易方法的核心都是个概率问题。

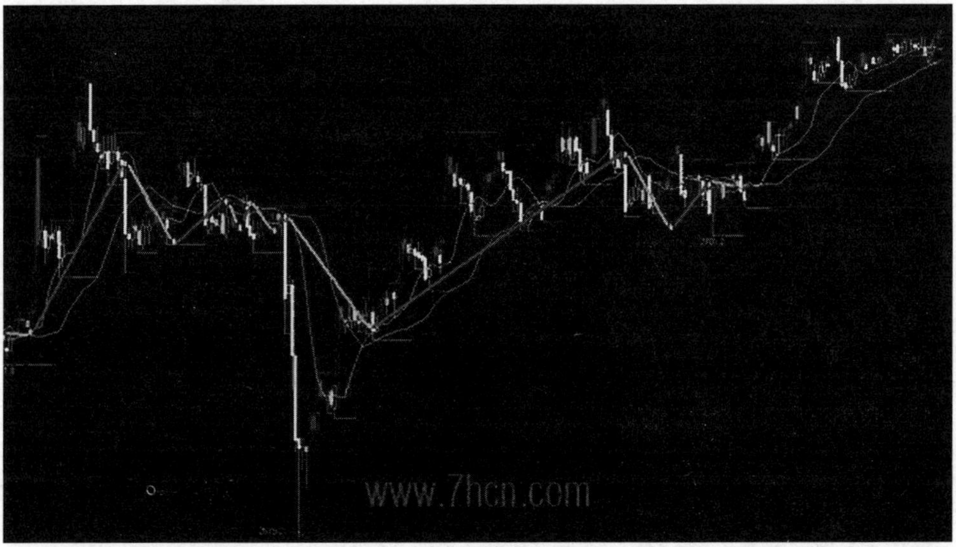

七禾网 14：程序化交易讲究“不预测、有对策”，您的交易系统是否能应对任何行情？

张仲健：没有一套系统能解决所有的交易问题。如果我能开发出这样的系统，我就能富可敌国啦。

七禾网 15：您在交易中仓位一般控制在多大？您如何看待重仓交易？您建议普通投资者采用多大的仓位？

张仲健：我现在是一个投机爱好者，我的过夜仓位比较低，包括对冲一般不超过 50%，日内超级短线有时也会超过 80%。**把握不大的交易仓位要严格控制，当“盲鸡行情”来了，就应该放大仓位，但最好不要拼死一搏。**

七禾网 16：2011 年，程序化交易者的收益普遍下降，请问您觉得是什么原因造成的？

张仲健：模型不适应市场。

总的来说 2011 年的市场波动率下降，关键是年波动率收缩了，日线、周线趋势模型可能反复被打，震荡的多了趋势的少了，这是第一个。第二个，做程序化交易的人可能品种没选好，没做好组合。如果去年严格按照模型做，不管是大豆、豆油、铜、橡胶，还是 PTA 都有较好的趋势，更不用说股指期货。包括棉花，浓汤野人去年也是先做多棉花后做空挣了大钱的。市场是给了机会，如果做得不好，肯定是品种选择、资金管理出了问题。棉花在上面一直震，当它破了 26000，向下趋势就比较流畅。有些人认为从 30000 多跌到

26000，趋势要结束了，后面就没有做。我也有个朋友本来是做程序化交易的，去年做得不好，实际上是主观交易，他认为大豆、豆油都有行情的，一直拿着多单，一路跌下来就亏了。

所有的程序化交易模型，只要优化过的都会面临失效，如果模型是好的，当模型有效的时候，可以大胆地用。也可以用两个高度相关的品种做共振。比如说，豆油做日线模型，棕榈油做小时图模型，这两个模型原理要类似，波浪级别差一个等级，当两个周期一致共振的时候，你是同一个方向，当价格进入盘整，你很可能是对冲的，一个多单，一个空单。**程序化要稳定收益一定要多品种、多周期。**2012 年的股指期货的行情还不错，但很多人没做，行情总是有的，关键是模型和策略没做好、品种没选好。

市场的规律是这样的，一般来说大的波动以后，波动会越来越小，如果还是用抓大趋势的模型，到这一段就肯定不适合了。平均交易周期在 13 以内，一般来说这种趋势模型被打的概率很大，如果平均交易在 30 次以上的，一般来说被打的概率比较小。现在程序化还有个问题，有些人随便拿两个指标优化一下就算模型。对指标的性质该怎么用，他没有去研究。我对很多模型都不太满意，可能我对市场看得比较多，我知道怎么样做比较好。克罗的两套系统还不错，有一套是三根均线的，当两根均线在某一根长期均线上面，两根均线交叉就进去了。突破系统也是这样，比如说 55 突破，当 55 均线和 26 均线是多头排列的，你为什么突破 55 再去做，突破 19 就可以做，鳄鱼法则里面就有这一条，只要 AO 在零轴以上，5 和 34 周期是多头排列的，只要量能创出新高，价格创新高可以买进。**量能是领先于价格的。做减法的指标是领先指标，做加法的是滞后指标。**

七禾网 17：任何一套固化的系统随着市场的变化，都会钝化或失效，程序化交易者应如何保持系统的有效性？

张仲健：多开发一些模型，用模型组合与时间周期组合解决模型失效问题。也不要指望模型能给你带来暴利。

七禾网 18：您说过“美国的程序化交易以高频交易为主，国内的则以趋势交易为主”，请问两个市场的程序化交易者选择不同模式的主要原因是什么？

张仲健：美国的交易者与国内的交易者有很大的区别。

美国的对冲基金比较多，小散户比较少，对冲基金各方面的优势比较明显。有些暗箱高频交易，就是知道有大单进来，先买进再卖给人家。还有一种，曾经听过一个朋友说他在美国做日经，挣了不少钱，因为他系统的算法比日本交易所发布的数据快一点点，他等于先看到后面的数据。国内的投资者一般是没有这个能力。还有一个原因，**美国的交易手续费比我们便宜很多，适合做高频**，而我们的手续费比较高，交易都不活跃了，高频就很难。随着国内期货市场的发展，高频交易可能会多一点儿。高频也没有一个很确切的定义，到底多少次算高频，国内市场结构还是个人投资者的比例比较大，境外则比较小，个人做高频比较困难，因此国内做趋势的比较多。当然，外盘也不能说没有做趋势的。我记得有一次美国的棉花涨停板，就是因为破了前两天 K 线的高点，结果止损盘打到涨停板。基金资金量比较大，做趋势模型进去会很困难。做趋势模型，一般来说是趋势跟踪，当你能改变趋势，你这个模型还叫趋势模型吗？当市场容量有限，用趋势模型就很困难。有个方法叫奇克交易法的，它的触发点比关键点位差一两个价位，然后用它的触发去触发别人的模型。你用关键点位触发有时候滑点比较大，我为什么不在关键点位下面一个点就触发，这样滑点就比较小了。这里有好多技术问题，有人说趋势触发就是一个点，因为量小大家都去触发这个点，秒杀行情就出现了。如果是这种行情，不到一个点或几个点就触发，行情也会这么走，那我为什么不早一点儿主动去触发它呢？至少我能把手续费挣出来。

七禾网 19：您觉得中国期货市场的程序化交易目前处在怎样的发展阶段？后续还有没有发展空间？发展空间有多大？

张仲健：这个问题我没做过市场调研，没有发言权。**发展空间一定会有，而且很大。**

七禾网 20：您如何看待短期赚大钱的交易方法和交易者？看到身边的一些朋友短期赚了大钱，您会不会眼红？

张仲健：这个市场明星很多，寿星不多。能挣大钱是他们的福气，我不会眼红。各人头上一片天。

七禾网 21：您觉得一个投资者坚持做程序化交易，多少年可以获得小成就？多少年可以获得大成就？

张仲健：这个问题很复杂，时间太短不能说明问题。人的天分也不同啊！还是要多学习多实践。

尾声：

我即使不做交易，每天都要看盘七八个小时。我出去讲课，会讲什么地方进场，什么地方出场，什么时候止损，而一般人不会跟你讲这么仔细。真正的看盘高手，给你个图表，你把你的系统放上去，10 秒钟你就能做交易，然后检验对与不对。

到了这个年纪，我已经是把交易当作一种爱好。我认为在这个市场上的成功有几类，一类是暴发性的；还有一类是实现财务自由的。什么叫财务自由？比如有 30～50 万，从市场上每个月拿份工资。我觉得做期货可以当作一门职业，不帮别人操盘也行，有个 50 万，像上海这种水平，一年 20%的收益就是 10 万，又不需要交个人所得税，等于说拿份工资，如果能做到 50%，那就很好了，30%留着，20%生活，然后每年 30%的复利往上走。当然，像汪斌这样的高收益是有天赋，不是所有的人都能达到他这样的水平。我曾经想过帮助汶川那些脑子不坏、手不坏的人成为职业操盘手，后来我去北川看，据说这批人政府已经养掉了，本来如果政府不管的话，可以组建一只基金一人 50 万，教他们做交易，盈利了让他们去生活。

这个市场如果老老实实做交易肯定能盈利的，就怕随便乱做。现在的市场有点儿急功近利，做股票的不管市场给不给机会每年不能翻番就不是高手，做期货的一年没有 5～8 倍也不是高手。至于鳄鱼法则成不成，反正有成功的也有失败的，失败的人肯定是没有严格按照规则操作。当然，鳄鱼法则也不是没有缺点，它买进去之后有太多的加仓，这里每次加了多少资金、资金不是无限的、一个回调资金会不会产生问题等都需要解决。**我认为鳄鱼跟海龟结合起来比较好。**今天聊的主要是我理解的交易本质，以及我对市场的看法。

附几张典型图形：

①强趋势的转变需要时间。

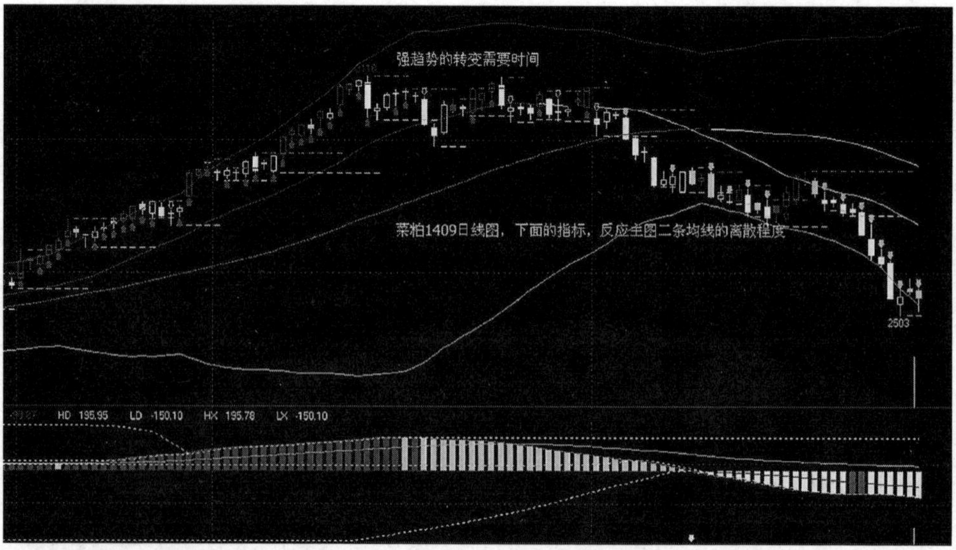

②这样的图形千万别抄底。

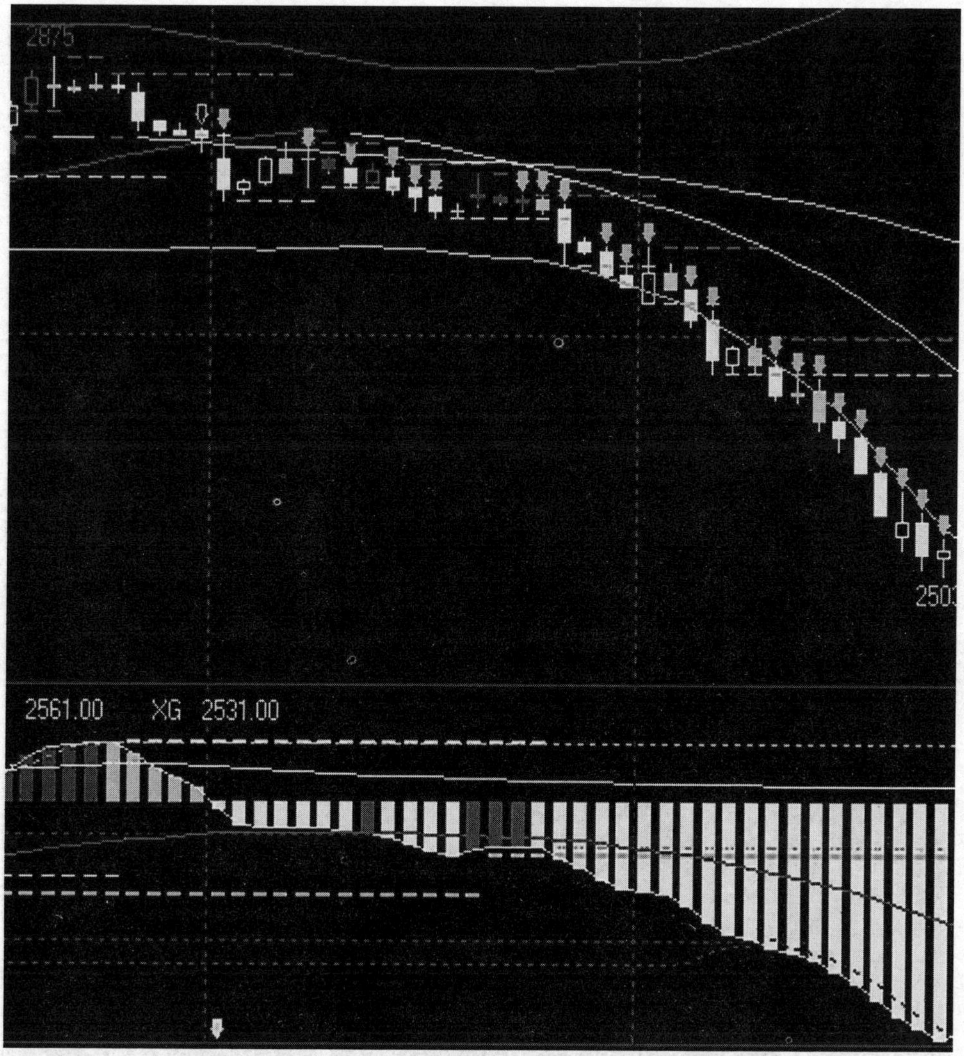

③这样的图形不要摸顶。

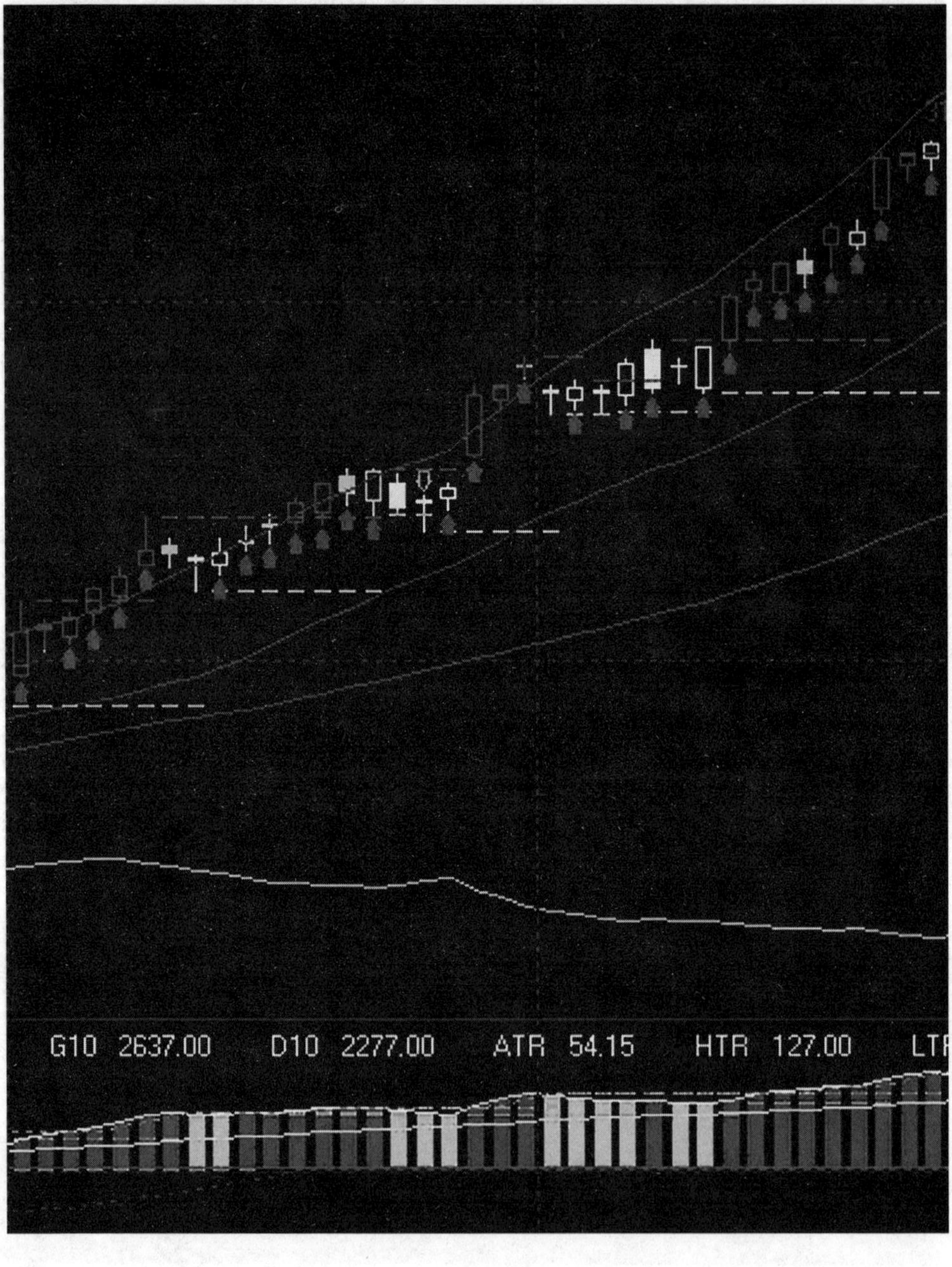

冯正平：程序化交易要面向未来

（访谈时间：2012 年 8 月 23 日　沈良整理）

冯正平：网名“悍马”，“悍马定理”创始人，职业投资人。1997 年涉足投资市场，长期从事市场定量研究工作。2008 年开始专职做股票、期货、外汇等交易，开发过多种交易策略。2010 年开始研究组合投资，结合对市场的统计分析心得，研发出自己的投资组合分析方法，并开发成应用程序。开发的程序化模型年平均收益率远高于市场平均水平。在长期研究思考程序化交易的基础上，总结出系列“悍马定理”。

访谈精彩语录：

风险是自己掌控的，客观上不存在风险大小的问题。

我觉得国内期货比外汇要好做。

程序化的陷阱就是同质化问题。

将来程序化交易的一个很重要的方向是主观分析选择品种和方向，然后用程序自动操作。

主观交易永远不会消失。

即使是完全随机，那也是一种规律。

市场不是正态分布的，是分形分布的，这就是市场的规律。

不要被动等待历史重演，守株待兔只能活活饿死。

市场无法精确预测，但可以在一个区间内进行概率预测。

不看技术面是不现实的，因为你的资金不可能是无限多的。

我更建议基本面分析和量化交易相结合的方法。

我们要用投资组合，但也不能过分依赖投资组合的计算结果。

我自己编了个函数来定义趋势和震荡，但这个定义也会变化的。

优化和改进策略的最低层次是优化参数；然后是改进过滤条件；再高就要改进行情分析系统了。

风险管理就像投保，平时交些保险费是应该的。

将来的趋势是 FOF、MOM。

七禾网 1：冯正平先生您好，感谢您在百忙之中接受七禾网的专访。您的网名叫“悍马”，请问一下您取这个名字的由来？您自己开的车是不是悍马？

冯正平：我的英文名叫 Homer，也就是荷马史诗那个荷马，算是谐音吧。另外我写过一篇汽车美学方面的论文，里面阐述了我对悍马车的美学特征的分析，所以就一直用悍马作为网名了。

我没有悍马车，只有一个悍马车模型。

七禾网 2：您在长期研究思考程序化交易的基础上，总结出系列“悍马定理”，请您简单介绍一下“悍马定理”？“悍马定理”总共有多少条？“悍马定理”的最大特征、最大作用是什么？

冯正平：**悍马定理是我自己的一些思考以及与业内朋友们交流后的心得，现在写到 60 条了。**如果以后想到什么，还会继续写。

应该说，悍马定理不是我个人的创造，是我在操盘实践、学习、思考后的总结。悍马定理的理念属于许许多多的人。很多前辈、同人在投入了大量的时间、金钱后，得出了一些自己的投资理念，我非常感谢那些能够无私地将自己的想法与我真诚交流的人。

悍马定理里面的内容，都是做交易，特别是做程序化交易最核心的理念，可以帮助初入程序化之门的交易者少走很多弯路。里面也有一些比较创新的思想，欢迎大家一起来交流、批评指正。

七禾网 3：您是 2008 年开始专职做交易的，在此之前，除了投资，您的主要工作是什么？为什么在 2008 年决定全职做交易？

冯正平：我以前是做市场研究工作的，其中主要是做定量统计研究。当时想换个工作状态，所以就专职做交易了。

七禾网 4：您股票、期货、外汇都有交易。请问，就您自己参与来看，这三个市场哪一个更容易赚钱，哪一个风险最大，哪一个最有挑战性？您目前最大的精力放在哪一个上？

冯正平：股票的交易有很多限制，比如不能做空，不能 T+0，没有杠杆。外汇方面，现在的交易平台都是国外的，存在很多不方便的地方。所以主要精力都在做期货。

风险是自己掌控的，客观上不存在风险大小的问题。

交易难度方面，**我觉得国内期货比外汇要好做。外汇市场非常成熟，趋**

势性很弱。

总体而言，国内期货市场还是一个最值得参与的市场。

七禾网 5：您认为程序化交易存在“陷阱”，请问程序化交易存在哪些陷阱？如何才能规避这些陷阱？

冯正平：程序化的陷阱就是同质化问题，因为大家基于一样的历史数据来设计、优化策略。而这种同质化就相当于是让交易对手看到了底牌，危险性不言而喻。

避免这个陷阱的方法就是求新求异，甚至反向操作。

正是因为这个原因，所以我认为将来程序化交易的一个很重要的方向是主观分析选择品种和方向，然后用程序自动操作。主观交易永远不会消失。

七禾网 6：您很早就开始从事市场定量研究工作，请问期货市场行情的运行，随机性更高还是规律性更高？行情的运行在哪些方面是随机的，在哪些方面是有规律的？

冯正平：这个问题比较复杂，涉及到对随机和规律的定义问题了，而真正严重的问题是，这个定义本身就是变化的。

我们这么理解，即使是完全随机，那也是一种规律。我常常想，如果市场真是完全随机就好了。如果真是完全随机，那现在几乎所有的量化理论都能用上了，长期资本管理公司也就不会破产了，因为这些理论都是建立在正态分布的基础上的。但市场不是正态分布的，是分形分布的，这就是市场的规律。

七禾网 7：有规律的行情波动是否都具有价值，是否都可以进行量化，是否都可以编成程序、形成交易策略？

冯正平：针对任何一段特定的行情都可以量化，都可以写成策略，都可以编程，这个没有任何问题。

真正的问题是这样的一段行情在未来会重新出现吗？我们等待这样一段行情出现需要付出的成本能收回来吗？

七禾网 8：“定量研究”发现的是以前的规律，做成交易策略、开发成程序后处理的却是以后的行情，这是一个矛盾。您如何理解这一矛盾，如何处理这一矛盾？

冯正平：你说到程序化交易的根本症结所在了，因此我一再呼吁，不要被动等待历史重演，守株待兔只能活活饿死。

要处理历史和未来的矛盾，需要有前瞻性的眼光，这也是我研究国外行情特征的出发点。如果要把行情特征的变化用量化的方式表达出来，需要较高深的数学知识，这方面我也在摸索中。

七禾网 9：您从事金融交易十几年了，就您亲身参与的感受来看，随着时间的推移，市场的波动节奏是否有所变化？您觉得引起这些变化的核心原因是什么？

冯正平：波动节奏一直在变化，导致这些变化的根本原因是资金结构的变化。

机构资金的比例对行情波动特点影响很大，因为机构获取信息的能力、执行能力都很接近，经常是同时行动；而散户资金不一样，所以如果市场上散户资金比例大，行情会更加连续，波动更缓慢，而机构资金比例大，则会使行情波动更剧烈、更突然，以及行情的不连续。

七禾网 10：就您看来，市场是可以预测的，还是不可预测的？为什么？

冯正平：市场无法精确预测，但可以在一个区间内进行概率预测。

“概率预测”意味着用一定的方法分析预测后，如果市场向某一方向运动的概率较高，就值得参与；或者是市场向某一方向运动的概率虽不高，但幅度可能会很大，也值得参与。

七禾网 11：您是否认同某些投资者完全用基本面分析、完全不看技术面的方式参与期货交易？

冯正平：不看技术面是不现实的，因为你的资金不可能是无限多的，如果你要考虑止损的问题，就需要看技术面了。

七禾网 12：对程序化交易者来说，是否需要关注基本面？基本面分析对程序化交易者来说是否有意义？

冯正平：纯量化交易也有人做，但我更建议基本面分析和量化交易相结合的方法。市场的本质是博弈，这也就是我所说的，博弈为体，量化为用。

从操盘实践来看，基本面分析的重要性越来越显得重要，可以这么说，基本面分析是定一个大方向和大框架的，在这个框架内，可以用量化方法进行操作，而超出了这个框架，量化是无能为力的。

现在我也在思考，如何在行情超出了原有的量化框架还继续使用量化的方法，看来需要用到类比法、极限值法、安全边际法等方法。

七禾网 13：您从 2010 年开始研究组合投资，有人说“组合投资是世界上唯一的免费午餐”，因为它可以降低综合回撤率，却不降低综合收益率，您是否认同这样的观点？您自己是怎么理解组合投资的？您觉得组合投资的最大好处是什么？

冯正平： 投资组合确实作用很大，至于说“组合投资是世界上唯一的免费午餐”，这是文学的表达方式，我无法评论。

但我们细究马克维茨投资组合理论，他的假设基础就是随机分布和品种不相关。这与现实不符。**我的看法是我们要用投资组合，但也不能过分依赖投资组合的计算结果。**

投资组合的最大好处还是分散风险。

七禾网 14： 请问在组合投资中，是不是策略的差异性越大越好，品种的分散度越多越好，周期的跨越度越大越好？

冯正平： 是这样的。

七禾网 15： 您一般仓位控制在什么范围内？您的策略有没有加减仓的设置？您会不会重仓或满仓交易？

冯正平： **日内会满仓，一般不隔夜。** 有加仓。日内交易根据模型运行自己开仓，当出现大行情的时候，会满仓。

七禾网 16： 您如何定义“趋势行情”和“震荡行情”？您的系统能否自动识别“趋势行情”和“震荡行情”？

冯正平： **我自己编了个函数来定义趋势和震荡，但这个定义也会变化的。**

七禾网 17： 在“趋势行情”和“震荡行情”中您用的策略是相同的，还是不同的？

冯正平： 在我自己定义的趋势、震荡行情中，**策略是不一样的。**

七禾网 18： 如果说程序化交易机会识别技术总体上分为三类：指标识别、数理统计识别、形态识别，这三类您是否都有涉及？您自己最擅长哪一类？

冯正平： **我都有涉及。**

我的策略是偏向实用的，经常是这三类的综合体。

七禾网 19： 您觉得一个交易系统应该包括哪几项要素？其中哪项要素最重要？

冯正平： 一个完整的交易系统，至少要包括开仓、平仓、止损三个方面。重要性，都一样。

七禾网 20： 您如何评价一个系统的优劣？是用风险收益比、胜率、盈亏比、最大回撤率等，还是用其他标准？

冯正平： 我主要用风险收益比和盈亏比，其他一些指标也会综合进来考虑。最后还要看组合的效果，因为不同模型会有一定的互补效果，如果都追求最好的，那么就会有同质化的现象，组合间的协同效应也就体现不出来了。

七禾网 21：您一般把本金回撤控制在多大范围内？如果利润较多了，会把利润回撤控制在多少范围内？

冯正平：单一模型是 20%。多模型因为是动态调整的，**回撤大于 10%就需要重新审视模型组合并采取相应措施了。**

七禾网 22：一个策略用 10 万元做，进出场没有问题，用上千万上亿的资金做，进出场可能就会有较大的问题。您如何处理大资金进出场的滑点问题和其他问题？

冯正平：多策略，多品种，分散开。

七禾网 23：您觉得有没有永久有效的单个交易策略？有没有永久有效的组合投资模式？

冯正平：都没有。因为行情发展的可能性是无限的，但模型或模型组合的维度适应性是有限的。

七禾网 24：您如何优化、改进自己的交易策略？

冯正平：分几个层次。**优化和改进策略的最低层次是优化参数；然后是改进过滤条件；再高就要改进行情分析系统了。**

七禾网 25：大部分人喜欢稳步上扬的资金曲线，不喜欢大起大落的资金曲线，您会不会为了追求资金曲线的平滑性，而放弃一部分收益率？为什么？

冯正平：肯定是这样的。**风险管理就像投保，平时交些保险费是应该的。**

七禾网 26：有人认为在不成熟市场，或者说是散户比较多的市场，用程序化交易的效果更好一些，而在成熟市场则效果要差一些，您是否认同？这是否意味着随着中国期货市场的逐步成熟，程序化交易会越来越难赚钱？

冯正平：是这样的。行情趋于复杂，散户越来越难盈利，这是全球性的现象。

七禾网 27：在这个市场上，主观交易者的暴利故事更多一些，而程序化交易者的暴利故事则几乎没有，这是不是意味着程序化交易无法实现暴利？

冯正平：对。**你要控制风险，要资金曲线平滑，还要在市场活的长久，就无法追求暴利。**

七禾网 28：近三四年以来，程序化交易在大陆越来越“热门”，不少人都在研究程序化交易、参与程序化交易，其中不乏成功者和失败者。您觉得哪些类型的投资者适合做程序化交易？

冯正平：有较好的理工科学历背景，会编程，如果自己有丰富的交易经验，就更好了。

还有一点很重要，要擅长学习交流，闭门造车很难成功。

七禾网 29：如今期货资产管理的氛围越来越浓，期货信托基金、期货有限合伙基金、公募基金专户产品、券商集合理财产品等都在运作，期货公司 CTA 产品也即将推出，在这些阳光化的期货资产管理形式中，您更看好哪一种或哪几种？为什么？

冯正平：给操盘手和交易团队自由度大的方式效果会比较好，自由度包括两个方面，一个是交易的自由度，另外一个是持仓的自由度。我个人对今后若干年的股票行情不看好。所以，综合来看，我看好期货基金专户、期货有限合伙基金；至于期货公司 CTA，情况比较复杂，目前还不好判断。

七禾网 30：有人说如今的期货市场正从“个人投机时代”向“资产管理时代”过渡，从“自主交易时代”向“产品购买时代”过渡，您是否认同？

冯正平：我赞同这样的观点，将来的趋势是 FOF、MOM。

刘宁：基本面量化研究与程序化交易

（访谈时间：2012 年 10 月 16 日　沈良、刘健伟整理）

刘宁：现任永安期货程序化交易总部负责人，浙江大学金融研究院特聘研究员、浙江大学经济学院金融衍生品讲师，曾任永安期货研发中心首席策略师、中邦实业（永安子公司）基金经理、神州数码软件公司项目经理和资深程序员，国内第一个银行合作的期货理财产品的投资负责人。熟悉国内外量化投资的运行模式，了解各类量化投资的特征和优势，在量化投资的交易理念、实盘运作、编程技术、软件应用等方面有着领先的水平，特别是在基本面对冲组合理念与程序化交易的有效结合方面有较深入的研究。

访谈精彩语录：

（相对主观交易）量化交易的防守能力更强。

无论是量化交易还是主观交易，核心还是人的交易思想比拼，只是各自的实现方法不一样。

程序化投资者的盈亏比远远大于主观交易投资者的盈亏比。

（程序化交易）最大的风险点来自整体市场的波动性，以及价格路径特性的变化。

主观交易创造财富神话的过程中一般都有几次爆仓的经历。

我觉得 21 世纪最大的发明就是复利，用复利积累财富，程序化交易肯定可以创造财富奇迹。

程序化交易也是可以做到短期暴利的。

如果日内的策略我做到了盈利总体和隔夜的或者中长线模型差不多，那我更愿意选择日内，因为回避了隔夜风险并且资金成本更低。

程序化交易的核心要点是什么，就是做大概率事情，寻找长期能正收益并且破产率极低的事情来做。

当你运用更多的不同类型的策略，组合起来你的资金曲线的平滑度会更好，其实也是提高了你的收益。

（基本面研究）我觉得非常有帮助而且是很大的帮助。

七禾网 1：刘宁先生您好，感谢您在百忙之中接受七禾网的专访。我们经常听到“量化投资”、“程序化交易”、“算法交易”、“客观交易”等相关或雷同的说法，请您简单解释一下它们的概念和不同点？

刘宁：肯定都是有差别的。简单地说，**这四个词都是讲的同一大类主题，但是从不同的角度去看的。**量化投资是从方法论的角度来看，它的投资方法主要是量化，非主观性的；程序化交易只是把量化的方法用各种软件或者自编软件通过计算机来实现成交；算法交易是量化投资里面的一个分支，在国外的应用比较多；客观交易主要指的是量化交易的范畴，它是相对于主观交易的一个说法。

七禾网 2：您觉得量化交易和主观交易的核心差别在哪里？量化交易和主观交易相比最大的优势是什么，最大的劣势又是什么？

刘宁：总体来讲差别具体体现在：**第一，量化交易的防守能力更强，**你用量化的方法即使判断错误了，它一般有明确的止损方法，不会产生某一笔或者几笔的大幅亏损；而主观交易有可能因为人性的原因产生大幅度的回撤。**第二，主观交易看对行情不一定能抓得住，甚至看对做错，而量化交易一般在出现趋势性行情时，相对来说收益会更丰富。无论是量化交易还是主观交易，核心还是人的交易思想比拼，只是各自的实现方法不一样。当然，高频交易还要加上软硬件的比拼。**

量化交易和主观交易相比最大的优势是：**量化交易能够交易你的计划，计划你的交易，最大限度地屏蔽掉一些人为的失误，特别是人性的一些弱点。**最大的劣势主要体现在：现在很多程序化交易者写的程序相对来说有一定的局限性，或者说比较呆板，没有主观交易灵活，可能在一些特定的市场情况下会有不同的结果，比如在总体市场波动率下降的情况下，趋势类策略的回报率就会相对比较差。

七禾网 3：要做好量化交易，最重要的是思想层面、策略层面，还是软件层面、硬件层面，或是执行层面、心态层面？

刘宁：这要分普通投资者和专业投资者。从普通投资者来讲，大多数都是中低频的策略，中低频的策略主要还是你用了什么样的盈利模式，以及在执行过程中能不能坚持下去，或者说你是否有自己的一套方法来调整策略。而在另一方面，某些用高频的机构投资者，可能更关注通信、硬件方面的关键要素。软件层面方面，一些脚本语言的程序化开发软件，会限制你的交易逻辑实现，长期下去，也会局限你的思维。

七禾网 4：您认为“程序化交易只是一种工具，关键是怎么运用”，请您诠释一下这句话。

刘宁：策略是人写的，程序化交易的本质是人用程序化工具来实现交易而已，一个工具用得好坏更多在于使用它的人，这个是一层含义；第二层含义，如何在特定的阶段选择合适品种，以及你编写的策略应该在什么样的阶段使用，即交易资金的权重配比。

七禾网 5：做主观投资，有人成功，有人失败；做量化投资，也有人成功，有人失败。据您所知，做量化交易的投资者盈亏比例大约是几比几？您觉得成功的量化交易者一般有哪些特征？

刘宁：具体的数据没有准确的官方统计，但从我们接触下来的一些投资者来看，**总体来讲程序化投资者的盈亏比远远大于主观交易投资者的盈亏比。**

从目前来看，**成功的量化交易者一般具有这些特征，**第一，一般都有一定的期货市场的交易经历，也就是说他有自己的盈利模式；第二，一般都有一定的数理和计算机功底；第三，这一类投资者一般都有很好的交流的圈子；最后一点，也是非常重要的一点，他们必须是一个量化投资或程序化交易的爱好者，为此愿意付出。

七禾网 6：在金融投机市场，任何一项投资行为都是有风险的，您觉得量化交易的风险主要来源于哪些方面？

刘宁：最大的风险点来自整体市场的波动性，以及价格路径特性的变化，这个是最大的一个风险来源点。为什么你的策略一段时间盈利一段时间亏损？主要是由于波动性发生了变化或价格路径特性的变化。比如说近期的整体市场的波动性在下降，这就是为什么今年能盈利的程序化交易者变少的原因。第二，分策略来说，比如隔夜的趋势策略，隔夜趋势也是和市场有关，如果市场趋势的连贯性越好，策略盈利就会更大。第三，比如高频交易，它最大或致命的风险来源点是软硬件的通讯和运作能否正常工作。

七禾网 7：近几年来，在国内期货市场创造财富神话更多的是主观交易者而不是量化交易者，您觉得量化交易能否创造财富奇迹，量化交易有没有可能实现短期暴利？

刘宁：我觉得这个问题回到了一个投资者经常讨论的老话题，就是风险和收益的关系。为什么说创造神话的大都是主观交易者？其实你去仔细想想，会发现主观交易承担的风险远远大于量化交易，因为一般量化交易，我们在做样本内外的回撤时，15%算是非常高了，**而主观交易创造财富神话的过程中一般都有几次爆仓的经历。**你问量化交易能否创造财富奇迹，其实**我觉得21世纪最大的发明就是复利，用复利积累财富，程序化交易肯定可以创造财富奇迹。**至于量化交易能不能实现短期暴利，我一些朋友的高频交易，资金几千万左右，在回撤极小的情况下年化收益率能非常稳定的在300%以上，这不知道算不算暴利？另外，常规性策略，放大一定的杠杆，并且市场配合。其实，**程序化交易也是可以做到短期暴利的，**我身边就有程序化短期暴利的朋友，但总体来讲有点儿靠天吃饭。

七禾网8：较多投资理念、交易方法能转化为对应的量化交易模型，您个人更看好单边的模型，还是对冲的模型？更看好高频的模型，还是日内模型，或是波段、中长线模型？

刘宁：首先要从投资者的风险偏好角度来讲，如果风险偏好比较高，可直接采用单边的模型，如果风险偏好比较低的，从长远来看，我觉得更适合的是对冲的模型。关于模型，没有什么看好不看好，只是说在这个领域中有没有你特别擅长的模式，在这个领域你是否能远超平均水平。

七禾网9：现在市场上有一小部分人做股指期货日内短线的量化交易做得比较成功（相对股指期货的波段和中长线模型，相对商品期货的模型），您怎么看待这一现象？

刘宁：为什么很多人在做股指日内的交易模型，而隔夜的用得比较少？很简单，主要体现在两个方面，一个方面就是，**如果日内的策略我做到了盈利总体和隔夜的或者中长线模型差不多，那我更愿意选择日内，因为回避了隔夜风险并且资金成本更低；**第二个就是一旦跳空，对你隔夜的趋势策略的影响是比较大的，这种跳空往往和你原来设计策略（除本身就是以跳空为基础思想的策略）的初始思路有一定的差异。总体来讲，还是市场因素主导。

七禾网10：您认为“做量化交易用组合的方法效果更好”，请问组合有哪些作用？应该怎样组合？

刘宁：这就说到了程序化交易的核心要点，**程序化交易的核心要点是什么，就是做大概率事情，寻找长期能正收益并且破产率极低的事情来做。**从这个角度上来思考，就是你用简单的一个或者类型差不多的策略，相对来说风险和收益过于集中，**当你运用更多的不同类型的策略，组合起来你的资金曲线的平滑度会更好，其实也是提高了你的收益。**

至于有哪些组合，我们现在市场常见的一些组合是：首先从隔不隔夜的看，我们分日内和隔夜；第二方面从策略的思路上来讲，比如说有趋势策略、类趋势(突破策略等)、反转策略，还有相对于单边的套利策略，以及跨市场的策略、更复杂的产业链对冲组合策略、大类资产轮动策略等。

七禾网 11：从模型设计的角度来说，指标和数理统计的系统比较容易设计，而图形识别的系统比较难设计，您觉得在量化交易的编程中能否实现图形识别？

刘宁：实不实现关键是看效果，其实现在我知道有一些研究机构在这方面已经有了不少成果，并且国外也有相关的软件实现了此功能，**但目前从效果和准确性来看，还没做到非常理想的状态**。我觉得随着计算机科学的不断发展，还有我们对价格走势图形的进一步的归纳提炼，我相信在未来，图形识别特别是人工智能图形识别会有更大的突破。

七禾网 12：止损是量化交易的重要组成部分，您觉得是否应该把止损分为初始止损和移动止损？如果要区分，那么初始止损怎么设比较好，移动止损怎么设比较好？

刘宁：无论是什么策略，一般都有一些止损的思路在里面，组合策略的止损会更复杂些，至于止损分为初始也好，移动也好，甚至分为其他类型也好，总体来讲止损的作用，是对风险的控制，即保护性止损还是要有的。你账户的总体风险控制，单笔策略的风险控制，同类型策略的风险控制，组合头寸的风险控制，风险暴露总头寸的风险按制，在考虑了策略特性后，只要这些风险控制做到了你能接受的范围内，我觉得都是可行的。所以**初始怎么设也好，移动怎么设也好，根本来说是所用的方法要适应你个人对风险的偏好或者如何调整仓位**。

七禾网 13：在模型实际成交的过程中，有时候会出现滑点，甚至较大的滑点。有人说滑点是必须支付的成本，也有人说滑点是可以避免或减少的。您怎么看？

刘宁：完全避免我觉得是不太现实的，滑点的主要因素是来自于市场，所以我们更多的是谈论怎么样去减少滑点的问题。当然，策略上也是有一些方法可以减少滑点，一般来讲，**突破类策略的滑点相对比非突破类策略的滑点要高一些**。

七禾网 14：有没有方法根据一个品种波动特性的变化，实现模型策略参数的自适应？甚至在不同的时间自动选择不同的策略？

刘宁：现在一些比较优秀的量化投资者都在朝这个方向努力，这种思路和方向我个人认为是正确的。但是**要实现自适应性，是一个非常复杂的问题，**不仅是不同的时间选择不同的策略，还有不同策略的资金权重在不同阶段如何分配，然后选择的品种也会不一样，这是复杂的一个问题。总体来讲，我个人建议建立一个量化交易的宏观及品种分析表，我所谓的宏观及品种分析表就是为了解决刚才所讲的选择不同的品种、不同阶段中各(组合)策略的权重。**自适应是量化投资领域重要课题,要想做到或大致做到涵盖了很多内容。**

七禾网 15：另外，有没有量化的方法自动选择品种？自动识别行情处在震荡中还是趋势中？

刘宁：刚才讲到的自动选择品种，**我们也开发了一套方法，现在已经基本上能做到自动选择品种。**

关于识别震荡和趋势，首先震荡和趋势是相对的,以及是什么时间级别。如果只对历史的数据来肉眼判断，其实是很简单的，很多人都能做到，关键的问题是未来是震荡还是趋势，这个对交易更重要。现在也有些投资者在研究这块内容,单纯的从交易数据上着手,会有些力不从心,还必需借助基本面的研究以及会员持仓的变化。

七禾网 16：有人认为做量化投资要进行必要的人工干预(主观筛选信号、加减仓位)，有人则认为应该完全按照系统执行。您更偏向于哪一种观点？为什么？

刘宁：这两种情况都有非常成功的案例。针对不同的投资者或者是不同的投资类型，管理模式的不同，都会有区别。从我个人的角度来讲，**针对初级、中级的程序化投资者，我认为尽量少干预或者不干预更好一些，并且前提是策略的普适性比较好。而对于资深的程序化交易者来讲，我觉得可以干预，但要讲一个"度"的适当性。**其实，更多的你应该想到的是在不同的情况下怎样去应对，这就是情景量化；还有，如果是为别人管理资金,我建意根据资金曲线图运用回归方法进行仓位调整。

七禾网 17：如今市场上量化交易、程序化交易的培训很多，我们应如何评价一个培训质量的高低，效果的好坏？

刘宁：判断一个培训质量的高低、效果的好坏，总体来讲，一句话，你参加了这个培训之后，是不是能在实际交易过程中或者你个人的交易理念上获得帮助，**只要能对你起到实际的帮助，我觉得这就是一个好的培训。**也就是说这个培训适不适合你，一个培训质量的高低不一定要请一个知名度高或者大牌的讲师来，而是要能解决你的问题。

七禾网 18：据您估算，现在整个期货行业量化交易的资金规模有多大？量化交易占交易量的比重大约是多少？从现在的市场容量来看，这一规模已经饱和了，还是仍有发展空间？

刘宁：这个也没有一个特别准确的官方数据，据我们现在业内沟通下来之后，股指程序化交易的比重每年以几倍的速度在发展。**我们估计目前程序化交易量占到整个股指交易量的20%以上。**未来三年内，很可能超过50%，整个市场程序化交易的资金规模，我们跟业内的人交流下来，至少我现在能知道的规模在50个亿以上，**个人估计应该在80亿到100亿之间。**谈到饱和，我们通过对比就能发现，从国外的情况来看，主要的几个交易所量化交易的比重占到50%以上，所以**对我国的期货市场来说，远远未达到饱和，发展空间还是非常大的。**

七禾网 19：您从事过研发，也做过交易，就您个人体会而言，研发和交易是否存在密切的联系，研发能否提升交易业绩？

刘宁：这讲了一个边际效益的问题，是否研发能提高交易业绩，其实是两个概念，第一方面你要去提升研发的能力和水平；第二方面交易的时候要有更好的业绩。桥梁就是怎么样去知行合一的问题，以及资金管理的问题。**如果能把桥梁问题用比较好的方式来解决，总体来讲，我觉得研发是非常有价值的。**

七禾网 20：您从事程序化工作，同时也有在永安做研究员研究基本面的经历，特别是套利对冲的研究。您觉得原来基本面研究经历对现在做程序化有帮助吗？如何结合的？

刘宁：**我觉得非常有帮助，而且是很大的帮助。**在任何一个金融市场，只有你的交易方法和大众交易方法有所区别，你的交易理念和你的实践方法比别人能快半步，才能在这个市场上很好地生存。我们现在已经研发了一些关于套利对冲的程序化策略，从实施的效果来讲，特别在整个市场波动率比较低，方向不明确的时候，相对其他的程序化投资者会有显著的业绩优势。所以关键的就是量化，**你能不能把基本面的研究来做一些量化，**这个工作量非常大，是很大的一个工程，要一步步来做，比如说基本面量化中你可能会先用到现货信息怎么样合理运用。

七禾网 21：对于那些没有太多基本面功底的投资者来讲，如果想结合一下，您有什么建议？

刘宁：我觉得从比较容易实现的简单方法上来看，没必要去从头开始研究基本面，而是重点去看现货价格的走势(能很好地解决期货价格假突破的问题)，期现价差、仓单数量和成本的变化(安全边际的合理运作)，以及看一些现成的比较好的投资机构的报告，选择一些最近矛盾比较突出、导致未来波动率可能会比较大的品种来重点操作，最后对整个市场来看是不是会有一些大的趋势性的因素在里面，然后来选择策略和仓位分配。

七禾网 22：您是否看好量化投资在国内各类资产管理模式(CTA 产品、私募产品、公募专户产品、有限合伙产品、集合理财产品等)中的应用？

刘宁：量化模式在私募和 CTA、高端客户理财的应用会更多一些，而公募更多地操作股票或者债券的交易，这块用全自动化的程序化交易相对少一些，但已开始运用量化模型或量化方法(股票 Long-Short 等对冲交易中一般会运用到量化模型)。从国外来看，也没有具体的统计，在所有的理财产品中，量化投资大致占总资金的在 20%左右。目前国内的期货公司开展 CTA 业务，我相信更多的公司会以量化产品作为主打产品。

章位福：用可控的系统方式做期货投资

（访谈时间：2012 年 11 月 8 日　沈良、刘健伟、李婷整理）

章位福：期货程序化交易高手。江西人，早年在福建打工，现居浙江。网名“我是传奇”，CCTV 证券资讯频道《期货时间》期货兵器谱实盘展示账户“倚天剑”打造者。少年时因家境一贫如洗，初一下学期就辍学，做了一年多陶瓷工后改做理发师，经过 12 年时间的努力，白手起家，从一名普通的理发师成长为 20 余家连锁美发店的老板。

2003 年开始接触股票投资，2009 年底参与期货交易。通过努力自学和参加相关金融培训课程，2010 年实现了期货程序化自动交易。2010 年收益率 85%，2011 年收益率 54.8%，2012 年收益 67%左右。使用金字塔平台自动化交易，日内策略为主，股指、商品期货均有涉及，多品种、多周期、多策略组合交易。

美发业教育使命：教育培养 1000 名年薪超过 10 万的美发者。

投资使命：投资年收益平均 30%。

访谈精彩语录：

做机械化交易有个好处，指数涨到 10000 点我也能做，指数下跌到 1000 点我也敢做，因为我有止损。

我认为做期货是有风险的，所以我不会以交易为生，而是采用了两条腿走路的方式。

我做交易并不是十分看重什么神奇的指标，或者说神奇的图形、神奇的数量统计，我个人比较推崇的是对市场本质的理解。

如果没有加上一个时间框架，你是无法定义趋势和震荡的。

我是一个极度偏好趋势模型的操盘手。

商品期货我主要做 10 个品种，上海的有铜、橡胶、锌、螺纹钢，郑州的有白糖、PTA，大连的是豆油、塑料、棕榈油、焦炭。

我股指是做日内，因为股指是当前市场上日内波动性最大的一个品种。

商品期货我是博取它在日内的波动。

我是加减仓的，一般情况下仓位只有 10%，但我会根据行情而变动，如果行情对我有利，最大仓位会达到 70%。

第一，利用头寸来控制隔夜风险。第二，利用品种来控制隔夜风险。第三，是用策略的差异化来控制隔夜风险。

收益是被动的，我们就像是看天吃饭的农夫一样。回撤我个人认为应该是主动的。

减仓是无奈之举，其实最好不要减仓，减仓是对自己伤害极大的动作。

真正在投资里，你不要用 K 线的周期来判断别人的信号或作为研究的对象，而是要用时间框架。

见价成交最大的好处就是它能够应对突发型的行情，而收盘价成交它有比较好的过滤，并且滑点偏小。

滑点是我们做交易中最大的敌人之一，如果说没有滑点的话，我们随便写个模型，表现都会非常漂亮。

模型一定要分类，分成盈利大、亏损大的模型，盈利中等、亏损中等的模型，还有滑点足够波动就不参与交易的模型，这三类能达到互补效果。

天空中有 10 片云朵，我每片云朵下面都放一个脸盆，期待它下雨，不管哪片云下雨，我都能够盛到一点儿雨，这就是我做商品期货的核心交易理念。

在策略上我认为控制回撤最好的一个手段就是在震荡行情中少参与，在趋势行情中开足仓。

在这个金融市场上唯一的“免费午餐”就是多策略、多品种、多周期的组合。

我认为多品种是最重要的，第二个是多策略，第三个是多周期。

需要对市场本质的理解，对人性极大的考验后，才能在这个市场中生存下来。

我认为想要赚钱，最好的方法就是向别人学习。

我深深知道，方法会随着时间的改变而改变，我们知道的方法仅仅只是过去有效，未来不一定有效。

我认为编程最大的一个难点就在于逻辑性，如果有一个非常好的逻辑，编程就会提升很多。

2007 年的时候，我还是一个什么都不会，骑着一辆电动车的人。

人的一生，在社会中需要的不仅仅是金钱。

我本人是信佛的，觉得帮助别人，间接就是自己得善果。

我在自己的人生准则中，经常强调一点，损人利己的事情坚决不做，利人损己的事情量力而做，利人利己的事情坚持做到底。

在平常的实际行动、为人处事中，只要利人利己，坚持做，这就是最好的慈善。

七禾网 1：章位福先生您好，感谢您在百忙之中接受七禾网的专访。您原本是开美发店的，生意做得也挺好，已经开了 20 余家连锁店。请问您是在怎样的际遇下接触期货的？期货的什么魅力吸引了您？

章位福：**接触期货之前我是做股票的，我在 2003 年就开始做了**，投入了 1 万块钱左右，一直做到 2009 年，**在 2009 年的时候发现熊市也经历了，牛市也经历了，但还是不赚钱，就问自己主要的原因是什么？**那个时候信奉价值投资，学习巴菲特，牛市是赚钱的，熊市又亏回去了。**我有一天躺在床上想，能不能有一种机械性的方法来做股票？**怎么做呢？用一个最简单的方法，比如当价格往上涨 5%，我就做进去，当往下跌 5%，我就平掉，就这么一个简单的想法。我找了一天时间，找了一个人，帮我一起统计，我计算，他记录，计算沪深 300 指数，计算出来后很震惊，以 1 为净值的，从 1993～2009 年，净值能达到几十倍。当然，这个统计结果还有一些人为的成分，可能是不太客观的，这是我真正对机械化交易的一个初探。后来我用类似的方法不断地去对沪深 300 的股票进行测算，测算了大量的历史数据，发现还是可行的，而且**做机械化交易有个好处，指数涨到 10000 点我也能做，指数下跌到 1000 点我也敢做，因为我有止损**。这就是我对机械化的初步认识。

我是如何接触期货的？正因为我有这样的一个构思，一个想法，股票这块能做，那期货行不行？我好奇心很强，就想去开个户试试看。所以就这样，**在 2009 年 11 月 3 日开了第一个 5 万块钱的期货账户**。

我为什么会转战期货而没有做股票？最大的原因是：第一，期货是 T+0 交易；第二，期货是杠杆交易。其实，这个 T+0 和杠杆都是双刃剑，如果说我们能把双刃剑往有利于我们的方向去发展，那对于我们是好的，如果利用不当的话，就会伤到我们。**如果我当初没有一个机械化思路的萌芽，我是不可能做期货的，因为当初我听到做期货就相当于赌博，很有可能倾家荡产**，正因为有了机械化的操作思路，我才接触期货的。

七禾网 2：您现在的时间精力是放在期货交易上多一些呢，还是在美发业经营上多一些？为何如此分配？

章位福：如果说要按时间分配的话，应该是在主业，就是开发廊这块会占用我 70%的时间，其余 30%的时间我用来做期货。可能会有人问，投入 30%的时间为什么做期货还能做得比较好？我是这样认为的，其实真正做期货不像做实业，做实业你投入百分百，你努力了，得到好的结果的可能性会非常高，但做期货，你哪怕是废寝忘食，没有找到方式方法，亏损的概率还是很高。也就是说，**做期货不是靠你有多努力(当然努力很重要)，而是要找对方法**，方法才是做期货的重点，而不是说精力花费多少。在我的观念当中，**我认为做期货是有风险的，所以我不会以交易为生，而是采用了两条腿走路的方式**，确保我在某一方面没有成绩，或者碰到极度不顺利的时候，我还能够安然度过，原因就是我坚信投资和实业两方面都去做，相对来说稳定性会高一点儿。未来我也有可能往投资这一块稍微倾斜一些，要看自己的交易成绩以及自己是否适合去开家投资公司。

七禾网 3：您感觉做期货认识的朋友，和您之前做实业认识的朋友，在性格上、为人处事上、价值观上是否有所不同？有哪些不同？

章位福：这两方面的确认识了一些朋友，**我发现做期货的朋友和做实业的朋友其实是在两个层次上的**。我感觉到跟做期货的朋友还是挺有距离的，因为我接触到的做期货的朋友基本上都是名校毕业、博士、国外留学的都有，他们的个人素质、文化都非常高。实业方面我认识的大都是穷苦人家，都是白手起家型的，如果是老板的话，他们可能没有文化或者文化水平比较低，但我看到一点，就是我们每个人在自己的行业里都付出很多，都很上进，非常用心，一天的工作时间，基本上在 14 个小时。所以我觉得这两个行业的人的层次是完全不一样的，在价值观上一种(做期货)是用敏锐的数字处理在这个社会上生存，而另一种，我实业上认识的朋友则是靠一些技术，靠常年累积下来的为客户服务的意识在这个社会上生存。这两种人我觉得有很多不同之处，我尽量在与两种人的交往中保持一种风格转换。

七禾网 4：您什么时候开始做程序化交易的？在做程序化交易之前，有没有做过主观交易？您选择程序化交易的核心原因是什么？

章位福：在我做程序化交易之前是做股票的，股票用的是价值投资，价值投资我个人认为其实是非常主观的，我们根本不懂得什么价值，对一个没办法获取所谓的价值的人群来说，你不知道价值的本质是什么，所以所谓的价值在我们这个层次上面是做不了的。后来正因为是我手工计算了用机械化的手法，导致我开始开了一个期货账户，上网一查，没想到还有文华财经，这款软件当时还是比较有名的，我就买了一个赢智版，花了 2 万多块钱，它里面的功能非常符合我的观念和理念，就是程序化交易，当初我还不知道这叫程序化，我参加了一个文华财经 5 天的培训，那个过程是开始接触程序化的最初期。**从现在来看，我选择做程序化的核心原因是因为：①它相对客观，而且只有做程序化，才能避开人性的贪婪、恐惧、前后不一致的方式。**我相信在这个市场上面，如果你真的要做交易，必须克服这些人性弱点，而程序化就是一个最好的工具。②我是属于半职业的方式在做期货，**我也看中了程序化交易比较省心**，能够自动化地去运作，而我基本上就可以把大部分时间做实业了。**如果没有做程序化，那我是不可能做期货的。**

七禾网 5：从交易逻辑的角度来说，假设交易策略分为两大类，突破跟进型(趋势)和背离进场型(反趋势)。您觉得哪一类更有效，更安全？您自己主要用哪一类？

章位福：我的实盘会选择第一种，叫作趋势类，我想在当前这个市场上大部分人都采用了第一种。反趋势不是说没有，但我认为趋势符合我这种不是十分专业的人做。我觉得做趋势相对简单，就是你看到价格往上涨了你就跟进去。你假设价格还会继续涨，这就是一个趋势的根本原理，如果你做反趋势的话，当价格涨，你要看到它下跌的一个因素，至少我是没这个能力来做，所以**我个人认为趋势相对会比较有效一点儿，而且更安全一点儿。**况且在当前的投资领域，我也翻阅了大量的书籍，看到 80%都是趋势型的，书上也没有看到非常有名的反趋势思路。**我身边的朋友真的能让我说出来做反趋势做得非常好的，几乎没有。**所以我个人认为以后我还是会以趋势跟进的方法作为研究的方向。

七禾网 6：从机会识别的角度来说，假设交易策略分为三大类，即指标跟踪型、图形识别型、数量统计型。您主要采用哪一类或哪几类？

章位福：这三类的交易策略我大部分都在用，是一个组合的方式。指标跟踪型，我认为其实不管是任何指标，都有它的优点也有它的缺点。**我做交易并不是十分看重什么神奇的指标，或者说神奇的图形、神奇的数量统计，我个人比较推崇的是市场的本质**，假设我要做一个趋势模型，那么我会怎么去做？我肯定要知道当前这个品种它的特性是什么样的，如果我是做日内的，我要考虑到它当天的平均振幅是多少。有了这样一个初步的思路，再从中细化，假设这个品种平均波幅在 1.5%～2.0%，甚至常有大阴、大阳出现，那么在日K线级别上面，我们一眼就可以看得出有大阴、大阳的现象，对这种品种，我就认为比较适合做日内。第二点，你再深入进去，还要看它在你所选择的周期线上的K线形态，它是经常走V形反转的，还是很简单地往上或者往下冲的，经常是走一整天的行情，还是只走半天的行情，有了这些认识之后，再根据所谓的指标、图形、数量统计，才能有一个比较初步的框架，然后再去细分，做出来的策略会比较适合。

七禾网7：在您的交易思维中，怎么定义趋势？怎么定义震荡？

章位福：趋势和震荡，是老生常谈的话题，大多数都说这段时间震荡，这段时间来趋势了，这是走出来后的看法。当一个行情在日线级别上你看到的是震荡，它在5分钟线、10分钟线上，你看到的可能是趋势。**如果没有加上一个时间框架，你是无法定义趋势和震荡的。**我会怎么去做？**我基本上是以3天为一个时间框架，再去定它是趋势还是震荡。**我做了一个指标，是怎么来定义的呢？也就是趋势它是一个不断创新高的过程，**当一根K线比前一根K线高，不断在这样交替，数量比较多，比如说3天里面有100根K线，不断创新高的这种组合比较多，那么我认为就是一个趋势。**

震荡指的是在同一个成本线附近，不断地被成交，假设在某个箱体里面，它不断地往上或往下，它碰到当前箱体里价格的次数是很多的，我认为这就是震荡。反趋势为什么不好用？是因为在人们极度地不知道方向的情况下，他去做反趋势，是很容易猜错的。但是如果它是在不断地创新高的过程中，市场上面有人对当前的趋势比较看好，买单比较剧烈，那么我们为什么不去加入明显有优势的一方呢？所以，我认为识别趋势和震荡其实是走出来看的，也可以这样说，你在1分钟是震荡，但是在秒周期里面也有趋势，有波动它就是趋势。**把时间框架定下来之后，再去定义是趋势，还是震荡，相对来说才有意义。**

七禾网8：您的模型更适合震荡行情，还是趋势行情？

章位福：那当然是趋势行情，这是毫无疑问的。**我是一个极度偏好趋势模型的操盘手。**

七禾网9：您股指期货和商品期货都有涉及，请问您商品期货主要做哪几个？为什么选择这几个？

章位福：商品期货我主要做10个品种，上海的有铜、橡胶、锌、螺纹钢，郑州的有白糖、PTA，大连的是豆油、塑料、棕榈油、焦炭。为什么选择这几个？在我的观念中，做程序化我们一定要了解在什么样的市场上才能盈利，在什么样的市场当中是亏损的。**我的模型至少需要具备几大特性的才能够盈利，第一，是流通性**，我选择的这 10 个品种，相对来说流通性都是比较好的。**第二，波动性**，如果波动很小，或者震荡很多，我指的震荡就是在一个箱体里面不断触碰这个箱体，就会不好做。**第三，连续性**，连续性指的就是刚才说的不断创新高的过程，它就是所谓的连续性，这是我个人的理解。我选择的这 10 个品种，考虑的是以上这三个因素。

七禾网 10：您股指期货的策略和商品期货的策略是否有所不同？主要的不同点体现在哪里？

章位福：区别的第一个，**我股指是做日内，因为股指是当前市场上日内波动性最大的一个品种**，而且它大部分时间超过了当前其他品种的 2 倍以上。有人会不明白，为什么是 2 倍？我的计算方式跟很多人都不一样，如果单看每天的振幅，你会发现橡胶和铜的波动是差不多的，甚至有的时候橡胶是会比铜还要高，但是我用了一个公式算出来就明显的不一样了。那个公式就是价格波幅除以最小变动价位，得出一个数值，**假设股指一天波动 20 个点，1 个点它有 5 个变动价位，那么 20 点就相当于 100 个变动价位**。同样，你可以算一下橡胶和铜，它们都非常小，都在六七十个变动价位。而我说的一天 20 个点的股指波动，在我们当前来看，是非常非常小的，通常都是四五十个点，这是我选择股指期货做日内交易的重要原因。

我认为做商品期货就是做波段、做趋势，它相对来说没有股指这么有连续性，以及它的日内波动没有这么大，那么我交易策略的开仓点会设的严格一些，我的平仓点也会严格一些。

这样做有什么不同呢？第一，在日内，我主要是以股指为主，因为它波动大，**商品期货我是博取它在日内的波动**，就是它日线上面的波动。第二，日线上走出一波行情，那么我做商品期货肯定能赚钱，我不会去博取它非常小的波动，因为商品期货相对走得比较杂乱。

七禾网 11：从您实盘做下来的效果来看，是股指期货盈利效率高，还是商品期货盈利效率高？

章位福：**股指期货盈利效率高**，在股指期货上我的盈亏比在 1.5 左右，我指的盈亏比是总盈利除以总亏损。在商品期货这一块，这个盈亏比会比股指要高，但是它的机会和时间周期会长很多。商品期货的盈亏比大概在 1.8 左右，但是盈利的效率，目前还是股指要高出很多。

七禾网 12：您做日内交易比较多，请问您日内交易一般仓位多大，最大仓位会达到多少？

章位福：因为我是加减仓的，一般情况下仓位只有10%，但我会根据行情而变动，如果行情对我有利，最大仓位会达到70%。要看行情的一个变化，如果一天波动很小，那可能就10%，甚至有的时候不交易。

七禾网13：您有没有涉及到隔夜单？您如何控制隔夜单的风险？

章位福：第一，这个头寸代表的是一个每天收盘后你还持有多少持仓资金，你持仓的资金量越大，账户第二天的波动就会越大，不管是有利的还是不利的方向。我目前是控制在不到10%，大概在8%左右，但是我未来会增加到20%左右。这是我利用头寸来控制隔夜风险。第二，利用品种来控制隔夜风险。我为什么做10个品种？正因为认为隔夜的风险是不确定的，所以我在上海、郑州、大连三个市场上面都选择了隔夜，而且在品种分散上，有各式各样的品种，这样做的目的是希望在合理的头寸内去隔夜，并且通过品种的分散做一个风险控制。第三，是用策略的差异化来控制隔夜风险，如果我两个策略的开仓点都不一样，有些时候会形成锁仓的效果。

七禾网14：您的历史最大回撤为13.8%，在相对低风险的前提下获得了较好的收益。请问您如何看待收益率和回撤率的关系？多大的风险收益比您会满意？

章位福：收益率和回撤率，我更关注的是回撤。收益是被动的，只有市场朝你有利的方向去延伸的时候，才能够获得比较好的收益，而市场不可能因为你一个人改变，老是朝你有利的方向走，所以说收益是被动的，我们就像是看天吃饭的农夫一样。回撤我个人认为它是主动的，我们可以利用我们的头寸，利用我们的止损，利用我们的交易周期来控制它，甚至利用我们动态化的资金管理方式把回撤控制在一定范围内，这是绝对可以做到的，因为你的专注点在回撤而不是收益。这里再强调一次，只有主动的事情，我们去做，才可能达到我们预期的效果，实现的可能性才高，被动的事情，你再怎么努力，它都没有办法达到你预期的效果。所以，我一直给自己的账户在交易初期的最大忍受亏损设在30%，假设有一天的确达到了30%的回撤，那我必须要退出这个市场半年，这是我对自己定下的铁律，这半年我绝对不可以去做一笔交易。我在回撤30%之前做了一套动态的资金管理，当我的资金回撤亏15%的时候，我会毫无理由地减仓一半，头寸减掉一半，不管是日内还是隔夜。再亏15%，当前的行情就必须比亏之前15%的行情还要严峻一倍。如果说亏了15%以后，它还是朝不利的方向去发展，当我亏掉15%的50%，即7.5%，我再次减仓一半，如法炮制。如果说这样也能够达到最大回撤，也能够达到30%，那我相信这个市场上大部分的人都爆仓了。首先是我们的策略，我们的资金管理没有太激进，这是第一点。第二点是当我亏了15%的时候，它又朝我有利的方向去走了，资金往上涨7%的时候，我又恢复了我的持仓，所以我是采用了一种动态的调节方式来做我的资金管理。**减仓是无奈之举，其实最好不要减仓，减仓是对自己伤害极大的动作**，减仓后你的回撤虽然变小了，但是你的收益同样减少了一半，所以这是一个双刃剑，但是在求生存的过程中我们不得不做。也正因为有这样的一个动态管理体系，我才把自己的历史最大回撤控制在13.8%。我告诉自己谨慎谨慎再谨慎，这算是我的一个观念。所以风险和收益，我认为最大回撤最好要控制在20%，这是我的一个目标。

七禾网15：*股指期货您主要做1分钟K线周期，商品期货您做什么周期？为什么商品期货的周期和股指期货不同？*

章位福：你虽然看到我做1分钟周期，用1分钟K线做信号，但你看到的东西不一定是真的，其实我并不是用1分钟的周期来做1分钟的信号，**真正在投资里，你不要用K线的周期来判断别人的信号或作为研究的对象，而是要用时间框架**。假设做日内，我就以当天的时间框架，用3小时或者是以1小时为时间框架，出信号就根据你的时间框架来定。同样的，做商品期货我加载在15分钟周期上，但并不是15分钟，我只是取了一个时间框架，我的时间框架在商品期货上面大概是10～15天。股指期货我的时间框架大概在3小时左右。商品期货的周期和股指期货的周期，本质上是时间框架不同，不是它的K线周期不同。

七禾网16：*在您的账户具体进出场交易时，您采用的是见价成交，还是一个周期结束后进出场(比如分钟K线的末端进出场)？您觉得这两种方法各自的优缺点有哪些？*

章位福：我的方法是采用第一种，见价成交。这两种方法都是可取的，见价成交最大的好处是防止极端事件的发生，假设某品种你刚做进去，如果你是采用收盘价成交，不管你的周期是1分钟还是5分钟，在这1分钟或者5分钟的时间里面，价格朝你不利的方向发生的波动可能是巨大的，而你毫无反应，所以你的风险是非常被动的，这是收盘价进出场最大的问题。当然，它也有它的好处，它能过滤掉一些有毛刺的行情，假设它只打了一个上影线，在见价成交就成交掉了，但是在收盘价，经过了一定的时间确认才能成交，所以导致它的信号相对会偏少。还有个好处就是它的滑点会比较小，说我们见价成交如果是趋势模型、突破型的模型，在大部分人都在抢单子的时候，你在做交易，你在跟他们一起抢，那么自然而然你的滑点肯定是要付出的，而收盘价则趋向于整个市场的成交平衡，相对来说，滑点就会少一点儿，所以各有利弊。**见价成交最大的好处就是它能够应对突发型的行情，而收盘价成交它有比较好的过滤，并且滑点偏小。**

七禾网 17：做程序化交易，特别是日内交易，在成交时经常会有滑点产生。请问您的账户在交易中滑点现象如何？您有没有采取相关措施减少滑点？

章位福：滑点是我们做交易中最大的敌人之一，如果说没有滑点的话，我们随便写个模型，表现都会非常漂亮。以致于导致很多人在测试过程中不添加滑点，做出来曲线非常漂亮，让人羡慕，但在实盘中它是无法达到这种效果的。所以我们一定要在能成交的过程中控制最少的滑点。**措施上我采用了硬件上的方法，我把交易的平台放到机房里面，**这样就极大地加快了我下单的速度，同一个单子，我的会比别人快一些。**第二点，我利用了自己在编程方面的一些技巧，**相对解决了一些滑点问题，我相信同样一个策略经过我在策略上面的编写，对滑点的减少还是有明显作用的。我认为想要完全解决滑点是不可能的，但你能够把市场的本质理解透，或者是以速度来解决，那还是可行的，把滑点控制在可控的范围内才适合。

七禾网 18：目前您操作的账户同时跑几个策略？不同的策略相关性如何？

章位福：我当前的账户 500 多万，同时在跑股指期货、商品期货。先说股指期货，当初由 1 个模型延伸到 7 个模型，后期又由 7 个模型变成 5 个模型，到现在，由 5 个变成了 3 个模型，这 3 个模型最大的特点是它们虽然都是趋势型的，但有非常好的互补。我把这 3 个模型加一种特质，第一种模型，我称之为进攻型，就是在一定程度上，市场上只要有一定的波动我就参与，它参与的机会越多，获取的利润相对来说会多一点儿，同时它亏损也会更大一点儿。第二种叫中性模型，比进攻模型稍微更注重防守一些，进攻模型进去之后，我的中性模型后期也会跟进。第三种是极度防守模型，通常就做 3 天一次信号，或者说极度波动的情况下，才参与交易。所以我认为，**模型一定要分类，分成盈利大、亏损大的模型，盈利中等、亏损中等的模型，还有没足够波动就不参与交易的模型，这三类能达到互补效果。**

商品期货方面，我运用了大道至简的理念，就是用一个模型不改变参数，不改变任何结构的情况下，同时交易 10 个品种，相当于天空中有 10 片云朵，**我每片云朵下面都放一个脸盆，期待它下雨，不管哪片云下雨，我都能够盛到一点儿雨，这就是我做商品期货的核心交易理念。**我相信大道至简也是有非常好的互补性，因为 A 品种可能不受当前市场主流资金的关注，但是 B 品种很有可能，所以用一个大道至简的模型去做品种组合，会达到比较好的效果。

七禾网 19：同一个策略您有没有加减仓的设置？用怎样的方法进行加减仓？

章位福：在策略上我认为控制回撤最好的一个手段就是在震荡行情中少参与，在趋势行情中开足仓。但是我们不知道什么时候是趋势行情，什么是震荡行情，这种情况下怎么做？只有一点，就是当你赚了钱就加仓，很简单。如果出趋势，一定会加满仓，如果是震荡，一定没有仓位或仓位很小。**这就是我的加仓方法，赚钱加仓。**

七禾网 20：您做程序化交易，一开始只用一个策略做了较长时间，后来慢慢导入新的策略；一开始只做股指期货一个品种，后来导入了商品期货。请问，采用多策略、多品种、多周期的组合后，账户的资金曲线有没有更好看一些？您觉得多策略、多品种、多周期组合的作用主要体现在哪些方面？

章位福：在这个金融市场上唯一的"免费午餐"就是多策略、多品种、多周期的组合。用一个简单的交易策略去做 10 个品种或者更多，出来的效果绝对比做一个品种要好。**给多策略、多品种、多周期排个序，我认为多品种是最重要的，第二个是多策略，第三个是多周期。**其中互补性的体现，多品种会强一些，其他的会慢慢变弱。还有一个优点是我们很多人都理解的东西，组合测试中，10 个策略的总盈利是相加的，但是最大回撤绝对不是相加而是相互抵消。这就是在做组合上的最大优势，一个亏损的时候，另外一个可能在赚钱，因此它能极大地平滑你的资金曲线。

七禾网 21：做程序化交易，策略需要不断完善，也需要更新换代，您一般多长时间会去调整策略？

章位福：还是那句话"大道至简"，一般我不喜欢优化。策略需要不断完善，我们一定要找到市场中与之前走势有微观变化的东西，才能去完善，而不是因为这段时间一直在震荡，我们的账户有回撤了就立刻去优化或者去替换，这种方式对收益反而会大打折扣。**我的策略从开始到现在更新过三次，而这三次都是在对市场的本质有更深的理解之后才做调整的，**绝对不是因为简单的参数优化，**去寻找一个历史拟合的数值做调整。那种方法往往会给人**

带来不归路。很有可能你会不断陷入一个优化的漩涡里，发现一时很漂亮，未来很可怕。

七禾网 22：要加入一个新策略时，您觉得应该在资金创新高的时候加，还是在资金曲线回撤时加呢？

章位福：我觉得很多人会在创新高的时候去加新策略，这种投资者基本上都是新入行的，看到模型一直在赚钱就加码，这是第一种人。第二种人是等它回撤的时候加，这种应该是做了一段时间之后，发现创完新高之后就回撤，然后认为回撤的时候加可能会好一点儿。

我认为不是去看当前资金曲线的状态，而是要了解策略的稳定性或者策略适合什么样的行情。我对什么时候选择新策略不是很讲究，哪怕创了新高之后再创新高也是有可能的，但回调之后再创新高也是有可能的。所以我觉得一定要理解市场的运行，之后你想要加入新的策略，就不是在什么时候加，而是用多少仓位开始。一个新的策略肯定是小仓位进去，做顺了之后再慢慢加上去，这才是我认为比较合理的加入新策略的方法。

七禾网 23：您做程序化交易是否全部执行程序指令？在盘中有没有人工干预信号(比如人工过滤某些信号、增加一些交易、临时调整仓位等)？

章位福：我在做程序化交易百分百执行。我认为人工干预，去所谓的过滤信号，其实就是在主观交易。如果不是百分百去做执行，就不是一个完整的程序化。有人会认为人工干预之后，收益会比百分百执行更高。我们是否可以这样理解，人工干预的变量是什么？如果没有变量或没有标准变量，是否又回到了主观。如果有一个标准的变量，就可以把它变成程序，直接加在源代码里做过滤就可以了。我认为主观过滤是做程序化最不稳定的因素之一。

七禾网 24：您做交易用的程序化平台是金字塔，请问您为什么选择用金字塔？

章位福：我现在用金字塔的平台。选择这个平台之前是文华，因为文华有很多的想法没办法实现，后来就接触了金字塔。相对来说，金字塔的语言比较简单，后来又接触了 TB，学了这三个之后，发现适合自己的是最好的。TB 的编写相对严谨，但是针对我自己的编程能力而言，相对会难学一点儿，而且在做实盘交易过程中，感觉界面和操作上不是十分顺手，这并不意味着 TB 不好或者文华不好，而是金字塔更适合我，已经习惯了，之后还会继续用下去。

七禾网 25：您的自动化交易有没有人工值守？自动化交易过程中，有没有遇到过程序出错、软件出错、网络出错等问题？

章位福：我做程序化请了一个助手，他就是每天帮我开机、关机、看着程序的执行情况。**我认为一定要有人工值守，除非你认为账户的资金无关紧要。**在做自动化交易过程中出错，今年比较少，还算比较稳定，但是还会出错。所以我很不赞成无人值守的交易方式。虽然是全自动化在做，是程序化百分百执行，但毕竟是电脑而不是人，**没有办法做一些应急上的处理。资金量达到一定程度的时候，没有人值守，就是对这个账户不负责任。**

我本人在执行程序化交易的过程中发生过几次惊心动魄的事件。有一次大概在 1 分半钟的时间里，交易了 80 次，就是不断地开仓、平仓，手续费就达到了 8000。那个时候我运气算非常好，2 分钟之内就发现了问题，所以亏损还算小。如果是 1 个小时，那损耗就很多了。第二个就是在做程序化的过程中无缘无故死机，整个服务器卡死、界面卡死，但不是完全关机。看的时候账户有持仓，但实际上就是死掉了。如果当前有一个巨大的持仓，行情朝我们不利的方向发展，那就存在很大问题了。**我坚定认为，一定要有人工值守，这是防止突发事件的最好的一种方法。**甚至我们可以找一些完全不懂这个行业的人去值守。

七禾网 26：现在越来越多的投资者对程序化交易感兴趣或者已经在尝试程序化交易，您觉得投资者使用程序化交易实现盈利的关键点是什么？

章位福：首先一定要对这个市场有本质的认识。不要以为进入期货市场你就是天才，就是 1%能长期稳定盈利的人。**前期进来的时候的聚焦点不应该是盈利，而是如何控制亏损。一进来就能盈利，这种人几乎不存在，哪怕是当前最有名的人。**初期进入期货市场，不管是手工还是程序化，对市场要有本质的认识。它不是暴利的行业，也不是在这个市场中能一夜暴富或者能够挖金。**需要对市场本质的理解，对人性极大的考验后，才能在这个市场中生存下来。**先能生存，再求获取一定的合理利润，这是有可能的。如果达到了用客观的角度来看市场的本质，通常就能在这个市场中生存了。

第二，能生存之后，还要不断寻求方法。**我认为想要赚钱，最好的方法就是向别人学习。**别人之所以能盈利，是有方法的。所以，我认为先求生存并且放下自己身段，去向比我们成功的人学习，然后坚定地执行我们的方法，持之以恒，这条路成功的概率会比较大。

第三，**初级的交易者一定要保留完整的交易单，并且养成一个做统计的习惯，画出自己的资金曲线。**这条资金曲线是过去交易的一个情况，你能因为这条资金曲线而从中反省、感悟非常多的东西。**一个交易者敢面对自己真实的交易，他才能在这个市场上面对更多的突发事件。如果连自己的交易曲线都不敢看，则代表交易是随性做的，也就没有合理、客观的交易。**正因为有这样的资金曲线，你有更多的数据来做分析。在我的交易里我永远只看两个重要的指标，第一个指标叫作最大回撤，我认为这是一个账户能承受的最大风险的程度。第二个指标是总盈利除以总亏损，得出一个我称之为盈亏比的值。当你除出来的数值越大，代表交易越值得按照现在这个方式做下去，除的数值越小，危险就越大。

七禾网 27：请您谈谈，如果一个普通投资者想要参与程序化交易，应在哪些方面下功夫？

章位福：第一，对这个行业感兴趣。我指的感兴趣是可以利用晚上睡觉前的时间来研究。甚至白天研究了之后，晚上睡觉做梦都在研究，这就是兴趣的体现。**第二，想要做程序化必须要学会编程。**如果连一段代码都不会写，就想做程序化，这是极度不稳定的。比如，你想通过一个自己认为很好的方法在市场里赚钱，请人将它变成程序化，这是非常不可取的。因为你的策略肯定要微调，交易理念肯定要延伸，平时在做程序化过程中肯定会碰到问题。从这几方面来说，**如果连程序都不会编，不适合做一个程序化交易者，反而手工交易更适合。第三，多到外面学习。**多看论坛，多参加相关的群，只有这样才能结交更多在程序化这条相同路上走的人，才会有更多的交流机会，个人的能力才能成长更快。

七禾网 28：您从 2011 年 9 月 13 日起在 CCTV 证券资讯频道展示名为“倚天剑”的实盘账户，引起业内广泛关注。请问，您当时参加展示的主要目的是什么？

章位福：当时《期货时间》的兵器谱刚开一个礼拜，我一看到这个节目就立马有报名的冲动。**原因主要有两点，第一，我希望通过一个公开、公正的节目或者大家广泛认可的节目来把自己的资金曲线给别人看，**接受别人的评论，同时观察自己的曲线与别人做的过程中有什么不同，因为自己的账户在上面展示，自己关注相关的节目就会增多。**第二，我希望通过兵器谱的这个节目，认识更多业内的高手。**我本人非常喜欢交流，也可以将我自己的一些操盘心得或者想法完完全全、毫无保留地分享出去。方法太多了，不仅我这一种能盈利，其他的也能盈利，所以我希望有更多做得好的朋友能一起交流，这就是我参加兵器谱账户展示的两大原因。

七禾网 29：您因为小时候家境一贫如洗，初一下学期就辍学了，但这些年来您不断通过各种途径学习深造，不但在美发领域有所成就，在金融投资领域也获得了成功。请问，是什么动力让您持续去学习？

章位福：想让明天过得更好，这是我不断学习的初衷。我的人生是由学习改变的，而我人生的第一个转折点是一本书。那本书的名字是《世界上最伟大的推销员》。当我身上只有 20 块钱的时候，我花了 14.8 块钱买了那本书，从此我的人生就不一样了。从那本书里面我学到了很多人生的原则、做人的道理。我把自己的脑子比喻成一台电脑或者是一个装东西的储物罐，储物罐装了很多东西，有好的，也有不好的。生活中有很多观念，每次出去学习，就是为了寻找比我们脑子里面更好的东西用来替换，或者当我什么都不懂的时候，就把我学来的东西塞进去。当然，定位要定好，我学投资的时候，前期什么都不懂，听什么都新鲜，但是现在在一个培训班里面，让我感悟到一句话或者两句话都很值得。所以，当你的脑子或者储物罐里面的方法越好，赚钱能力一定越强。正因为我感悟了这样的道理，才能够让我有很强的动力去学习。我深深知道，方法会随着时间的改变而改变，我们知道的方法仅仅只是过去有效，未来不一定有效。只有通过在外面不断寻求更好的方法来替补我们当前的方法，才能让自己在市场上或者让自己的人生越来越好。

七禾网 30：自 2000 年以来，您几乎每年都会安排时间去参加各种类型的学习、培训，除了到杭州、上海、北京、宁波、韩国、台湾、日本等地参加大量美发方面的学习之外，您参加了众多金融培训课程，同时还参加陈安之、浙大等课程。请问，不同领域的持续学习，让您获得了哪些方面的升华？

章位福：总结我能走到今天的最大一个因素就是学习。无论在我的投资还是实业领域，如果没有学习，就不会有今天。我到全国各地甚至国外去学习，第一，我的自信心增加了，第二，我的见识多了，还有就是我相关的专业能力上有很高的提升。在相关领域上的学习，我以后一直会做下去，因为不管是实业还是金融，未来充满很多变数，学习能让我变得更自信，让我的能力变得更好。

七禾网 31：原本您对期货投资是一无所知的，更不用说“高深”的程序化交易了，但您通过学习却掌握了编程，并实现了程序化自动交易。很多朋友认为学程序化编程太难了，您怎么看？您觉得普通投资者能够学会并掌握程序化交易吗？

章位福：一个连英语单词都不会读的人，是如何学会编程的？我刚开始接触编程的时候，就像是在听天书一样，根本就听不懂。正因为有一种强烈的兴趣，我不断地在寻找学习的方法，其中最好的一个方法就是运用电脑中的复制粘贴的形式来完成。前期我很少用键盘写源码，直接在计算机里面套用，但有些变量还是要重新做。后期**我认为编程最大的一个难点就在于逻辑性，如果有一个非常好的逻辑，编程就会提升很多**，如果一点儿逻辑都没有，看着单调的函数，你会发现好枯燥，不会有很好的进展。所以，**普通投资者想要学会编程，第一是兴趣，第二是逻辑性，第三需要有一位好的老师带领。**自己摸索和有别人的指点相比，在别人的指点下的效率是成千上万倍的。自己摸索也许 10 年都摸索不出来，虚心向别人请教是成功的不二法门。

七禾网 32：您每年都为自己设定一些目标，其中大部分目标实现了，也有少数目标没有实现。请问，目标对您来说有着怎样的激励作用？当一个目标实现时，您的感受是怎样的？而当一个目标没有实现时，您又会有怎样的感受？

章位福：我认为目标就相当于是地图，像我们车里面的导航，我现在非常习惯定目标。如果没有目标，东南西北去哪里都不知道，更何况能有详细的计划呢？我每年都会为自己定目标，甚至我会定大的目标、小的目标、长期目标、中期目标和短期目标。长期以一生为周期，中期以五年、十年为周期，短期以一年甚至一周为周期。有了这些就相当于有了地图的导航，知道应该怎么做，关键是会不会去做。如果接着按照这种方式去做，你会发现离自己的目标非常接近，这是一个很神奇的事情。

2007 年的时候，我还是一个什么都不会，骑着一辆电动车的人。定了目标，27 岁要拥有自己的房子，29 岁要结婚，30 岁要有一个三口家，还定了一个投资目标，一年以 15%的复利增长。**当初觉得这些目标遥不可及，但是一狠心写下来了，**并且时常去看它，发现它能激励你，能不断指导你应该怎么做。**在完成一个目标时，心中的喜悦不是金钱能代替的，那是一个人的价值体现。**会觉得我很行，那种感觉应该比什么都好。我在每年的实业上面会定目标，在投资上也必须有目标。前期我定了个人与王亚伟、华夏大盘作为比较。36 个月的 PK，每个月去做统计和总结，三年下来，实现的那一刻，这种感觉无法用语言表达。**如果一个目标没有实现，我觉得也很正常，至少努力过。知道没实现的错误的方式和方法，或者定目标不合理的原因在哪里。**这样下次定目标的时候会更合理，或者做的过程中更容易避开错的方式和方法。持之以恒去做，你会发现有目标的人是比较容易成功的人，没有目标的人不大可能成功。

七禾网 33：您在美发业为自己定了一个教育使命“教育培养 1000 名年薪超 10 万的美发者”，请问这一使命进展如何了？您打算用多少年完成这一使命？

章位福：这个使命是我 2009 年的时候定下的。当时公司内部有个小伙子因为一件事情进了医院，这件事情对我感触很大。我们这个行业在整个社会中还是比较底层的。进了医院之后，他说没问题，都好了，要出院。最后说了一句“来这里一定很贵的”。这一句话对我感触非常大。我沉思了半天，在**美发行业里，我如何贡献自己的价值，不是要赚多少钱，而是体现自己人生价值。我把他培养到一个什么样的程度，才能让他进了医院不要说在这里很贵**，因为钱的事情耽误自己的身体。**从那个时候我就定下来，自己一定要培养年薪超 10 万的美发者，我的目标就是 1000 名**。我每年都会统计他们的收入，超过 10 万，就进入我年薪超 10 万的名册。到目前已经有 19 名了，虽然这 19 名的数字很小，但是我一定会坚持下去。**打算用一生的时间去完成这个使命，如果在我有生之年，在我的帮助下能够培养出 1000 名年薪超 10 万的美发者，这就是我人生中很大的价值**。我希望在有生之年能看到这一天，在我 1000 名的名册里面能全部写满，是我最大的欣慰。我觉得我帮助了一些社会中相对底层的人。

七禾网 34：截至 2012 年 10 月底，您已经开了 24 家美发分店了，后续您会不会加快开店的速度？5 年内，您打算开到多少家分店？

章位福：**用了 11 年的时间，现在我们的团队有 400 个人，也很庆幸能做到这一步**。后续不是我要开多少家店，或者我要发展多快，而是取决于有多少人想在这个平台上发展更多属于自己的事业。**我希望通过开店帮助我们这个团队实现他们年薪超 10 万的梦想。我们有一个计划，2016 年前，开到 50 家分店**。在有生之年，只能算是一个非常乐观的想法，我能看到自己有 300～500 家的分店。这是一个长期的想法，但是 2016 年已经作为我们一个明确的计划以及大家一起奋斗的目标。

七禾网 35：在投资方面，您给自己定的使命是“投资年收益平均 30%”，自 2010 年以来，年回报的任务都已经实现了。您觉得在后续的几年中，您能否保持每年 30%以上的收益？

章位福：**投资中收益是被动的，我只能说从目前来看，平均 30%的年回报还是比较有信心的**。至少在 2019 年前，我给自己定了一个目标，连续 10 年，投资上我还是以稳健，尽可能保住本金的方式去博取合理的利润。我记得和一个程序化的投资者交流，他说做程序化交易，一年没有做到50%，拿不出手。对于这个观点，我觉得各有各的做法。50%的年收益，他会承受更大的回撤，我觉得能否保住平均30%的年化收益也不好说，要看市场。但从目前来看，还算比较乐观。

七禾网36：从2010年开始您计划将个人每年总收入的1%捐献做慈善事业，并从身边需要帮助的人开始做起了慈善。请问，您如何理解慈善事业？在慈善中，比钱更重要的是什么？

章位福：人的一生，在社会中需要的不仅仅是金钱，我认为当金钱到达一定程度的时候，就是不要在平时的开销中，会觉得买不起就行了，不一定要达到多少钱。**我本人是信佛的，觉得帮助别人，间接就是自己得善果。**我在自己的能力范围之内去做，我认为是可以的，**计划把每年总收入的1%拿来做慈善事业。我在自己的人生准则中，经常强调一点，损人利己的事情坚决不做，利人损己的事情量力而做，利人利己的事情坚持做到底。**这是我做事原则，我不会为了自己的利益损伤别人的利益，如果能有双赢的方式，我一定会多做。所以说做教育这一块很好，因为我帮助了别人，同时自己也有一份收入，这是我对慈善的理解。慈善不仅仅是用金钱，金钱是有限的，除非你金钱很多。但我还是认为**在平常的实际行动、为人处事中，只要利人利己，坚持做，这就是最好的慈善。**

颜兆阳：程序化交易的最大风险——后知后觉

（访谈时间：2012 年 12 月 20 日　沈良、翁建平整理）

颜兆阳：台北大学商学院国际财务金融所硕士、厦门大学王亚南经济学院博士生 、CFTA 期货分析师。任台湾期货业商业同业公会讲师、CME Group 客座讲师、兼任台北大学讲师、曾任海洋大学应用经济研究所讲师。台湾永丰期货副总经理，分管自营部、资产管理部，获得台湾地区期货商期权自营绩效第一名(不含做市商)。

拥有股票与期货、期权 16 年投资经验，擅长信息交易平台(IT)建置、期权与大户平台建置、高频交易、多元动态避险策略、法人机构 & ALPHA 股票投资策略、股票 / 期货 / 期权三向 Gamma & Vega Neutral trade。

访谈精彩语录：

程序化交易的最大风险，四个字——“后知后觉”；主观交易最大的风险，两个字——“情绪”。

盈利的关键是交易员，我一再强调价值在人的身上，不在策略的本身。

只要能发掘一个优秀的交易员，会赚钱的策略就随之而来。

应该用心去观察行情，而不是一直去修改程序，应是不断地用心在行情上面，然后判断什么时候该让哪种程序上场。

一般性的人才是可以培养的，表现最好的前 5%的交易员是自然而然生成的。

做程序化交易的人必须要做好资金管理才可能是长久的赢家。

练习 1000 次仍然是新手，练习 10 万次才会成为大师。

有感觉并且一下子就开始赚钱的策略就是适合自己的策略。

市场深度必须要靠不同参与者的参与，每个人的目的不一样，就自然而然产生市场深度。

大陆的监管机构在监管层面做得非常好，所以不需要再做更多的监管，但是要开放市场。

大陆的硬件技术已经赢过台湾，软件技术不输台湾，人才水平不输台湾，台湾只剩下宝贵的经验。

一些在台湾没办法赚钱的程序化交易策略，在大陆还是会赚钱的。

以现在的时空背景来看，在大陆不管是商品期货还是股指期货都有很好的交易机会。

我很看好大陆的期权市场。

七禾网 1：颜兆阳先生您好，感谢您在百忙之中接受七禾网的专访。您领导的期货自营团队，今年的业绩在台湾期货同业中做到了第一名，请问您们能做到第一名的核心原因是什么？

颜兆阳：第一名是指人均获利第一名，即平均每个交易员的获利在业界是第一名。核心原因是在多元策略和交易员的投资配置，以及资金管理上的成效。例如，趋势不明的行情时众多策略的使用资金都是一个单位，但在趋势明显的环境里我们特别拉高资金使用比率，这是好的交易员应该做的事。

七禾网 2：您自己以前也做过交易，现在的工作则是管理交易员。请问，"自己做交易"和"管理交易员"哪一项更难？为什么？

颜兆阳：用四个字形容，即"适人适所"。有些人个人能赚很多钱，但是做了交易之后可能只适合做交易，那就不需要去做管理交易员的工作，让他去做管理交易员，他会很痛苦；有些人做交易做了很久，表现还不错，有了经验之后让他做管理交易员的工作，做得更好，那就代表他适合管理交易员，可以把规模做得更大。

七禾网 3：风险和收益是期货交易必须考虑的两大核心要素，您如何看待风险和收益的关系？您更偏向于追求低风险，还是更偏向于追求高收益？

颜兆阳：我追求一定数量的风险，从来不会单纯地去追求高收益。风险和收益的关系跟投资学说的是一致的，有风险才有收益。

七禾网 4：您认为"风险控管必须要控到极端的行情下都能够平安无事"，请问您怎么定义极端行情？如何做到极端行情下平安无事？

颜兆阳：比如说台湾曾经发生的"总统"选举中的"3·19"枪击事件，还有美国"9·11"事件、2011 年 8 月欧债危机全球突然下跌的风险，在突然的很短的时间内，有一个很大幅度的波动，而且是在无预见的情况下，我称为极端风险。如何做到极端行情下平安无事？我把方向性交易降低到投资比例中很低的一个水平就可以了。

七禾网 5：您现在管理的自营团队总共有几个交易员？这些交易员主要分为哪些类型？

颜兆阳：年初的时候只有 3 个交易员，年底有 10 个。我用各种二分法的方式分别赋予交易员不同的责任，比如有“主观或程序”、“国内期货或国外期货”、“期货或选择权”、“价差单或方向单”，不同的交易员各自负责各自的部分。

七禾网 6：您管理的团队用程序化交易为主，还是主观分析交易为主？为何如此搭配？

颜兆阳：目前程序化交易和主观交易占比各半。是一个很一般的平均化分配，没有特别的含义，有也是投资学讲的分散风险的目的。

七禾网 7：您觉得程序化交易的最大风险是什么？主观交易的最大风险是什么？您本人是否排斥主观交易？

颜兆阳：程序化交易的最大风险，四个字——“后知后觉”；主观交易最大的风险，两个字——“情绪”。

我个人不完全排斥主观交易。为什么要排斥主观交易呢？我们 2012 年 70%～80%的获利都是主观交易产生的。每一个策略适合的行情不一样，或许 2013 年就要靠 50%的程序化交易来获利，两者我都不偏废。

七禾网 8：一个好的交易员执行一个好的交易策略，可以实现不错的盈利。那么，您觉得实现盈利的关键是“策略”还是“交易员”？为什么？

颜兆阳：盈利的关键是交易员，我一再强调价值在人的身上，不在策略的本身。

七禾网 9：开发一个优秀的策略更难，还是选拔一个优秀的交易员更难？为什么？

颜兆阳：选拔一个优秀的交易员更难，只要能发掘一个优秀的交易员，会赚钱的策略就随之而来。就算是一个普通的交易员，也能通过我的管理生产开发出优秀的策略。

七禾网 10：您觉得应该如何选择一个好的策略？如何选择一个好的交易员？

颜兆阳：通常在我的管理过程中，主要是不断地发掘新的、好的交易员，也不排除在大陆找到好的交易员做合作伙伴。当我按照我的想法去找我要的交易员时，交易员自然而然会按照我跟他的讨论去思考和行动，他会开发出对这个团队有利益的策略，所以我是由上而下的管理方式，不需要去挑选特定的策略。

七禾网 11：您认为“交易员要能够驾驭程序(策略)”，请问具备什么素质的交易员才能驾驭程序？

颜兆阳：交易员看了行情，研究了行情之后，去撰写出他的程序化交易策略，一般人会很用心地修改完善策略，想要达到完美。但是，我认为好的交易员要能够驾驭程序，每个程序都要很简单、驱动因素很单一，然后至少5～10个，写好程序之后就要摆着，应该用心去观察行情，而不是一直去修改程序，应是不断地用心在行情上面，然后判断什么时候该让哪种程序上场。我觉得这样才是驾驭程序的能力。

七禾网 12：有人认为交易人才可以培养出来，另一些人则认为交易人才是无法培养的，是由市场无情地淘汰出来的。您怎么看？

颜兆阳：一般性的人才是可以培养的，表现最好的前 5%的交易员是自然而然生成的，可能不是单靠培养出来的。

七禾网 13：不同的交易员有着不同的性格、不同的特长、不同的经验，请问如何管理他们才能实现效益最大化？

颜兆阳：这个问题问的应是我的管理风格。实现效益最大化的管理方式主要体现在三方面：①顺向管理；②弹性与沟通；③止损明确。

七禾网 14：请问，不同策略、不同交易员的搭配组合，能否优化交易结果？

颜兆阳：当然会，但是有前提。必须考虑彼此之间互相独立，相关性很低。管理策略很简单，管理交易员就不容易了。

七禾网 15；您认为必须做到“多品种、多策略、多时间架构、多计量模块”，这样的多层次组合有何作用？

颜兆阳：作用很大。第一，能降低总风险；第二，总报酬能维持在高档。

七禾网 16：您认为“如果一个程序化策略不变化，它的长久期望值是0”，为什么长久期望值是 0？

颜兆阳：答案很简单，但不好回答，因为市场是有机体，它会变化，它会结构性改变。举个例子，如果人们发现了会赚钱的策略，这个策略会带来新的参与者，假设这些参与者都用这个策略，操作一年后会因为二八法则，八成的人输钱，两成的人赚钱。为什么会这样？因为八成的人用一样的策略没有改变，两成赚钱的人虽然是因为这个策略进入市场，可是他们发觉市场会结构性改变，他们会调整、增减他的头寸或者是策略的结构，所以他们赚钱。这就是市场是有机体的印证，同样会赚钱的策略会因为市场结构的改变，变得不赚钱。市场结构的改变会像 0 和 1 一样，会跳来跳去，某一个策略太多人去做的时候，就会从 1 变到 0，当这个策略走到不赚钱的时候，市场或许走了一段时间后会从 0 变到 1。所以我认为一个程序化策略如果不改变，长久期望值就是 0。

七禾网 17：您认为在交易中“技术次要，策略次要，资金管理重要，情绪管理重要”，请问您为何如此看重资金管理和情绪管理？

颜兆阳：我认为很多技术、策略都是好的，但关键是在哪个时机点进场以及哪个时点退场，这就要靠资金管理。做程序化交易的人必须要做好资金管理才可能是长久的赢家，如果不会资金管理，他的长久期望值一定是 0。

情绪化管理则针对主观交易的人，主观交易不会有后知后觉，因为它很贴近市场：新讯息、市场结构改变、筹码变化与高频交易等新参与者的介入等，主观交易的人都能第一手掌握，但是主观交易的人天生的敌人就是情绪，所以情绪化管理就变成最重要的课题。

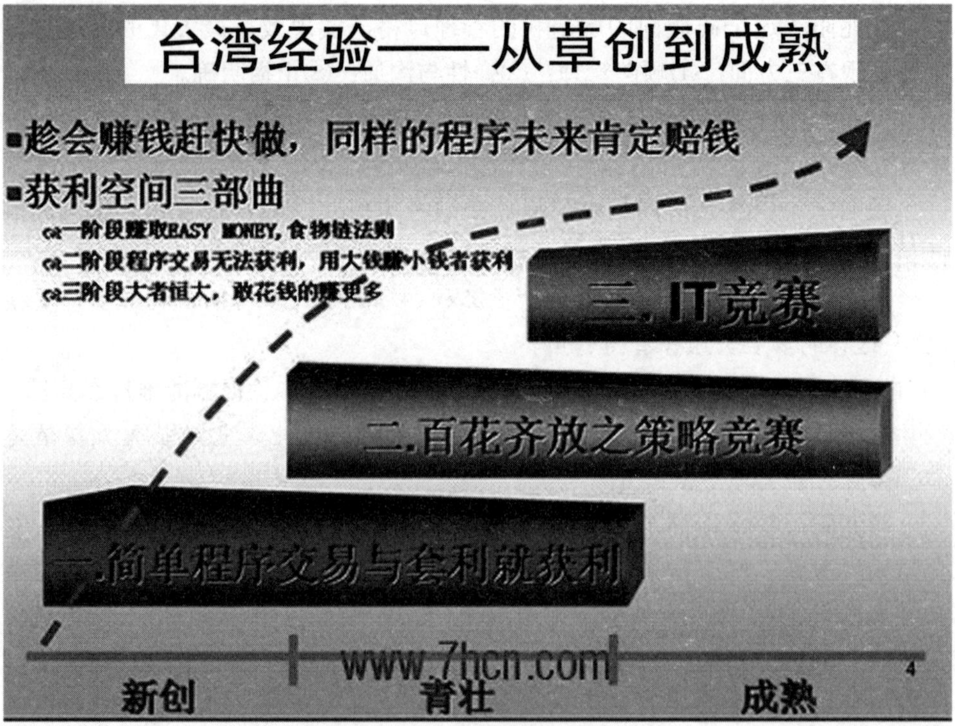

七禾网18：程序化交易，特别是高频程序化交易，非常讲究“抢单”的速度，就您多年的经验来看，“抢单”速度对交易结果的影响大不大？

颜兆阳：两个方向回答这个问题。如果市场的游戏规则适合高频，就用高频交易去玩这个市场，这种情况下影响就很大，简单来说，速度越快对赚钱而言是完全正相关；反过来，如果某些品种的交易规则不适合程序化的高频交易，抢到第一笔单又如何？并不表示能更好地赚钱。

再另外一个角度，引用《交易快手》作者 Edgar Perez 书中所述“高频交易作为一种交易方法，正逐步成为商品”，他举例假设你需要拥有庞大的可口可乐的股票并且长期持有10年，当你买进持有、中间调整、最后抛出全部头寸这三个时刻，你会要求高频交易来连续对冲该头寸，即使你是一个长线交易员(中国金融出版社出版，第105页)。

七禾网19：您认为交易者要赚钱，需要“找一个自己容易赚钱的地方去赚钱，要找到比自己弱的群体”，请问如果交易者发现自己本身就是市场的弱势群体，该怎么办？应如何把自己变强？

颜兆阳：交易者在市场上用很小的手数进行不断的练习，**练习1000次仍然是新手，练习10万次才会成为大师。新手应该先追求打平损益，赚钱不是新手的重点，如果努力的方向错了，这个交易者永远不能成功。**

七禾网20：您认为普通的交易者应该“选择适合自己的策略，不要学太多策略”，请问交易者如何选择适合自己的策略？

颜兆阳：**有感觉并且一下子就开始赚钱的策略就是适合自己的策略。**

七禾网21：有些投资者每天都在预测、判断、猜想行情下一步是该涨还是该跌。就您看来，在交易中，对市场涨跌方向的判断是否重要？

颜兆阳：**预测、判断对交易者不重要。**太多交易者都把它看得很重要，我认为它的重要性并没有那么高，**预判的重要性放在资金管理、情绪管理之后，故预判行情充其量只是第三重要的事情。**

七禾网22：您认为“大陆股指期货的市场深度不够”，请问何为“市场深度”？市场深度不够会产生哪些问题和机会？

颜兆阳：我从参与者的角度来诠释“市场深度”，**市场深度必须要靠不同参与者的参与，每个人的目的不一样，就自然而然产生市场深度。**需要法人和自然人、期货商和证券的IB、专业金融机构的客户和一般行业的客户、投机者和避险者、内部套利者和跨国价差交易者，有以上这些人参与市场的时候，这个市场就会变得非常的活跃以及成熟稳定，价格不会有非理性或者异常的走势，这就是市场深度。市场深度不够会产生市场偏离、价格发现不足、套利机会很多等现象。但是因为可交易工具不足，故无法执行完全的套利交易动作。

七禾网 23：相对来说，台湾的期货市场比大陆发展更成熟一些，您觉得大陆的期货市场还有哪些方面需要完善？

颜兆阳：我觉得大陆的监管机构在监管层面做得非常好，所以不需要再做更多的监管，但是要开放市场，增加自营的角色、基金的角色，让特定法人、金融机构法人等来期货市场交易。

七禾网 24：您在一次演讲中提到“台湾的法人机构占 53%”，而大陆法人机构相对较少，这方面的差异，会导致两地市场的行情波动和行情机会出现哪些不同？

颜兆阳：当然会影响行情走势，走法会不同。在台湾因为参与者众多，目的不一样，所以市场的成熟度很高。从投资学角度来看，台湾趋近于一个效率市场，大陆目前可能还不是效率市场，不是效率市场就会产生价格发现不足、有很多套利机会、行情走势用一般的技术分析都还可以获利等现象。

七禾网 25：您和大陆的期货同人有所交流，请问您感觉大陆的期货人才和台湾的相比是否有差距，差距体现在哪些方面？

颜兆阳：大陆的硬件技术已经赢过台湾，软件技术不输台湾，人才水平不输台湾，台湾只剩下宝贵的经验。

七禾网 26：都说大陆期货市场的盈利难度要低于台湾和海外市场，就是说大陆的期货市场更容易赚钱。您有没有考虑过参与大陆期货市场的交易？

颜兆阳：有。一些在台湾没办法赚钱的程序化交易策略，在大陆还是会赚钱的。但是两岸的法律法规还没开放，所以还在慢慢地进展中。

下面我们给大家参阅的，是针对沪深 300 股指期货的交易情况。

名称	使用资金	期间		报酬	MDD
IF01	500 万	2010/4/20	2012/12/24	220%	12.20%
IF02	500 万	2010/4/19	2012/12/24	170%	10.80%
IF03	1000 万	2010/4/16	2012/12/24	157%	12.30%

七禾网 27：就您看来，在大陆期货市场，商品期货和股指期货这两者哪个更有交易价值？为什么？

颜兆阳：大陆期货市场是全世界很重要的期货市场，我认为两者都很重要，**以现在的时空背景来看，在大陆不管是商品期货还是股指期货都有很好的交易机会。**我相信大陆期货市场会慢慢取代我们对欧美市场的交易，欧美市场的交易比例会降低，大陆市场的交易比例可能会慢慢提高。

七禾网 28：您是否看好大陆期货市场“期权”（选择权）的推出？期权的推出，哪些投资群体最受益？

颜兆阳：我很看好大陆的期权市场，也希望以后有机会能够参与大陆的期权市场。

用台湾的经验来看，**在机构层面，期货商的自营部是最受益的投资者，**第二阶段是证券跟银行的交易部门；**在个体层面，能够灵活地使用主观交易和程序化交易，不偏废任何一边的交易者，在选择权的交易上获利最好、表现最好。**

七禾网 29：期货经纪业务和做期货资产管理（自营或管理别人的钱）您都做过，请问您觉得两者最大的差别是什么？各自需要的核心竞争力又是什么？

颜兆阳：代客理财很辛苦，对操盘的人来说，报酬又不高，按照我看到的台湾的生态，通常绩效最好的交易员会去做自营，次之的交易员去做代客理财，而且**代客理财要同时做好两件事，第一件事是客户服务，第二才是操作技术，两件事情都做好，代客理财才能做长久，否则会沦为昙花一现。**

我 15 年的经历过程，前 10 年在做业务的开发和管理，后 5 年的时间在做自营或者是管理别人的钱。**我觉得做经纪业务的核心竞争力就是勤劳，**有些人有技巧，有些人没有技巧，但只要是勤劳，都可以在经纪业务上有一席之地。像我现在在做管理，选人是最重要的。一个业务团队要成功就要靠管理者如何把业务的气氛带出来，让业务员有很强的荣誉心、企图心，先把业务做出来，而不是一切都把奖金放在前面，讲究团队精神，去达成公司的业务目标。

七禾网 30：近日大陆已有 18 家期货公司获得期货资产管理（CTA）资格，这是一项全新的业务，大陆的期货公司没有经验，作为同行，您有什么好的建议或提醒给他们？

颜兆阳：我的答案是**“审慎乐观”** 加上**“深度耕耘”**。我觉得 CTA 在大陆是个特别市场，也是一个辛苦的工作项目。CTA 这个领域没有企业管理里所说的先进者的企业优势，这个领域只有深度耕耘的人、公司、部门、团队能够长久生存。原因很简单，上面已经讲了，代客理财要做好两件事，第一个是客户服务，第二个才是操作技术。我们看过太多的案例，中国人很喜欢去了解和干预自己的资金所参与的投资，这会造成 CTA 在经营上有很大的营运负担，所以我说首先要把客户服务做好，第二才是操作技术。我举个例子，我们常常有一个很棒的策略，很棒的策略也会有个回档，回档后又会创新高，但是客户常常在获利创新高的时候才会赶紧把钱给你，获利回档的时候就受不了了，哪怕是个正常的波动，他受不了就解约，但往往随后业绩会再创新高。要做好客户服务是一门很大的学问，所以我把它放第一。大陆的 CTA 业务，我认为市场非常大，但在很大的市场里，它又是个小众市场，而且不需要很大的资本去经营，只要愿意深度耕耘的人都能够开花结果，所以我给的答案是“审慎乐观”加上“深度耕耘”。

Future Vacation：让交易系统始终动态更新

（访谈时间：2013 年 2 月 21 日　沈良整理）

Future Vacation：山西人，姓王，现居上海，研究生学历，投资思路十分严谨，擅长程序化全自动交易。以严格的风险控制见长，股指期货日内短线为主，商品期货为辅，2012 年在风险较低的前提下实现了 3～5 倍收益。

访谈精彩语录：

如果作为主观交易者进入这个市场，我们几乎不可能存活下来。

程序化的交易理念就是在交易策略上建立优势，在长时间的交易中获取均值收益。均值收益率一般不会太高，但是如果以稳定的复利运行，收益是非常可观的。

我们在设计交易策略时就尽力避免大亏损的出现，用很多小的亏损来代替。

从资金曲线中可以直观地看出它的交易策略是否具有优势。

不同期货品种我们使用完全不同的策略。根据期货品种的特点，针对性地开发交易策略。这样开发出来的策略收益高、可靠性强。

日内交易才是我们最稳定的利润源。

我们每天处于交易状态的策略大概有二三百个。所有交易策略都有差异性，不同品种间策略差异更大。

对一个表现良好的策略，我们会对它进行改进，开发出衍生版本再启用，通过这种方式实现加仓。

市价基本是一种比较差的选择，我们目前采用各种不同的挂单交易来减少滑点。

只要是具有稳定盈利优势（样本内外均实现盈利并且稳定）的交易策略，我们就会加入到交易系统之中。

按照森林法则，淘汰掉按月出现亏损的或是丧失优势的交易策略。

我们目前已经遇到了资金瓶颈。除了对系统进行改进和优化之外，突破资金瓶颈的方法我们主要考虑是降低交易频率。

我们编程软件为常用的 C++，下单交易软件全部由团队开发。整个交易过程完全程序化，没有人为因素参与。

在交易量巨大的情况下，尤其是股指的秒杀行情里，托管的服务器明显能拿到更好的单子。

交易这个行业还是一个长跑比赛，耐心和智慧以及持续不断地努力才是跑赢比赛的关键。

七禾网 1：Future Vacation 先生您好，感谢您在百忙之中接受七禾网的专访。据说您接触期货的时间并不长，请问具体多长时间了？期货哪些方面的魅力吸引了您？

Future Vacation：2011 年之前，我们团队的成员都做过各种相关的工作，相互之间的特长也比较互补。**进入这个行业主要也是因为这个行业挣钱较快，并且这个行业的回报是与你的付出成正比的**，所以比较适合我们这种习惯做技术的团队。基本经过一年的准备工作后，2012 年我们团队就正式开始程序化交易了。

七禾网 2：您一入行就做程序化交易了吗？为什么选择程序化交易而不是主观分析交易？

Future Vacation：进入期货行业之前，我们对自己的定位就很明确——三个普通人而已。**既然自己无法战胜恐惧与贪婪，索性就让程序去交易**——交易策略不会掺杂不确定的心理因素，一切以市场数据为依据。所以我们选择直接进行程序化交易。

就结果来看，当时的决策也是正确的，**如果作为主观交易者进入这个市场，我们几乎不可能存活下来。**

七禾网 3：您在七禾网实战排行榜(http://trader.7hcn.com/)注册的账户 Future Vacation 从 2012 年 3 月 16 日开始截至 2013 年 2 月 8 日复合收益率达 505.99%，另一个账户 Future Celebration 从 2012 年 5 月 14 日开始截至 2013 年 2 月 4 日复合收益率达 317.61%，您觉得自己取得如此之高的收益率的核心原因是什么？

Future Vacation：**程序化的交易理念就是在交易策略上建立优势，在长时间的交易中获取均值收益。均值收益率一般不会太高，但是如果以稳定的复利运行，收益是非常可观的。之前一段时间取得相对好的收益，复利是原因，稳定是保证，策略优势是前提。**

七禾网 4：在取得如此之高收益率的背景下，两个账户的最大回撤也控制得很好(最大回撤在 15%左右)，请问您一般用什么方法控制账户的回撤风险？

Future Vacation：我们在设计交易策略时就尽力避免大亏损的出现，用很多小的亏损来代替。这样做出来的策略虽然收益率有所下降，但稳定性更强。程序化交易最吸引人的地方就在于严格按交易策略执行。我们所做的，就是不去干预它。

七禾网 5：不同的策略会有不同的资金曲线，不同的交易者也会有不同的资金曲线。您觉得资金曲线能否体现策略的优劣，能否体现交易者的性格和状态？为什么？

Future Vacation：我们认为，资金曲线直接反映了一个交易体系的整体情况。从资金曲线中可以直观地看出它的交易策略是否具有优势：曲线是否长时间处于增长之中，增长是否稳定；从资金曲线波动率和回撤率上可以看出交易者的风险偏好程度：杠杆运用是高是低，亏损承受程度如何。交易者性格很难从资金曲线上来判断，因为在我们看来，人是一个非常不确定的因素。

七禾网 6：您的程序化交易，股指期货和商品期货都有涉及，请问股指期货和商品期货用相同的策略，还是不同的策略？

Future Vacation：不同期货品种我们使用完全不同的策略。根据期货品种的特点，针对性地开发交易策略。这样开发出来的策略收益高、可靠性强。

七禾网 7：日内策略和隔夜策略您都有涉及，请问日内策略和隔夜策略分别对账户利润的贡献率为多少？

Future Vacation：隔夜曾占我们总交易规模的 20%左右，日内交易才是我们最稳定的利润源。后因隔夜交易回撤大，风险不可控等原因，我们逐渐关闭了所有隔夜交易。

七禾网 8：您做程序化交易用的是多策略组合的模式，请问您一般有多少个策略在线？这些策略的相关性如何？

Future Vacation：我们每天处于交易状态的策略大概有二三百个。所有交易策略都有差异性，不同品种间策略差异更大。

七禾网 9：您觉得多策略组合的最大功效是什么？

Future Vacation：在我们看来，策略组合的概念提高了资金曲线的稳定性，使交易者有更高几率在这个市场中存活下去。策略组合没有单个策略的收益高，但是相对于收益，还是生存的意义更大一些。

七禾网 10：假设程序化交易进场信号的识别分为“形态识别”、“指标识别”、“数理统计识别”，您的系统采用哪一个，或哪几个的结合？

Future Vacation：以“数理统计识别”为主，另外两个类型也有少部分策略。

七禾网 11：假设程序化交易出场标准分为“形态出场”、“指标出场”、“波动幅度(点数)出场”、“亏损金额出场”、“特定时间出场”，您的系统采用哪一个，或哪几个的结合？

Future Vacation：这些出场方式我们是全部都采用的，这样可以最大化系统的差异性，从而带来稳定性。

七禾网 12：您用的多策略组合中，单个策略的日内仓位一般为多大？单个策略隔夜仓位一般为多大？同一个策略有没有加减仓的设定？

Future Vacation：我们的策略组合中，每个策略的日内仓位是根据一个相关性的算法确定的。隔夜已经不做了。对一个表现良好的策略，我们会对它进行改进，开发出衍生版本再启用，通过这种方式实现加仓。

七禾网 13：多个策略组合后，日内仓位会达到多少？隔夜仓位会达到多少？

Future Vacation：日内我们最大不超过 80%，隔夜现在已经没有头寸了。

七禾网 14：您的日内策略一般一天多少个来回？您整个账户的手续费和净利润的比值大约为多少？

Future Vacation：就股指策略来说，平均 1 手股指 1 天大概 10 个来回。手续费占到利润总额的 1/3。

七禾网 15：做日内交易如果滑点较大就会导致利润下滑，您在交易的过程中有没有遇到滑点问题？您通过什么方式解决或减少滑点问题？

Future Vacation：滑点会直接影响到系统是否盈利，尤其是我们这种较高交易频率的系统，表现十分明显。

市价基本是一种比较差的选择，我们目前采用各种不同的挂单交易来减少滑点。

七禾网 16：据说您和您的团队会不断研发新策略，请问您们策略开发的灵感主要来源于哪些方面？这类灵感能够持续吗？

Future Vacation：策略开发主要依靠书本上的知识。对于已知有效的交易理念、模型进行量化和改进，从而得到令人满意的交易策略。交易行业内有大量成熟的交易思想，全部消化吸收需要大量时间，并且很多模型的改进空间极大。

七禾网 17：您还会定期进行策略替换，让在线策略库有一个持续的“新陈代谢”，请问您如何淘汰老策略，如何加入新策略(即在什么情况下会启动一个策略，在什么情况下会关闭一个策略)？

Future Vacation：**只要是具有稳定盈利优势(样本内外均实现盈利并且稳定)的交易策略，我们就会加入到交易系统之中**。并且**按照森林法则，淘汰掉按月出现亏损的或是丧失优势的交易策略**。让交易系统始终处于动态更新的过程中，可以很好把握市场特性的缓慢变化。

七禾网 18：按照您目前的交易策略组合，您觉得最大的资金瓶颈大约是多少？您有没有在考虑通过什么方法突破资金瓶颈？

Future Vacation：**我们目前已经遇到了资金瓶颈。除了对系统进行改进和优化之外，突破资金瓶颈的方法我们主要考虑是降低交易频率**。长周期交易系统的开发工作已经初步完成，在观察期间表现较好，预计于 2013 年 3 月份正式开始上线。届时，**新系统将更适应大资金量运作，预计可实现季度级别上的稳定盈利**。

七禾网 19：您目前编程软件用的是哪一款？下单软件用的是哪一款？是否 100%全自动下单？

Future Vacation：**我们编程软件为常用的 C++，下单交易软件全部由团队开发。整个交易过程完全程序化，没有人为因素参与。**

七禾网 20：您在使用期货公司在张江机房托管的服务器，请问在下单和成交速度上和普通的模式有何差别？

Future Vacation：大部分行情中差别不大，**但是在交易量巨大的情况下，尤其是股指的秒杀行情里，托管的服务器明显能拿到更好的单子。**

七禾网 21：如今期货资产管理的时代已经到来，请问您给自己和团队规划的发展方向是怎样的？

Future Vacation：我们团队现在还很年轻，经验还不足一年，迎接资管时代并不是我们的主要目标。**我们最近 3 年的计划主要还是以自营为主，尽量让交易系统可以相对稳定盈利**，再找几个志同道合的伙伴，不会过多地涉入到资管业务中，也不会过快地扩大规模。

七禾网 22：您觉得具备哪些素质的投资人士(或机构)能在资产管理时代胜出并持续发展？

Future Vacation：我们认为不论任何时代，**交易这个行业都是一个长跑比赛，耐心和智慧以及持续不断地努力才是跑赢比赛的关键。**

石长京：成功者是从死人堆里爬出来的

（访谈时间：2013 年 5 月 21 日　沈良整理）

石长京： 网名长金 2 号，57 岁，湖南人，现居株洲，原是国有建筑公司职工，1997 年开始下海做建筑门窗安装生意。现专职做投资。1994 年开始做股票，也做过权证。2010 年开始做期货，专做股指期货。期货投资用日内程序化交易的模式，从 2010 年底至今，14 万本金，盈利 38 万(盈利不断出金)，期间最大回撤 32%。

2012 年 8 月 7 日至 2014 年 5 月 16 日，在七禾网实战排行榜注册“长金 2 号”账户复合收益率达 499.64%，最大回撤 34.36%。

访谈精彩语录：

期货既是我收入的主要来源，也是我精神生活的重要组成部分。

当程序化策略研究取得重要突破时，当抓住了一次大行情时，我的心情是多么的愉悦！

严格执行既定的程序化交易策略，不允许主观交易，一次也不行！

不管什么人，只要进入期货市场，你骨子里的东西，人性的优点、弱点和缺点都暴露无遗，不管你平常的外表是什么。

就因为尝够了股票主观交易的苦头，所以在期货上从一开始我就选择了程序化。程序化的本质就是概率上的优势。

我的交易系统由 A、B、C 三个策略组合而成，其共同特征为日内趋势交易。

A 策略捕捉的是当天趋势形成后的日内趋势行情，与中长期趋势无关；B 策略捕捉的是中期趋势下的日内趋势行情；C 策略捕捉的是长期趋势下的日内趋势行情。

我的单子止损为保证金的 5％以下。我是固定止损和浮动止损相结合，盈利单子一直拿到快收市。

胜率不高，只有 50%左右。我一年的利润也就是 10%的单子创造的，其余 90%的单子纯粹是为期货商打工。

进场采用的是“指标识别型”和“数理统计识别型”相结合，以及基于个人经验的一些参数。

止损按“亏损幅度出场”，其他按“特定时间出场”。

当然是出场更重要。因为进场只是提供了盈利的可能性。

我觉得一个好的策略主要有几个指标：①盈亏比 2∶1 以上；②最大回撤 35%以下；③创新高的最长时间不超过 4 个月；④胜率 45%以上。

策略调整的依据，一是市场的变化和发展，二是新思想、新理论的应用。

期货市场的成功者就像是经过一场惨烈的战斗后，从死人堆里爬出来的极个别的幸存者。

七禾网 1：石长京先生您好，感谢您在百忙之中接受七禾网的专访。您已经 57 岁了，算是“高龄”投资者了，请问您做期货的激情来源于哪里？期货哪些方面的魅力吸引了您？

石长京：**敢于冒险、勇于挑战是我的性格。**早在 20 世纪 80 年代，二十几岁时我就在工作岗位上取得了令同行羡慕的荣誉，得到过共青团中央授予的“全国青年新长征突击手”称号。再加上是学经济的，并且炒股多年，了解期货的一些特性，觉得很适合我。对自己从事的职业特性要有个定位。**我一个时期只能专注一件事，并极力把这件事做到极致。**

期货是靠个人奋斗的职业，它神奇的魅力在于：对你人性优点的犒赏和缺陷的惩罚是那样的及时和无数倍的放大。我当了国有企业的职工这么多年，又做了 10 来年门窗生意，最后都五十好几了才把自己定位于期货投资人，才真正找到属于自己的位置，这似乎是太晚了点儿，所以我特别羡慕现在从事操盘手职业的年轻人。

七禾网 2：现在期货在您的生活中是一个怎样的角色？

石长京：是不可或缺的。**既是我收入的主要来源，也是我精神生活的重要组成部分。你知道，当程序化策略研究取得重要突破时，当抓住了一次大行情时，我的心情是多么的愉悦！**

七禾网 3：很多期货投资者三五年都无法实现盈利，而您只有前 5 个月不太顺，后来就实现了相对稳定的盈利。请问，您觉得自己在期货市场走得相对较顺的核心原因是什么？

石长京：是执行力！**严格执行既定的程序化交易策略，不允许主观交易，**

一次也不行！这方面我对自己和团队其他成员的要求是最严格的。当然，你的交易策略也必须是优秀的。

七禾网4：您有没有信心在期货市场继续保持三五年的盈利？

石长京：完全有信心。自信——这也是我的主要性格特征。看看我的盈亏曲线就知道，2011年有5个月亏损，到2012年就只有3个月亏损了，2013年前4个月已实现月月盈。**我追求的是长期稳健的获取金钱的能力，这就是我取的"长金系列"程序化策略名称的寓意。**

七禾网5：您做期货以前在国企做过，后来自己也做过生意，请问做期货和做其他工作、其他事业相比，有何不同？

石长京：主要有两点不同。

一是成功率大不相同。不论是做企业员工、做生意，还是做期货，不努力不可能成功，这是共同的地方。但付出同样的努力，成功的概率有极大的差别。做企业员工绝大多数人能成功(每月有工资拿)，做生意成功率就小多了(经常亏损、倒闭)，做期货成功率最小，据说仅5%(从几年来看)，不论你怎样发狠，绝大多数人就是赚不到钱。

二是对个人的秉性要求不一样。其他职业要能处理上下级、同事、客户等关系，做期货跟这些基本没有关联，完全靠个人的奋斗，个人的悟性。

七禾网6：就您看来，一个人的性格、品行、为人等方面和期货盈亏有没有联系，有哪些联系？

石长京：关系太大了。

一个人平时如果优柔寡断、爱贪小便宜、清高傲慢，在做期货时就会表现为盈小利就跑，亏损时不及时认赔出局，就可能导致亏大钱，直至爆仓。但为什么在我们看来人品相当好的人，炒期货也难逃亏钱的结局呢？我认为，**不管什么人，只要进入期货市场，你骨子里的东西，人性的优点、弱点和缺点都暴露无遗，不管你平常的外表是什么。**

七禾网7：您在股票和权证方面也有多年交易经验，请问您做期货的方法是否来源于股市或权证的经验？就您看来，期货和股票相比哪个风险更大，哪个赚钱效应更高？

石长京：股票、权证多年的经验当然对做期货有很大的帮助。**股票里的均线、KD、MACD等技术指标我都用到期货里去了。**

所谓风险大小完全是人为的。我觉得期货如果做日内风险控制要比股票好一些：期货因有几倍的杠杆，迫使你快刀割肉止损；股票不会爆仓，反而可能使你套牢到最后割大肉。

当然，期货赚钱效应高多了。股票只有上涨才可能盈利，而期货呢，下跌做空也能盈利。正因为近三年从股票转行搞期货，躲过了股票亏钱的熊市、平衡市，并在期货上赚到了钱。所以说，期货确实是个好东西，这当然是对能控制风险的人而言的。

七禾网 8：您现在股票还在不在做？您目前的重点精力放在股票上还是期货上？

石长京：在期货处于较大回撤期的控仓阶段仍有部分资金配置股票。**我认为，现在的股市是历史大底，正处在向上突破阶段。**但我的主要精力不可能再回到股票上。其理由是：期货的魅力与股票比不知要大多少倍，不管是牛市还是熊市。比如说 2012 年，我做股指 1 手盈利 18 万，差不多翻 2 倍，但股票仅打个平手。**今年股市也许好些，但无论如何不能和期市相比。**

七禾网 9：您做程序化交易之前，有没有做过主观交易？您为什么选择程序化交易？

石长京：从没有主观交易过。**就因为尝够了股票主观交易的苦头，所以在期货上从一开始我就选择了程序化。**程序化使我的期货之路越走越顺畅。**程序化的本质就是概率上的优势，**它包含其中的开平仓策略、资金管理策略，都是经过少则几年，多则十几年以上的测算，深思熟虑出来的东西，是最优的、最合理的、最有确定性的(在不确定性中寻找确定性)。**它极大地排除了人性的障碍，并且能复制、传授，迅速达到最大效益。**

七禾网 10：您的程序化交易是 100%执行信号，还是有人工干预的成分？若有人工干预，请问您会在什么情况下干预，如何干预？

石长京：100%的完全程序化，不允许人工干预。

七禾网 11：您的交易方法有没有编写成电脑程序化系统？您自己会不会编写代码？是谁帮您编写的？

石长京：因为自己不懂编程，前两年是用电子表格输入参数计算，人工判断开仓信号，手工交易。现在是一个 3 人团队运作，我主要负责策略研究，其他 2 人均为软件专业人员，负责编程、盯盘等工作。

七禾网 12：您现在用的是全自动下单的模式(系统出信号，电脑自动下单)，还是半自动下单的模式(系统出信号，手工下单)？您觉得全自动和半自动哪一个更好？

石长京：我采用全自动下单模式交易。这种模式克服了人性的弱点，也一定程度上避免了滑点损失。即使交易变得更加轻松，也提高了收益。

七禾网 13：您现在用的是日内短线的交易系统，请问这个交易系统当时是怎么获得、怎么开发的？

石长京：我的交易系统是源于 20 年征战证券市场的全部经验，厚积薄发而来。

七禾网 14：您现在的模型是一个策略，还是多个策略的组合？您的这个策略(或这几个策略)最大的特征是什么？

石长京：我的交易系统由 A、B、C 三个策略组合而成，其共同特征为日内趋势交易。

A、B、C 策略之间又各有侧重：A 策略捕捉的是当天趋势形成后的日内趋势行情，与中长期趋势无关；B 策略捕捉的是中期趋势下的日内趋势行情；C 策略捕捉的是长期趋势下的日内趋势行情，短中长期趋势均一致。

七禾网 15：您的日内交易系统一般一天做几个来回？对成交速度的要求高不高？在交易过程中有没有遇到滑点问题？

石长京：一天一般只有 1～2 个来回，因此对成交速度没有太大的要求。由于采用自动化交易，资金量较小，目前滑点问题影响不大。

七禾网 16：您的日内单子一般止损设几个点？您有没有主动止盈的设置？盈利单子数量和亏损单子数量的比例大约是多少？

石长京：我的单子止损为保证金的 5％以下。我是固定止损和浮动止损相结合，盈利单子一直拿到快收市。策略的胜率不高，只有 50%左右。我一年的利润也就是 10%的单子创造的，其余 90%的单子纯粹是为期货商打工。

七禾网 17：您在七禾网实战排行榜的账户“长金 2 号”，2012 年 8 月 7 日至 2013 年 5 月 17 日，没有一天有隔夜单，请问您为何选择纯日内的方法？您对隔夜风险怎么看？

石长京：以前我做的是隔夜波段，但一次事件使我将隔夜波段改为日内趋势。2011 年 10 月 10 日，我留了股指隔夜单，收市时持空单 1 手浮盈 5000 多。但第二天开盘因中央汇金公司增持银行股的消息股指跳空高开 80 个点，我的空单从盈 5000 变成亏 1.9 万。隔夜风险确实太大！所以自那以后就将操作模式由隔夜波段改成了日内短线，再没有隔夜单了。隔夜风险虽大，但获利也可能大。如资金量达到一定规模也可做部分组合，这也是我目前研究的课题。

七禾网 18：2012 年连续降了两次手续费，手续费下降后，您的日内交易有没有好做一些？利润有没有多一些？手续费下降后，您感觉某些品种的日内波动特性有没有发生变化？

石长京：我是低频交易，一个月只有十几次，手续费对我的策略影响很小，不过利润倒是有所增加。

现在波动性有所下降，这是受行情周期影响，还是手续费的影响，很难说。

七禾网19：您有没有接触过一天交易上百次的高频交易？就您看来，高频交易在国内期货市场的发展空间大不大？

石长京：从未做过高频交易，它不合我的个性。

但有的操盘手适合做高频交易，比如这方面极具个人天赋的两汪（汪星敏、汪斌）等天才级操盘手。

不论低频、中频，还是高频各有各的一片天，这也是期货市场的魅力所在。

七禾网20：我们看到您的账户基本上只做股指期货，请问，您是否打算多做一些商品期货？您感觉自己的模型用在商品期货上能赚钱吗？

石长京：目前只做股指期货，但随着资金量的扩大，今后有可能推出商品期货策略。

目前的模型是专门针对股指期货的日内趋势，用在商品期货上则大打折扣。主要是因为商品期货受外盘影响太大，往往跳空开盘，使得日内盈利空间被严重压缩。以后有可能开发商品期货隔夜波段模型，以适应较大资金的操作。

七禾网21；您现在似乎每次下单只做1手股指期货，以后会不会考虑扩大下单规模？为什么？

石长京：每次只做1手股指期货的习惯持续了2年多，随着操盘资金量的快速扩大（主要是帮朋友操盘的资金量），2013年的研究重点放在了资金管理上。本人的账户实际上2013年已经加到2手了，今后随着盈利的扩大还会稳步增加。

七禾网22：假设程序化交易进场方式分为“形态识别型”、“指标识别型”、“数理统计识别型”，您的策略在进场设计方面用的是哪一种，或者说您的方法和这三种都有所不同？

石长京：我的策略进场采用的是“指标识别型”和“数理统计识别型”相结合，以及基于个人经验的一些参数。

七禾网23：假设程序化交易出场标准分为“形态出场”、“指标出场”、“波动幅度（点数）出场”、“亏损金额出场”、“亏损幅度出场”、“特定时间出场”，您主要采用哪一类，或哪几类的结合？

石长京：止损按“亏损幅度出场”，其他按“特定时间出场”。

七禾网 24：就您看来，在交易中进场和出场哪个更重要？为什么？

石长京：当然是出场更重要。因为进场只是提供了盈利的可能性。行情怎么走是无法确定的。我们能做的就是制定各种走势的对策，即出场策略，这才是最重要的事。也就是华尔街谚语“截断亏损，让利润奔跑”。

七禾网 25：您有没有再持续开发新策略？新策略的设计灵感主要来源于哪些方面？

石长京：团队成员的主要工作就是策略开发，这方面任务紧迫而繁重，目前主要研究隔夜波段策略和商品期货交易模型。目的一是降低品种之间和策略之间的相关性，使资金线更加稳健地上升；二是加大操作频率，提高资金的利用率。

新策略的设计灵感主要来源于：一是平时看盘中的一些经验总结和研究其他操盘手的交易经验(例如访谈记录、排名中的具体数据等)；二是有针对性的学习国内外期货交易理论方面的书籍；三是经常与同行交流和讨论，碰撞产生火花。

七禾网 26：一个策略符合哪些标准，您会觉得它是一个好策略？

石长京：我觉得一个好的策略主要有几个指标：①盈亏比 2∶1 以上；②最大回撤 35%以下；③创新高的最长时间不超过 4 个月；④胜率 45%以上。

七禾网 27：您的实盘在线策略会不会进行调整，大约多长时间调整一次，调整的依据是什么？

石长京：策略当然要不断地完善和更新。调整的时间那就不一定了，短则一个月，长则一个季度。

策略调整的依据，一是市场的变化和发展，二是新思想、新理论的应用。

七禾网 28：期货投资您会一直做下去吗，还是说再做几年就会收手？如果您的子女或亲戚要做期货，您会不会反对，或者您会给他们什么建议？

石长京：期货投资既是我的事业，也是我生活的重要组成部分，当然想一直做下去。但如果晚辈们能接上手，也许过几年我能当上甩手掌柜，享享清福，岂不快哉！

亲戚如果要做期货，我是百分百反对的。我帮他操盘可以，他自己最好不要做。因为我知道，期货市场的成功者就像是经过一场惨烈的战斗后，从死人堆里爬出来的极个别的幸存者，存活率太低了！自己的儿子没办法，他和我一样看上了期货，愿意为之奋斗。我期望在我们的共同努力下，能够战胜自己，取得成功！

三水胖树：不错过任何能抓到的机会

（访谈时间：2013年8月2日 沈良、翁建平整理）

三水胖树：操作人陈慧，广东韶关人，现居住在广州，曾开过网吧、电脑公司。2006年从事股票投资，至2011年中正式结束主观交易模式，转型量化期货。从事期货交易2年，目前专做股指期货量化，中高频日内交易为主。

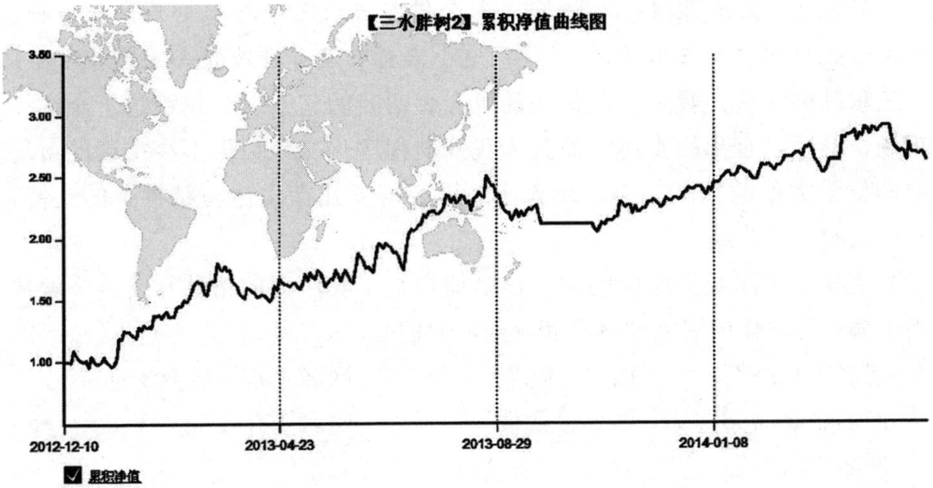

访谈精彩语录：

对我目前而言，期货的风控要远比股票可控很多很多。

模型成形后首先需要检查模型的每个开仓、平仓点是否符合自己的设想逻辑，然后测试各项指标数据是否适合实盘要求，再经过不少于一个波浪（完整的上升和下跌波浪）的模拟运行后，最后才可能在合适的时机上线实盘运行。

开仓频率视市场的波动，每个模型每天在2～10次左右，手续费和净利率的比例在1：5左右。

以趋势交易为基础，中间参考辅助了一些高低轨、成交量或者持仓量变化，甚至还有传统的均线运用。

经过一轮的震荡行情过后，有出现较大亏损的模型，不会立即修改或者调整，等待下一个趋势行情过去之后，仍无法明显填补前面亏损的情况下，才会去修改或者调整。

模型好坏要看搭配，哪怕它的回撤很大，整体盈利不突出，但是跟其他模型组合起来，能减少组合模型的综合回撤，这也算得上是个好模型。

坚持程序化运行，不挑三拣四地选行情做。

只要不错过任何能抓到的机会，总有一次能让我飞升起来。

任何大趋势的初期，都是不起眼的小波浪形成，只要我控制好亏损，抓对了一次趋势，我就能获得可观的收益。

七禾网 1：三水胖树先生您好，感谢您在百忙之中接受七禾网的专访。您的网络昵称叫作“三水胖树”，请问这个名称有没有特殊的含义或者渊源？

三水胖树：首先我要借此访谈的机会感谢我的父亲引导我踏进了金融投资市场，给予了全部的支持。而且为我开展程序化交易提供不少宝贵的市场经验和做了大量的基础工作。还有我的母亲与妻儿在生活与精神上的支持，才有今天的良好业绩。

其次我要感谢我们圈内的同行，是他们给了我巨大的帮助和支持，解决了不少编写程序化中遇到的困难和疑问，他们是：

网名“长风”　　网名“MH”　　网名“永不放弃 gogo”
网名“woowoo”　　网名“西楼”　　网名“乔峰”
网名“铁石”　　网名“y.z.lei　龙行天下”
网名“灰太狼”　　网名“善法中和”　　网名“我是传奇”
网名“浆糊”　　网名“渔舟唱晚”　　网名“乐丁”
网名“一剪梅”　　网名“觉文”　　网名“知易难行”

说到我的网络昵称，其实来源于腾讯网页的“验证码”，忘记当时是做一个密码修改，还是别的其他什么操作，在最后确认的时候，需要填写“验证码”，当时弹出来三个字“三胖树”顿时觉得这三个字很有意思，而后自己想象一下，树能“胖”，自然离不开水，最后“三水胖树”这名字就这么随意的作为了自己的网名。

七禾网 2：您以前开过网吧、电脑公司，后来为什么不开了？您又是怎么进入期货市场的？

三水胖树：那是 2000 年初时候的事了，在家庭资金的帮助下，先是开了一家电脑公司，当时升起网吧潮，我就将资金集中投资开起了网吧。表面上看网吧盈利确实不错，但是开了三年之后，**电脑设备和设施很快老化、残旧，要继续经营下去需要更新电脑设备和重新装修，但是这几乎要把这三年下来的盈利全部投入回去，而且电脑公司的市场竞争更愈增激烈，都在拼价格，利润薄如纸**。最后网吧和电脑公司打包一起卖给了别人。卖掉网吧和电脑公司后，收到那笔钱才感觉到那几年的实业赚钱真的不容易。之后三年，抓住一切能抓住的机会，不断寻找商机，期间做过别的小生意，也在别人单位打过工，但是自己喜欢可以稳定的工作或者持续经营的生意实在不多，就这样浑浑噩噩的熬了三年。

众所周知，2005～2007 年是中国股市大牛市阶段，2006 年受家父的启蒙与指导(家父是 20 多年股龄的老股民，有丰富的投资经验)开始学习股票投资。两年的时间里股票收益最高达到了 400%多，但这份收益是在股市大牛市的情况下(当年身边有在做股票的朋友 300%～500%收益的人不少)，操作基本没有什么技术可言。中国股市在这几年的行情里可以说造就了不少专职做投资人的梦想，我也不例外就把股票投资当作了一份职业。

如果说 2006～2007 年的两年是“市场”给专职做投资人实现梦想的两年的话，那么而后的 2008 年和 2010～2011 年则是“市场”给专职投资人地狱式历练的三年！

在这几年里，从过去的基本面分析、板块的分类，逐步转型到个股交易数据化的分类，自学 VB 语言，在大智慧股票软件上学习编写各种指标(大致原创 200 多套自己的指标)自创了不少选股工具，基本实现了半自动交易。但是到最后，依然敌不过人性的贪婪与恐惧的缺陷，在操作上屡屡违背数据化后的信号，指标提示买入的时候，常犹豫不决没有及时买入，提示卖出的时候又没有及时进行止盈、止损操作，往往由盈转亏，亏损后就死扛，结果造成更大的亏损。可谓是只会买不会卖，在 2011 年年中的时候，从盈利 400%的最高收益，回撤了差不多 70%，打击确实不小，但并没有因此动摇我继续在金融市场奋斗的决心和信心。在做了很多数据与实盘操作结果的比对后，才知道如果按照指标的提示与仓位控制，2008～2011 年的回撤不会超过 20%，当时感觉如梦初醒，**清楚认识到人性的“贪婪与恐惧”是多么的可怕，主观操作甚至可以说就是“乱来”**。回想过去，如果没有 2006～2007 年的大牛行情和 2009 年的强烈反弹行情，自己这几年下来的操作，早已亏的不知道哪里去了。

清楚认识到了自己的主观交易的高风险后，更清楚认识到市场的可怕一

面，同时更为认同量化交易的可靠性，和“知行合一”是如此的重要。因此，在 2011 年的 7 月，果断地斩掉所有的股票，正式结束了 5 年左右的主观交易，持币学习“量化交易”。但要转变一个人多年的交易习性，是很困难的，首要解决的是“知行合一”，而这个“行”则是“执行”，所以我一开始就从“文华财经”软件上学习，它的平台首先是 VB 语言为基础，对我而言，再熟悉不过了，不出两个星期，基本上手。而后还学了其他量化软件，如“金字塔”“TB”，等等，经过 6 个月左右的时间不断地测试，不断地修改模型，不断地做模拟，几乎每天都 12～16 小时做测试与编写模型，甚至 4 台电脑同时运作，1～2 个星期的做测试(做过网吧的人，家里电脑不会少，呵呵)。到了 2012 年的 3 月 1 日，正式开始实盘量化交易，一直至今。

七禾网 3：您 2006 年进入股市，您在股市中收益情况如何？您觉得股票和期货的核心差别有哪些？

三水胖树：2006 年的股市正好碰到股改，后面的行情可以说“赚死胆大的，吓死胆小的”，而这份收益现在回头来看，并不是自己有什么技术，只能说是碰上了运气。那时候只要是做股票的，没听说过谁会亏，人人都是股神，那两年的股票收益最高达到了 400%多。但是到 2011 年回撤了差不多 70%。

股票和期货核心的差别在于交易规则的限制，在我现在看来，期货的交易规则其实更为公平些，亏损可以亏得很明白，盈利可以盈得很清晰。而股票的 T+1 规则对投资人来说，局限性很大。当日的买入决策要在次日才能做修改，其实换个角度来说，由于交易制度的原因股票不可控的风险远比期货风险大。相信做过股票的人都尝过上午买入股票，之后大盘下跌，无奈地看着自己刚买入的股票下午大跌而无计可施。因此，对我目前而言，期货的风控要远比股票可控很多很多。其次就是做空机制，股票做空也就近几年才有融券业务，但是成本很高，兑现盈利机会更小，在此更突出了期货的机会性要比股票多，但相对的，风险也自然比股票高。

七禾网 4：您觉得哪些类型的股民可以考虑参与期货交易？

三水胖树：自律性较高，执行能力强，不放大亏损，对亏损股的处理是很果断的人。其次是会研究亏损、分析亏损的股民可以考虑参与期货交易，因为分析亏损远比分析盈利要实际、有效的多。

七禾网 5：就您亲身经历而言，一个模型从研发到实盘，需要经历哪些过程？需要克服哪些问题？

三水胖树：模型成形后首先需要检查模型的每个开仓、平仓点是否符合自己的设想逻辑，然后测试各项指标数据是否适合实盘要求，再经过不少于一个波浪（完整的上升和下跌波浪）的模拟运行后，最后才可能在合适的时机上线实盘运行。

七禾网 6：您觉得程序化交易和主观交易最大的差别在哪里？

三水胖树：程序化能坚决按照自己设想的方案和逻辑进行交易，主观交易就算是有再好的交易方案或者买卖指标信号，只要是在波动的市场面前是主观交易的话，无论如何都不可能长期坚定地去执行到底，或多或少的都会受到外界消息的影响，瞬间改变或者违背自己原有的交易方案或者买卖指标信号；投资往往在人性的“贪婪与恐惧”中失败于无形。

七禾网 7：您现在主要做中高频量化日内交易，您一天大概做几个来回？手续费和净利率的比例大概是多少？

三水胖树：开仓频率视市场的波动，每个模型每天在 2～10 次左右，手续费和净利率的比例在 1∶5 左右。

七禾网 8：您有没有考虑过超高频交易？为什么？

三水胖树：曾经进行过超高频模拟交易，目前主要是市场的波动性和盘口不是很适合做超高频交易，同时做超高频交易对网络和交易平台的技术要求更高，在超高频交易的方法还没成熟，还没找到较为可行的方法之前只能保持观望与摸索的阶段。

七禾网 9：对那些用手工下单，以炒单形式交易的短线交易高手，比如汪斌、渔岵等人，您是如何看待的？您觉得他们能够取得盈利的关键是什么？他们的盈利模式能够持续吗？

三水胖树：他们都是老前辈了，我也关注过他们的交易手法，虽说他们手工下单，但是在他们脑子里早已有一套根深蒂固的“交易模型”，并且会根据市场的波动变化做出调整，生动地来说，他们脑子里面是具有“自适应”的“交易模型”。与此同时他们还具备着强大的“执行力”，这是非一般人所历练的出来，这种“执行力”是他们能够取得长期稳定盈利的关键要素。从我角度上看，其实他们已经可被归类为“量化交易”只不过我们的“量化交易”是通过计算机来实现操作，而他们不需要依靠电脑。只要在体力与精力充沛的前题下，他们的模式可以长久持续的走下去。甚至稳定和可控性都要比“量化交易”高效得多。

七禾网 10：反过来说，您觉得自己的中高频量化日内交易的模式能够持续盈利吗？

三水胖树：任何模型都不可能长期持续盈利。必须与时俱进、不断更新、调整适应市场。

七禾网 11：您目前量化交易的资金规模大概有多少？您觉得自己的交易模式最大能容纳多少资金量？

三水胖树：目前量化交易的资金规模在 2000 万左右，以现在的模型规模来估算，大概能容纳 5000 万左右的资金量。如果有更适合的交易平台和逐步扩大模型规模，未来管理一两个亿的资金是可以达到的。

七禾网 12：对短线交易者来说，应如何打破资金容量的瓶颈？

三水胖树：这个恐怕没有办法，毕竟这取决于盘口单上的数量，超过一定数量，必然会造成或多或少的滑点，甚至是不成交，这是无法避免的。

七禾网 13：您的量化交易模型盈利的基本逻辑是什么？

三水胖树：大方向来说，还是以趋势交易为基础，中间参考辅助了一些高低轨、成交量或者持仓量变化，甚至还有传统的均线运用。

七禾网 14：您的量化交易模型有没有调整、改良的设置？在什么情况下您会修正您的模型？

三水胖树：一般情况下，经过一轮的震荡行情过后，有出现较大亏损的模型，不会立即修改或者调整，等待下一个趋势行情过去之后，仍无法明显填补前面亏损的情况下，才会去修改或者调整。

七禾网 15：您目前有没有开发新的模型？若有开发，请问主要是哪种类型的模型？

三水胖树：目前开发出来可上实盘的模型大约 50 个左右，以目前的行情波动来看，暂时足以应付现有的市场波动，开发新模型工作量很大，目前暂时没有开发新模型。但也每天盯盘，实时观察和研究市场的波动性变化，市场的变化如明显加大，并且具备较长的持续性的情况下，也会针对性的开发新模型作为补充。

七禾网 16：您觉得怎样的模型才算得上好模型？

三水胖树：这不好说。模型好坏要看搭配，哪怕它的回撤很大，整体盈利不突出，但是跟其他模型组合起来，能减少组合模型的综合回撤，这也算得上是个好模型。我有些模型会在趋势行情下盈利很少，甚至亏损，但是在某些震荡行情下，盈利能力很强，甚至能顶 2～3 个纯趋势模型的亏损。所以单个模型的好坏是无法评估的，重点还是看如何组合运用。

七禾网 17：您的量化交易在实盘中出现过的回撤是多少？这一最大回撤

的出现，主要是什么原因造成的？

三水胖树：实盘操作以来，超过20%的回撤仅有一次，那是在2012年的9～10月，达到22%左右，主要是当时的资金量少，模型数量也少，并且当时实盘的时间不是太长，在执行上有干预的现象出现。记得在9月7日那天，因前面出现了较大的亏损，心里有动摇、有怀疑，那天是连续5个多月实盘交易以来的第一天停盘，结果那天错过了一个百点单边大涨的行情，这一天我错失了26万的盈利，而后行情立马又进入了第二波的震荡行情，两波震荡行情下来，造成22%的大回撤。对于量化交易来说，“干预是魔鬼”，那天“市场”以这种方式清晰地告知于我！2012年的9月7日是我难忘的一天。

七禾网18：您目前专做股指期货，为什么不考虑做其他品种？

三水胖树：其他品种交易规律比较不稳定，容易被大资金操纵，同时其他品种的保证金、涨跌、停板、跳点价格的变动等经常会有调整，风险相对就比较大，给模型、资金的管理，交易平台的设置带来很多麻烦，不可控的因素要远比股指期货多很多。

七禾网19：您在七禾网实战排行榜和程序化排行榜展示的账户“三水胖树2”，从这个账户来看基本上每个月都是盈利的，请问您觉得自己能做到几乎每个月都盈利的关键是什么？

三水胖树：坚持程序化运行，不挑三拣四地选行情做。

七禾网20：您觉得自己能否继续保持绝大部分月份都盈利的状态？为什么？

三水胖树：模型的历史测试确实是可以做到大部分时间月月盈利的，但是实盘上不可能保证月月都盈利。模型程序不是万能的，模型的设计只是根据历史的波动做出来的策略，并不能代表未来，实盘上的波动有许多意想不到的情况导致亏损的可能，所以这是一个概率问题。

七禾网21：风险和收益是共存的，您觉得如何在风险可控范围内来达到利润的最大化？

三水胖树：在程序设计时就要控制风险，比如止损和止盈。相信自己、相信程序，由程序去控制风险和达到利润最大化。

七禾网22：您程序化的赚钱原理是“宁可做错，不能错过”。您能解释一下这样做的原因吗？

三水胖树：这要从我看待机遇的角度说起，我的学历并不高，从学校毕业踏入社会后，无论是对待大小商机，或者是工作岗位高低，我都抓住一切能抓住的机会努力去做。一个人一生有无数次转折，每次转折都是一个机会，或许有些机会很渺茫，甚至是瞬间，但我坚信，只要不错过任何能抓到的机会，总有一次能让我飞升起来。

至于“宁可做错，不能错过”它的原理跟我对待机遇的态度是一样的，任何大趋势的初期，都是不起眼的小波浪形成，只要我控制好亏损，抓对了一次趋势，我就能获得可观的收益。而另外有一理论正好与我此理论是恰恰相反的，即“宁可错过，不能做错”。在我的认知里就是个“伪命题”，试问一下，能有“不做错”的可能吗？

七禾网 23： 您是一个性格脾气都较为随和的人，这对您的期货交易是否有帮助？您觉得什么样的心态、性格比较适合做期货？

三水胖树： 什么样的性格比较适合做期货我倒没有研究过。

七禾网 24： 您开过网吧、开过电脑公司、做过股票、做过期货，这些事情中您最喜欢的是哪一件？在做这些不同事情的过程中，您最大的人生感悟是什么？

三水胖树： 最喜欢的事情当然是目前的程序化交易，我已经把它作为自己的事业在努力。

努力去做自己喜欢的事，贵在坚持。在困难面前不低头，但不是碰壁不会回头。山外有山，天外有天。我的程序化交易只是刚刚开始，需要继续学习、总结和提高。

三界：有规律可循是程序化的基础

（访谈时间：2013 年 9 月 11 日　刘健伟整理）

三界：湖北人，进入期货市场 2 年，七禾网私募排行榜账号“三界”系列账户的操作者，程序化交易的模式有着极高的收益率，账户“三界”2012 年 8 月 23 日至 2014 年 5 月 16 日，复合收益率高达 879.53%。

访谈精彩语录：

我的策略是趋势突破型的策略。

（基本面分析）对个人来说没有意义，没有这么多的精力，所以说只要用技术面就可以了。

股指的流动性比较好，是比较适合做程序化的一个品种。

做多品种的话可以平滑曲线，因为收益曲线下跌太厉害的话对人也是一个考验。

程序化需要有历史数据，没有历史数据没有办法做。

开发策略是很难的，很多人都说他手里有几十套、几百套，我觉得他们有可能是吹牛，或者说他们这些策略可能不太好，很有可能我一套策略的收益可以赶上他们 100 套。

我一般都是直接反手的，如果因为止盈、止损造成的平仓，那就没有反手。

我一般是拿 2 年的 1 分钟的数据去优化，我用到了遗传算法。

加减仓和你的策略是密切相关的，有的人认为你的策略很烂的，但是你加减仓做得好，资金管理好，可能是赚钱的。

我是用 1 分钟线的。

做程序化其实可以说跟性格没什么联系，因为做日内，程序做 1 万遍跟做 1 遍对你都没有什么影响。

有时候你觉得它没有交易，你心里面有点儿不爽的感觉，不开仓会感觉有点儿郁闷。

我对程序化交易的经验之谈就是要多花时间去实践。

七禾网 1：三界先生您好，感谢您在百忙之中接受七禾网的专访。您进入期货市场才短短 2 年，现在就取得了相当不错的成绩，请问您初入市场时是否也经历过交学费的时期吗？

三界：当然，肯定有交学费的时候。刚开始实盘的时候是 250 万的资金，过了段时间，盈利到 400 万，后来又亏到了 200 万，回撤 50%不就是亏损吗？本金已经亏掉了。

七禾网 2：期货圈存在着一个争论，就是期货是否和赌场相同，不同的人都有不同的理解，您认为期货基本和赌场相同，这是什么原因？

三界：期货是否和赌场相同，当然是有一点儿类似，因为**期货的走势是没法确定的，只能去预测，这就是赌**。所以，不管谁来交易，他来认为下面是涨还是跌，肯定是个赌，预测而已，所以说这跟赌场相同。

七禾网 3：如您所说，期货市场基本和赌场相同，那应该是一个概率游戏，又应该如何来理解您所说的行情有一定统计规律可循？

三界：我弄的程序化就是一般拿历史数据跟模型进行匹配、回测，所以**它必须是要有规律可循的，没有规律可循，程序化就没有存在的基础了。**

七禾网 4：您是纯技术分析，能和我们分享一下您的技术分析的大体依据或是特征吗？

三界：现在实盘应用的也是传统的技术指标，现在策略主要是由五个技术指标组合起来的。**我的策略是突破型的趋势型策略。**

七禾网 5：市场上基本面分析和技术面分析两派不相伯仲，不可否认基本面分析对交易的重要性，但您却以纯技术分析做交易，为什么不考虑基本面，或者说结合基本面来优化您的技术分析？

三界：因为我是个人操作，不可能有这么多的精力，而且资金比较少。你也知道，做基本面的分析要花很多时间，可能派出很多人坐飞机到上市公司做研究，或者说你对宏观经济都很清楚，**对个人来说没有意义，没有这么多的精力，所以说只要用技术面就可以了。**

七禾网 6：我们了解到您做期货之前是从事 IT 行业的，是否因为行业原因使您更倾向于程序化交易？

三界：当然，**IT 行业做程序化比较有先天的优势，自己有什么想法就可以很快把它编成一个可以实盘的模型，**这是一个优势。

七禾网 7：我们在与台湾甚至国外的程序化交易者的交流中发现，他们对国内许多程序化交易者人工干涉交易很不理解，认为这不能算是真正的程序化交易。您如何看待？您在交易中会进行人工干涉吗？

三界：其实我也干涉过，不过干涉的很少，算下来**我干涉后总的是造成损失了**。有一个很典型的例子，就是那天“8•16”（光大乌龙指事件），早盘的时候曾经拉升得很快，我的系统因为突破就跟进了，后来我听我们同事在议论这个事情，我也觉得这个可能是乌龙指，然后我就手工把它平掉了，这个我是手工干涉的。我平掉的位置那时候已经是第一波下跌的低点，但是后来他们又辟谣了，光大的董秘说不是乌龙指，这时大盘又拉起第二波了，第二波比第一波还要高。这时候我虽然已经把它平掉了，但是我系统还没有关掉，它又追进去了，这样一来损失很大，可能有60万左右。第二波又追进去时，等于是从我平掉的低价到后面追进的高价，这个差价就损失了60万，不过那天我还是赚了比较多钱的。所以说，**人工干涉没什么好处，即使是乌龙指事件也不要去干涉它**。

七禾网8：我们从七禾网私募排行榜中发现您的账户“三界”在6月下旬有一波快速拉升后，7月初出现了不小的回撤，这波大起大落的行情是如何造成的？

三界：这个是由多种因素造成的，我觉得主要的因素是这样的：**程序化的模型是拿历史数据优化出来的，它有个特点，比方说这段行情刚巧涨得很快，然后你会发现比历史回测的曲线上升的斜率还高，它一般过段时间就下来的**。这个可能很多人有这个感觉，这是个很奇怪的现象，不过也不奇怪，这是个统计问题。这是一个主要因素。**第二个因素就是那段时间我调整了一下账户的风险度，仓位调了一下**，因为我这个模型也是刚搞不久，不断地再优化，优化以后可能参数不太适合，所以有段时间下跌的比较厉害。但是优化完了以后，按照道理来说这个模型也不是很离谱，只是可能刚好和那段行情不是很吻合，所以**主要的原因就是这个行情跟你的模型有个匹配的问题**。可能这段时间不适合，那段时间就适合了，但是长此以往它会比较中肯的。比方说，你理论的年收益率是100%，那么长期下去，它可能就是100%，如果这个月你就涨了50%，那下个月就有可能会跌回40%，涨得太快它就有可能会回调。

七禾网9：“三界”账户在6月下旬以前都比较平稳，而6月下旬之后，收益曲线的起伏波动变大，是否调整了交易策略？

三界：有多种因素。一个就是刚才提到的行情和模型的匹配度问题，一个是调整了风险度，还有一个就是调整了一些参数，然后策略也经常有一些小的修改。

七禾网 10：我们从您账户的持仓偏好中发现您以股指为主，也做少量的橡胶，请问您为什么选择这 2 个品种进行交易？

三界：主要是做股指的，橡胶曾经尝试了一下，但是后来发现效果不佳，就不做了。现在可以说单纯的只做股指，因为一个人的精力也有限度，家里还有很多事，公司里还有很多事，业余做的，能搞一个股指就不错了。**股指的流动性比较好，是比较适合做程序化的一个品种。**而且我也比较懒散，我的下单方式都是市价直接下单的，也只有股指的主力合约的流动性才能够支持比较好。

七禾网 11：您是否会考虑把其他商品品种加入到您的策略中来？为什么？

三界：这个考虑过。曾经有一段时间测试过，效果不太好，后来没有弄。但是因为现在策略有变化了，有精力的话可能也会去考虑，毕竟**做多品种的话可以平滑曲线，因为收益曲线下跌太厉害的话对人也是一个考验。**

七禾网 12：9 月 6 日国债期货正式上市，作为金融期货的一种，您对国债期货是否有研究？近期有尝试做国债期货的打算吗？

三界：国债期货还要等一段时间，因为**程序化需要有历史数据，没有历史数据没有办法做。**

七禾网 13：您做股指期货日间交易一般持仓多久，股指期货的隔夜风险较大，您的策略又是如何去规避隔夜风险的？

三界：我有个账户就是做日间，这个账户是自己的钱，亏一点儿赚一点儿都无所谓，别的账户是没有做的。**如何规避可以这样理解，不要拿很多钱去做这个事情。**通过模型测试，隔夜会比日内收益高一些，所以风险大一点儿也是可以理解的。

七禾网 14：您账户基本每天都有出入金，而且金额都比较大，这是什么原因？

三界：我是程序化交易，出入金也是全自动的，每天把可以取的钱全部都出金，然后会去买某银行的一个理财产品，它也是自动的，就是你只要把钱放在你的银行卡上，到了晚上 7 点半，它就会自动去购买理财产品，只要事先在网上签好协议就可以了。到了早上 7 点半，它就自动赎回。我的出入金也是有程序的，每天早上 8 点半入金，下午大概 2 点 20 的样子出金。它(理财产品)的年化收益率大概 2.35%的样子，而且这个不费事，因为都是自动化的，不用操心，也有很多人手动出入金，那就比较麻烦。

七禾网15：程序化交易以其收益稳定、回撤、低风险小著称，但我们发现您的最大回撤超过了30%，这在程序化交易中算比较大的回撤了，是因为您策略本身的特点吗？

三界：回撤30%主要的因素是调整了风险度，基本上我的风险度在40%左右，如果说40%的话，回撤率基本在20%，不会超过20%，你发现有的账户超过了20%，那主要是调整了风险度的原因。**因为有时候人有情绪，比方说会觉得这个策略还不错，就把它的风险度调高一些，往往这种心理出现的时候，就是收益比较快速增长的时候，这时候你产生这种心理的时候就比较危险了，刚刚说过快速增长的时候往往就会快速下跌。**

七禾网16：您是单策略运行，还是多策略组合？如果是组合策略的话您用多少个策略的组合？

三界：我目前实盘只有一个策略，包括日间、日内其实都是一个，只是参数不同，日内的话比方说我设了一个15点多少分的，就把它平掉了，然后加了这个条件以后，分别进行优化，得出两套不同的参数，所以我其实只有一个策略。**开发策略是很难的，很多人都说他手里有几百套、几十套，我觉得他们有可能是吹牛，或者说他们这些策略收益可能不太好，很有可能我一套策略可以赶上他们100套。**我以前看到一篇文章说，一家公司开发一个策略可能需要十几个人开发2年才能开发好。所以说，一个散户你想搞出很多策略的话是很难的，我那个策略里面其实也有多种技术指标组合的，如果你说是组合策略的话，也可以这样理解。

七禾网17：简要介绍一下您策略的盈利模式是怎么样的？策略的最大特点又是什么？

三界：我这个策略最大的特点：**它首先是趋势型的策略，不是震荡型的，也不是套利什么的；第二，它是突破型的。盈利模式来讲，我基本上没有什么平仓，我一般都是直接反手的，如果因为止损、止盈造成的平仓，那就没有反手。**因为我只有一个策略，而且只有一个品种，这样做可以提高资金的利用效率，因为刚才说的，做期货其实就是赌博，如果你认为多头不行了，那就是认为空头好，那我就直接反手做空了，这样的话资金的利用效率不就高了吗？如果你看不准就等着，什么都不做，那你资金不就白白闲着吗？

七禾网18：有人认为好的策略适用于任何时期，而有人却认为任何时期一个好的策略都需要不断地优化修改。您如何看待这个分歧？您是否会优化自己的策略，优化的依据是什么，多长时间会去优化一次？

三界：策略会有适应行情的问题。我也看到过你们七禾网的高端访谈讲的，好像说高频的策略比较容易失效，低频的生命力更强一点。我也不知道这是对还是不对，但策略肯定是有适应期。举个很简单的例子，比方说均线系统，如果用的人多了，大家都这样做了，那不可能全部都赚钱，那自然就失效了。有一个物极必反的问题，一开始，用的人多了，反而策略更有效，比如突破型的，这个点位突破了，大家都冲进去的话，可能是增长这个作用，但是久了来说，过了一定的程度之后，效果反而就差了。因为突破可能就突破了，突破以后他又冲进去了，冲进去后总有人要平仓，然后就产生雪崩效应，全部都争先恐后去平仓，那就完蛋了，所以就不赚钱了。**所以策略肯定是有适应期的。一方面我会经常性的，比如几个月有什么想法会改一改策略，加加补补，另一方面，我会不断地拿历史数据去优化参数，一般一个月会优化 1～2 次。**

七禾网 19：我们接触过一些程序化开发者，他们有些是定期优化的，比如说到一个时间节点，再回顾一下自己的策略进行优化。

三界：我不是定期的，我基本上是有空的时候想到了优化一下，优化因为参数非常多，十几 20 个，**我一般是拿 2 年的 1 分钟的数据去优化，我用到了遗传算法，但基本上优化一次还需要一个星期左右的时间。**因为我有两套参数，这样就需要两个星期才能全部优化完成。然后遗传算法它有个特点，它有时候优化出来的结果可能比你之前的还差，所以这样搞下来的话，基本上是平均一个月优化一次。

七禾网 20：程序化交易进出场非常关键，您的策略一般符合什么指标开仓？很多程序化交易者不设止盈出场，您的出场又是如何设置的？是否有止盈？

三界：止盈、止损是肯定需要的。**我的开仓点基本是指标突破，出场的话我刚才也说了，我就是反手，给出了做多的信号，我就做多，下一次给出做空信号，我就反手做空，进场就变成出场了。**另一方面，肯定是有止盈、止损的。**止损我是很简单按固定比例的，例如当前的价格比入场的价格还低 1%，做多的话那么就止损了；止盈的话，我用的是跟踪止盈，**其实就是两个参数。第一个就是启动你机制的参数，比方说赚到 2%以后开始启动，第二个参数就是从最高点回撤多少，比方说 20%，就可以止盈了。这个是很简单、很传统的一个做法。**总结来说，就是固定比例止损和跟踪止盈。**

七禾网 21：现在期货圈里有关加减仓的争论多了起来，部分人认为加减仓应该慎之又慎，而部分人觉得只要一出现盈利的机会就应该马上加仓。您如何看待这个问题？

三界：之前我是没有加减仓的，但是在和一些网友交流之后，有的人说加减仓好一点儿，然后我就尝试了。现在也做了加仓的办法，**例如，首先开仓 2 手，过段时间，如果又有入场信号了，我会再加仓 1 手，2+1 这样的模式。**

七禾网 22：效果如何？

三界：这个很难评估。因为以前是 40%的风险度，现在如果你按照 40%去做的话，比方说第一次 40%，后面加 1 手，那就变成了 60%了，你效果肯定比它好。但是反过来举个例子，最后你总的仓位也是 40%的话，那就比以前单纯的 40%要差。我现在基本是这样的，30%+15%，初始的仓位 30%，总的仓位 45%，相当于以前 40%仓位时的收益，但是回撤会小一点点。

我再说一下加减仓这个东西，其实很多人也很清楚这个问题。**加减仓和你的策略是密切相关的，有的人认为你的策略很烂的，但是你加减仓做得好，资金管理好，可能是赚钱的。**其实，我之前的策略还算可以的，所以加减仓对它的效果不是很明显，当然，还是有点儿作用。我现在已经用到加仓的方法，但是减仓没有，我都是反手直接平掉的。

七禾网 23：随着资管业务的兴起以及产品时代的到来，您的系统的资金容量有多大？

三界：因为我的交易频率比较低，基本上一天 1～2 次，或 2～3 次，可能容量会比较大吧。而且我目前只是单纯的市价进场，并没有去做挂单、追单这样一个通常的方法，很早以前我做过，后来感觉没有什么必要，所以就不做了。即使现在这样做的话，也没有什么影响，它那个冲击性根本就感觉不到的，**所以资金容量可能会比较大的，如果把下单的方式改一改，可能会在几个亿左右。**

七禾网 24：现在许多操盘手作为投资顾问与期货公司联合推出期货资管类产品通过基金公司运作，在市场上取得了很好的效果，您有这方面的打算吗？

三界：暂时还没有这方面的打算。我本职工作是做 IT 的，期货也是个外行，从开始做也是做股指期货的，也就只做了 1～2 年。如果我是手工做期货的，我肯定亏得一塌糊涂，所以这方面没有很强的信心，暂时没有这个打算。

七禾网 25：作为程序化交易者，您的账户收益率相当的高，而程序化交易的惯例应该是做好风控，等待暴利，您这样的收益率是否是因为您并不是等待暴利而是主动追求暴利？

三界：收益率没有暴利的说法。**程序化模型它就是这样，主要是占统计优势**，其实我策略的胜率大概在 45%的样子，盈亏比大约在 2∶1，它就是利用了长期的统计优势。因为行情还是有一定的规律可循的，比方说涨了，接着涨的概率就大了，跌了，继续跌的概率就大。程序无非就是统计历史的数据，就是说涨了几分钟我就买，或者说涨了多少我再去买，**不存在说追求暴利，就是靠来来回回、反反复复很多次的交易，然后你的数据和历史数据比较吻合，你就希望以后也比较吻合，然后就能赚钱了，这个不算暴利，是微利。**

七禾网 26：其实相对程序化交易来说，您的收益已经比较可观了。

三界：那只能说模型比较吻合历史数据，灵活性比较好一点，适应性比较强一点。因为我看国外好多文章都说，小资金做程序化，一年做 10 倍很正常的。但我远远没有达到这个数据，利滚利，复利的方法也就 3 倍的样子，根本没有达到老外说的那个标准。

七禾网 27：相比主观交易，程序化交易的风控措施更为严谨、更为关键，请问您的止损线如何设定？

三界：刚才我说过有一个固定比例的止损，基本上就是这个。**实际上对我来说，止损是非常少的，大部分时候都已经反手了。**比如我做多，下跌的时候老早就有信号出现了，我就反手了。

七禾网 28：您在做程序化交易的时候，宽止损和窄止损针对整个年收益的变化您是怎样比较的？

三界：其实，**我的参数都是优化出来的，并不是人工去选择。**但是很明显，如果你是低频的话，那么你的止损要大一点儿，如果你的交易次数非常多，比如一天做个 100 次，那么你的止损可能会非常小。这是毫无疑问的，这个是跟策略相关的。

七禾网 29：可以说每个程序化交易者都有一条生命线，有人是 5 分钟线，有人是 60 分钟线，有人是日线，有人是 20 日线，您的生命线是什么？

三界：**我是用 1 分钟线的。**

七禾网 30：就如 IT 写代码时常会遇到瓶颈一样，您在做程序化交易的过程中是否遇到过瓶颈？又是如何突破的？

三界：刚开始做程序化会发现一个问题，你会拿很多模型来看，都不赚钱，这很正常。然后怎么办呢？就是天天在网上找，看到别人的想法你就勤快点儿，去试，然后发现还可以的，优化优化最后发现能用的。在这个基础上你再修修补补，比方说再加一个指标，来来回回组合，一方面多找些网站看看，另一方面也可以跟网友交流，问问他们有什么想法，可以说他们没有人 100%的把源码告诉你，但是他们可以告诉你想法。比方说我用了三种突破的办法加上固定止损和跟踪止盈，这五个组合起来就是目前实盘的策略。这个瓶颈的突破我就是这样的，下苦功。

七禾网 31：目前高频交易逐渐受到了市场的关注，您有研究吗？是否会考虑做高频交易？

三界：**高频交易我曾经尝试过，要么就是没有找到门道，要么就是比较难，目前还没有成功。**这个问题跟刚才商品期货的一样，我觉得如果你想做得好的话，应该把自己策略的适应性搞的强一些，多搞一些策略出来也是应该的。我有过考虑，曾经花了一些比较短的时间研究过，但是失败了，后来没弄，以后可能会去研究。

七禾网 32：请您对国内主流的几个程序化软件做个比较，各有什么优缺点？

三界：我用的是 MC，这里有一个原因，我最开始接触过 Trade Station，MC 基本上是跟 Trade Station 一脉相承过来的。另一方面，我本身是做程序的，对国产的软件信心不足，也确实看到一些网友说吃过亏。

七禾网 33：您说您是一个内向温和的人，但前面我们也提到您偏好日内、日间短线交易，这似乎与您的性格有所相驳。这是什么原因？

三界：其实，我的性格只是有点儿偏向温和而已，日内交易、短线交易好像和性格没有什么联系，**做程序化其实可以说跟性格没什么联系，因为做日内，程序做 1 万遍跟做 1 遍对你都没有什么影响。**而且我还有点儿急性子，日内还是蛮适合我的，我很乐意看到它一天交易 100 次，**有时候你看到它没有交易，心里面会有点儿不爽的感觉，不开仓会感觉有点儿郁闷。**

七禾网 34：长江三角洲一带的期货公司高手都非常多，整体的期货氛围浓厚，交流也非常多。您是在深圳这边的，深圳这边的期货氛围如何？

三界：因为我是单枪匹马自己干的，也不怎么跟别人交流，所以也没有什么感觉。有网友说深圳这边期货高手比较少，但是钱比较多。

七禾网 35：您现在还是在兼职做期货，有些操盘手认为，做期货就要全身心地投入，最好是能够全职做。您对此有什么看法，将来是否会考虑全职做期货？

三界：因为我也没做多久，从手工操盘的角度讲，我是完全不会。做兼职很正常的，全职的话，有可能会考虑，不过我人比较懒散，做全职的话可能能把策略研究的好一点儿，可以多一点儿策略，多一点儿品种，但是暂时还没有这个想法，未来还是有可能的。

其实我并没有什么特色，只是拿一些程序去实盘而已，刚才也说过，我这人比较懒散，做 IT 的很多人都这样。刚搞策略的时候，我可能花了一些时间，模型好不好，要拿历史数据去测，历史数据的搜集整理得花时间的，策略要效果好的话，你就要花时间，要勤快，但是我就偏偏不勤快，这是很矛盾的一件事情，所以我并没有什么特色。我看你们访谈做得很不错，很多人真的有很多自己的想法和自己的说法，有自己的体验，但是我就体验不深，我是搞程序化的，模型这样干，我也不知道它为什么能够赚钱，肯定不能像那些操盘手一样体验这么深，得出结论来。

七禾网 36：您以后会考虑做主观交易吗？

三界：不会的，绝对不会的。还是要做程序化，我就人工干预过几次，刚才提过一次，还有一次是我电脑坏了，然后换了另外一个环境，然后我就手工干预了几次，反正都没有好效果，基本都是亏钱的。我手工干预亏损的钱可能已经超过 100 万了。我没有这个想法(主观交易)，也没有这个欲望。这是个体力活儿，没什么意思。不能感觉到有什么收获感，没有任何成就感，还不如开发一个高频的程序，一天交易 100 次，很稳定，至少保证每个星期盈利，那就比较有痛快的感觉。像我现在的这个策略比较低频的，一天 1～2 次都不能保证每个月盈利，可能能保证 1 年盈利，但是 1 个月盈利保证不了。

我对程序化交易的经验之谈就是要多花时间去实践。

转转提一口真气：每个人终归会被市场吃掉

（访谈时间：2013 年 11 月 27 日　李婷整理）

转转提一口真气：姓阚，安徽人，现居上海。有 5 年的期货交易经验，曾做过建筑施工、房产中介。在期货公司担任过分析师，之后开始专职做期货投资，从主观交易转为程序化交易。主要做波段和中长线。

七禾网实战排行榜 http://trader.7hcn.com/ 账户“转转提一口真气”的操作者，2011 年 5 月 9 日至 2014 年 5 月 16 日，账户复合收益率 222.77%。

访谈精彩语录：

期货市场大量投资者亏损，总结之后主要的几个原因就是逆势、重仓，长时间扛着不止损。

很多人选择程序化这条路，本质上就是为了规避人性主观而走全自动。我认为完全规避掉是不现实的。

半自动交易让交易者对市场的认识和理解，包括对自我情绪、人性方面的控制会有非常大的帮助。

如果你坚持，哪怕一个非常简单、粗略的交易规则，也能保证你在这个市场中生存 1 年、2 年甚至 5 年。

交易规则能最大限度地帮助你赚钱。

如果一个人在生活中经常不遵守规矩，对自己没有一定的要求，在交易中是不可能做到最大限度地执行交易规则的。

根据我自己统计的数据，越来越接近所谓的随机入场。

人的资金再大，相对于市场始终是有限的，你赢了市场很多次都没有关系，市场还在那里，但市场只要赢你一次，你就没了。

我相信在某种地方存在相对有效的假说，虽然市场是不断变化的，但总有一些东西是不变的。

（理查德·丹尼斯）他的胜率也在 10%左右，100 笔单子，可能 90 笔都是亏的，但他依然靠剩下为数不多的几次交易反败为胜，就是靠巨大的盈亏比。

若干年后大家都是一样的，不管你是亏钱还是赚钱，我们都会离开这个市场。

和你走不同方向的人才能把你看得更清楚。

当你自己不知道是否有天赋的时候，还是走相对客观的交易更平顺一些。

七禾网 1：阚先生您好，感谢您在百忙之中接受七禾网的专访。您取的网络昵称都比较有意思，一个是“转转提一口真气”，一个是“逆势重仓不止损”。为什么会取两个这样的昵称呢？

阚先生：“转转提一口真气”这个名字是因为当时看一本小说里的上乘武功《九阳真经》，里面有一句话：“他强由他强，清风拂山冈。他横任他横，明月照大江。他自狠来他自恶，我自一口真气足。”意思就是吸一口真气，把自己的心定下来，任凭外界的环境千变万化，都不会影响到自己。“逆势重仓不止损”是当初和朋友聊天儿开玩笑的时候提出来的。我之前在期货公司待过几年，**期货市场大量投资者亏损，总结之后主要的几个原因就是逆势、重仓，长时间扛着不止损**。如果这几点全部做到，最终的结果就是很快会出现巨大的亏损。当时起这个名字也是给自己一个警示的作用。每天一看到自己的这个昵称网名，给自己提一个醒。

七禾网 2：您在接触期货之前，曾做过建筑施工、房产中介，您是在什么样的机缘巧合之下接触到期货的？

阚先生：我在做建筑施工的时候是 2007 年，那时刚大学毕业，而我本身就是学土木工程专业，在国企里面做施工管理现场。后来因为工作时间不固定，经常在外地跑，没办法和家里人一起，因此 2008 年初的时候就离职了。离职之后在上海，不想从事本专业，但是又没有其他专业技能，刚好有个朋友在做房产中介，我就过去了。可能也是因为运气和巧合，做房产中介的时候认识一个同事，关系很好，他之前在期货公司工作过。当时和他聊天儿的时候他就说，你不喜欢这个行业，在这里混下去也没意思。然后他还跟我讲了很多期货的东西，后来我才发现当时他说的很多东西都是不对的。比如说赚大钱，他说他亲眼在公司的大户室里面看到客户赚多少钱，比如一天赚 700 多万。像我这种从来没接触过金融行业，连股票都没有接触过的人，对我的冲击还是挺大的。再加上当时的房子确实也不好卖，就这样接触了期货，然后自己准备从业资格考试，年底就进入期货公司了。

七禾网 3：您在成为一个专业的期货投资者之前，曾任期货公司的分析师，为什么后来会选择专职做期货投资？

阚先生：期货公司的从业人员应该都会有一个梦想，都希望有一天能够成为职业期货交易者，除了让自己有比较好的生活之外，还能帮助身边的朋友们，一起理财，一起做一番事业。**我当时进期货市场的目的就是为了赚大钱**，所以在期货公司做一个比较稳当的工作是不可能持续下去的。我从进入期货公司的第一天起就已经开始为投资做准备了，虽然当时没有多少钱，基本上把每个月的工资能省就省下来，尝试着开始交学费。后来也不想这么早专职做期货投资，我在 2009 年的时候做了一个 5 年规划，先在期货公司工作 5 年左右的时间，至少能够学习到一个比较成熟、完善的交易体系，然后再专职做。后来 2011 年的时候突然出了一个对从业人员的限制，迫于个人原因，就直接做专职投资了。

七禾网 4：您最初是主观交易者，后来转换成程序化交易，这其中的缘由是什么？

阚先生：**主要原因就是做主观交易经常亏钱**。我刚开始接触到期货交易就直接接触实盘，没有做过模拟交易。基本上每个月都亏钱，我觉得是正常的。**作为一个没有经验、也没有老师带的人，完全靠自己一个人在里面摸索，除了亏钱，没有别的路可以走**。试过各种方法，比如技术分析的所有形态、所有历史上能够找到的图表，我都看过，但对我都没有用。然后研究基本面的东西，因为平时就做分析师，能够接触到的资料还是比较多的，但说实话后来也没有用。当时也在很多期货论坛上看到，最终可能你试过所有的方法都没用，这也可能只是我个人的原因，别人可能接触的和我不一样。但时间也不是持续很久，大概半年左右，那个账户亏损了近 40%，已经快一半了，当时的反应就是必须得停下来，不然肯定会亏光。那时候也看了很多国外交易员的情况，比如一些做量化的，看到他们比较稳健的情况，慢慢就转到了程序化交易上来。转到程序化交易上之后，2009 年上半年还是亏钱的，下半年的时候程序就开始慢慢地将亏损补回来了，到年底的时候还稍微赚一些。从那以后就完全做程序化交易，再也没有一点儿个人的主观交易，也不敢有主观交易了。

七禾网 5：您在程序化交易中选择的是半自动交易，而现在很多程序化交易者为了避免人为主观因素干扰选择全自动化交易，对此您是如何看待的？

阚先生：当初选择半自动交易是有不得已的原因，想从事全自动，但由于各种条件不成熟，再加上 2009 年我所了解的国内全自动化交易也不是特别成熟，包括交易软件、编程以及漏洞等方面。所以当时不得已从事了半自动，但这两年，程序化开始风靡一时，各种自动化越来越成熟，可是我反而更加愿意选择半自动。**很多人选择程序化这条路，本质上就是为了规避人性主观而走全自动。我认为完全规避掉是不现实的。**如果完全规避掉，你和市场就没有关系了。半自动交易看起来好像比全自动交易差了一点儿，实际上它在另外一个方面有一定的优势。因为是半自动，交易者必须自己下单或者找一个下单员，也就意味着你仍然时时与市场互动、联系。我目前还是自己在下单，因为资金量比较小、账户也有限。但我这两年明显感觉到，**每隔一段时间，当账户遇到低潮期的时候，你和市场会有一种互动的感觉，而当你走出低潮期的时候，明显感觉对市场的理解和认识又能上升一个台阶。**如果从时间的长远来看，**半自动交易让交易者对市场的认识和理解，包括对自我情绪、人性方面的控制会有非常大的帮助。**这个问题我也跟一些朋友交流过，像这两年国内程序化做的比较好的周伟，他当初也做了很多年的半自动，后来转向了全自动。他说了一句话，让我印象很深刻：如果你坚持半自动交易，等若干年以后你会感觉很没有意思。**半自动每一次的交易信号都是逆人性的，**你长期处于这种逆人性的交易行为中，对人的生活冲击非常大。最终的结果是生活中的喜怒哀乐没有办法再引起你内心的波动，说好听点儿可能是这个人的境界比较高，说难听点儿这个人在精神上已经完全异类了。别人出去唱歌，买个新手机会感到开心，你可能已经没有感觉了。长时间在逆人性的交易中，把你的这些东西都抹掉了，对人的冲击会比较大。我最近也在考虑这个问题，到底长期走这种“自虐”的行为是否值得？毕竟做这一行还是想走远一些，从个人的长久发展来讲，还是想让自己的交易能够再往上走一个台阶，这样的话我暂时还是会采用半自动交易，所谓对自我的修行之路。

七禾网 6：*您表示最想赚市场中“不遵守个人交易规则的人”的钱。为什么投资者不遵守规则会亏钱？遵守规则就一定能赚钱吗？*

阚先生：早些年我对这个问题的认知，包括这些年，一直都在深化。我们都在讲交易规则，如果**我们仔细看交易规则，实际上就是自己找一个东西把自我约束住，控制住，让自己在一个限定的圈子里行动，不能越界。**为什么要有这个东西？如果真的说开，我们要讲到期货市场的由来。参加过期货知识学习的人都明白，所谓农产品市场，它是围绕套期保值，转嫁现货商的风险，而转移这个风险就必须要有人去承担风险，这些人就是我们这帮投机分子。当我们进入这个市场，本身就是来承担风险的，你就会感觉到风险无处不在，因为你本身就处于风险市场中。这时候就需要一个保护伞或者一个盔甲，盔甲就是我们大同小异的规则，这只是第一步。就像我们要成功一定要努力，但努力了就一定能成功吗？这是一个充分而不必要的条件。这第一步只能保证将你的交易生命尽可能延长。如果不遵守，可能一两年内甚至1年不到就大亏，被扫地出门了，但**如果你坚持，哪怕一个非常简单、粗略的交易规则，也能保证你在这个市场中生存1年、2年甚至5年。**保证你比那些不遵守交易规则的人获得更为长期的交易生命。

我们都是有血有肉的人，不可能100%遵守规则。包括我自己做半自动交易也是，一年当中我交易600～800次，但如果一年600次，每次都执行信号，我做不到，而且我也不相信有人能完全做到，除非你是全自动才能做到，因为它不是人执行的。如果**你是人，它必然会对人性的每一个环节提出非常严苛的考验。而我们遵守交易规则实际上是一个“度”的问题。**比如出现100次信号，我连续执行了99次，而你只连续执行了90次，从这意义上而言，我已经战胜了你。但我们都没有100%执行，我发现随着交易时间的延长，一开始交易的执行信号出现我只能执行70%～80%，到了第二年就上升到90%，从2013年开始基本上有98%～99%左右。长期接触市场，当交易量达到一定程度的时候，你已经没有感觉了。比如你老买到最高点，买上去就跌下来，老空到最低点，空下去就涨起来，每次都这样，当你持续了100次、1000次、3000次、5000次的时候，会感觉跌就跌，涨就涨，无所谓了。这时候你会发现，在你的交易里不再是围绕这一笔或者这一年，并不是说我今年做完就不做了，我还想做3年、5年、10年甚至是20年的交易。从这个意义上讲，交**易规则能最大限度地帮助你赚钱。**

七禾网7：您自己的交易规则的制定主要有哪些方面？

阚先生：我的交易规则就是一句话，跟着信号走，让你买就买，让你卖就卖。这就是能看得到的东西。我的交易规则包括两个方面，一个是交易方面，跟着信号走。另一个方面也就是生活方面，因为你是生活中的人，不可能与生活隔离。**如果一个人在生活中经常不遵守规矩，对自己没有一定的要求，在交易中是不可能做到最大限度地执行交易规则的。**在个人生活方面尽量做到严于律己，比方说作息时间比较固定，大概哪个时间段起床、休息、做哪些事情，这基本上都是量化的。只不过在节日或者周末的休息时间会有其他的安排，大部分时间都保持一定的规律，类似一个同步量化的作息。交易即是生活，生活即是交易。

七禾网 8：您的交易规则就是跟着信号走，而您的模型又没有参数，那请问您信号的来源依据是什么？

阚先生：信号的来源就是均线。其实说没有参数是不完全准确的说法，我当初从网上找到了这个程序，就自己制定规则：当它是没有参数的，从此再也没有改变过。市场唯一不变的就是变化，这种变化具有随时的突发性，并且伴随着巨大的不确定性。我的交易理念的核心就是永远跟随市场，把自己与市场紧紧的绑在一起，市场有序，我就有序，这时候持仓就是具有一致性的方向，市场无序，我就无序，此时的持仓就是大量的多空单都有，没有一致性的方向。唯有如此，才能最大限度达到与市场长久共生的目的，从而实现交易生命的长寿。

七禾网 9：一般成交活跃的品种您都有在做，那您一般会同时操作几个品种？

阚先生：这几年操作的品种一直在增加，新品种推出 3 个月到半年左右，基本上都会操作，差不多单日的成交量在 5 万手以上的品种都有操作。由于黄金、白银推出了夜盘，而我不参与夜盘，将黄金、白银剔除掉，目前应该有 17 个品种同时操作。

七禾网 10：您在程序化交易中使用的是单策略的模型，还是多策略的模型？针对股指期货和商品期货不同的属性，您是否选择不同的模型来操作？

阚先生：使用单策略的模型。股指期货和商品期货也没有任何区别，就是一个策略。

七禾网 11：我们在七禾网的实战排行中 http://trader.7hcn.com/ 看到“转转提一口真气”这个账户，2011 年 5 月份到 2013 年 1 月 24 日，资金曲线走势都比较平稳，而从 2013 年的 1 月 24 日之后开始，资金曲线图的波动幅度开始变大，这是因为对策略做了调整，还是因为操作风格的转化，抑或是其他原因？

阚先生：策略没有任何变化，一直使用的是当年定下来的策略，操作风格也没有变。如果有原因的话，应该是市场出现了一些变化。一方面是新品种的大力推出，加上国内外经济面出现了不一致的变化，影响了期货市场。可能主要是市场发生了一些变化所导致的。

七禾网 12：您表示自己不懂编程，这是否会成为您程序化交易最大的瓶颈或者障碍？

阚先生：我最先接触的时候确实不懂。那时候也知道自己不懂，然后就学。一般最开始的时候都是模仿别人，找别人的程序，然后改一改，修正一下。当时也想学编程，但随着对市场的一些认知不断深化，自己交易理念的一些变化，慢慢就不再追求编程。也不是完全不懂，只不过自己没有主动编过一些交易程序。这两年对交易程序的依赖也越来越低了，我就一个策略，从来没有变过，不变的话就没有必要用新的，也不存在优化、测试，因此至少对我个人而言没有太大的障碍。

七禾网 13：您的程序非常简单，简单到没有参数的程度，但是您在操作的两个账户依然能够盈利，您觉得自己的模型能够盈利的关键点是什么？

阚先生：**关键点就是能够尽最大限度的遵守自己的交易规则。**

七禾网 14：做程序化交易，进场和出场点的设置非常重要，您在没有参数的情况下，您进出场设置的依据是什么？

阚先生：这两年一直对自己的交易策略做跟踪和研究。后来发现这个跟踪和研究很有意思，**根据我自己统计的数据，越来越接近所谓的随机入场。**正常而言，随机入场的概率在50%左右，就像投硬币的正反面一样，但我的胜率肯定不到这个数，平均下来在30%左右。低一点儿的话在20%左右，高一点儿在30%左右，肯定不会超过40%。主要原因是我的止损一般都比较小，一个品种做进去，有两种可能，一种是盈利，一种是亏损。**如果盈利了，必须盈利到一定的幅度，比如单品种的盈利幅度要超过2%，如果不超过2%，只有1%的盈利我根本就不会要，宁愿让它全吐回去，最后可能是止损出来。**第二种情况是进去就亏，然后亏到一定程度就止损掉了。长期下来我的胜率就偏低。这个统计数据刚好就和随机入场差不多。从行情上来看，有的是突破进场，也有的时候是盘整进场，从当日行情来看，抄个底或摸个顶，有的时候又是反过来，从这样来看，各种交易都有，但终归来讲还是类似于随机入场。

七禾网 15：您在操作中仓位一般会控制在多少范围？是否会有盈利加仓的操作？

阚先生：我有几套不同的资金管理模式，一般资金管理模式处于稳健的状态。单品种首次开仓在6%～7%左右，如果一开始遭遇到不利的情况，亏损到一定的程度，比方第一道防线设置亏损15%，一旦本金亏损达到15%的时候，说明我的第一道防线被突破了，我还有第二道防线。第二道防线就是把仓位减半，原来开6%的仓位变成开3%，第二道防线继续抵抗。如果继续亏损，又亏到了10%，这时我的本金已经亏损到25%，第二道防线也被突破了，那就到最后一道核心的防线，启动再减半，这时候仓位只开1%～1.5%，还有

5%左右的空间，如果还连续亏损，本金累计亏到了 30%，这就意味着达不到市场的平均水平，无法在市场中盈利，被扫地出门。从这几年来看，我只遇到过一次这种情况，我的第一道防线只被突破过一次，之后第一道防线再也没有被突破过，所以后面的两道防线也没有启用过。

盈利会有加仓的操作，在程序中是设定好的。到时候自然会跳出信号，跳出信号就跟着走，没跳出来就不走。

七禾网 16：您在交易中去掉杠杆之后还要再打个对折，这个操作方法您是出于什么考虑的？

阚先生：我对这个问题的印象很深，看到过和我这个类似的方式。我之前看过一本书，是扁虫鱼老师写的《投机者的扑克》。里面提到一个很严肃的问题：人与市场的关系本质性的问题。**人的资金再大，相对于市场始终是有限的，你赢了市场很多次都没有关系，市场还在那里，但市场只要赢你一次，你就没了。**从这个意义上来讲，**每个人从长期来看都会被市场吃掉，有的人一年就被市场吃掉了，**有的人 10 年才被市场吃掉，有些则是在市场 50 年都没有被吃掉，像国外一些著名大师，已经过了 50 年、60 年，还在市场中。**并不是他们的钱是无限的，而是他们通过某种方式把有限的资金变得相对于市场无限的资金相似的无限大。两个接近无限大的资金放在一起，他们的交易寿命就尽可能的延长。**我后来就是考虑到这个问题，虽然自己的资金有限，但是我可以通过某种资金管理、风险控制的方式将它变得相对无穷大。就像我之前讲的，我越亏越缩。如果我开 6%的仓位，亏到一定量减半，再亏再减半，最终结果是将扫地出门的概率尽量降到最低，这样才能保证你在这个市场上存活。

七禾网 17：因为您的程序没有参数，因此无法进行历史测试，当您做出这个模型之后，是否直接应用到实践交易中，有没有考虑过潜在的风险？

阚先生：这也是在程序化交易中，我个人提出的另外一个观点。现在程序化交易是一个主流，包括国外都认为程序化一定要做历史测试或者做定量的优化，然后找到一个所谓相对合适的参数区间。我们从另外一个角度来看待这个问题，这就类似于科学研究中的归纳法。我们做科学研究的一个基本流程是，看到一些社会生活中的现象，把它记录下来然后总结，提出一个假说，反方向再证明这个假说，成为所谓的公理、定理，这是一个归纳法的原理。实际上还有另外一种方式，即从上而下。我通过一些交易历史数据的研究，先提出一个假说，这个假说不是用归纳法提出的，是从上而下提出的，然后通过交易市场中一些所谓的行情验证。我这个模型的交易时间比较短，才区区几年，还需要更长的时间来检验。**我个人的交易理念比较排斥做历史交易测试，为了证明自己的交易理念，我想继续用实践来检验自己对市场提出的假说是否到底长期有效。**

七禾网 18：很多程序化交易者认为，策略需要不断的地优化、更新，从而适应市场的变化，对此您是如何看待的？

阚先生：我们都知道市场不断变化，想靠一种不变的交易程序或交易策略长期稳定盈利，目前是找不到的。所以我们要不断适应市场的变化，不断更新。**我相信在某种地方存在相对有效的假说，虽然市场是不断变化的，但总有一些东西是不变的。**华尔街没有新鲜事物，100 年前的人是这样，100 年后的人也是这样。那时候的人喜欢钱，现在的人还是喜欢钱，这是不变的。由此而言，**应该存在一些长期的、与市场共生的一些不变的东西。**

七禾网 19：您曾认为做程序化并不是只有一条路，还有另外一条路，能否简单介绍下这两条路分别是什么？

阚先生：这两条路还是从科学研究中来的。**一种是归纳法**，通过对一些历史交易数据的统计、分析、研究，找到一个相对有效、可行的盈利方法。不管是主观交易还是客观的程序化交易，这都是类似的，统一叫归纳法。另外一个像国外的投资名家索罗斯大师讲的，交易并不是只有归纳法，**还有一种逻辑法。**这也就是我前面讲到的从上而下，从逻辑上能够得出的层层相扣，比较紧密的交易模式。这就是两条路——归纳法和逻辑法。

系统化的交易模式，要想长期稳定的盈利，要么跟踪市场的变化，用多系统组合，并不断地修补系统，要么就用一种不依靠系统盈利的盈利模式来加载一套固定不变的系统。我选择了后一种，我的交易系统只不过是个载体，我只利用它把我的盈利模式实物化，并不依靠它盈利。实际上，我可以不看行情走势，只看持有单子的盈亏就可以交易了。只不过这样比较费精力，所以我才把这个盈利模式加载在一个所谓的交易系统上实物化，这样比较方便。表象是交易系统盈利，其实交易模式的本质是依靠随机模糊进场，错了砍，对了留，再加仓的盈利模式。

七禾网 20：不同的人会走不同的路，那您觉得这两条路分别适合什么样的人走？

阚先生：现在我所知道的**大部分人走的还是第一条路，即归纳法。**因为这是看得见的东西，历史上发生过什么交易行情、交易数据，能够记录下来，或者通过电脑、个人分析都可以。看得见摸得着的东西，大家的心里会比较有底，这就是这么多人选择归纳法这条路的原因。随着你对历史交易经验的积累或者有海外金融学习的经历，以及懂得量化、神经学、物理等方面的知识，这都会比较有帮助，对归纳法有益。至于**第二条路，也就是逻辑法，更适合个人**。它本身就是一条窄的路，逻辑就意味着你也要统计大量的历史交易行情和数据，但是不能根据这个直接得出一条交易策略，从哲学或者对市场认识更深的角度来讲，要提出一个假说，然后这个假说需要长久的用历史数据来证明，问题就在于你自己也不知道这到底是不是真的，唯有市场是检验真理的唯一标准。但有可能 3 年、5 年都有效，也有可能觉得不行了。第一条路的好处是看得见摸得着，风险小，而且你能够随时变化。它的难点是要长时间跟踪市场，不断地变化、研究、分析。第二条路刚好和它相反，它的好处相对会一劳永逸，你提出一个假说，后面基本就不动了，不再需要跟踪、研究市场来更新策略。这是第一条路所羡慕的，但同样你面对的是看不见摸不着，属于精神层次的巨大压力，而且这种压力会时时刻刻，每天 24 小时跟着你。

七禾网 21：您表示自己的单子做进去之后您自己心里非常清楚，85%的概率是要亏钱的，既然知道要亏钱，您为什么还要进场呢？

阚先生：个人认为，这就是选择走这条路要付出的成本和代价。为什么这条路这么窄，这么难走，就是因为大家都不愿意走。这还是和我的交易有关，**我不只是做这一笔交易，这笔交易亏了没关系，下一笔亏了也没关系，再亏一笔也没关系，但长期下来，我总体是赚钱的就可以了**。哪怕 100 笔单子，我有 90 笔是亏的都没有关系，所以进场的时候要能够从上往下的角度考虑问题。我都连亏过几十笔，这很正常。这就像人家连续赚钱，习惯了也就一样。

我认为，交易类型、交易方法、交易的品种等等这些都是表象，类似于兵法书的基本功，而上战场后最后比拼不再是这些，而是人的综合素质和修养组合成的境界层次的比拼，这最终就归结为意志力的对抗，而每个人心中信仰的坚持程度决定了意志力的强弱。最后简单说，就是**我们交易的从来不是什么品种，交易的其实是我们每个人的信仰**。

七禾网 22：您说自己的胜率还不如抛硬币的概率，但最终结果还是能赚到钱，除了胜率之外，影响收益率的还有哪些因素？

阚先生：巨大的盈亏比。我亏 3 次、5 次、10 次、20 次都没有关系，但后面总会有一两笔巨大的收益能够弥补回来。我经常和朋友聊天儿的时候开玩笑，你胜率 90%，我胜率 10%，没有关系，我有办法让自己长期生存下去，但是不要让我抓到一次机会，我抓到一次，你就不行了。这也就是巨大的盈亏比来弥补如此之低的胜率。这也是海龟交易法的创始人理查德•丹尼斯所采用的策略。**他的胜率也在 10%左右，100 笔单子，可能 90 笔都是亏的，但他依然靠剩下的为数不多的几次交易反败为胜，就是靠巨大的盈亏比。**

七禾网 23：您有一个让人匪夷所思的想法，大部分人是为了能够在这个市场里面获取利润而来的，而您进入期货市场是抱着必死心态来的，为什么您会有这样的想法？

阚先生：因为我之前在期货公司工作过，说个不恰当的比喻，天天在屠宰场看杀猪的，看多了就习惯了。人和猪其实也一样，不要觉得猪傻，每天吃了睡，睡了吃。人也差不多，最终的结果都是一样的。无非人的寿命长一点儿，看到一些更多的东西。**若干年后大家都是一样的，不管你是亏钱还是赚钱，我们都会离开这个市场。**只不过我们想尽量长时间留在这个市场，多待一会儿，仅此而已。也并不是说就抱着必死的心态而来，可能就是见的多了，感觉不亏都不好意思。

七禾网 24：国内外呈现出很多程序化交易高手，您最崇拜的是哪一位，或哪几位？您觉得他们能够取得成功的关键性因素是什么？

阚先生：程序化交易高手有很多，因为距离比较远，国外的可能不是特别了解，但国内比较崇拜，甚至当老师一样学习的有周伟、严圣德（六年），还有建立程序化交易平台的陈剑灵，还有台湾的言程序。

我觉得**他们能够取得成功的关键性因素就是始终坚持他们自己的交易规则，遵守他们自己的交易理念**，这种执着、专注是他们成功的关键因素，这也是我要向他们学习的地方。

七禾网 25：程序化交易越来越受交易者的追捧，对它的探讨和研究也越来越多，您是否也会和一些优秀的程序化交易者一起讨论研究或者分享自己的交易模型或交易思路？

阚先生：经常会讨论研究。但说到分享自己的交易模型，都没有人会听我的，因为大部分人走的都是第一条路，我走的则是相反的一条路。但从另外的角度来讲，我更愿意与自己走不同路的人去交流，和自己走一条路的人，大家都看不到自己身上的缺点，而恰恰是**和你走不同方向的人才能把你看的更清楚**。尤其是一些主观交易的朋友，我更喜欢和他们聊天儿，越看不起程序化交易的人，我越喜欢和他们聊天儿。不管他们看到的东西是否是真实、客观的问题，但我总是希望看到一些自己没有看到的地方，这样才能完善自我，对自己以后的提高会有很大的帮助。

七禾网 26：您觉得主观交易与程序化交易相比较，哪种交易方法会更适合一个新手？

阚先生：这个问题需要一个前提条件，看这是一个什么样的新手。假如像我这样天资平平的人，还是走程序化交易的道路，相对会平顺一些，不像主观交易那么坎坷。但如果有天赋，像这两年涌现出的渔屿以及一批短线炒单的人，我觉得主观交易更适合他们。因为他们能够依赖老天赋予他们的一些东西，跟别人就是不一样，他们会更适合主观交易。这就需要因人而论。

不过，个人角度而言，我还是建议当你自己不知道是否有天赋的时候，还是走相对客观的交易更平顺一些，当你有一天发现不具备天赋时，付出的代价可能会很大。

七禾网 27：期货市场已经进入资产管理时代，很多投顾与期货公司合作推出资管类产品，效果也比较理想，那您在这一两年内，对自己的期货事业有一个怎样的规划？具体的目标是什么？

阚先生：这就是我们讲的大时代，因为这不是人力可以为之的，是时代出现的历史性机遇。我自己还谈不上期货事业，虽然和朋友有一些合作，但还是属于个人单打独斗的年代，再加上还属于新手，交易时间很短，才区区几年，我的规划目前还是以学习为主。另外一方面就是把自己的家庭照顾好，往前冲锋的时候必须得保证自己的后勤不能出问题，进可攻，退可守，不至于有一天在街头流浪。所以这两年还是保守、稳健自己的后勤，以生活为主。现在孩子也比较小，帮着家人一起带孩子，等小孩儿能上学，同时，过几年我对市场的认知也能提高一些，从朋友们身边学习了更多的东西之后，再做另外的打算。

李治国：资金管理与分散风险是重中之重

（访谈时间：2014年1月2日 沈良整理）

李治国： 网络昵称“小熊猫”，湖南长沙人，从事证券期货行业7年。操盘风格属于收益风险兼顾型。2006年进入股市，用一套独特的方法取得1500%的收益。2008年2月退出股市进入权证市场，靠一套通过历史数据统计得出的方法盈利了300%。2009年开始做过港股的涡轮、MT4平台的外汇和黄金，最后进入了期货市场。2012年上半年开始接触程序化，目前使用多品种、多周期、多策略模型，采取电脑全自动程序化交易。管理资金规模为千万级别。

在七禾网私募排行榜 http://simu.7hcn.com/ 上注册“小熊猫二号”的账户，自2012年11月7日至2014年5月16日，复合收益率187.74%，期间最大回撤17.43%。

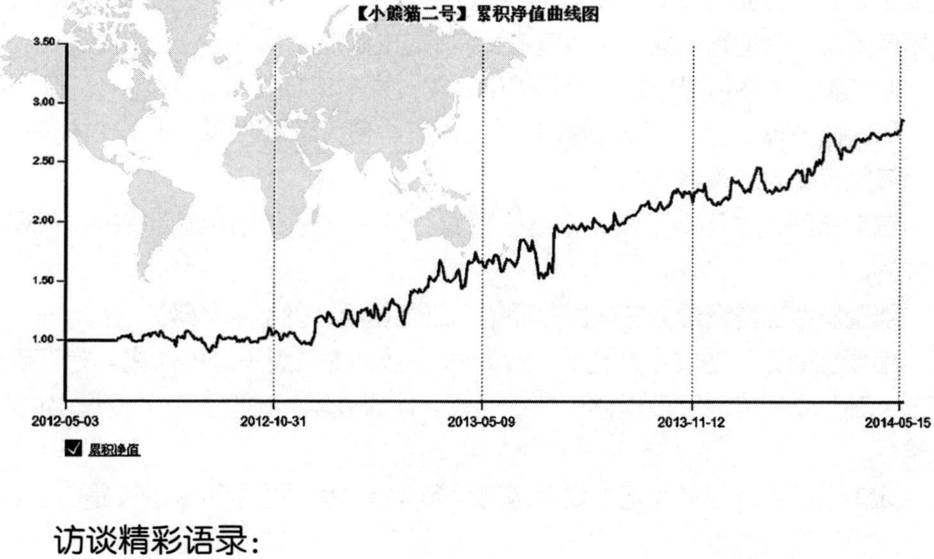

访谈精彩语录：

在金融市场，虽然勤奋并不一定能带来成功，但是如果要成功必定离不开勤奋。

市场的机会是永远存在的，就看你的系统是不是依然适应你所选择的市场。

金融投资的最大魅力就是具有随机性和努力性。

绝大部分新手都是被打劫的对象。

我的交易风格并不凶猛，仓位一般都会控制在半仓以下，大部分时间都会停留在 30%多的仓位，而且伴有对冲锁仓。

（用程序化交易的模式实现持续盈利）首先得有个好的策略系统，其次是定期检查优化系统，最后是坚持坚持再坚持。

程序化模型都不是什么暴利系统，要想暴利就不要来做程序化。

任何模型都有自己的高潮期和低谷期，盈利的关键还是要贵在坚持。

期货市场交易模式的盈利均是来自于市场价格的波动，而价格的波动是具有不确定性的。

资金管理与分散风险便是期货投资中的重中之重。

多品种、多周期、多策略模型的交易逻辑就是将单个的较大概率事件组合成一个更大概率甚至几乎确定的事件。

目前选的是 15 分钟、30 分钟和 60 分钟周期。

我的大部分策略都是以价格作为驱动，小部分另类一点儿的策略有的以成交量、持仓量做驱动，有的以时间做驱动，有的以指标做驱动，有的以波动率做驱动，有的是前面的两种或者多种驱动相结合。

我的策略体系每过半年检查和优化一次，并做相应的小幅调整。

年收益 50%以上，最大回撤率 25%以下，最大回撤时间小于半年的策略都还算比较优秀的策略。

做期货的人要不急不躁，耐得住寂寞，从一定程度上讲做期货的人都是孤独的。

那些模型都是经过历史数据验证的，既然使用，就不用怀疑。

市场也确实开始发生变化，高手越来越多，赚钱越来越难。尤其是在股指上，前几个月的时间反程序化特别厉害。所以我目前也在研究“反程序化”策略。

途中可能会走很多弯路，或者遇到很多挫折，能够生存下来的都是勇士。

七禾网 1：李治国先生您好，感谢您在百忙之中接受七禾网的专访。您股票、权证、期货、涡轮、外汇、黄金都做过，能否谈一下您的这些投资经历？

李治国：首先我想借这次专访的机会感谢在我的投资生涯中给予我帮助和支持的人。感谢同学、朋友的鼓励，感谢父母的支持，感谢客户对我的信任。

是的。我在做期货之前换过很多市场，做过不同的品种。虽然道路是曲折而艰难的，但对我以后做期货是有很大帮助的。**我记得自己是在 2006 年 11 月 20 日去证券公司开的股票账户**，因为这是自己踏入金融市场的第一天，所以我记得比较清楚。当时是上大学二年级，我学的并不是经济或者金融专业，而是土木工程专业。那时候经常泡图书馆，偶尔不经意间看到杨百万(本名叫杨怀定)的自述《做个百万富翁》，被他的传奇“故事”所吸引，看完后无比兴奋，赶紧去证券公司开立了股票账户，以为自己就是下一个杨百万，从此就能找到致富的财路。现在回想起来，当时自己真的好天真。不过，我也很庆幸自己进入了金融行业。

用初生牛犊不怕虎来形容刚入市的我非常贴切，何况是抱着急着赚钱的心态。一开始我就懵懵懂懂地将当时自己仅有的 2 万元积蓄全部投入。浑然不知道这里面的水有多深。然后满仓作战，反正看不得账户有空余资金，哪怕是多出 1 手的资金我都会找一只正好可以买 1 手的股票买进。用这样扭曲的心态做股票，后果可想而知，入市不到三个月，我已经亏了 50%。但是信心没有亏掉，我依然信心满满。接下来就开始学会反思、总结和学习，我们班就只有我一个人做股票，我同学基本都是北方人，我感觉北方人的投资思想比较保守。所以我很孤独，也没个人能交流交流，如果身边的人有做这个的，肯定会进步快很多。于是图书馆便成了我知识的源泉。读大学的好处就是你可以花很多时间去学习你感兴趣的东西，而且那种学习氛围在外面是没有的。那段时间感觉自己懂的东西太少了，对股票知识有点儿如饥似渴的感觉，在图书馆借了很多书，基本除了吃饭、睡觉的时间，差不多都在看书，甚至上课也看，老师在课堂上都没收了我好几本书。接下来的操作主要是迷恋书本上的技术分析，但至少比刚开始胡乱交易要好很多，开始有了点儿纪律性，已经止住了亏损。后来自己摸索出了一套有点儿独特的方法，并严格按纪律执行了一年多时间，加上中途做了一波权证疯涨行情，有一天做南航认沽权证赚了 52%，**资金最多的时候大概翻了 15 倍，赚了大概 30 万。这也是我在金融市场上挖到的第一桶金。**我在大学还是算比较独立的，从大二开始就基本没问家里要过钱，都是用我自己在股市上赚的钱来支付学费、生活费等开销。

2008 年开始经济危机来临，股市开始走熊，我的方法开始失效，在吃过几次大亏之后，我决定离开股市，转而进入权证市场。那时候权证波动还很大，只要严格设置止损，根据盘口变化，用抢帽子的方法都能赚到钱。权证有三个很大的优势，一是权证是 T+0 交易，每天有很多次交易的机会；二是不需要印花税，手续费超级低，交易成本低廉；三是权证的最小变动价格很小，成交非常活跃，对价或者是超价吃的时候也不是太吃亏。权证是只能做多的，那时候盘口也很简单，只要盘口堆积了一定的买单后，就可以大胆对价吃。如果买入后买盘被慢慢吃掉，或者买盘撤单了，坚决走人就是。交易频率非常高，一天交易少则二三十个来回，多的能达到五六十个来回。**这种方法没什么大的诀窍，依靠经验和盘感，盈利的关键就在于能不能当机立断，也就是坚决止损。**疯狂过后便是平静，权证的波动慢慢变小了，抢帽子也越来越难。然后开始想其他方法，那时候思维很活跃，头脑里总是有很多点子，每次想到一个点子，都会先用笔记下来，怕自己会忘了，然后去复盘，拿之前的行情来验证，不停地测试。其实，我一开始想到的方法大部分都是不可行的，可能会做很多无用功，但是在测试验证的过程中我有可能发现改进的方法或者是发现别的新方法，最终去其糟粕，取其精华。如果你连前期的无用功都不愿意去做，那肯定也得不到最后的精华。**在金融市场，虽然勤奋并不一定能带来成功，但是如果要成功必定离不开勤奋。**接下做权证的方法也是通过长时间的看盘，以及所做的笔记总结出来的一个方法。当时的软件都不提供已经到期退市权证的历史交易数据，然后我从网上花 1000 块钱买来以前所有上市权证的历史交易数据。用这个数据来验证我的新方法。那时候股票软件可能还没有程序化，我也还没接触过程序化。验证过程都是借助 Excel 手工完成的，很费时间。**验证的结果非常理想，证明我的方法是完全可行的。我欣喜若狂，那种成就感很难用语言来表达。**接下来投资便非常简单，严格按照我的方法交易，由于对自己的方法相当有信心，**我在执行过程中非常坚决，唯信号是从，从来不带任何主观判断。**大概做了一年左右时间，收益相当不错，大概盈利 300%，最大回撤控制在了 20%以内。不幸的是，由于之前权证的疯涨行情带来恶劣影响，以及投资者对创设制度的极度不满，加上好多关于末日权证的官司纠纷，管理层决定停止发行新权证。我不得不再次失业。当时一度非常沮丧，好不容易才发现的一个非常稳定的方法却没有了施展的地方。

然后接下来 2009 年是做得最杂的一年，做过 B 股、涡轮、外汇、黄金，还有期货。试图开辟一个新的“战场”，最终选择了期货。**期货市场是一个成**

熟、公平的市场，进入期货市场的前期是漫长难熬的，期货的技术含量要比股票高很多，操作方式也有很大的差别。虽然我已经有了几年其他品种的交易经验，但我还是无法实现盈利。不过，那些经验对控制风险还是有很大帮助的，这让我少交了很多学费。做期货的前两年大概也只亏损30%左右。第三年开始形成固定的交易系统，手工执行。这时候基本小有盈利了。2012年上半年开始接触了程序化，然后回忆起之前做股票和权证成功的经验，那些盈利的方法都是可以量化的。而程序化做的正是量化工作，所以一下子对程序化特别感兴趣。**兴趣是最好的老师，我相信只要对这行真正感兴趣，都能做得很好。**首先也只开发出了一套模型，最开始是用单品种、单周期、单策略开始实盘，后来陆续开发出了上百套能盈利的模型。由于模型的增多，可选择的余地变多，后来转型成更稳定单品种、单周期、多策略系统。在实盘过程中，有一次竟然回撤17.43%，在"小熊猫二号"的资金曲线图中能看到，这让我充分认识到单品种的风险。于是经过一段时间的开发，最后转型成多品种、多周期、多策略系统，一直沿用到现在。这套系统最大的优势是回撤要比之前的两套系统小很多，是我和客户都能接受的回撤范围。

目前我的操作模式已经固定下来，操作完全交给电脑，采用全自动程序化交易。经过这么长时间的实盘，我对我的系统非常有信心，目前管理的资金规模也已达千万级别。

七禾网2：股票、权证，期货、涡轮、外汇、黄金等金融投资类别，您觉得哪一个最具可持续的操作性(即对投资者来说，哪一个类别实现多年持续盈利的可能性最大)？

李治国：在这些投资类别中，**我以前最偏好的是权证，但自从没有权证后，我最偏好的是期货。**这些投资品种都是比较成熟的投资类别，都具备实现多年持续盈利的可能性。**我觉得实现多年持续盈利的关键更多的是取决于你的操作系统。市场的机会是永远存在的，就看你的系统是不是依然适应你所选择的市场。**如果将周期缩短为一个月或者是一个季度衡量一次，那么期货无疑是最具持续盈利的投资类别。**期货市场公平的交易制度以及相对低廉的交易成本使稳定盈利成为可能。**有些期货高手甚至能实现每月都盈利，或者每个季度都盈利。这在其他市场是很难实现的。比如说2008年的股市，你还能保持每个月都盈利吗？然后外汇、黄金，我觉得交易成本比较高，外汇直盘一般都要2个点差以上，交叉盘的点差就更大了，这些都不适合短线操作。而期货的一个变动价位完全能覆盖手续费。

七禾网 3：就您看来，金融投资的本质是什么？金融投资最大的魅力是什么？

李治国：金融投资的本质，这个问题很深奥！我就说一下我个人的浅见吧。我觉得金融并不能直接创造财富，但是它能推动经济的进步。说得好听点儿，金融投资的本质是为了促进经济的发展。但是没有一个投资者是抱着这么伟大的目的来到期货市场的，进来的目的无非都是为了赚钱。**金融投资的最大魅力就是具有随机性和努力性**，就像索罗斯说得："市场不是真实的世界，它是由所有参与者的心智所构成，投资者都是带着偏见入场，而偏见正是理解金融市场动力的关键所在。当偏见在投资者群体中产生互动影响力，将会产生羊群效应。市场是一种结果，它超出每个人理解的东西，没有人能准确预测市场。" 所以市场具有随机性，你赚钱和亏钱的可能性都是存在的。为什么还会有那么多人即使亏了钱也乐此不疲地玩下去呢？这跟金融市场的另一个特点即努力性是分不开的。**如果你够努力肯钻研就有可能赚到你想要的钱，如果你就此放弃那亏损就已成定局。**做金融投资的人都是相当自信的，因为永远都有"盈利"这个目标摆在那儿。**期货其实跟扑克、麻将、网游等很像，都具有随机性和努力性，所以才具有耐玩性，玩家都不愿意离开，有上瘾的感觉。**我同学或者是身边朋友想要投资股票或者是期货的，我都是奉劝他们别进来，我怕他们万一亏损后会深陷泥潭不愿意离开。如果实在想做的，我都会先将这其中的风险告诉他们，并叫他们不要投入太多资金。因为我也是从新手过来的，**绝大部分新手都是被打劫的对象。**

七禾网 4：您是湖南人，据说湖南人做期货都很凶猛，您认识的做期货的湖南人中，激进风格的多不多？就您看来，交易风格和地域是否有关系？

李治国：湖南人的特点用长沙话讲就是"耐得烦，办得蛮"。意思就是有韧性，敢打敢拼，不服输。所以做期货一般都比较凶猛，激进风格偏多。**交易风格确实跟地域有一定的关系**，跟当地的投资氛围和投资方式有关系。比如说我山东的那些关系很好的大学同学，当我在大学赚了 30 万的时候，他们好像都不为所动，只有点儿羡慕而已，没有一个人效仿我去投资股票和权证。可能北方人追求的是稳定，投资思想比较保守，不喜欢大风大浪。我觉得他们这样也挺好的。而我当时走的是一条冒险的道路。沿海地带的投资者的投资理念一般都非常成熟，技术也比较全面，很多都是自己或者是身边的朋友，接触金融行业很多年了，大多比较理性。

七禾网 5：您本人的交易风格并不凶猛，您自己定义为"收益风险兼顾型”。请问您如何兼顾收益和风险？

李治国：是的。**我的交易风格并不凶猛，仓位一般都会控制在半仓以下，大部分时间都会停留在30%多的仓位，而且伴有对冲锁仓**，所以裸露仓位就更低了。期货市场明星很多，但是寿星很少，我觉得自己是输不起的。这个就好比老司机开车，会越开越慢。做这个做久了，对市场会越来越敬畏。不过，信心还是十足的，敬畏并不等于没有信心。每新接一笔资金，我都要详细了解投资方的实力，风格偏好，追求的年收益，以及所能承受的最大亏损，等等，然后为每个客户定制合适的仓位。入场点一般都会选择资金曲线回撤到一定程度的时候入场，资金大的甚至会选择分批入场。资金曲线创新高的时候我是不敢入场的。前期仓位会比较低，会将风险控制放在第一位。等有了一定的利润作为保护垫的时候，才会慢慢加仓，在保住本金的情况下，追求适当的利润。所以，**前期偏重的是风险，后期偏重的是收益。整个投资过程是在风险可控的情况下追求合适的收益。**

七禾网6：您2006年在股市用一套独特的方法取得1500%的收益，能否简单介绍一下这套方法？这套方法现在还有效吗？

李治国：那时候用的是追涨停板的方法，简单地说就是前一天买入涨停的股票，然后第二天抛掉，接着再买入涨停的股票，下一个交易日再抛掉，如此循环。买入的时候是有很多技巧的，总的来说就是要快、准、狠。首先得购买Level-2行情，Level-2行情比普通行情要稍快，而且提供买卖队列功能，就是能看到自己下的单排在什么位置。然后就是选股票，最好选择10点以前涨停的，涨停非常坚决，吃单速度快，流通盘不是太大，如果是行业龙头股更好。先填好单子，在涨停的一瞬间，且买一有一定量支撑的时候快速打入单子，到底要多少量支撑呢？这个没有硬性规定，我一般的经验就是该股票当日的最高分钟量的3倍。因为最高分钟量在分时图一眼就能看出来，很直观。涨停的时候是没有时间让你去考虑那么多的。为什么要有一定的买单支撑呢？因为好多股票涨停后会打开，有可能当天就再也封不上了。涨停打开的股票第二天亏损的概率很大，如果某只股票能封死半小时以上，那么它当天再打开的概率就很低了，所以尽量不要让自己的单子在封死后的半小时内成交。如果封死后出现急剧放量，或者是买盘急剧撤单，就得赶紧撤单，这就是打开的前兆。那时候每天涨停的股票很多，宁可错过好股票，也不要去冒那个险。如果涨停后封的很死，发现自己的单排在很后面，估计不可能成交的时候也要及时撤单，不要浪费时间，改打另外的涨停板。卖股票要比买涨停要简单一些。我那时候统计的数据显示只要第一天封死，第二天高开的概率有七八成，有的甚至直接高开 7%以上，尽量要在开盘后 10 分钟内找个高点抛掉股票，不管是亏损还是盈利，都要坚决走人，决不能拖，以便留出时间狙击下一只涨停，因为越早涨停的股票越好。大致就是这样的，其实还有好多细节问题，由于已经快 6 年时间没有做过涨停了，所以记不太清楚了。这个方法在涨停很多的牛市的时候还是可以用一下的，我当时是在 2007 年的大牛市使用了此方法，所以收益比较高。在涨停很少，或者是熊市，以及技术不成熟的时候还是尽量不要用，风险还是蛮大的。我在 2008 年的时候就有一次买在涨停板，收盘收在跌停板，当天就亏损 20%，然后第二天还低开 6%。期货也是有涨跌停板制度的，**这个方法在期货上更好用。因为期货是 T+0 交易，允许你犯错，打开的时候我们可以立马平仓，封死的时候还可以继续追进**。不过，最好不要参与下午涨跌停的品种。跟股票是一个道理，涨跌停时间越早越好。如果专门做期货的涨跌停，收益也是不错的，只不过期货的涨跌停相当少，难得有那个耐心去守候。

七禾网 7：您在 2012 年开始接触程序化，现在已经实现自动化交易，在您做程序化交易之前，您的交易模式是否基本上也是成体系的、可量化的？您后来为什么选择自动化交易？

李治国：之前做股票的方法基本上是成体系的，大部分条件都可以量化下来。做权证的方法是完全可以量化的，相当于准程序化了，只是当时没接触程序化，没有把程序编写出来而已。那时候不管做哪个品种，我都是首先试图找到一个固定可行的操作方法，然后拿历史数据去验证，最后才是用实盘去验证，可以看成是现在程序化所做的那些编写源码、测试、优化等工作。**程序化的好处首先是能高效、科学地完成测试、优化等工作，其次是在实盘执行过程中不打折扣**。我首先只是半自动化交易，即根据信号手工下单。这样比较累，总得盯着盘，也怕错过了信号，然后执行的时候也偶尔有过那么几次没按信号来，吃了点儿亏。有时候为那么一两个点的滑点斤斤计较。所以后来选择了全自动程序化交易，从不人工干预。

七禾网 8：用程序化交易的模式实现持续盈利，最关键的要素是什么？

李治国：首先得有个好的策略系统，其次是定期检查优化系统，最后是坚持坚持再坚持。策略就好比是导航仪，如果导航仪有问题，你将很难到达目的地。导航仪也是要不断更新的，这样才能与最新的路况所匹配。最后要达到目的地，还得坚持不断地给车辆供油。**程序化模型都不是什么暴利系统，**

要想暴利就不要来做程序化，而且任何模型都有自己的高潮期和低谷期，盈利的关键还是要贵在坚持。

七禾网 9：您做程序化交易，在模型和品种搭配上，经历过三个阶段，从“单品种、单周期、单策略”到“单品种、单周期、多策略”再到“多品种、多周期、多策略”，您为何会有这样的转变？多品种、多周期、多策略的优势是什么？

李治国：转变有两个原因：一个是由于后来自己开发的模型越来越多，模型类别越来越丰富，提供了往多元化转变的条件。第二个是在实盘过程中确实有好几次亲身体会到了单品种的风险之大，资金曲线图中有几次回撤很急而且幅度很深。每次碰到大的回撤，我心里也会特别着急，急着发现原因并寻求改进。就是这样一路摸索着走过来的，最后发展成现在的多品种、多周期、多策略。多品种、多周期、多策略模型是兼具较高期望收益率、可预期的回撤水平和比较大可容纳资金规模的策略类型。利用各品种、各周期、各策略持仓的对冲，达到降低回撤，提高资金使用效率的目的。从而降低了风险，提高了收益。期货市场交易模式的盈利均是来自于市场价格的波动，而价格的波动是具有不确定性的，任何人都无法确保某次交易一定盈利。所以资金管理与分散风险便是期货投资中的重中之重。程序化交易能有效地进行严格的资金管理，而采取多品种、多周期、多策略正是将风险细化。俗话说不将鸡蛋放一个篮子里，期货投资也是一个道理。任何再好的策略，也不可能永久适用，它也有自己的生命周期，有适合自己的行情，也会有不适应的行情。但是从总的来讲，单个模型由于有历史数据的测试，在未来一定时间内适用行情的概率还是很大的，这个概率一般都会大于 50%。而且，多个策略同时失效的可能性是很小的。所以多品种、多周期、多策略模型的交易逻辑就是将单个的较大概率事件组合成一个更大概率甚至几乎确定的事件。做程序化的人都非常相信统计学和概率论。

七禾网 10：您目前总共做 8 个品种、三个周期、30 多套策略。请问具体是哪三个周期？为什么选择这三个周期？

李治国：目前选的是 15 分钟、30 分钟和 60 分钟周期。自己比较习惯这三个周期，我有些策略交易是比较频繁的，如果使用在 10 分钟以下的周期，单子会很多，我得考虑交易成本和滑点成本。再就是考虑到资金容量问题，交易太频繁的策略必定容纳不了大资金。目前的这套策略足以容纳 2 个亿以内的资金，将来我还有可能往更大的周期发展，应该不会往更小的周期发展。

七禾网 11：这 30 多套策略分为几类，每一类的特点大约是怎样的？在您的策略体系中有没有比较另类的策略？

李治国：策略大致分为趋势类和震荡类，但我没有严格地去划分。其实，有的趋势类策略也能有效渡过震荡行情。只要是收益率、最大回撤率、最大回撤时间、交易频率等几个硬性指标满足我要求的模型，我都会考虑加进我的系统。不管黑猫白猫，只要能逮到老鼠的就是好猫。然后还有就是那种虽然收益不高，但是能与其他模型进行对冲，能有效降低组合系统回撤的，我也会适当搭配一些。做到风险和收益兼顾。我的大部分策略都是以价格作为驱动，小部分另类一点儿的策略有的以成交量、持仓量做驱动，有的以时间做驱动，有的以指标做驱动，有的以波动率做驱动，有的是前面的两种或者多种驱动相结合。基本面分析是我的弱项，以后要加强这方面的学习，基本面应该也能作为程序化的驱动。

七禾网 12：您目前操作股指、橡胶、焦炭、螺纹钢、豆油、棕油、塑料、玻璃这 8 个品种，请问您选择品种的标准是怎样的？

李治国：量化交易更适合高波动率的市场。我的收益大部分都是来自趋势系统，我觉得 2013 年下半年整个市场波动率收窄了，我下半年的收益率也有所降低。波动率也不可能一直收缩得这么小，我相信等波动变大的时候，我的收益也会上去的。选择这些品种考虑的主要有以下几点。第一，历史波动率比较大，大部分模型在该品种上收益表现都不错，为进行多周期、多策略细化提供条件；第二，品种成交量要大，流动性要强，可容纳资金多；第三，上市时间至少要超过一年；第四，大部分模型在该品种上最近一年的收益表现至少要过得去。选择的这 8 个品种并不是永远不变的，比如说目前的玻璃就不满足第二条了，所以我砍掉了。以后如果有符合条件的新品种，我肯定也会考虑加进我的系统。

七禾网 13：股指、橡胶、焦炭、螺纹钢、豆油、棕油、塑料、玻璃这 8 个品种您目前的开仓手数设置分别是 1 手、3 手、6 手、24 手、8 手、8 手、8 手、24 手。请问您开仓手数比例为什么这么设置？

李治国：我最开始用程序化做的是股指，后来发展的多品种，都是以股指的收益为参照，尽量使各个品种的月平均收益与股指的月平均收益差不多，然后就得出了这个开仓比例。这个其实也不用这么严谨，在某些收益高、回撤小、成交活跃的品种上稍微多配一些资金也都是可以的。然后也可以先等份分，跑一段时间的实盘后，看哪个效果好就哪个稍微多加点儿，这样也可以。只要别使某个品种的占比过于厉害就行，这样就失去了多品种的意义。

七禾网 14：您日内交易的仓位一般在多大范围内？隔夜的仓位一般在多大范围内？

李治国：我的日内仓位和隔夜仓位基本是相同的，总仓位大概都在 35%左右，其中还包含锁仓的部分。有些能承担大一点儿回撤的激进型客户，我会安排高一点儿的仓位，但仓位最高也不会超过 50%。然后有些风险厌恶型客户，我会安排轻一些的仓位。收益高的风险也高，风险低的收益也低，这是所有投资项目的共性。

七禾网 15：您单笔交易的风险控制如何设置？整个账户在一个阶段内的风险控制如何设置？您的风控手段主要有哪些？

李治国：**我是采用全自动程序化交易，绝对不会在交易过程中去主观干预。**我怕偶尔干预一次就会再有下一次，然后一次一次恶性循环，最后变成了主观交易。**我这里并不是不认可那些主观交易者，我只是强调做单的纪律性。**很多主观交易高手我都非常欣赏和羡慕他们，比如说我的老乡“赵子不语”先生。所以单笔交易的风险是完全由策略本身控制的。**整个账户在一个阶段内的风险控制是靠仓位控制。我只会干预仓位，而不会去干预策略的交易。**干预仓位时，各个品种手数也同样是按上面的固定比例加减。**策略的止损类型有固定止损和信号止损，风控手段有仓位控制和警戒线以及强平线控制。**

七禾网 16：绝大部分做程序化交易的人都认为任何一个策略都不可能永久有效，您的策略体系有没有定期或不定期的调整、优化、新陈代谢？

李治国：嗯，是的。没有永久有效的模型。模型的使用寿命除了跟行情有关外，也跟回测时间的长短、回测样本的选择，以及参数选用是否合理有关。回测时间尽量要长一些，回测样本尽量要包含绝大部分的行情特征，然后尽量要选择平原地带的参数。**我的策略体系每过半年检查和优化一次，并做相应的小幅调整。**

七禾网 17：您开发新策略的灵感一般来源于哪些方面？

李治国：**灵感主要来自于交易时间看盘。**这 7 年来我基本每个交易日都在电脑旁边，并且实盘操作。大学的时候还为此逃了很多课，被封为班上的“逃课王子”。然后**还有些灵感来自书籍、网络，还有 QQ 群。**我喜欢熬夜做研究，因为白天看着上下跳动的盘面也静不下心来。

七禾网 18：就您看来，符合哪些标准的策略可以称得上是优秀的策略？

李治国：首先，用来考核操盘手的盈利能力，收益率是最重要的指标。没有收益率什么都是浮云。收益率高低，是仁者见仁，智者见智，我觉得是年收益能在 50%以上就不错了。

其次，“最大回撤率”，这个也相当重要，用来考核操盘手的风险控制能力。最大回撤率最好不要超过 25%。

最后，“最大回撤时间”，用来考核操盘手的稳定程度，最大回撤时间越小越好。这个指标目前所有网站都没有统计，不过，我觉得蛮重要的。最大回撤时间最好不要超过半年。

综合上面三点，**年收益 50%以上，最大回撤率 25%以下，最大回撤时间小于半年的策略都还算比较优秀的策略。**

七禾网 19：您在七禾网七禾网的私募排行榜 http://simu.7hcn.com/ 上注册了“小熊猫二号”账户，自 2012 年 11 月 7 日至 2013 年 12 月 5 日，复合收益率 115.17%，期间最大回撤 17.43%。请问为什么取名“小熊猫”？

李治国：“小熊猫”是我的网络昵称，从来没有改过。我有些同学和朋友直接称呼我小熊猫，我也喜欢听。**小熊猫是一种濒危动物，非常可爱，惹人喜欢，给人的感觉是低调、友善、内敛。**我个人的性格也是非常内向的，生活中话非常少，比较内敛，这可能与我常年面对电脑有关。**做期货的人要不急不躁，耐得住寂寞，从一定程度上讲做期货的人都是孤独的。**我也不太善于表达，但我心里很清楚，我非常感谢一直以来跟随我的客户，谢谢你们对我的信任。我也不知道说什么好，反正收益就是对你们最好的回报，我会努力的，滴水之恩，当涌泉相报。

七禾网 20：“小熊猫二号”账户每次净值快速向下后，几乎都能在短期内快速拉回来并创新高，您觉得能够快速扳回亏损并且创新高的关键是什么？

李治国：我的回撤特点是回撤比较急，但回撤持续的时间不是很长。要对自己的系统有充分的信心，**那些模型都是经过历史数据验证的，既然使用，就不用怀疑。**俗话说：“用人不疑，疑人不用。”另外，回撤的时候坚决不要去人工干预交易，本来回撤的时候心情就不好，容易急躁，带着这样的心态去干预交易是很危险的。等盘后冷静后，可以做出分析，是否要降低一点儿仓位。还有就是，如果在回撤的时候发现有问题的策略也不要急着撤掉，这样很可能撤在最低点，等反弹一点儿再撤也不迟。

七禾网 21：期货市场已经进入资产管理时代，您有没有感觉到市场的变化？有哪些变化？

李治国：专业的事要交给专业的人去做，尤其是像这种具有高技术含量、低生存率的期货。现在越来越多的客户也意识到这一点，将来是资产管理飞速发展的时代。**市场也确实开始发生变化，高手越来越多，赚钱越来越难。尤其是在股指上，前几个月的时间反程序化特别厉害。所以我目前也在研究“反程序化”策略。**

七禾网 22：就您看来，在期货资产管理时代，具备哪些素质和能力的交易团队或交易者能够胜出？

李治国：做期货好比跑马拉松，得有异于常人的坚韧意志。途中可能会走很多弯路，或者遇到很多挫折，能够生存下来的都是勇士。成功人士光鲜的背后都有自己的血泪史。另外还要不断学习，不断总结。虽然有“天赋”这一说存在，但是没有哪个人是一生下来就能把期货做得很好的，我相信勤能补拙。

七禾网 23：您对自己或团队在期货市场的发展有何规划？

李治国：2013 年对我来说是进步最大、发展最快的一年，也是比较忙碌的一年。操作手法上完成了三次重大转变。由于得亲自参与交易，然后还有一些业务方面原因，我花在研发上的时间开始不够了。交易其实没什么事，都是电脑自动在跑，因为我从来不人工干预，接下来可能会请人帮我执行交易。**我还有很多东西需要去学习，我想专专心心地学习和做研究。将来规模更大的时候会考虑吸纳优秀交易人才和培养新手。金融投资是我一辈子的事业。**

第五部分

套利投资高手

肖国平：投资是无限接近事实真相的过程

（访谈时间：2012 年 9 月 21 日　沈良、翁建平整理）

肖国平：经济学硕士，现任浙江永安资本管理有限公司董事长，时任永安期货资产管理部经理，曾担任永安期货研发部主管、事业部经理。对期货资产管理，特别是期货套利有着深入的研究。

访谈精彩语录：

期货公司做资产管理业务，规模不到 5 个亿是很难盈利的。

期货公司竞争的风格会转变，一些公司就专门做经纪业务，一些公司则偏重做资管业务，生态链就会更丰富。

我们弱化单个投资经理，强化整个团队的投资思路。

资产管理业务的关键是找到一个可复制的投资模式，做真正的资产管理而不是投机。

期现套利最安全。

最有效、可能实现的收益率最高的套利模式，则要看市场给什么类型的机会。

我们用基于基本面分析的套利。

我们的投资理念是投资是一个无限接近事实真相的过程。

简单来讲没有什么事情是没有风险的，只能说套利的风险相对小。

风险的关键点是能否识别事实的真相以及识别这个事实真相的程度多高。

七禾网 1：肖总您好，感谢您在百忙之中接受七禾网的专访。资产管理业务马上就要推出了，您能否谈谈期货资产管理业务与期货公司传统业务的差异主要体现在几个方面？

肖国平：第一，从期货公司的角度来讲，**业务模式的现金流不一样**。资产管理业务的资金流相对波动性、变动性比较大，传统业务都是一个正的现金流，传统业务的现金流更稳定，而资产管理业务的投入则不一定有收获。

第二，**人员的要求不一样**。资产管理对人才素质的要求跟传统业务人才不一样。第三，**竞争力要素的不同**。传统业务的核心在于营销能力、组织构架的完整性、营业网点的分布等，而资产管理业务体现的则是投资能力好不好。

七禾网 2：期货资产管理业务的推出对期货公司来说有何重要意义？期货公司将会面临哪些机遇和挑战？

肖国平：业务模式不一样。刚开始是经纪业务、期货咨询业务，期货咨询业务推出来已经一两年了，目前来看效果不是很好，对利润的贡献不多，现在期货公司可以做资产管理业务，对大家来说这是个很好的业务。当然，资管业务推出后能不能盈利是另外一回事情。

机遇：如果做得好的话，可以拓宽业务模式，对经纪业务的促进作用更强。挑战：**最大的挑战是有没有相关的人才，第二个挑战是有没有渠道，就是钱怎么来，再深入就是盈利模式是否具备普遍性、是否具备规模性、是否具备可持续性**。就像现在的程序化交易，我是认为不可持续的，至少是没有规模的。如果一个交易模式 100 万能做到 20%～50%的收益，资金大了就不行，那么资产管理业务只做这么点规模就没什么意义了，**我认为期货公司做资产管理业务，规模不到 5 个亿是很难盈利的**。

七禾网 3：期货资产管理业务首批试点预计在 11 月份前后出炉，您觉得首批试点的公司是否更有优势？

肖国平：我觉得没有必然联系。**资管业务的核心是成熟的投资理念、稳定的盈利模式**，先批出来的公司是满足证监会的要求，这些公司已经经过了很长时间的证明在经纪业务上还是有优势的，包括注册资本、分类监管等，这批公司能产生比较好的投资人才的概率要高一点儿，但不是一一对应的关系。

七禾网 4：资管业务正式推出后，整个期货行业的生态格局是否会有所变化？

肖国平：我觉得需要时间，要看这个业务占整个生态的比例，如果前面三年都不盈利，我觉得生态格局不会改变；如果业务做大以后，对整个期货公司利润的比例占的大了，就会产生分化。还有会让很多公司转型，比如原本比较有特点的、基本上符合要求的公司，经纪业务可以逐步缩小，重点做资管业务。**期货公司竞争的风格就会转变，一些公司就专门做经纪业务，一些公司则偏重做资管业务，生态链就会更丰富。**

七禾网 5：期货资产管理业务的推出，最紧缺的是人才，最近一些期货公司更是开出了百万年薪招聘资管业务人才，您觉得该如何解决人才紧缺问题？

永安是如何构建自己的资管团队？

肖国平：我们公司以自己培养人才为主，我们弱化单个投资经理，强化整个团队的投资思路，强化我们的理念，按这样的模式去运作。

我们基本上以研究人员升华转化为投资经理为主，自己培养，从初级研究员到助理研究员，到研究员，到高级研究员，到首席研究员，再到投资经理，现在资管团队人员有8个。

七禾网6：期货资管业务的推出，业内人士有看好的，也有不看好的，一部分人认为资管业务可以改变期货公司单一的盈利模式，增加期货公司的收入；也有一部分人认为资管业务开展将会很困难，短期内并不能给期货公司带来更多的盈利。您是怎么看待这个问题的？

肖国平：他们的看法都有道理，资管业务在短期内要给公司带来多大的盈利是比较困难的。**资产管理业务的关键是找到一个可复制的投资模式，做真正的资产管理而不是投机，**资产管理的规模和投机是不一样的。银行的资产管理业务是怎么保值增值，期货公司的资产管理也一样，也是如何为客户资产保值增值的问题，不是用来以大搏小的过程。期货资产管理业务在整个大的资产管理行业(银行、证券、债券、保险等都有资产管理业务)里面来说，如果能超越其他资产管理就会有相对的优势。

七禾网7：因为资产管理业务涉及证券、基金等多个方面，券商系的期货公司是否更占有优势？

肖国平：可能会有优势。首先券商系期货公司对资产管理模式相对来说更了解一些。第二，它的客户资源可能会更好一点儿。但**关键还是对期货资产管理核心的理解，期货的资产管理核心是怎么理解期货这个管理工具，**所以券商系跟非券商系并不存在很大的差异。

七禾网8：未来随着更多期货新品种的上市和期货公司资产管理业务等的开展，将会有更多的券商、基金和信托等机构进入期货市场，之间的合作也会越来越密切，永安跟这些机构的合作将如何展开？

肖国平：这个从两方面讲，第一，现在永安已经和这些机构在合作，从自身的资产管理业务来讲，以后也会跟他们合作，他们至少在集合理财上有优势；第二，从公司的非资产管理业务来讲，我们也会合作，我们希望打造一个平台，找做得比较好的资产管理人才跟这些机构合作，让他们在我们永安这个平台上去合作。

七禾网9：期货公募产品、期货信托产品、期货有限合伙产品、期货公司

CTA产品、民间个人委托理财产品等各类资产管理形式中，您最看好哪一类，或哪几类的发展？为什么？

肖国平：期货公司CTA的集合理财，以后这种形式可能会做得比较大。期货公募产品、期货信托产品、期货有限合伙产品、期货公司CTA产品、民间个人委托理财产品，从收益回报回看，都会有做得好或做得差的。期货公司CTA单账户管理可能会有做得好的，但从大的资产管理概念来讲，期货公司CTA单账户管理规模上是做不大的，做大规模要看以后推出的CTA集合理财。

七禾网10：期货公司CTA业务的推出，哪些类型的交易策略会成为主流，哪些客户会成为购买期货公司CTA产品的主要群体？

肖国平：程序化交易、套利对冲、博取高收益的投机策略这三种会成为CTA交易策略主流。

自己做不好期货，对期货市场有一定的了解，也知道期货市场会有一批人能够经常盈利、愿意给别人托管资产，这批客户可能会是期货公司首批CTA产品的主要群体。

七禾网11：有业内人士说，期货资产管理要发展成立资管子公司是未来的发展趋势，您是否认同这个观点？永安是否考虑成立资管子公司？

肖国平：这是对的。但是**期货公司成立资管子公司是个遥远的趋势，**能不能成立子公司还要看业务类型，如果单纯全部做期货，就不是个大类别的资产管理公司，纯粹是个期货资产管理公司。我觉得成立子公司和不成立子公司没有多大区别，如果期货资产只是管理的一部分，则可以成立一个子公司。永安是要看政策的允许，以后业务的发展趋势，如果有这方面的需求，也会这么做。

七禾网12：在未来开展资管业务时如何解决风险控制问题仍然是一大难题，您觉得该如何破解这一大难题？永安期货又是如何做的？

肖国平：风控问题还是相对比较明确的，第一要有严格的制度，第二要有严格的执行人员，这两点就可以了。第一，很严格的制度已经设置在那里，有多少风控的比例，严格按照这个操作就可以。第二，严格的执行人员，风控人员跟投资经理要分开，各做各的事情，这样谁都没有错误。

七禾网13：您对套利有着深入地研究，套利有跨合约套利、期现套利、跨市场套利、跨品种套利，您主要研究哪种类型的套利，您觉得哪一种最有效、最安全、可能实现的收益率最高？

肖国平：跨合约套利、期现套利、跨市场套利、跨品种套利，这些类型的套利我们都有涉及。**期现套利最安全。最有效、可能实现的收益率最高的套利模式，则要看市场给什么类型的机会。**

七禾网 14：套利的方法有基于基本面分析的套利，有基于技术分析的套利，有基于数理统计的套利，您主要用哪一种或哪几种方法？

肖国平：我们用基于基本面分析的套利。我们的投资理念是投资是一个无限接近事实真相的过程。历史经验和数理统计只能是个大概率事件，但是出现小概率事件时可能会有很强的杀伤力。

七禾网 15：很多人认为套利是没有风险的，而实际上套利也是有风险的，就您看来套利的风险主要有哪些方面，应该如何控制这些风险？

肖国平：简单来讲没有什么事情是没有风险的，只能说套利的风险相对小。关于止损的风险，套利是不大好止损的。大部分做统计套利的人做豆粕反套的时候，他认为 200～300 点的价差很高了，可能会向零回归，但像 2012 年的情况可以从 200 点拉升到 600 点，这个时候对统计套利的人来说认识不到价差扩大的原理在哪里，所以他止损的时候会很麻烦。**风险的关键点是能否识别事实的真相以及识别这个事实真相的程度多高。**

七禾网 16：就目前中国的期货市场规模而言，您觉得能够容纳多大资金做套利？

肖国平：这个要看对套利的定义，如果是跨月的套利，规模可能就几个亿；跨品种的套利可能几十个亿；跨市场套利可能几百个亿。

七禾网 17；最后请您展望一下整个行业如今众多创新举措下，未来三五年的发展趋势？

肖国平：从交易模式上来说，**期货行业是最具完全竞争市场特征的一个行业，这个市场需要很高的开放度。**期货行业跟国家的整个经济政策都有关系，如果在一个开放的大环境，期货行业肯定能够发展；如果大环境收缩，这个市场应该得不到大的发展。市场的开放度越高，行业发展的可能性就越大。

诸葛：无回撤或极小回撤是我追求的目标

（访谈时间：2012 年 10 月 25 日　沈良整理）

诸葛：姓陈，河南人，现居上海。2001 年统计专业毕业。毕业后在某券商工作了 10 年。资深股票交易员，债券交易员；国内股指期货期现套利的第一批程序化交易者；期货跨市场套利的积极尝试者和探索者；低风险稳定回报专家。

访谈精彩语录：

市场正常，我观望；市场扭曲，我介入。

整个市场的风险偏好在逐年下降。冲动的人少了，愿意赌的人少了，机会自然就少了。

原先那种水银泻地，一日千里的淋漓尽致的行情不见了，取而代之的是进二退一，犹豫不决的纠结走法。

套利交易需要等待，主动性的趋势套利需要严格的止损操作。

套利研究必须结合现货情况，要理解现货的思路。

有特别大的把握再做，所谓“把握”无非是技术到位、宏观配合、情绪印证。

历次超级大行情，现货商通常都是输家。

流动性是套利介入需要考虑的首要问题。

基本面是套利的基础，技术图形往往预示着市场情绪的变化，价差会做参考，但不关键。

市场千变万化，任何交易逻辑都有错误的时候，也都有正确的时候。我们只需要在自己的交易逻辑跟市场同步的情况下多挣钱，不同步的情况下少赔钱，就已经足够好。

在我的交易逻辑里，市场就是错误的。既然利润来自于市场的犯错误，那么我必须耐心地等市场犯错，并且在市场犯大错的时候出重手。

做好期货要有三个关键突破点：①赔过一次大钱：产生对市场的敬畏之

心；②挣过一次大钱：产生对自身的自信心；③通过总结和学习形成了自己的交易逻辑：运用自己的战略，装配自己的战术，实践中不断检验。

我见过很多原本很激进的人，做了期货之后也逐渐变得温和。这个市场，其实专治各种不服。

期货是一个比拼耐心和耐力的项目，安全前进很重要。我真的觉得20%～30%的收益率不算低。

七禾网1：诸葛先生您好，感谢您在百忙之中接受七禾网的专访。您股票、期货、债券都在做，请问您在这三个市场配置的资金比例大约是怎样的？这一比例会不会根据时间的不同和机会的不同而有所变化？

诸葛：比例是不停地变化的，通俗的说，就是哪里有好的机会，就重点配置在哪里。比如目前，主要在股票和期货上，债券几乎清仓了。**分配的依据就是市场有无机会**。因为我主要从事套利交易，以抓住市场扭曲机会为主，所以绝大多数时候无论股票也好，还是期货也好，债券也好，都是一个旁观者。**市场正常，我观望；市场扭曲，我介入。**

七禾网2：您曾说过“以前机会多、陷阱少、大机会多，现在机会多、陷阱也多、大机会少”，您觉得是什么原因造成了这种变化？

诸葛：我觉得有三个原因：①**整个市场的风险偏好在逐年下降**。这是不争的事实，金融股A股比港股还要便宜就说明了国内风险偏好同前些年相比不可同日而语，**冲动的人少了，愿意赌的人少了，机会自然就少了**。毕竟对于套利者来说，挣的是市场冲动的钱；②整个套利群体的素质在飞速地提升。最早的时候做套利，就是看看价差或者比值，看看时间周期是不是到了，直接下单就是了。然而，随着套利者素质的提高，原有的大幅度波动就被压缩，原有的长时间波动也被收窄；③**交易品种日趋完善导致品种之间的联动非常密切**。认真观察最近2年的个别品种走势，你会发现**原先那水银泻地，一日千里的淋漓尽致的行情不见了，取而代之的是进二退一，犹豫不决的纠结走法**。这就是因为品种多了，各个品种之间的联动性也突出表现了出来。举个例子，螺纹钢跟焦炭之间就有人在做专门的研究，螺纹钢跌的多了，就有人买螺纹钢空焦炭，这样类似于弹簧一样的相互拉扯，也会导致市场冲动的减少——还是那句话，市场的冲动少了，套利者的大机会就少了。

即便是大机会的次数少了，但是万物守恒，一旦出现某个持续的机会，可能就是令人瞠目结舌的结果，比如2012年的豆棕价差、豆粕的跨期，包括

9 月末 LME 锌的反套机会，等等。

七禾网 3：您做套利，双边的仓位最多也就 60%～70%，请问您为何把仓位控制在相对较低的水平？

诸葛：内外盘套利由于牵涉到换汇的问题，所以最担心某一边保证金不足，变成单腿。由于外盘保证金普遍偏低，所以 70%的持仓是我可以承受的极限。通常持仓不会越过 60%。

七禾网 4：做双边套利比单边投机风险小，但并不是完全没有风险，请您谈谈套利的风险主要体现在哪些方面？

诸葛：我个人的体会，有下面几个方面：

(1)对干扰因素的准备不足：比如内外盘套利，最担心人民币汇率。

(2)对经验的盲目相信：太依赖历史数据忽略了重势不重价的操作本质。

(3)耐心不够：套利交易需要等待，主动性的趋势套利需要严格的止损操作。

(4)对上下游的分析似是而非：套利研究必须结合现货情况，要理解现货的思路。

(5)资金管理：由于套利交易很容易把仓位做得过重，这会导致后期操作的被动。

七禾网 5：做套利也可能会被“套住”，而您却可以使资金曲线几乎不回撤，请问您是怎么做到的？

诸葛：因为接触的无风险客户比较多，所以无回撤或者尽可能的小回撤是我一直追求的目标。有几个办法：

(1)先在债券市场寻找到 2%～5%的收益(2～3 个月)，以此为安全垫，小仓位开始；

(2)有特别大的把握再做，所谓“把握”无非是技术到位、宏观配合、情绪印证。

(3)保守的操作方法，低仓位起步。

七禾网 6：您认为做套利要等机会，要等市场从不正常向正常回归的时候去做。请问，在您的定义中何为正常，何为不正常？

诸葛：我觉得所谓正常和非正常有几个标志：

(1)是不是刚经历过或者正在经历大行情；

(2)是不是超越了历史波动区间；

(3)是不是改变了大多数人的思维预期。

如果上述三个问题答案都是“是”，那么再问第四个问题：套利的本质因素还在不在？如果依然还在，这就是市场不正常了。当然，如果套利的本质因素已经不在了，那另当别论。

七禾网 7：您认为纯做内盘套利要比内外盘套利或外盘套利风险要略大一些，回撤要略大一些。为什么？

诸葛：内外盘的套利其实本质上是同类商品的不同价格差，因此，除非有非常重大的政策影响，比如增加关税，或者人民币汇率大幅度波动(其实可以用香港的美元兑人民币品种对冲风险，不过现在的交易量太小)，才会产生难以预料的风险。而这种重大的政策通常都会有先兆，可以通过各类公开资料预测或者感知。而国内的商品无论跨期还是跨品种，都与各类大大小小的产业政策密切相关。换句话说，**内外盘的金属套利，还是比较靠谱儿的，而国内的一些品种，有时候不太靠谱儿。**

七禾网 8：您做跨合约套利、跨品种套利、跨市场套利，似乎没有做期现套利，为什么没有参与期现套利？是觉得没有必要，还是自身条件不够？

诸葛：现货确实介入的不多。一方面现货交易需要牵扯大量精力，另一方面也不想让自己距离市场太近。我有一个看法，也许不对，仅仅是我个人的观点：**历次超级大行情，现货商通常都是输家。**比如 2010 年的棉花、2011 年的白糖等。

七禾网 9：您认为“有了期权后，期现套利的机会将变少”，为什么这么说？

诸葛：期权的加入，会带来套利市场的一些新格局。举个例子，现在期现套利最方便的市场是股票和期指。如果将来有沪深 300 的期权，那么用期权和期货组合，可能会有非常多的套利选择，相应的，股票现货上的冲动会立刻表现套利空间里，那么套利者加入，冲动被抑制。如此循环往复，冲动的高潮会逐步走低。当然，还是我之前的观点，**一切都是守恒的，虽然每次的波动在变窄，但一旦突发行情出现，大机会到来，某一次的宽度和广度会特别大，一定会出现那种做了 10 年套利，一把输个干净的情况**——2012 年的豆粕难道没有这样的人吗？

七禾网 10：在做套利时，当您持有的品种开始迁仓换月，即主力合约切换时，您怎么处理自己的单子？怎么控制可能存在的风险？

诸葛：这是一个好问题。在我看来，**流动性是套利介入需要考虑的首要问题。**我会主要判断下面几个方面。

(1)活跃期的大体区间；

(2)远月的升贴水情况如何；

(3)持仓结构是否有季节性的规律；

(4)现货商预期如何。

由于资金规模偏大，所以在介入的时候必须考虑得比较周全，以免出现被困的局面，造成被动。

七禾网 11：假设套利的方法分为“基于基本面分析的套利”、“基于价差分析的套利”、“基于技术图形分析的套利”，这三类方法您是否都有应用？以哪一类为主？具体运作时，不同的方法是怎么结合的？

诸葛：第一种和第三种结合着用，**基本面是套利的基础，技术图形往往预示着市场情绪的变化，价差会做参考，但不关键。同样的价差，可能今年我正套，明年我反套，因为环境和市场情绪已经变化了。**

七禾网 12：我们经常会听做套利的人说“正套”、“反套”，普通投资者不一定能听懂，请问“正套”是什么意思？“反套”是什么意思？“正套”和“反套”哪一个更安全？

诸葛：这只是交易者习惯的一些叫法。**在内外盘套利中，所谓正套就是买国外，抛国内，反套相反；商品跨期上，正套就是买近抛远。**内外盘上，由于中国是绝大多数商品的进口国，我只从事基本金属的内外盘交易，因此进口亏损通常都是可以度量的，而出口亏损，往往就比较大。比如当前，进口一吨铜，大体上要亏损不到1500元，但出口一吨铜算上各种税费，要亏损5000块以上了。国内跨期也是如此，**正套的亏损最大就是价差和仓储以及资金成本，反套的亏损可能会无穷大。**

七禾网 13：您做跨品种套利时，只做绝对相关的品种，还是相对相关的品种也做？您觉得做跨品种套利需要注意什么？

诸葛：一般来说，只做绝对相关的品种。其余的做法其实已经是对冲的范畴而并非套利。就我本身的理解而言，**做跨品种套利需要注意几个方面：**

(1)影响套利的主要因素应该只有一个，即套利的本质应该只有一个；

(2)耐心等待合适的入场机会；

(3)综合考虑流动性、远月升贴水等因素；

(4)结合主要因素，判断市场情绪的走势。

举例子讲。2012年的豆粕行情，由于生猪存栏量大，现货豆粕先涨，大的现货商现货卖出，然后1301合约买回，导致1301比1305升水，市场强势力量介入，市场情绪导致1301升水最高接近600块。如果此时固守原先的交易经验，在豆粕跨期的平均价格区间介入，那会把保证金赔掉一大半。

七禾网 14：跨品种套利，不一定是一对一的，也可能是多个品种之间的相关性套利，您这方面有没有涉及，比如您曾做过哪几个品种的相关性套利？

诸葛：多品种间套利最常见的就是美豆、豆粕和豆油之间的提油套利，这是非常成熟的套利模式，收益率稳定。还有一些属于附加的套利，比如，5月末，应该是买豆油抛棕榈油的传统套利时间(大豆的风险预期和榈油的产量高潮双重作用)，但2012年发现油粕上可以买粕抛油，这样就把两个品种结合了起来，变成买粕抛棕榈油。**总之跨品种套利十分复杂，各种因素都要充分考虑。常见的关联品种有豆类，化工品的塑料、PTA和PVC，油脂类的豆油、棕榈油和菜籽油等。**

七禾网 15：做外盘套利的，有人在做“NYME原油”和“布伦特原油”的套利，您觉得这两个市场原油套利的机会如何，风险如何？

诸葛：我曾经仔细地观察过这两个市场，也非常小心地尝试过，感觉不是很好。**我觉得跟地缘政治的关联度太大了，这些风险无法通过交易来弥补，所以后来放弃了。**我知道有人用程序化交易直接捕捉价差进行趋势投机，效果非常好，但这不是我的研究方向。

七禾网 16：有些人的交易逻辑是“市场永远是对的”，另一些人的交易逻辑是“市场在某些时候是错误的”，请问您属于哪一种？您为何采用这样的交易逻辑？

诸葛：市场千变万化，任何交易逻辑都有错误的时候，也都有正确的时候。我们只需要在自己的交易逻辑跟市场同步的情况下多挣钱，不同步的情况下少赔钱，就已经足够好。企图跟上市场的脚步，永远正确的人，是不可能存在的。由于我的交易模式就是套利，而且以扭曲时候进入，回归正常退出，因此，**在我的交易逻辑里，市场就是错误的。既然利润来自于市场的犯错误，那么我必须耐心地等市场犯错，并且在市场犯大错的时候出重手。**

七禾网 17：您觉得自己的套利方法最多能容纳多少资金？当资金变大时收益率会不会下降？

诸葛：单纯内外盘跨市场的话，容量上限可以高到上亿元规模，因为市场太大了。任何一种低风险的套利操作，当资金变大时都会导致收益率下降，我们能做的就是尽量维持原有的收益率，并且通过不同的市场机会，来将收益率提升。在我看来，未来套利应该不仅仅局限于期货市场，包括债券市场在内，都应该是我们的选择方向。而且，外盘一些跨品种操作和跨期操作也应该是重点观察方向，比如美豆和玉米，各个农产品的跨期，等等。

七禾网18：您认为“做好期货要有三个关键突破点”，请问是哪三个？

诸葛：这只是我自己的一些体会。

(1)赔过一次大钱：产生对市场的敬畏之心；

(2)挣过一次大钱：产生对自身的自信心；

(3)通过总结和学习形成了自己的交易逻辑：运用自己的战略，装配自己的战术，实践中不断检验。

七禾网19：您发现“做期货做得好的人，似乎性格都比较温和”。请问，您觉得是性格温和的人适合做期货呢，还是市场的磨砺让“剩下来”的人都变得温和了？

诸葛：应该是两方面的因素都有吧。我见过很多原本很激进的人，做了期货之后也逐渐变得温和。可以理解，这个市场，其实专治各种不服。

七禾网20：您现在每年盈利百分之二十几三十几，相对一些做单边投机的高手来说，会不会觉得自己赚得太少了、太慢了？

诸葛：其实持久稳定的盈利，慢就是快。盈利100%只需要亏损50%就会打回原型。期货是一个比拼耐心和耐力的项目，安全前进很重要。更何况，我真的觉得20%～30%的收益率，不算低。

七禾网21：您大学读的是统计专业，您在学校所学的知识和技能对您现在的套利是否有帮助？

诸葛：非常有帮助，所以感谢当年我的老师。不过，很惭愧，当初的我不懂得好好学习，只能现在去补课了。在跨品种套利的时候，回归方程的推导可以锁定套利双边的最佳合约份数，想想看这是多大的帮助。你以为焦炭和螺纹钢的比例是1手对10手？还是按照比价4.2左右做等资金？其实都不是。

七禾网22：您现在每周三晚上到上海某高校讲课，您主要讲哪方面的内容？

诸葛：证券交易这门专业课。期间会穿插一些对市场和操作的理解。

七禾网23：如果一个普通投资者想要从事套利交易，应从哪些方面开始学习、练基本功？

诸葛：选出一些品种进行深入地研究，尤其是基础知识，同时不断地观察品种之间的价差或比价关系，建立交易模式，小单量的尝试并总结模式的优缺点，进行改进。循序渐进地持续进行。

除此之外，在我看来，套利最先应该学会等待，很有耐心地等待。